U0908922

淘宝天猫
运营实战技巧精粹

II

千里鹿——主编

人民邮电出版社
北京

图书在版编目（CIP）数据

鹿人说 : 淘宝天猫运营实战技巧精粹. Ⅱ / 千里鹿主编. -- 北京 : 人民邮电出版社, 2019.7（2019.9重印）
ISBN 978-7-115-51307-6

Ⅰ. ①鹿… Ⅱ. ①千… Ⅲ. ①电子商务－商业经营－中国 Ⅳ. ①F724.6

中国版本图书馆CIP数据核字(2019)第095532号

内容提要

本书由34位电商运营操盘高手结合自身工作经验，通过50个实战案例分享，详细解读淘宝天猫店铺运营的思维、策略、方法和技巧，涵盖新店起步、搜索优化、视觉营销、引流转化、活动推广、爆款打造、产品布局、客户服务等店铺运营环节，旨在为电商从业者提供实用的网店运营指南，助其少走弯路，快速上手，将学到的运营技巧熟于心、用于行，从此得心应手，触类旁通。

本书不仅仅是讲授知识、分享经验的电商运营读物，更是电商从业者联结高质量电商运营圈的纽带——搜索并关注微信公众号“鹿人说”，可加入“鹿人说”电商圈子，认识电商牛人，与电商牛人一起学习、成长和提升。

作为电商从业者，无论你是新人，还是“老司机”，都能从本书中学有所得，学有所用！

◆ 主　　编　千里鹿
责任编辑　牟桂玲
责任印制　马振武

◆ 人民邮电出版社出版发行　　北京市丰台区成寿寺路 11 号
邮编　100164　　电子邮件　315@ptpress.com.cn
网址　http://www.ptpress.com.cn
北京瑞禾彩色印刷有限公司印刷

◆ 开本：700×1000　1/16
印张：25.75
字数：448 千字　　　　2019 年 7 月第 1 版
印数：4 001 – 5 500 册　　　　2019 年 9 月北京第 2 次印刷

定价：99.00 元

读者服务热线：(010)81055410　印装质量热线：(010)81055316
反盗版热线：(010)81055315
广告经营许可证：京东工商广登字 20170147 号

本书创作团队

主　编：罗远洪

总策划：罗远洪　吴寅俊　戴培鼎

审校组：孙　峰　聂　辉　韩鹏飞　戴培鼎
黄谋金　陈思慧　汤　琼　李林标
谢晓姝

创作组：罗远洪　刘儒彦　邵秀成　江　源　王　诚
张　蕊　顾佳琪　郑苏苏　门川川　张泽坤
谭彩英　林佐俊　关鑫彤　吴　军　魏　超
祝诗剑　曹张华　尤兆兵　蒋宏程　王子超
毛　超　项　翼　胡良普　徐玉根　邓琨皓
颜艳红　刘方付　赵　航　郑雁云　陈志彬
林国波　王　燕　周旭剑　杨　斌

“鹿人说”采编组

谢晓妹

花名 | 黑骑士

地区 | 海南

2017年加入“鹿人说”采编组

戴培鼎

花名 | 南影

地区 | 广东

2016年加入“鹿人说”采编组

孙　峰

花名 | 蓝胖子

地区 | 江苏

2016年加入“鹿人说”采编组

汤　琼

花名 | 汤米

地区 | 江苏

2016年加入“鹿人说”采编组

聂　辉

花名 | 老舍

地区 | 陕西

2016年加入“鹿人说”采编组

陈思慧

花名 | 橙子

地区 | 湖南

2016年加入“鹿人说”采编组

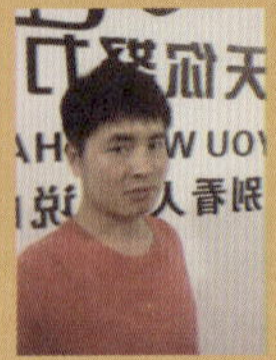

黄谋金

花名 | 金不换

地区 | 江西

2016年加入“鹿人说”采编组

鲍　丹

花名 | 千寻

地区 | 长沙

2018年加入“鹿人说”采编组

姚　琴

花名 | 龙轩

地区 | 安徽

2017年加入“鹿人说”采编组

赵一荻

花名 | 一乔

地区 | 湖南

2017年加入“鹿人说”采编组

序言

Preface

大家好！我是千里鹿，《鹿人说　淘宝天猫运营实战技巧精粹II》的总策划，鹿友舍电商读书会的创始人。在过去两年多的时间里，我和我的团队专注于一线电商人的电商知识输出和实操经验分享。通过聊天的方式，我们与这些电商大咖们畅聊他们的实战操盘术，然后将其整理成文章，通过“千里鹿”微信公众号呈现给广大电商学习者。我们认为“干货是聊出来的”，带有目的性的交流、讨论能让我们获得更多我们需要的知识。通过这种方式，我们已产出了200多篇原创电商知识文章，但这仅仅是学习的开始。

网店运营是一种复杂的技术活，同样的操作方法应用在不同的网店运营中，其效果可能会有天壤之别。时间、地域、类目、属性、价格等，哪怕是物流的选择，都有可能影响到最终的实操效果。对网店运营人员来说，参考、借鉴更多的实战案例，从中研究并获得适合自己的运营策略和方法，是减少试销成本的捷径。这也是我们出版这本书的核心目的。

2017年8月，我们对社群内200位不同层级的网店负责人进行了一次求同型和求知型两种学习思维方式的数据统计调查。结果表明，80%以上的高层级网店负责人属于求同型，他们认为，要想把网店做好，就要与那些网店做得好的人多交流，找到自己的短板后，再加以学习，弥补弱项。而90%低层级的网店负责人都属于求知型，他们会通过各种学习渠道学习各种电商知识。从数据来看，具有求同型学习思维的人更容易快速提升。为了确认我们分析的正确性，我们又把数据按地域进行了分析，结果表明75%的求知型网店负责人分布在云南、贵州、四川、陕西、甘肃、宁夏等地区；而69%的求同型网店负责人分布在浙江、江苏、广东等沿海地区。这个数据告诉我们，要运营好网店，不能盲目学习，多接触这个行业的人，找准自己的问题对症下药，才是高效低耗的“学习路径”。

《鹿人说　淘宝天猫运营实战技巧精粹Ⅱ》不仅仅是一本书，它也是一个圈子——一个电商人的圈子。我们希望读者通过这本书，能将学到的运营技巧熟于心、用于行，并且能得心应手，触类旁通。所以，针对这本书，我们创办了鹿友舍电商读书会、私学会，以及有着“传、帮、带”精神的成就营，以全新的在线学习模式，助力读者更加深入地理解、掌握书中每篇文章的核心点。

从2017年6月创办鹿友舍电商读书会的第一期学习成就营至今，成就营一共开展了27期，参加学习的书友有1000多人，而且这个数字还在不断地增长。只要你有我们的书，你就可以免费报名参加学习，并与一线运营大咖们交流自己不解的知识点或自己店铺运营过程中的问题。无论你是电商新人，还是电商“老司机”，在这个圈子里，你都能得到不同程度的提升。

“未来，让身边的人和事因为我们而变得更好！”这不是一句口号，这是我们团队、我们社群、我们媒体存在的使命。我们在用我们的方式认真践行这一使命。我们产出的每一篇文章、每一本书、每一个视频，都是为了改变而坚持的。12年的电商从业经验告诉我，要想在电商这个行业中活下来且活得更好，只有不断地学习、交流、沟通，增长自己对这个行业的认知，才能实现我们的那个“小目标”。

未来，我们等你！

千里鹿

2019年4月18日

CONTENTS 目录

01 作为客服，如何避开交易的“雷区” / 001

02 别样的新店破零法 / 008

03 电商核心仓储管理技巧 / 013

04 直搜结合，22天做到单品类目第一 / 019

05 新品打造需要做对哪些事 / 033

06 如何玩转内容营销之微淘 / 038

07 直通车原来可以这样做精准人群的投放 / 042

08 电商运营不可不知的站内营销工具使用方法及店铺优化技巧 / 047

09 新品直通车，这“车”要这么开 / 057

10 如此全面的老客户互动方案，你绝对没看过 / 064

11 直通车质量分的影响因素及提高技巧 / 073

12 五步让包装小白变身为包装行家 / 084

13 店铺重点款标题的规划与制作 / 092

CONTENTS

14 大促后如何控制售后指标 / 102

15 快速解决农产品滞销问题 / 117

16 12个淘宝售后疑难问题解答 / 126

17 让你的钻展流量达到最高转化率 / 130

18 直通车ROI的优化技巧 / 139

19 春节后的第一个店铺活动怎么做 / 147

20 33个新手运营常见问题与解答 / 152

21 如何打造店铺视觉差异化 / 159

22 数据化店铺客服诊断 / 168

23 直通车质量分原理解析 / 176

24 新店、新品如何突破基础销量 / 185

25 99%的卖家都不知道的高效测图方法 / 196

26 流量红利时代，如何基于用户思维打造爆款 / 202

27 类目大盘数据下滑时，细分产品稳住店铺的订单和层级 / 208

28 合理分配宝贝资源，提高店铺销量 / 214

29 小卖家提升自然搜索流量的标题优化技巧 / 219

30 女装上新的4种玩法 / 226

31 直通车ROI从1到7的优化维度 / 235

32 定向营销潜在成交客户群，有效提高收藏和加购的转化率 / 242

33 3分钟找出类目好词，稳拿新品第一波流量 / 254

CONTENTS

34 直通车的精准人群玩法，转化率提高20%的秘技 / 268

35 店铺社群的打造方法 / 281

36 利用数据化细分目标客户人群 / 287

37 影响宝贝标题搜索的四大因素 / 293

38 “双11”中小卖家上不了会场也能大卖，2个表格解决中小卖家难题 / 301

39 4个维度帮你找到精准的淘宝主播 / 308

40 淘宝首页“猜你喜欢”流量获取的正确方式 / 316

41 只要玩法正确，低客单价的小卖家也可轻松月入5万 / 321

42 “双11”你的销售额能翻几番，就看他们了 / 327

43 20天，从0到3000访客的秘诀——优化标题 / 335

44 直通车拉升单品搜索流量的核心操作法 / 342

45 “双11”期间百万业绩流量规划技巧 / 354

46 14天日销从0到2万元的直通车低价引流操作方法 / 362

47 售后客服的考核指标 / 371

48 巧用智钻单品推广获取淘宝首页流量 / 378

49 “双11”期间的直通车玩法 / 384

50 新版直通车的高投产玩法 / 388

知识点目录

一、搜索优化+视觉营销，让宝贝脱颖而出

3分钟找出类目好词，稳拿新品第一波流量 / 254

影响宝贝标题搜索的四大因素 / 293

店铺重点款标题的规划与制作 / 092

小卖家提升自然搜索流量的标题优化技巧 / 219

20天，从0到3000访客的秘诀——优化标题 / 335

99%的卖家都不知道的高效测图方法 / 196

如何打造店铺视觉差异化 / 159

新品打造需要做对哪些事 / 033

五步让包装小白变身为包装行家 / 084

二、用好站内营销利器，跳好刀尖上的舞蹈

直通车，推广引流的利器

直通车质量分原理解析 / 176

直通车质量分的影响因素及提高技巧 / 073

直通车ROI的优化技巧 / 139

直通车ROI从1到7的优化维度 / 235

直通车原来可以这样做精准人群的投放 / 042

直通车的精准人群玩法，转化率提高20%的秘技 / 268

直搜结合，22天做到单品类目第一 / 019

14天日销从0到2万元的直通车低价引流操作方法 / 362

直通车拉升单品搜索流量的核心操作法 / 342

新品直通车，这“车”要这么开 / 057

“双11”期间的直通车玩法 / 384

新版直通车的高投产玩法 / 388

钻展，定向展现的首选

让你的钻展流量达到最高转化率 / 130

巧用智钻单品推广获取淘宝首页流量 / 378

主播、微淘，社交时代的电商运营的新玩法

4个维度帮你找到精准的淘宝主播 / 308

如何玩转内容营销之微淘 / 038

三、活动策划，借势营销增销量

春节后的第一个店铺活动怎么做 / 147

别样的新店破零法 / 008

新店、新品如何突破基础销量 / 185

女装上新的4种玩法 / 226

“双11”中小卖家上不了会场也能大卖，2个表格解决中小卖家难题 / 301

“双11”期间百万业绩流量规划技巧 / 354

四、做产品和服务，讲方法更讲情商

产品布局，卖家生存与发展的基石

类目大盘数据下滑时，细分产品稳住店铺的订单和层级 / 208

合理分配宝贝资源，提高店铺销量 / 214

客服，店铺与客户的软链接

“双11”你的销售额能翻几番，就看他们了 / 327

作为客服，如何避开交易的“雷区” / 001

售后客服的考核指标 / 371

数据化店铺客服诊断 / 168

大促后如何控制售后指标 / 102

五、电商“老司机”的运营经

利用数据化细分目标客户人群 / 287

电商运营不可不知的站内营销工具使用方法及店铺优化技巧 / 047

快速解决农产品滞销问题 / 117

流量红利时代，如何基于用户思维打造爆款 / 202

电商核心仓储管理技巧 / 013

只要玩法正确，低客单价的小卖家也可轻松月入5万 / 321

淘宝首页“猜你喜欢”流量获取的正确方式 / 316

定向营销潜在成交客户群，有效提高收藏和加购的转化率 / 242

店铺社群的打造方法 / 281

如此全面的老客户互动方案，你绝对没看过 / 064

六、答疑解惑

33个新手运营常见问题与解答 / 152

12个淘宝售后疑难问题解答 / 126

01

作为客服，如何避开交易的『雷区』

分享嘉宾 双休 | 主持人·整理人 橙子

吴军（花名“双休”）

无界咨询公司云客服中心总监，淘宝大学线上人气讲师，有丰富的客服管理经验，带领200人的客服团队，服务于各大平台的TOP商家。

一个店铺做大容易，但做好很难，因为很多卖家对淘宝的规则不是很清楚，所以经常就会“踩雷”。在交易的过程中，需要注意哪些“雷区”呢？请看双休老师的经验分享！

｜双休｜我不耽误大家的时间，直接进入今天的分享主题“如何避开交易的‘雷区’”。这里有没有店铺因客服违规而被处罚的？在我遇见的规则处罚求助案例中，多数商家都是违规被处罚后才开始关注规则，特别是客服的交易规则。这和我们玩游戏一样，玩之前起码要先看看游戏规则。在淘宝天猫开店、做客服，首先要了解最基本的规则。因为一旦触犯规则，再想去申诉，成功的概率是比较小的，所以防患于未然更加重要。

｜双休｜相信大家都有深刻的体会：辛苦努力大半年，“一朝回到解放前”。淘宝的规则有很多，包括类目的规则，但时间有限，今天无法一一详述，这里主要和大家探讨客服交易中经常遇见的规则问题。

｜双休｜问题1：发送微信号和微信二维码，是否违反规则？如果违反了，那么违反的是哪条规则？为什么别的店铺这样做没问题？现在对老顾客的维护，很多店铺都采用微信好友或微信群维护的方式，不能发送微信号怎么办？……在我的微信公众号后台经常会收到咨询类似这些问题的留言。首先发送微信号和微信二维码肯定是违规的，特别是天猫店铺，系统监控得更加严格，不建议商家在详情页或者客服聊天里出现微信号或微信二维码。那么这样做违反的是哪条规则呢？

｜双休｜发送微信号和微信二维码属于滥发信息。大家可以在淘宝规则中查看具体的条款要求，里面清楚地写着Logo、二维码、外网名称都是不能发的，否则就属于滥发信息。

｜双休｜处罚也写得很清楚：第一次下架商品。如果有第二次，不仅要删除商品，还要扣0.2分。热销款的下架和删除，对店铺是致命的打击。

表01–1

<table>
<tr><th>滥发信息</th><th colspan="3">违规处理及纠正</th><th>扣分</th></tr>
<tr><td rowspan="3">广告信息</td><td rowspan="2">在商品类页面发布（同件商品在同一滥发情形中违规次数）</td><td>第一次</td><td>下架商品</td><td>不扣分</td></tr>
<tr><td>第二次</td><td>删除商品</td><td>0.2 分</td></tr>
<tr><td>在店铺装修区等其他页面发布</td><td colspan="2">删除店铺，清除店铺装修，限制店铺装修发布 7 天或关闭店铺</td><td>4 分</td></tr>
<tr><td rowspan="3">广告信息情节严重</td><td>发布大量违规商品或信息</td><td colspan="2">下架店铺内所有商品，限制发布商品、限制商品发布数量，限制发布类目数量</td><td>6 分</td></tr>
<tr><td>同一卖家在广告信息情节中多次违规</td><td colspan="2">删除商品，下架店铺内所有商品，限制发布商品，限制商品发布数量，限制发布类目数量</td><td>2 分</td></tr>
<tr><td>刻意规避，如错峰上下架等</td><td colspan="2">删除商品，下架店铺内所有商品，限制发布商品，限制商品发布数量，限制发布类目数量</td><td>2 分</td></tr>
<tr><td rowspan="2">广告信息情节特别严重</td><td>对消费者或平台产生不良影响，如产生大量维权事件、引发公关事件等</td><td colspan="2">删除商品，下架 / 删除店铺内所有商品，店铺屏蔽，交易账期延长，限制发布商品，限制商品发布数量，限制发布类目数量，采取店铺监管等措施</td><td>6 分</td></tr>
<tr><td>因广告信息违规被严重处理后再次违规</td><td colspan="2">删除商品，下架 / 删除店铺内所有商品，店铺屏蔽，交易账期延长，限制发布商品，限制商品发布数量，限制发布类目数量，采取店铺监管等措施</td><td>6 分</td></tr>
<tr><td colspan="2">涉嫌广告信息的商品</td><td colspan="2">视情节严重程度给予单个商品搜索屏蔽，或单个商品搜索降权，直至商品整改完成后第 3 天恢复</td><td>不扣分</td></tr>
<tr><td colspan="2">广告信息</td><td colspan="3">（1）广告信息情节严重或特别严重的，可以并处删除销量、删除评价
（2）广告信息情节严重或特别严重的，参照“广告信息情节严重”或“广告信息情节特别严重”的违规处理方式</td></tr>
</table>

| 双休 | 那我们该怎么维护老顾客呢？建议大家做内网的客户维护，即用微淘。如果要用微信，可以换个说法，而不是直接在客服发送消息时提到微信号或者发送微信二维码。下面说一下在客服与顾客聊天的过程中，到底能不能提加微信好友的问题。

| 双休 | 最近客服经常遇见一个聊天“坑”，就是顾客要求红包支付或微信支付。不知道各位掌柜有没有遇见此类情况？这就是一个典型的诈骗“坑”。对方要不就是要你的二维码支付密码，并不是付款密码；要不就是想投诉你，引导第三方支付。如果是天猫店铺，用第三方支付是一般违规，店铺将被扣6分。这样的顾客99.99%都是诈骗，所以大家一定要警惕。

| 双休 | 在滥发信息里，就这一条和客服交易有关吗？当然不是。还有现在大家经常被投诉的极限词和功能词。如果聊天中出现类似的词语，被投诉以后也是一样会被判定为滥发信息。即使属于滥发信息里的“信息与实际不符”，商品一样也会被下架或者删除。功能词主要涉及一些保健品、护肤品和食品，特别是一些比较明显的极限词。如果只是一般的聊天语境里用到“最××”，淘宝是不会受理的。但是如果是很明显的，如“真皮”等极限词，可能就会被判罚。在淘宝判定结果还没出来的时候，给淘宝小二打电话说明情况，判定结果一般就是建议商家及时修改。

| 双休 | 鞋子宣传语中因为有“真皮”“正品”而被投诉的案例，我几乎每个月都会遇到。如果只是在淘宝平台，一般会比较容易处理好；但是如果被投诉到工商局，处理起来就比较麻烦了。

| 双休 | 那如何避免此种情况发生呢？客服接待的顾客一多，聊天中就会出现漏洞，更经不住一些人故意挖坑设套。这时建议客服在千牛的“团队管理”里设置禁用语，如图01-1所示。

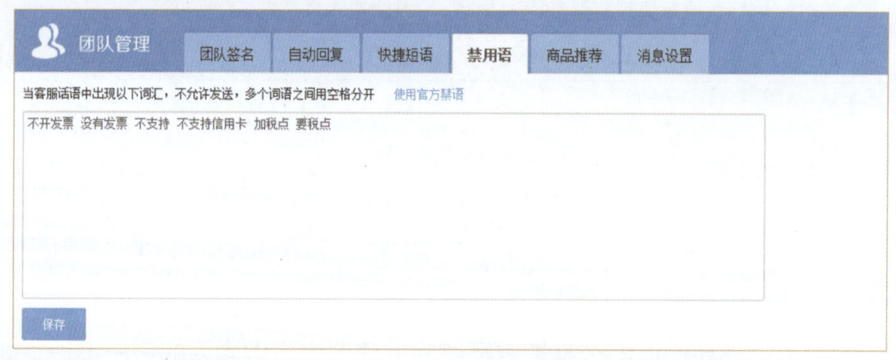

▲ 图01-1

| 双休 | 当客服回复语中涉及一些禁用语时，系统就会提示“不允许发送”，这样就可以避免客服工作忙中出错。我们所说的“滥发信息”，在客服交易过程中容易触碰的“雷区”有两个，一是发送微信号，二是使用极限词和功能词。这两种行为都会被判定为滥发信息，店铺会被处罚，从而导致商品被下架或者删除。

| 双休 | 下面再来说说客服交易中另一个常见的“雷区”——违背承诺。大家都来说说，自己了解的违背承诺的情况有哪些？

| 鹿客1 | 未按约定时间发货，送的赠品和标注的不一样，或者没有赠

送等。

｜双休｜规则就是警戒线，客服要时刻警觉，顾客一旦说到这些词，客服就要像触碰了警戒线一样地警惕起来。其实违背承诺的情况，比我们想象的要多很多，商业中讲究一诺千金，所以客服在聊天中，一定不要随意承诺。说到违规承诺，首当其冲的肯定是发票问题。发票这个“坑”，少说也有几年了，但是还有人继续往里跳。特别是一些天猫店铺，新客服上岗，几句话就被顾客带到“坑”里去了。对于天猫店铺，只要顾客要求开发票，就必须给顾客开发票，对此大家都没什么异议。但是电商骗子也一样在“升级”，他们不会直接抛出发票的问题，而是在咨询过程中逐渐抛出问题。例如“满多少才可以开发票呀？”“我买A开B的发票行不行呀？”“我帮单位买，发票帮我多开点金额行不行呀？”“开发票要额外收费吗？”等很多类似的问题。建议各店铺关于规则的问题，都用标准的快捷话术回复，这样不容易出错。

｜双休｜现在关于发票的问题，如果没有交易成功就被投诉，店铺是不会被判罚的，所以骗子一般都会套客服的话，然后马上拍下商品再申请退款，在交易关闭的状态下申请开发票。对于发票问题，天猫客服一定要严格按照规范操作，淘宝店铺目前不强制要求开发票，所以这条规则基本可以忽略。对于发票，还有个问题就是补发的时间。天猫店铺开发票是没有补发期限的，顾客哪怕是去年购买的商品，今年要求开发票，店铺也是需要补开的。如果拒绝开发票，店铺一样会被作为违规处理。当然，这时售后通道已经关闭了，但也可能有人会电话投诉到淘宝平台，所以如果可以开发票，店家还是应尽量按照顾客要求补开发票。

｜双休｜现在发票问题的处罚方式有两种：如果店铺拒绝开发票，会按照一般违规处罚扣分；如果是家电、床上用品等类目，顾客申请开发票后10天内没有补发，店铺要直接赔付交易金额的10%。如果店铺积分不超过3万，对店铺不会再做扣分处理。所以关于发票问题的建议是：①设置团队禁用语；②对发票问题的回复，建议店铺用快捷回复短语。

｜双休｜下面再来说说包邮的问题。现在的包邮规则已经变化，就是在商家承诺的范围内包邮，以前的包邮默认的就是全国包邮。这个规则的改变，对我们商家来说是好消息。建议商家设置好邮费模板，客服在交易过程中，要提前咨询商家的地址，做到心中有数，这样在回答邮费的问题上就会比较严谨。如果开始就说是“包邮的”，但一看顾客在包邮范围之外的地区，又要求顾客补邮费，这样就算不违规，顾客心理也不舒服，订单流失的可能性更大。所以要事先问清楚，对于不在包邮范围地区的顾客，可以说“店铺承担10元邮费，亲只需要补8元邮费差价就可以”，这样顾客反而更容易接受。当然，如果你的利润允许，能全国包邮更好。

|双休|再来说说买家申请退货的邮费争议问题。7天无理由退货，包邮的商品双方分别承担邮费，就是卖家承担发出的邮费，买家承担退货的邮费；不包邮的商品，买家承担来回的邮费。举个例子，你家宝贝卖100元且包邮，如果顾客退货，你只需要退顾客100元；如果你家宝贝卖90元，邮费10元，顾客选择7天无理由退货，你只需要退顾客90元。如果是集市店，店铺商品单件不包邮，建议大家给顾客优惠时，不要图省事只修改邮费部分的金额，而应该修改商品的金额，这样一旦有退货产生，就不用倒贴太多邮费。对于因质量问题产生的退货，不论包邮与否，来回邮费都是商家承担。

|双休|接着再看违背承诺的第3个“雷区”：未按约定时间发货。这不仅仅是商家的痛，也几乎是每个客服的噩梦，只要是发展中的店铺，几乎无一例外地存在供应链的问题。缺货导致未按约定时间发货的店铺比比皆是。自2017年6月25日起，淘宝发货时间从72小时变更为48小时，这对商家是更大的考验。而且在时间变更之前，天猫平台的理赔规则也进行了升级——未按时发货，最低要做500积分的赔付。哪怕你家是卖9.9元的商品，顾客申请未按约定时间发货，你也得赔付500积分。

|鹿客2|我想问一下：这个发货时间，是根据卖家点击发货的时间算起，还是根据物流收货时间算起?

|双休|这个问题问得好。发货时间是从物流的揽收时间算起，已出库不算，必须是已揽收。首先大家要做好库存的更新，其次要做好供应链的保障。如果真的做不到48小时内发货，就用官方的预售工具。这样可以按照预售时间发货，不要为了成交而轻易承诺。因为预售时间是5天，你在成交的3天后发货，顾客觉得是惊喜；但是如果你没有预售，在成交的3天后发货，顾客给你的就是惊吓了。

|双休|发票、包邮、未按约定时间发货，这3个违背承诺的规则对客服

来说比较常见，大家相对容易规避这样的“雷区”。但是还有其他承诺容易被客服忽略，导致店铺被投诉而受处罚。其他承诺导致的问题主要是以下4种。

（1）没有按承诺的物流发货。店铺一般会有圆通、中通或者其他快递等多种选择，为了服务好客户，客服会咨询顾客发什么物流。但是在这个工作环节往往会出现问题，如客服的备注有遗漏，或者仓储的发货有失误，结果导致顾客收到的不是自己选择的物流快递。当然，多数顾客不会因为这个问题投诉，但是一旦发生顾客收不到快递，或者和快递员产生矛盾，导致最后的退款投诉，那这样的投诉违规店铺是要直接被扣4分的。

（2）关于赠品。很多商家觉得赠品是额外的，因忘记发了而被处罚很冤枉。但是淘宝规则里明确写着：如果赠品漏发或错发导致顾客投诉，店铺属于违规行为。当赠品出现问题的时候，不建议商家说“下次补发”，这样会导致顾客不满，建议选择折价或者立刻补发。现在平台对商家也有保障，就是顾客退货，如果赠品没退回，商家也可以折价扣除赠品金额。

（3）换货。这种情况在服装、鞋等类目中很常见。如果顾客收到货后因尺码问题换货，这时大家一定要关注库存。我们接到一起投诉：客服承诺为顾客调换S码，双方确认后客服发现库房没S码的货了，再联系顾客退款，顾客就不高兴了，直接投诉。这起投诉也是成立的。

（4）优惠。如果承诺顾客某天店铺有活动，商品可以打8折，但是之后又说只有某款打折或者该活动已取消，这种没有兑现的承诺优惠也属于违背了“其他承诺”规则。“其他承诺”都是看似和商品无直接关系，但这些工作细节若没做好，一样可能引起不必要的违规投诉。

| 双休 | 今天的规则问题分享就到这里，大家有不清楚的问题可以提问。

| 鹿客3 | 老师，空包、少货的退款怎么处理？

| 双休 | 现在发货量比较大的店铺都会安装摄像头，每笔称重都可以看见，快递单上也会备注称重，提交快递单举证就可以申诉成功。

| 鹿客4 | 老师，对于极速退款，若买家退货时少东西，怎么处理比较好？

| 双休 | 如果退货与实际不符，卖家可以拒绝退款，然后等待官方介入处理。

02

别样的新店破零法

分享嘉宾 千里鹿 — 主持人 · 整理人 橙子

罗远洪（花名“千里鹿”）

12年电商人，6年电商讲师，千里鹿电商媒体创办人，独创社群电商学习模式，致力于帮助中小网商成长。

新店销量破零的常规方法是找亲戚、找朋友、找同学等刷单，或者免费赠送。其实，借助社交软件，以及相似目标客户人群的不同类目的卖家推荐，新店也可以实现销量快速破零。

｜千里鹿｜今天跟大家分享一下新店新品破零的非常规方法，希望能给大家一些启发。

｜千里鹿｜新开的网店，首先要解决的问题就是如何产生第一笔交易。而第一笔交易的产生，对于新手卖家来说不是件容易的事情！有句俗话是这样说的：人脉决定钱脉。我觉得这句话很有道理。电商行业不是宅男宅女的专属行业，如果宅男宅女们继续“宅”下去，不去开拓社交网络，其在电商行业中是做不了多久的。

｜千里鹿｜我今天要分享的第一个破零方法跟人脉有关。如今打电话的少了，发短信的少了，大家基本上都是靠微信来维系朋友之间的联系，通过朋友圈、社群之类的方式产生交流。在我刚刚做淘宝店的时候，可没有这么好的平台和社交工具。那时我们是通过论坛、聊天室之类的方式进行交流。那么现今我们如何利用社交工具帮助新店销量破零呢？

｜千里鹿｜肯定有朋友会说：“我的好友就那么几个，亲戚、同学也不多，他们是可以帮我完成第一单，但是不可能长久啊！”这样想是对的，而且有些朋友卖的商品不是常用的商品，可能是高客单价的商品，如水泵、冰箱、彩电等，完成第一单的难度就更大了。

｜千里鹿｜那么如何利用自己的这些亲朋好友来产生第一单的真实交易呢？假设我是一家卖童装的新店，在没有流量的情况下，我该如何做呢？

｜千里鹿｜第一步，给好友群发一条信息：我现在开了家淘宝店，做童装，网店名称叫×××，来帮我看看，指点指点！这个群发消息发出后，有回复的，就和他聊一聊，并做“已看”的标签；没有回复的，就一个一个地找他聊。这一步要保证你好友里的所有人都看到这条消息，进过你的店，看过你的商品。对于有需求的，继续聊一下；没需求的，进行下一个操作步骤。

｜千里鹿｜第二步，询问你的好友有没有一些不错的妈咪群、生活群、户外群、游戏群等，请好友拉你进群。进群后的正规做法是交流，忌先打广告。如果按捺不住要做广告，也只做这样一件事情：发个红包，然后做一下自我介绍。例如，“我是××的朋友，我叫××，很高兴认识大家。我是一个淘宝店主，卖童装的，有需求可以找我！”真诚，有礼，任何一个群都不会拒绝有礼貌的人。如果有人调侃则更好，多聊聊，加深群员对你的印象。在各群里多活跃气氛，经常“冒泡”，自然会有人加你为好友。

｜千里鹿｜在自我介绍中还可以再加一句：“有需求可以找我，我可以给大家折扣！”在这里，有两点要注意：红包领取的速度和好友回复。假设红包设置为10份（可根据群内人数设置份额），如果红包能快速被领完，说明这个群的活跃度还是可以的，则可将该群作为重点群多加关注；如果红包领取的速度比较慢，说明这个群的活跃度差，后面就不用将其作为重点群关注了。如果有人加你为好友，一定要及时、礼貌地回复。此外，在自己的微信签名信息框里也可以注明自己的职业，如“漂亮的‘90后’网店店主”。这些都是为了让加你为好友的人对你的职业有一个基本的认识，便于以后交流。按照此方法能快速地结交到很多好友，而且质量都比较高。当你的好友人数积累到一定量，如500~1000人的时候，你就可以开始做红包营销了。

｜千里鹿｜什么是红包营销呢？以童装为例，我还是那个“90后”网店店主。我在微信朋友圈发一款新童装的图片，所配文案的内容大致是这样的：“今天新到的童装，闺蜜的女儿特别喜欢，所以我进了一批货在淘宝店里卖，有喜欢的朋友吗？有3个免费名额要不要？”如果有人回复，你就主动同她私聊。先聊主动找你的，后聊回复信息的，最后聊朋友圈点赞的。虽说是免费送3件，其实你可以送很多件。但这个送法要有“讲究”。对于想要免费要的人，让她拉你进3~5个群，你就可以免费送她1件。进群后，继续循环前面的操作步骤。如果你免费送出10件，则至少可以进30个群。每个群按100个人来计算，你可以直接接触约3000个人。几十个群，红包也就100元左右，衣服送出10件，成本费用也不超过1000元，这个营销成本比你开直通车划算多了。

| 千里鹿 | 当你的销量破零后，你就可以开直通车。这个操作方法大家可以尝试一下，其对低单价商品是比较好用的，对高单价商品只能起到宣传的作用。在朋友圈内做营销，只要促销价格比正常价格低一些，都是有效果的。

| 千里鹿 | 接下来讲第二个破零方法。这个方法的实质是借力打力。新店让老店带一带，销售肯定比你自己做量的速度要快。怎么带呢？找跟自己目标客户人群差不多的老网店合作，把你的促销优惠变成他们网店客户的福利！通过抵价券的优惠方式吸引老网店的客户来购买，然后通过淘宝客高佣金的方式回馈给老网店！对于老网店来说，这是流量的二次利用；对于新网店来说，有流量进入也是一件好事！

| 千里鹿 | 下面讲解一下操作过程。还是以童装为例，这里有没有目标客户人群跟我一样，每天发货量在100单以上的网店？

| 鹿客1 | 有，玩具店。

| 千里鹿 | 那就以童装和玩具店合作为例。你的店每天玩具发单量在100单以上吗？

| 鹿客2 | 差不多。

| 千里鹿 | 每天推广费用是多少？

| 鹿客1 | 日常大概为3000元。近期“5・20”活动，预热期的推广费在8000元左右。

| 千里鹿 | 那么假设我的客单价在50元左右，淘宝客佣金为20%，抵价券为20元，在玩具包裹里边放一张DM单，DM单由我的店铺来印制，你的店铺只管发放。DM单中会这样描述老客户福利：天气越来越热了，可以给宝宝准备夏天的衣服了！手机淘宝扫码领福利。DM单中设计一个九宫格，中间右格放我店铺的二维码，其他方格放童装的图片，每个童装图片的上面印上该款童装的店铺链接二维码。再印1万个信封，每个信封的上面印上大大的“会员福利”字样，信封的里边放DM单。

| 鹿客2 | 这和直接淘宝客推广有区别吗？

| 千里鹿 | 二者有非常大的区别。淘宝客的推广宣传是在没有建立社交关系的情况下的推广宣传，其信任度非常脆弱；而这种在商品包裹里放广告宣传单的推广宣传是在商家已经和客户建立了一定交易关系的情况下产生

的，客户对其信任度比淘宝客高很多。

｜千里鹿｜买了商家的商品，其实就是已经对商家认可了。客户收到包裹后，看到这样一个精心设计的信封，还能提升对商家的好感，感受到商家对自己的关心。这种营销方式属于情感营销。各位别忘记一个关键要素，那就是淘宝的千人千面，精准的客户对店铺的千人千面标签是至关重要的。别人可以帮你推荐客户，你同时也可以帮别人推荐客户。

｜千里鹿｜本次的分享就到这里，具体的操作方式可以根据自己店铺的实际情况来设定。这里仅是抛砖引玉，启发大家的营销思路。

03

电商核心仓储管理技巧

分享嘉宾 芦栗｜主持人·整理人 金不换

曹张华（花名“芦栗”）

6年电商从业经验，任职麦包包，擅长仓库管理、供应链项目测试与实施。

做电商的时间久了，难免会遇到仓库和库存的问题。仓库管理也是一门学问，如何高效地利用库位存储更多的商品，如何让仓库中的商品井井有条，如何让商品的库存误差最小，如何让仓库工作新人按照规范操作流程上岗……库区的整理，库位的编辑，商品条码的生成，仓库工作人员的规范操作，将每一个环节落实到位，都可以间接地帮你节约经营成本！

| 芦栗 | 今天跟大家分享电商仓储的管理案例。说来也巧，接下来分享的案例中的商家仓库，我今天上午还带团队去参观过。我们团队在2015年“双11”后服务这个商家，该商家的“双11”活动做得很成功，订单量很大。不过该商家并不开心，因为他发不出去货，日单5000件，只能发出1000件。仓库货物堆成山（见图03-1），但订单显示缺货。

▲ 图03-1

| 芦栗 | 不知道大家有没有过这样的经历？我给大家介绍一下当时的情景：“双11”后订单下来了，要发货，库管软件中显示无货，怎么办？下单采购补货。但“双11”活动过后，仓库里全是整件的货。热销款怎么会有这么多积压？因为库存管理数据不精准。

| 芦栗 | 我们当时给这个商家的仓库做了一次诊断，仓库状况如图03-2所示。

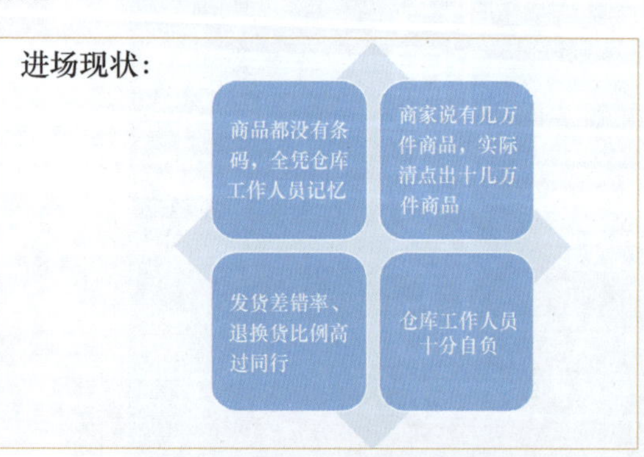

▲ 图03-2

| 芦栗 | 仓库人员负主要责任，商品没有条码，除了几个老员工外，其他员工及老板

都无法识别。老板说他有两个款，一个是白蓝条纹的，另一个是蓝白条纹的，但他的员工配货时，喜欢用什么款配就用什么款配。

｜芦栗｜可买家都是火眼金睛，大促之后售后问题一堆，你们经历过吗？因为商品没有编码，所以商家对自己的库存管理都比较粗糙。记得给商品贴编码前问商家有多少货，商家说几万件，但实际上我们整理出十几万件。是不是觉得赚了？多出来的货就是钱，但都是库存货，老板不忍心便宜卖掉，后来是老板的父亲做主论斤卖掉的。不卖掉，仓库不够用。当时老板想换个大仓库，我们去实地考察时，判断他的仓库发1万单没有问题，主要问题还是库存周转率低，所以我们建议他把库存都处理掉，采用快进快销的模式，因为他的货都是档口进的。

｜芦栗｜今天上午9点半，我们赶到商家仓库，正好碰上采购人员打条码，准备去档口拿货，仓库其他岗位的人还没有上班。采购人员根据系统给出的采购建议，分档口打印条码纸，如图03-3所示。采购量是按照订单中商品的需求数扣减商家仓库里的库存数之后得出的缺口数。

欢迎－聚水潭　已传采购建议

付款开始日期　付款结束日期　商品编码　款式编码　--样式--　--合储方--　建议采购数　1　至　供应商分类　供应商名　店铺

包含分类　虚拟分类　分销商　包含货到付款　考虑预售　忽略等待线上退款

排除标签

每页显示记录数[500] 修改　导出方式　生成采购单　一键生成采购单　打印　生成加工单　搜索

	图片	款式编码	颜色规格	供应商款号	供应商	建议采购数	标准装箱数量	最早下单时间	待发货数	仓库库存数	采购在途数	分类	商品编码	商品简称
1		16060034	枣红色（深红色）;25.0*25.0*15.0*12.0		铭洋手袋	2		2016-10-28 12:59:46	2	0	0		1606003402	
2		16030037	黑天鹅;28.0*31.0*14.0*6.0		铭洋手袋	1		2016-10-28 12:59:46	1	0	0		1603003701	
3		17040031	藏蓝色（藏青色）;9.0*19.0*2.0		路煜	2		2016-10-28 12:59:46	2	0	0		1704003101	
4		19944991	白色;27（2尺）		保定玥迦服饰制造有限公司	8		2017-02-19 21:11:12	8	0	0		maidong1994	
5		下-金2-B114-8881-J68-毛线围巾马甲棉衣	白色;均码			1		2017-05-03 09:56:53	1	0	0		000071	
6		下金1--真兔毛珍珠皮草	紫色;M			1		2016-12-09 19:34:59	1	0	0		000063	
7		网状分销测试1				1		2016-05-31 17:00:47	4	0	3		网状分销测试1	

▲ 图03-3

｜芦栗｜分档口分供应商拿货。每次采购时按照系统给出的采购建议，确定采购量。采购员不需要有采购经验。采购员带着商品条码去档口拿货，让供应商帮着把条码贴到商品上，然后将商品打包带回仓库，如图03-4所示。

▲ 图03-4

｜芦栗｜PDA就像快递公司的巴枪，直接一件一件地扫描商品就可以了，不需要整理商品，如图03-5所示。一般而言，商品入库时都要提前整理好，并且相同商品整理好后一起入库，但采用我们的快进快销模式，为了提高入库速度，拿到商品后可直接扫描入库。

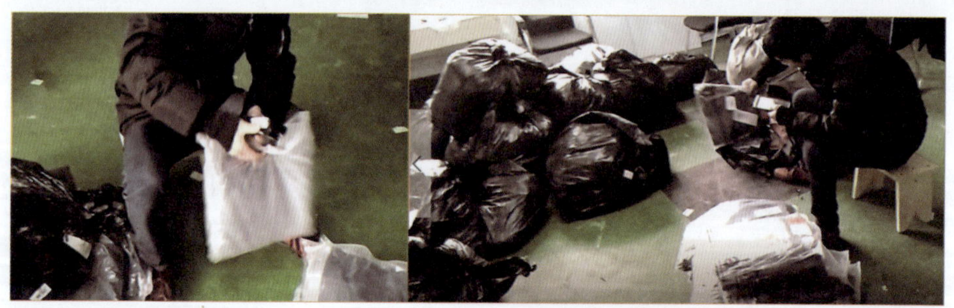

▲ 图03-5

｜芦栗｜无论拿到什么商品，都直接扫描入库。可以这样操作的原因是：在生成采购建议时，会把条码分成单件和多件两类，拿货时将单件与多件分成两批，单件入库后，直接扫描打单出库，我把这个模式称为一单一货盲扫。员工不用关心订单，看到单件条码拿过来直接扫描，系统自动匹配这个商品的订单，并打印发货单，这就是货找单。例如，今天案例中的这个商家，他的一单一件商品的订单占比大约为60%，也就是60%的订单都是先出采购需求，货采购回来入库后，扫描出单再发货，如图03-6所示。

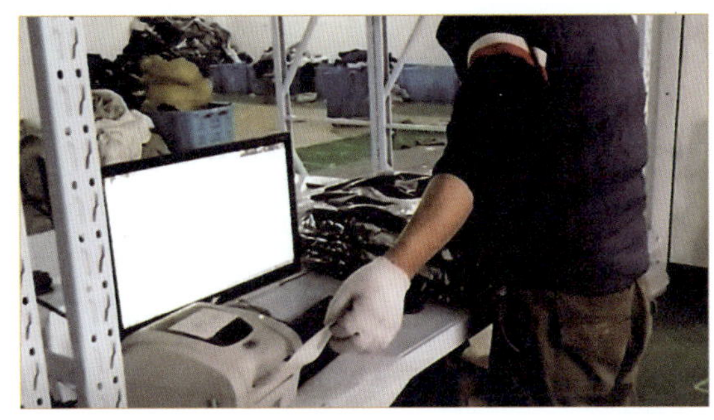

▲ 图03-6

｜芦栗｜总结一下，我们主要优化的3点如图03-7所示。

人员绩效通过PDA数据化

商品条码化降低对人员的依赖

系统自动校对，简化操作，提升单位人效

▲ 图03-7

｜芦栗｜在提升效率与准确性上，还在于全员PDA后，每人一个账号，每个人的操作都被记录下来，我们称为仓库工作量统计。

｜芦栗｜可以看一下图03-8，员工的每个动作几乎都被记录下来，商家可以按照这个工作统计结果给员工发放绩效工资。

欢迎-聚水潭　仓库工作量统计

截至日期: 2017-05-17　操作员:　操作类型:　商家 --选择商家--　搜索　清空　注意：数据可能会有一个小时左右的延时！发货数量，称重数量会延时一天

采购进仓	采购进仓数量	件码打印	快递上架	快递上架数量	普通上架	普通上架数量	进仓上架	进仓上架数量	下架	下架数量	拣货	拣货数量	整箱拣	整箱拣数量	出库验货	出库验货数量	拣货归还
0	0	0	0	0	0	0	0	0	0	0	0	0	0	0	0	0	0
0	0		0	0	0	0	0	0	0	0	0	0	0	0	0	0	0
25	1,117,182	2	15	11,986	1	5	2	25	3	3	26	27	3	3	77	224	20
25	1,117,182	2	15	11,986	1	5	2	25	3	3	26	27	3	3	77	224	20
25	1,117,182	2	15	11,986	1	5	2	25	3	3	26	27	3	3	77	224	20

▲ 图03-8

｜芦栗｜该案例中实际情况如下：

① 仓库员工共17人；

② 日单量为13879单；

③ SKU为111268种；

④ 商品共7738款；

⑤ 天猫店铺共26家。

｜鹿客1｜老师，如果做代销的话，是不是就不用考虑这个问题了？

| 芦栗 | 我们的分销系统可以一键分销，如图03-9所示。

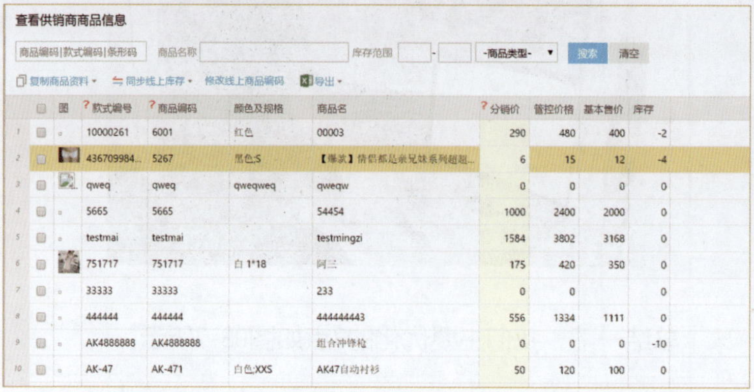

查看供销商商品信息

商品编码|款式编码|条形码　商品名称　库存范围　-　-商品类型-　搜索　清空

复制商品资料　同步线上库存　修改线上商品编码　导出

	图	款式编号	商品编码	颜色及规格	商品名	分销价	管控价格	基本售价	库存
1		10000261	6001	红色	00003	290	480	400	-2
2		436709984...	5267	黑色;S	【爆款】情侣都是亲兄妹系列超超...	6	15	12	-4
3		qweq	qweq	qweqweq	qweqw	0	0	0	0
4		5665	5665		54454	1000	2400	2000	0
5		testmai	testmai		testmingzi	1584	3802	3168	0
6		751717	751717	白 1*18	阿三	175	420	350	0
7		33333	33333		233	0	0		0
8		444444	444444		444444443	556	1334	1111	0
9		AK4888888	AK4888888		组合冲锋枪	0	0	0	-10
10		AK-47	AK-471	白色;XXS	AK47自动衬衫	50	120	100	0

▲ 图03-9

| 鹿客2 | 一键分销对店铺有什么要求吗？

| 芦栗 | 全网都可以随时查看供应商商品的价格和库存。

| 鹿客3 | 入仓人手要求很多吗？每次入仓都要把每件产品贴条码吗？

| 芦栗 | 贴码是一个持续的工作，需要把人力投在前面，简单理解就是要想出拳有力，就要先蓄力。不过，我们也有一键上架功能，不用一件件扫描。当然，这样做精确度会打折，效率与准确性到一定程度就会相互影响，这就要看商家自己想要什么了。如果要服务、高客单，则肯定要准确性；如果要省人工成本、低客单，则肯定要效率。

| 鹿客4 | 这种做法聚水谭用过，对于多品牌运作效果不好。如果是单个品牌，确实很好用，扫描就可以解决采购、入库、发货的问题。但是如果条码贴错，发的货也会错的。

| 芦栗 | 把条码贴错，发货肯定是错的。但是条码贴错只发生在一个工作环节，风险可控。如果没有条码，整个仓储环节都可能出错，风险就无法管控了。

04

直搜结合，22天做到单品类目第一

分享嘉宾　不灭｜主持人·整理人　汤琼

刘儒彦（花名“不灭”）

6年电商一线实操经验，操作过多个类目，擅长搜索优化和直通车打造爆款，曾20天做到玩具类目销售排名前三，15天做到生鲜类目新店月销售额过百万。

电商的本质是生意，从卖家的角度来说，从找到自己想卖的商品到如何去卖分两步，第一步是市场的分析，第二步是店铺优化。这两步都走好，小卖家也可日销千单。

｜不灭｜今天分享的内容是直通车和搜索结合，如何用22天做到类目排名第一，日销千单且销量一直稳定。

｜不灭｜首先来看一个数据截图，如图04-1所示。这个单品的排名一直稳定在类目第一。

行业TOP100商品

我的TOP50商品

你的商品排行 **第1名，第52名，第67名，第97名**，恭喜榜上有名！

▲ 图04-1

｜不灭｜由于类目第一，单品比较明显，所以有些地方打了马赛克。这是单品的现状，如图04-2所示。

	当前在线	24,920	57,719	1,003	40,240.1	1,855	商品温度计 单品分析
发布时间：2017-08-09							

▲ 图04-2

｜不灭｜再看一下直通车的数据，如图04-3所示。

｜不灭｜由以上数据可以看出单品销量的走势不错，都呈现上升的趋势。其中有两天流量突然暴涨，这是该类目的特性。星期六、星期日的时候流量会涨，一般在这个时段我都会把付费流量降低一点。

｜不灭｜店铺目前处于第5层级，一个款的销量起来后，店铺行业排名为第200名。现在布局另一个款，店铺很快就可以升到第7层级，然后布局“双11”，这是店铺和单品的现状。

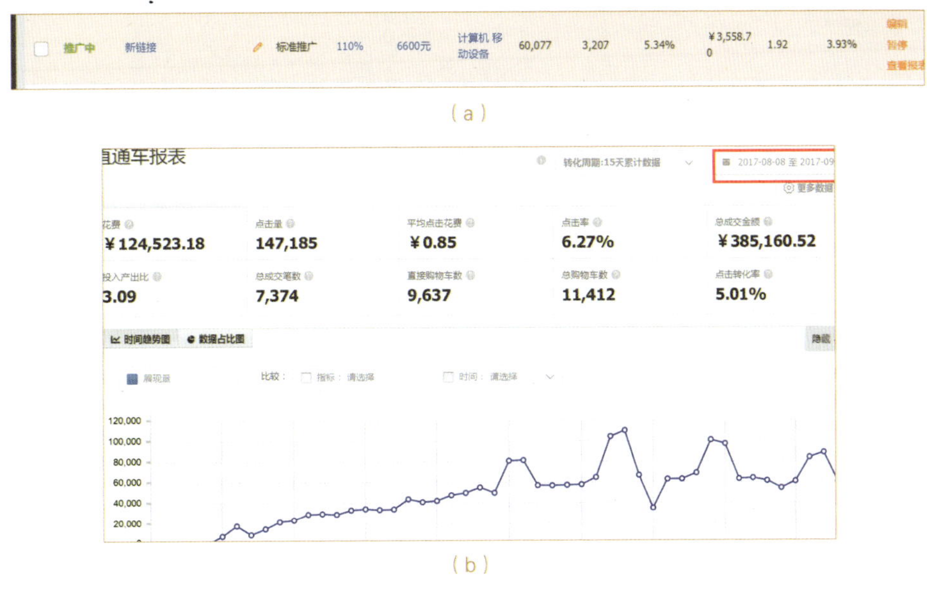

（a）

（b）

图04-3

|不灭| 下面介绍具体的操作步骤。第一步要先分析市场的竞争度。单击“市场”→“行业大盘”选项，如图04-4所示。

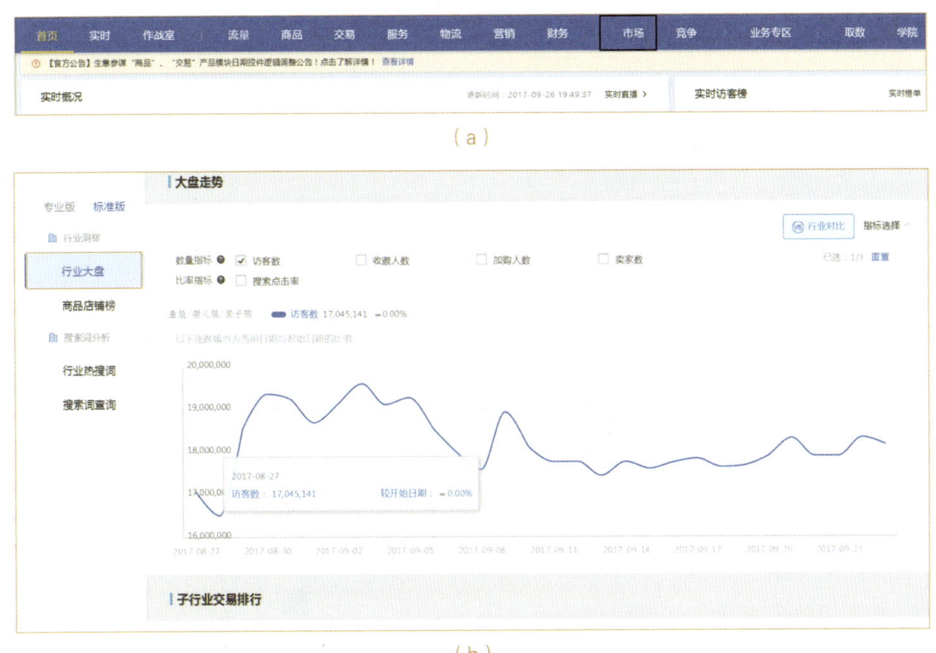

（a）

（b）

图04-4

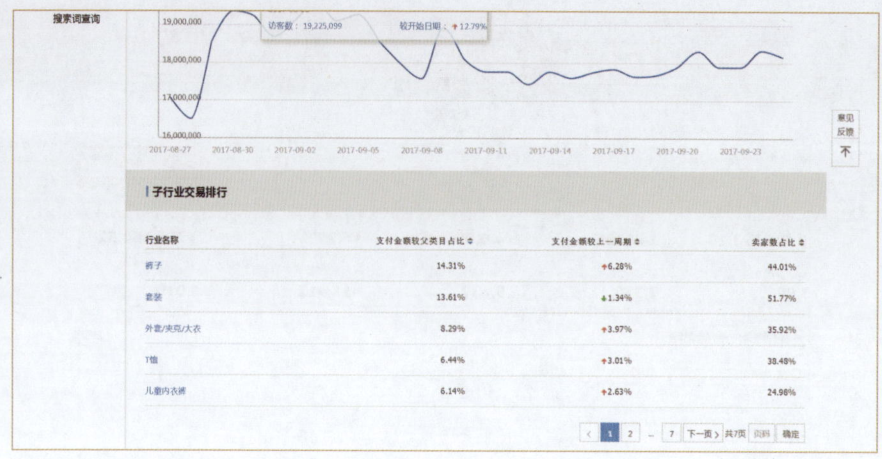

子行业交易排行

行业名称	支付金额较父类目占比	支付金额较上一周期	卖家数占比
裤子	14.31%	↑6.28%	44.01%
套装	13.61%	↓1.34%	51.77%
外套/夹克/大衣	8.29%	↑3.97%	35.92%
T恤	6.44%	↑3.01%	38.48%
儿童内衣裤	6.14%	↑2.63%	24.98%

< 1 2 … 7 下一页 > 共7页 页码 确定

（c）

▲ 图04-4（续）

| 不灭 | 我一般会看，如图04-5所示的3个数据。

行业报表

趋势 | 报表　指标选择

指标　☑访客数　☐浏览量　☑搜索点击人数　☐搜索点击次数　☑搜索点击率　已选：7/7 重置
☑收藏人数　☐收藏次数　☑加购人数　☐加购次数　☑客单价
☐浏览商品数　☐卖家数　☐被浏览卖家数　☐被支付卖家数　☑支付件数

访客数	搜索点击人数	搜索点击率	收藏人数	加购人数	客单价	支付件数
18,147,546	5,044,003	27.79%	1,582,897	4,677,457	101.67	4,517,846
较上一周期 ↓0.93%	较上一周期 ↓6.63%	较上一周期 ↓5.75%	较上一周期 ↓2.34%	较上一周期 ↓0.28%	较上一周期 ↑7.46%	较上一周期 ↑7.03%

（a）

子行业交易排行

行业名称	支付金额较父类目占比	支付金额较上一周期	卖家数占比
裤子	14.31%	↑6.28%	44.01%
套装	13.61%	↓1.34%	51.77%
外套/夹克/大衣	8.29%	↑3.97%	35.92%
T恤	6.44%	↑3.01%	38.48%
儿童内衣裤	6.14%	↑2.63%	24.98%

< 1 2 … 7 下一页 > 共7页 页码 确定

（b）

▲ 图04-5

| 不灭 | 我理解的数据优化是：单个数据是最直观的反馈；真正的数据优化是通过两个或两个以上数据合并分析得出的反馈；和某些数据权重积累产生的反馈相比，数据有累积性和衰减性。

| 不灭 | 将“支付金额较父类目占比”和“卖家数占比”两个数据合并分析，可以得出每个细分类目的竞争度。很多人会说这里的数据不准确。这里的数据是不准确，但它具有一定的参考价值，因为这里整个类目的数据都是在同一起跑线上，所以没必要纠结其准确度。

| 不灭 | 用卖家数除以支付金额较父类目占比，可以得出每个类目的竞争度。

| 不灭 | 整个行业类目的竞争度算出来后，再通过中间的数据分析，可以得出正在上升的竞争度低的类目。从中找出前5名，然后在前5名里面找到客单价最高的类目。在同等基数的情况下，客单价越高，利润空间越大。客单价高也可以很有效地提升店铺的层级。店铺层级提升以后，好处是很多的。

| 不灭 | 这样分析下来，可以得出整个类目中比较有优势的细分类目。确定了要做哪个市场以后，就要确定单品了，我这里就不一一分析这个市场了。简单地看一下，一个类目是亲子装，另一个类目是羽绒服。当然，不一定是这两个类目，这里假设是这两个类目。

| 不灭 | 由图04-6～图04-8可以看出这两个类目的数据上升得都很快。

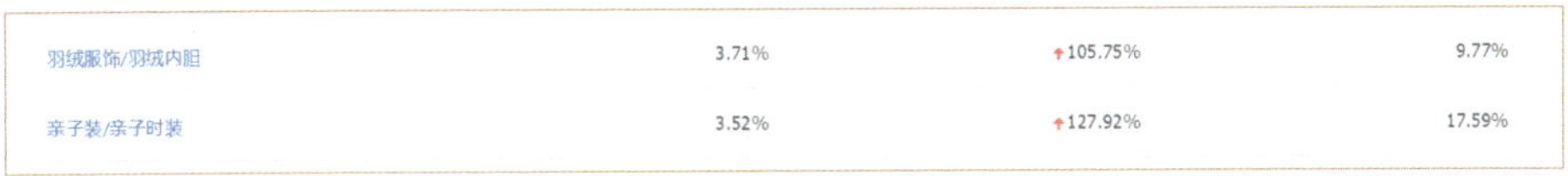

羽绒服饰/羽绒内胆	3.71%	↑105.75%	9.77%
亲子装/亲子时装	3.52%	↑127.92%	17.59%

▲ 图04-6

行业大盘 累计值　　最近1天（2017-09-25~2017-09-25）　童装/婴儿装...装/亲子时装　所有终端　全网

子行业交易排行

行业名称	支付金额较父类目占比	支付金额较上一周期	卖家数占比
亲子装/亲子时装	100.00%	↑127.92%	100.00%

（a）

▲ 图04-7

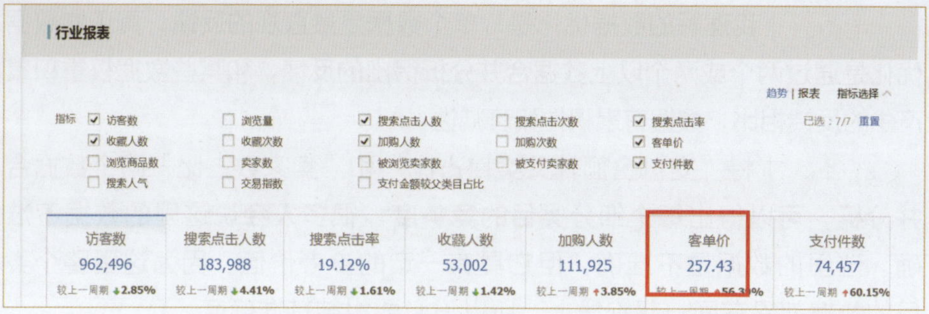

（b）

▲ 图04-7（续）

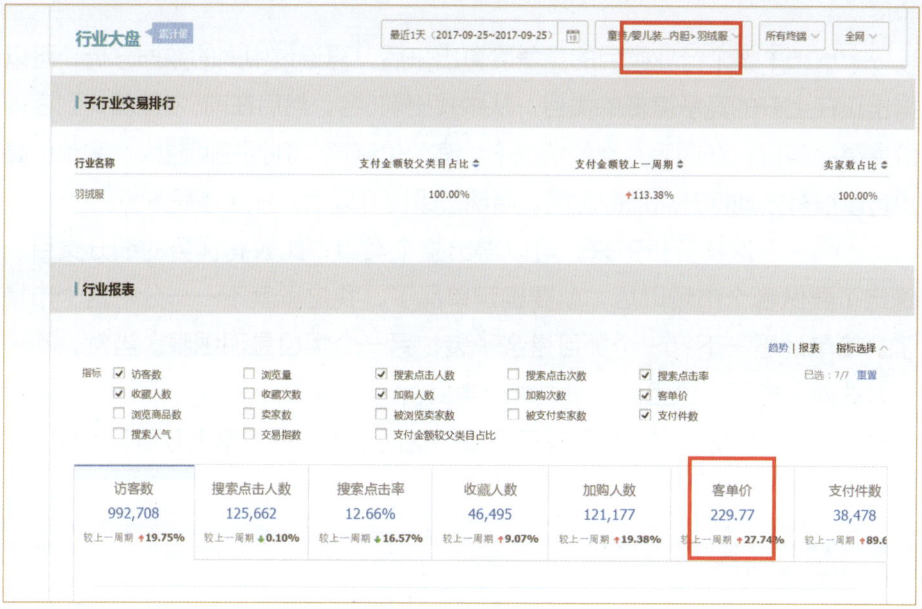

▲ 图04-8

｜不灭｜确定要做这两个类目以后，就要进行选品了。选品一般有两种方式：一种是自有工厂，另一种是从档口拿货。自己有工厂的，货源稳定，利润空间大。档口拿货的，拿货模式建议采用直接仿款。有工厂生产的，可以在生意参谋的“属性粒度”详情页里面找市场大的属性进行打板，如图04-9所示。

▲ 图04-9

｜不灭｜档口拿货的商家占多数，所以今天重点介绍拿货操作的方法。

｜不灭｜继续前面的话题。对于亲子装和羽绒服两个类目，显然亲子装更适合仿款。既然要仿款，那么一定要仿数据好、转化好、利润大、上升趋势好的款。

｜不灭｜我们来看一下亲子装的行业粒度，如图04-10所示。

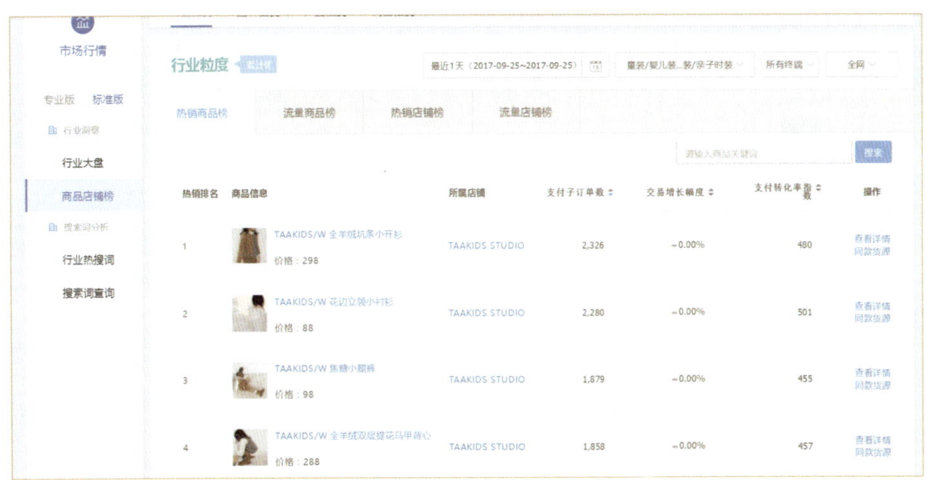

▲ 图04-10

｜不灭｜没有交易幅度的款不要看。建议在搜索栏里输入一个“秋”字，如图04-11所示。

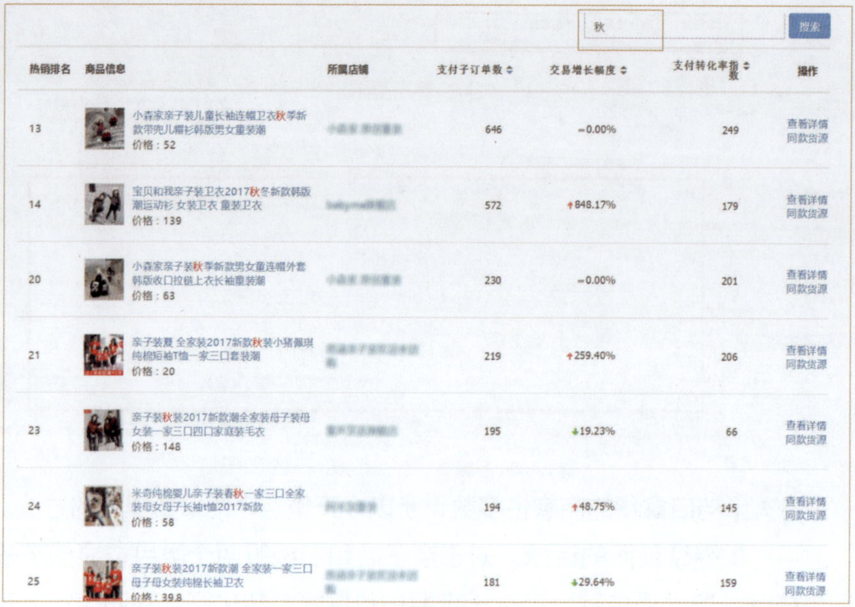

秋 搜索

热销排名	商品信息	所属店铺	支付子订单数	交易增长幅度	支付转化率指数	操作
13	小森家亲子装儿童长袖连帽卫衣秋季新款带兜儿帽衫韩版男女童装潮 价格：52	[illegible]	646	−0.00%	249	查看详情 同款货源
14	宝贝和我亲子装卫衣2017秋冬新款韩版潮运动衫 女装卫衣 童装卫衣 价格：139	[illegible]	572	↑848.17%	179	查看详情 同款货源
20	小森家亲子装秋季新款男女童连帽外套韩版收口拉链上衣长袖童装潮 价格：63	[illegible]	230	−0.00%	201	查看详情 同款货源
21	亲子装夏 全家装2017新款秋装小猪佩琪纯棉短袖T恤一家三口套装潮 价格：20	[illegible]	219	↑259.40%	206	查看详情 同款货源
23	亲子装秋装2017新款潮全家装母子装母女装一家三口四口家庭装毛衣 价格：148	[illegible]	195	↓19.23%	66	查看详情 同款货源
24	米奇纯棉婴儿亲子装春秋一家三口全家装母女母子长袖t恤2017新款 价格：58	[illegible]	194	↑48.75%	145	查看详情 同款货源
25	亲子装秋装2017新款潮 全家装一家三口母子母女装纯棉长袖卫衣 价格：39.8	[illegible]	181	↓29.64%	159	查看详情 同款货源

▲ 图04-11

| 不灭 | 搜索出来的数据如图04-12所示。点击查看，会发现很多商品用的关键词跟商品属性不符，这样的词浪费资源。

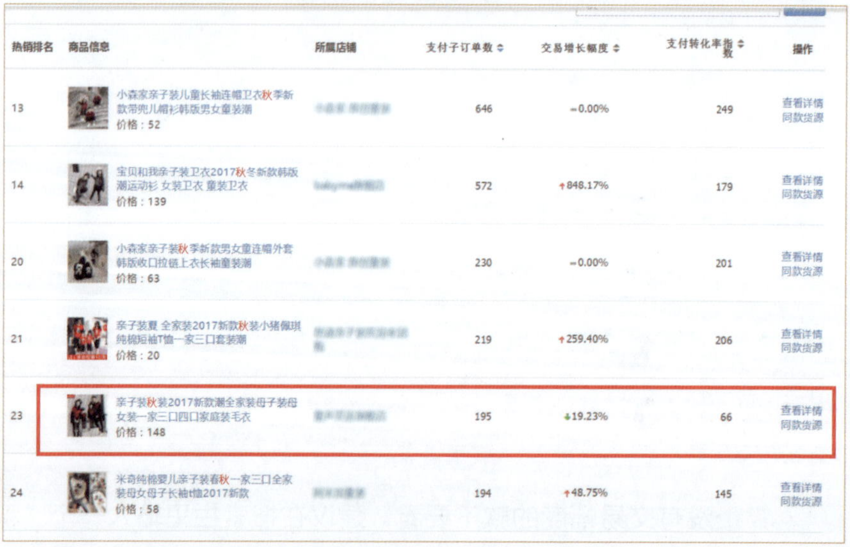

热销排名	商品信息	所属店铺	支付子订单数	交易增长幅度	支付转化率指数	操作
13	小森家亲子装儿童长袖连帽卫衣秋季新款带兜儿帽衫韩版男女童装潮 价格：52	[illegible]	646	−0.00%	249	查看详情 同款货源
14	宝贝和我亲子装卫衣2017秋冬新款韩版潮运动衫 女装卫衣 童装卫衣 价格：139	[illegible]	572	↑848.17%	179	查看详情 同款货源
20	小森家亲子装秋季新款男女童连帽外套韩版收口拉链上衣长袖童装潮 价格：63	[illegible]	230	−0.00%	201	查看详情 同款货源
21	亲子装夏 全家装2017新款秋装小猪佩琪纯棉短袖T恤一家三口套装潮 价格：20	[illegible]	219	↑259.40%	206	查看详情 同款货源
23	亲子装秋装2017新款潮全家装母子装母女装一家三口四口家庭装毛衣 价格：148	[illegible]	195	↓19.23%	66	查看详情 同款货源
24	米奇纯棉婴儿亲子装春秋一家三口全家装母女母子长袖t恤2017新款 价格：58	[illegible]	194	↑48.75%	145	查看详情 同款货源

▲ 图04-12

| 不灭 | 现在大家跟着我一起操作。我找到的这个款，跟未来的市场趋势相吻合，而且就目前的订单量来看，也算是一个小爆款了。要在这里找仿

款，一是根据你自己的货源情况，二是考虑你的利润空间。

| 不灭 | 点开这个单品，看一下该单品的流量结构，如图04-13所示。每个类目的流量结构都不同，要逐一分析。

PC端来源

来源名称	访客数	占比	浏览量	占比
淘宝搜索	55	33.13%	63	32.64%
天猫搜索	52	31.33%	57	29.53%
淘宝客	16	9.64%	20	10.36%
淘宝站内其他	16	9.64%	22	11.40%
购物车	12	7.23%	16	8.29%

无线端来源

来源名称	访客数	占比	浏览量	占比
直通车	5,468	31.01%	10,270	29.08%
手淘搜索	4,898	27.78%	8,788	24.88%
手淘首页	4,064	23.05%	7,860	22.25%
购物车	813	4.61%	2,745	7.77%
淘内免费其他	485	2.75%	1,053	2.98%

▲ 图04-13

| 不灭 | 我们今天的运气还是不错的，找到了一个刚做起来的新款。可以看到该款的流量结构，直通车占比为31%，也还可以。现在是每天200单，如果维持现在的订单量，后面的搜索量肯定会持续上涨。

| 不灭 | 我判断这个款是个好款，可以作为要仿的款。

| 不灭 | 确定好要做的类目，也确定了要仿的款，下面就要开始出苦力了。思考一个问题：该店铺的这个款不错，淘宝给了它这么多的免费流量，有搜索、有首页，按照常理来说，我们做到一样的数据，是不是也可以拿到一样的流量呢？如果我们的投入比该店多一点，是不是可以获得更多的流量？一般来说是没有问题的。我会让美工做一个比要仿款的商品更好的详情页。

| 不灭 | 内功做好了，下一步开始做标题。

｜不灭｜标题一般都是用核心词加属性词进行衔接。

｜不灭｜做标题的时候要下点功夫。单品决定店铺的命运，标题决定单品的命运。标题里的属性词有切分市场的作用，不同的属性切分可能是不同的市场。做标题时，先对竞争对手的标题进行拆分，然后根据竞争对手的核心商品词建立词库，如图04-14所示。

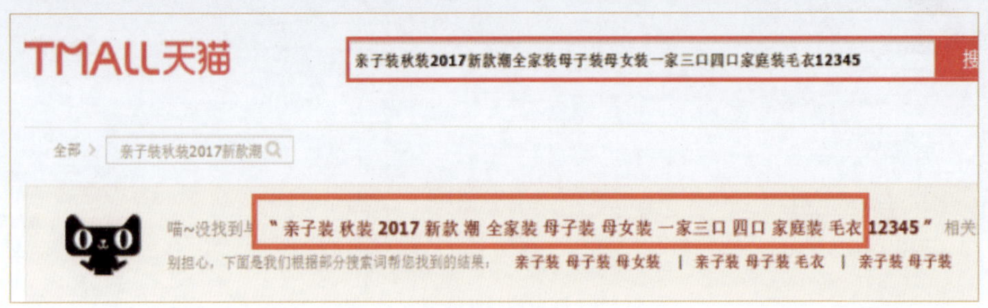

▲ 图04-14

｜不灭｜我把刚才我们做的单品的标题进行了拆分，可以看出该标题很多都是商品词。

｜不灭｜再看一下，有没有发现最后一个词“一家三口”没有被拆分出来？如果有人搜索“一家四口”，该词有可能会被展现，但是权重是很小的。另外，一个“家庭装”应该是没有多大搜索人气的，这个商品词在标题里是浪费资源的。

｜不灭｜如果非要做标题，可以把“家庭装”去掉，换成“一家四口”。我说的是思路，建议建立个词库，根据商品词延伸标题核心词和属性词。

｜不灭｜建立了一个词库后，很容易就可以做出拓展范围更大的标题，这就意味着你的标题被搜索上升的空间更大。

｜不灭｜初期做标题，如果有词可选择的话，尽量用那些精准属性词，这样可以有效地提升单品的转化率。

｜不灭｜通过这样一个优化的流程，我们就可以在竞争对手的基础上做出比竞争对手更好的标题。

｜不灭｜这样搜索的基础就打好了，详情页也做好了，下一步要重点优化先决条件——商品评价（见图04-15）和“问大家”。

▲ 图04-15

| 不灭 | 在“问大家”中，可以是商家自己提问，也可以是买家提问，回答者可以是商家，也可以是买家，但不能自问自答。如果是购买过商品的买家回答，则会提高商品的可信度，促进客户下单。

| 不灭 | 商品评价中要注意处理中差评，“问大家”中要注意优化不利于产品销售的问题和回答。

| 不灭 | 详情页、主图、标题做好后，商品评价、“问大家”中的内容都优化、处理好后，就可以上直通车了。回过头来再看一下我们要做的这个款。

| 不灭 | 从图04-16中可以看出，该款的数据是被直通车拉起来的，我们直通车的数据不比它差就可以了。可以看到该款每天的点击量是5000多，我

们先思考一个问题：一个款一天有几千的点击量，它的底气是什么？

▲ 图04-16

｜不灭｜答案是款好、图好、数据好。款是一样的款，图是一样的图，差别只是直通车图不一样，以及直通车投放的关键词不同。一开始我会添加20个不同属性切分的关键词，然后添加4个创意图进行数据的拉升。在测试阶段，PPC高点是无所谓的，如果能测试出好的数据，PPC迟早会下去的。

｜不灭｜有了一定的数据后，先看一下点击率好的是哪些关键词，是朝着哪些方向发展的。为了便于理解，我们来看图04-17所示的直通车计划。

▲ 图04-17

｜不灭｜这只是对关键词进行了优化，不是所谓的删除点击率低的关键词，保留点击率高的关键词。方向是属性衔接的方向，如图04-18所示。

半身裙 中长款	-	361	3	0.83%	¥1.21
套装女秋装时尚潮	-	227	2	0.88%	¥0.60
女秋装两件套	-	391	4	1.02%	¥1.43
秋套装女 两件套	-	177	0	0%	¥0
秋季套装女	-	141	0	0%	¥0
高腰半身裙	-	91	0	0%	¥0
女秋套装时尚两件套	-	81	1	1.23%	¥0.36
秋季套装女时尚气质	-	39	0	0%	¥0
套装秋女 两件套 中长款	-	24	0	0%	¥0
女装秋装2017新款潮	¥0.05	12,757	522	4.09%	¥1,417.33
牛仔裙中长款	¥0.05	8,218	384	4.67%	¥526.42

▲ 图04-18

| 不灭 | 从图04-18中可以看到框选的这些词分流了一定的数据，点击率比较差。然后我分析点击率高的关键词，发现一个属性衔接的方向，关键词里添加了“牛仔”后点击率高了。之前只有3个带“牛仔”的关键词，后面我又加进去几个关键词，点击率都很不错，如图04-19所示。

分		计算机排名	移动排名	计算机出价	移动出价	展现量	点击量	点击率
-	-	-	-	默 0.10元	折 0.10元	-	-	-
8分	10分	无展现	移动4~6条	0.05元	0.41元	1,321	50	3.79%
8分	10分	无展现	移动4~6条	0.05元	0.49元	770	41	5.32%
8分	10分	无展现	移动7~10条	0.05元	1.01元	2,457	111	4.52%
8分	10分	无展现 分布	移动前三 分布	0.05元	0.52元	1,188	68	5.72%
8分	10分	无展现	移动4~6条	0.05元	0.25元	783	35	4.47%
8分	10分	无展现	移动前三	0.05元	0.77元	342	24	7.02%

▲ 图04-19

| 不灭 | 到了这一步，关键词的问题解决了，我们再来优化图。

| 不灭 | 让美工针对“牛仔”这个属性，做4张差异化比较大的直通车图，并进行测试。

| 不灭 | 差异化比较大的直通车图，点击率的差异化也是比较大的，如图

04-20所示。

| 不灭 | 找出点击率最好的产品词来用，再与根据测试出来的高点击率的属性词进行衔接，最后进行人群的精准定位。一般来说，这样的操作很容易把点击率做到行业的2倍。

| 不灭 | 几天过后，你的PPC就会下降得很快，这时，一般来说你的PPC就比你的竞争对手低很多了，你就可以开始冲销量了。记住不要“温水煮青蛙”，冲销量没有超过1个月的，1天500单，1个月15000单，3个月45000单，都不如半个月万余单效果好。

| 不灭 | 直通车词和图的问题都解决了，下面就是权重的积累了。当你的权重积累到一定量的时候，你的搜索量会爆发得很猛烈。很多朋友会有一个误区，就是冲了几天销量后，搜索量没起来就不冲了。你为什么不再坚持冲几天呢？权重有积累性和衰减性。当然，冲销量的前提是你对你的产品有底气。

点击率	花费	平均点击花费
5.94%	¥191.92	¥1.57
2.50%	¥1.33	¥1.33
4.41%	¥401.44	¥1.99
2.12%	¥5.27	¥1.32
4.80%	¥599.96	¥1.82

▲ 图04-20

| 鹿客1 | 一直有个问题：直通车用一两个周期后，花费是要保持不变，还是降下来？若是降下来，是慢慢降点击单价，还是降日限额？

| 不灭 | 搜索量涨了，销量稳定了，就可以降点击单价或日限额。

| 鹿客2 | 冬装冲量是用有销量积累的款冲，还是另外做新链接，像你说的半个月过万单地推呢？

| 不灭 | 如果数据好，老款和新链接的效果都一样。

05

新品打造需要做对哪些事

分享嘉宾　白桥——主持人·整理人　汤琼

邵秀成（花名“白桥”）

4年电商从业经验，主攻服饰类目，2015年网店销售额达2000万元。

新品的优化在整个运营环节中非常重要，它是打造爆款的基本条件。新品的优化可以从商品属性、标题、SKU文案、商品介绍、主图、详情页等方面着手，具体做法见下文。

|白桥|一般我自己打造一个新品的时候，在上架之前，能优化的工作都尽量全部优化到位。有人可能会有疑问：新品有什么可优化的呢？其实，新品可优化的内容有很多。很多小卖家喜欢拿了厂家的图片就立马上架宝贝，结果一搜图片就搜出一堆同款，这样仓促上架的宝贝能打造成爆款的概率很低。所以我上架新品之前，宝贝的产品属性、标题、SKU文案，以及商品介绍、主图、PC端详情页和无线端详情页都会设计好，且全部都要一步到位。另外，还需了解商品的属性、成本及销售周期的长短。

|白桥|成本高利润自然低，所以打造爆款的目的大多是引流，而非获利。对于销售周期短、季节性的商品就不适合慢慢优化的打造办法，而是要采取快速卡排名、冲销量的打法。宝贝属性优化完成后，我会着手开始做买家秀。当然，标品也是需要很好的买家秀来加分的。

|白桥|好的SKU文案也是可以提升转化率的，如图05-1所示。

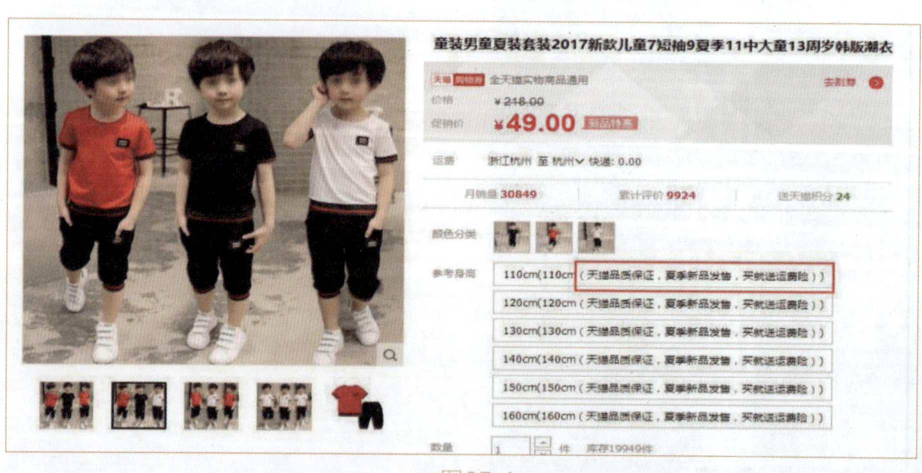

▲ 图05-1

|白桥|买家秀的5张图，对转化率的提升也是很有帮助的，如图05-2和

05-3所示。

▲ 图05-2

▲ 图05-3

| 白桥 | 评价里面的标签，要确保不能出现绿色标签，即差评（见图05-4）。绿色标签对转化率是有很大伤害的。

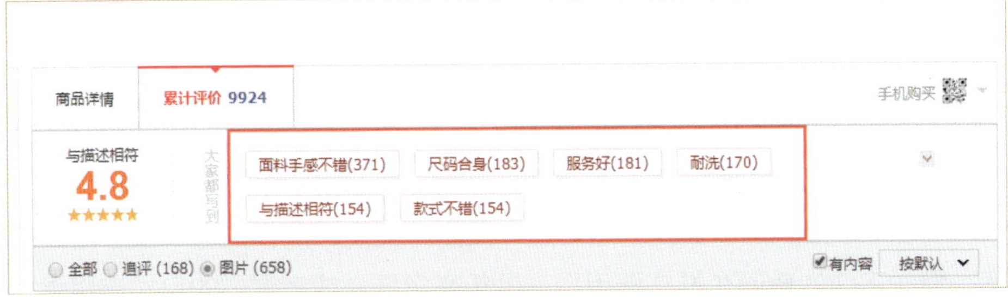

▲ 图05-4

| 白桥 | 大家可以看一下我的两个主款的转化率，如图05-5所示。

访客数TOP50　支付金额TOP50　请输入商品名称或ID

商品名称	所有终端的浏览量	所有终端的访客数	所有终端的支付金额	所有终端的支付买家数	所有终端的支付转化率	操作
发布时间：2017-03-08 22:25:54	35,316	10,722	44,067.48	819	7.64%	实时趋势
发布时间：2017-03-08 22:29:02	29,394	9,891	30,361.90	536	5.42%	实时趋势

▲ 图05-5

| 白桥 | 基础的买家秀评价和销量做好之后，接下来就利用直通车测款、测图。直通车中，选10~15个子类目的重点关键词去测试图片的点击率，在测图的同时，转化率也能看得出来。因为直通车每天都会有精准流量进

来，测款的时候不要考虑直通车的ROI，而要重点关注单品的整体转化率。转化率和图片点击率都测试好之后，接下来要做的就是根据每天的订单增量控制直通车推广费用的增长幅度，做好订单增量走线，也就是俗称的爆款曲线。

| 白桥 | 这样一般两个周期之后就能获取不错的自然流量，等自然流量稳定之后就可以开始慢慢减少付费的流量。

| 白桥 | 以上是我打造新品爆款的操作流程。很多人都迷恋打造爆款的玩法，其实淘宝搜索引擎的规则很简单，只要销量一天比一天好，系统肯定就会给你流量。不要把玩法想得太复杂，往往是细节做得越好，将宝贝打造成爆款的概率越高。

| 汤米 | 在测图的时候，如果前期没有多少销量以及好的排名卡位，如何判断这个图是否为好图呢？

| 白桥 | 好的图即使排名卡在15~20名的位置，也能获得很好的点击率；不好的图，即使排名卡到首屏也不会有很好的点击率。

| 汤米 | 刚刚老师说的“一般两个周期”，这个周期是怎么计算的呢？

| 白桥 | 我说的周期，指的是宝贝上下架的周期，我一般按14天计算。

| 鹿客1 | 老师，前期基础的买家秀一般做多少个合适？

| 白桥 | 买家秀我一般会做10~15个。

| 鹿客2 | 订单量两天高、一天低，这是什么原因导致的不稳定呢？

| 白桥 | 如果爆款曲线的走势是一天比一天高，而你的订单量不稳定的话，看一下你的直通车推广费用是不是忽高忽低，或者看你的自然流量是不是忽高忽低。如果自然流量是一个稳定的状态，那么每天把直通车的推广力度加大，这样你的订单量就会跟着你的推广费用变化了。控制好推广的节奏可以很好地控制订单量的增幅。

| 鹿客3 | 如果大盘数据都在下降，我的单量也在下降，这正常吗？

| 白桥 | 大盘数据下降时，你可以去看看你的竞店、竞品的数据是不是都在下降，从而判断此种态势是否正常。

| 鹿客4 | 如何平衡搜索和直通车的关系？

| 白桥 | 你要明白我们开直通车的目的是什么，是要解决新品没有流量的问题。没有流量就没有转化，没有转化淘宝系统就无法判断你的商品是不是好商品，自然不会给你排名，所以才需要通过直通车的方式拉流量，让商

品有转化率，从而让淘宝系统抓取到我们的宝贝并判断为优质宝贝，这样后期的自然排名就有了。有了排名也就有了展现机会，之后要获得自然流量就得靠点击率了。当直通车把自然流量拉到稳定状态的时候，就可以慢慢地降直通车的费用。具体的平衡点你心里应该比我更清楚，就是判断不再投广告时，数据会不会下滑，商品还能卖多久。其实每个卖家心里都有一个自己的平衡点。

| 鹿客5 | 老师，如果没有手淘首页，也可以利用直通车来引流吗？

| 白桥 | 获取首页流量最快的方法就是直通车中“猜你喜欢”的投放，然后做高产出。

| 鹿客6 | 老师，“猜你喜欢”是单独开个计划还是跟商品计划一起开比较好呢？

| 白桥 | 最好是单独开一个。

| 鹿客7 | 老师，现在单品手淘搜索量每天都是在300左右，各个维度控制得也都很好，但是转化率一直都不提升，现在是加大直通车推广、投入钻展好点，还是店铺再另做一款产品打造爆款？

| 白桥 | 这取决于产品本身类目的流量大小。

| 鹿客7 | 主图几乎没改变。

| 白桥 | 主图之间最好有差异。

| 鹿客8 | 人群标签是怎么形成的？

| 白桥 | 人群标签是根据你的单品每天成交的买家人群累计形成的，包括收藏、加购的人群，这些都是你的目标人群。

06

如何玩转内容营销之微淘

分享嘉宾 风骑士

主持人·整理人 聂辉

江源（花名“风骑士”）

6年电商从业经验，英国皇家物流与运输学会会员，中国物流行业学会会员，擅长供应链优化整合、店铺定位。

电商运营因为更新迭代的速度太快，平台变化也非常快，导致很多运营人很浮躁，但是内容营销是需要沉淀的，比如要做好微淘，不仅需要耐心，还必须做好每周的内容规划，以及内容效果的分析和优化！

| 风骑士 | 内容营销落地到中小卖家，微淘是一个比较常见的方式。所谓内容营销、IP营销，在几年前就是一个风口了，现在淘系运营在经历了成熟的千人千面和标签化之后，也开始往内容营销发展，甚至今年的一个政策就是加大了微淘端的权重。虽然这个权重在微淘刚开始出现的时候就已经存在了，这几年也一直在鼓励商家做好这块，甚至在1年前，手淘首页里就有关于微淘的千人千面的推送，只是一直没有被大多商家用起来。当所谓的大店、网红店把这块流量推起来之后，微淘才被大多数商家所关注。

| 风骑士 | 我相信有很多商家也都尝试过微淘，但由于各种原因而没有产出和结果。然后当某一位老师或者专家分享了某些知识干货之后，大家都跟着操作，到最后就变成到处去听课，到处去拜师，结果自己店铺的业绩还是老样子，甚至因为到处“赶课”而顾不上店铺的运营，导致店铺的业绩下滑。

| 风骑士 | 当然，我不是说那些老师或者专家讲得不好或者提供的不是干货，相反他们讲的这些都是经过实践检验的成功案例，那么问题出在哪里呢？

| 风骑士 | 所有的优秀案例所呈现的结果都是基于各种条件产生的，而这些条件都是不可复制，也不可能雷同的，所以不能生搬硬套，直接简单复制。

| 风骑士 | 其实前面我讲了这么多，只是想告诉今天来听分享的商家：我不会给大家分享我们该怎么去做微淘，怎么去做内容营销，但是我会和大家分享我是如何去尝试和做好一个“新事物”的。

| 风骑士 | 下面开始今天的分享。我们认识到微淘对商家是一个新的流量入口或者是一个机会，那么我们就必须去判断和衡量自己到底有多少资源去运作这件事。这一步的目的就是为了避免东一耙西一耙，每次都耙不到，

却在这个过程中浪费了很多资源。

｜风骑士｜现在假设我们要做微淘，也有基本能匹配的人员或者相关资源。我在做事之前，会去收集很多在这方面做得好的同行甚至是其他类目做得好的微淘的内容。在这里，建议大家多去看看女装类目和美妆类目的微淘内容，这两个类目在整个淘系运营里早已有好的成功案例。尤其是女装类目，往往在女装类目里被用烂了的方法，在其他类目里仍是很好用的方法。

｜风骑士｜如果有很高的阅读量，但是点赞和评论很少，我会去分析为什么点赞、评论少，问自己："如果我是买家，为什么不去点赞？"如果数据好，我也会去分析好在哪里，问自己："为什么这篇微淘的文章会有这么多的互动数据？"在此过程中，我会把这些分析结果都记录下来，这些都将成为我们微淘运营团队的运营方向。在收集优秀案例并做分析之后，我们会对收集到的微淘内容进行归类和整理。

｜风骑士｜截至目前，大家常用的微淘内容主要分为以下几类：①话题互动（自建话题或者是话题榜）；②买家秀；③帖子文章；④新品首发链接；⑤视频/直播。因为内容板块非常多，而且到了后期，每天可以发送的微淘内容数量也非常多，为了保证发出的信息有条理，我们会把一周的微淘内容做一个规划，也就是在本周五之前规划下周所有的微淘内容。

｜风骑士｜图06-1是我做的微淘内容的规划表，大家可以借鉴一下。

	举例
周一	买家秀，深度文章，单品推荐
周二	买家秀
周三	单品推荐，买家秀
周四	到货通知，买家秀，单品教程
周五	顾客答疑，买家秀，上新预告
周六	深度文章，单品推荐，直播预告
周日	直播抽奖，上新
	保证每天2条以上内容发布

固定微淘标签（尽量保证每天微淘都有标签）	各内容标签建议频率	说明
买家秀	每周4～5次	美观，文字说明要有重点，有诱惑力
大嫂日常	每周2次	XX员工在服饰穿搭、小配件、旅行分享方面有较多经验 日常会针对这些方面分享，不光是美妆部分
单品推荐	每周3次	文字精准，图片美观，得有大嫂和产品的图片，可带销量或者好评截图
到货通知	有需要的时候推	
顾客答疑	每周至少1次	对卖家的同类问题集中说明
单品教程	每周至少1次	有些产品，如雾霾口红手法，洗面奶怎么出泡，产品怎么用，可以作为教程以推荐单品的形式发
直播抽奖	有需求的时候	每次直播的时候提前一天
直播预告	有需求的时候	
互动（如盖楼活动）	无上新的时候每10天1次	为了保证用户的活跃度，每10天进行一次互动性微淘，可增加盖楼标签或者其他互动标签，比如晒单大比拼，送出一些小礼物，参与形式可以是评论晒单、投票、答题、踩楼等
深度文章	每周2次，要有话题，不能连在一起	

▲ 图06-1

｜风骑士｜我们一般是周三前确定大致的主题，周五前完成相应的文案部分（有条件的商家最好聘用专门的文案人员，文案人员最好是有广告或自媒体相关工作经验、汉语言文学相关专业毕业的人）。规划工作非常重要，这是再一次避免东一耙西一耙地运营。另外，做规划的真正目的是为复盘做准备，如果工作没有规划，那么做任何复盘也都是没有规划、没有条理、没有思路的。

｜风骑士｜在发送微淘内容的过程中，我会不断测试不同的时间点发送的推文的效果。当微淘的效果越做越好，你能发的文章就会越来越多。刚开始都是从一天一篇开始的，目前从我这家店的测试结果来看，一般晚上8点半到10点半期间推送的微淘内容，不管是点击率还是曝光数都是最高的；一周当中，周末两天的阅读率和点击率会下降，所以我们要在周末发送的微淘内容，一般都会晚一点或者早上10点之后再发送。

｜风骑士｜在这里，我要再次强调：我们店铺测试出来的这个数据，仅仅适合我们店铺消费者的情况，所以其他店铺、其他类目是不是这种情况，还请大家自行测试。如果这一点你还是复制我们店铺的测试结果，那么在认知上，你还是没有做任何调整和改变。另外，每个月都尽可能做一个总结，不管是从内容上、版式上，还是从配图上，都要做一个数据总结。在总结的过程中，不仅要总结自己店铺的情况，还要总结优秀的参考案例。可整理到Excel表格中，如图06-2所示。只有这样才能在不断测试、不断总结中向内学习、向内生长。

自己店铺								对手店铺							
顺序	时间	分类	具体内容	阅读量	点赞数	评论条数	备注	顺序	时间	分类	具体内容	阅读量	点赞数	评论条数	备注
1								1							
2								2							
3								3							
4								4							
5								5							
6								6							
7								7							
8								8							

▲ 图06-2

｜风骑士｜电商运营更新迭代的速度实在太快，平台变化也非常快，所以大家都极度缺乏安全感，其实这个时候，越是能沉下心的人，越是能走到最后。

｜风骑士｜最后送大家一句话，我们一起共勉：不管何时，不管何地，时刻保持一颗敬畏的心——敬畏这个时代，敬畏同行，敬畏顾客，敬畏自然。（注：敬畏，有敬才能生畏，有畏才能沉下心，一步一个脚印地往前走。）

07

直通车原来可以这样做精准人群的投放

分享嘉宾 王诚 | 主持人·整理人 黑骑士

王诚

7年直通车“老司机”，成功打造783个爆款，12个单品居行业类目前三，直通车累计消量金额达上亿元。

开直通车的关键是确保人群标签的精准。在开直通车之前，需要做好人群的初步筛选，再结合生意参谋进行关键词的分析，可以快速地找到精准人群。

｜王诚｜今天分享的内容是关于如何获取直通车的精准人群。那么什么是直通车精准人群？在理解这个概念之前，先来了解一下人群展现的逻辑和位置。

｜王诚｜先来看人群展现的逻辑。现在人群展现都是基于关键词的，如果没有关键词，就没有对应的人群搜索的展现量。关键词本身的展现量越大，人群搜索的展现量也就越大。

｜王诚｜再来看人群展现的位置。它和关键词的展示位置是一模一样的，只是有了针对特定人群的溢价后，这个特定人群就会被有限展现。

｜王诚｜下面举一个例子来说明直通车人群的结构和逻辑。例如，我是买家，男性，30岁，高消费，喜爱Jeep，是淘宝的忠实买家，这些都是我的标签。

｜王诚｜如果你是卖家，售卖Jeep高端配件，主要客户是高消费的Jeep车主，最好是男性，因为他有改装意愿。

｜王诚｜假如你的一个商品是Jeep射灯，也设置了“Jeep射灯”这个关键词，并且把搜索人群里的“自定义人群”设置为“男性+月消费金额1750元以上+Jeep”，“溢价”设定为300%。

｜王诚｜假如我去淘宝搜索“Jeep射灯”这个关键词，会出现很多Jeep射灯的宝贝。但因为我有自身的标签，你作为卖家也有设定的人群标签，我们标签匹配度比较高的时候，你的宝贝就能被优先展现在我的面前。

｜王诚｜当你溢价在300%的时候，意味着什么？意味着搜索“Jeep射灯”的买家只有满足卖家设定的“男性+1750元高消费+Jeep车主”，卖家的宝贝才能在买家前被展现，300%意味着你的宝贝比同类宝贝多了300%的优先展现机会。

| 王诚 | 直通车扣费规则和关键词的扣费规则一致，只是多了一个人群维度。

| 王诚 | 淘宝从前几年就开始实行千人千面，最近两年开始实行人群，根本的目的就是要把宝贝匹配给最需要的用户。这样做的好处是最大化利用流量，对每个流量都匹配到最合适他的宝贝。

| 王诚 | 未来人群还会比关键词重要得多，因为以后不是关键词同质化的竞争了，“关键词+人群”能变化出上万种可能，而且未来DMP也会更多地利用到人群上面，这样人群标签会越来越多，流量会越来越精准，要求优化的工作也越来越细致。

| 王诚 | 如何测试人群呢？

方法1：单标签测试。例如，男性，女性，20~24岁，24~30岁，高消费，中等消费，低消费。每个标签单独测试效果，然后根据数据反馈组合人群，加大溢价比例。

方法2：多标签测试。如上面所说的，你已经知道目标客户绝大多数是怎样的人群，那么就针对这个人群重点溢价。例如，“男性+Jeep+高消费+30岁”就是很好的一个组合标签，组合标签力度可以直接溢价到200%~300%，再来测试效果。

| 王诚 | 如何优化人群？在“生意参谋”→“访客分析”里，可以找到很多数据维度帮我们优化和设置我们的直通车，如性别维度、年龄维度、地域维度、消费级别维度、客户价值维度等，如图07-1～图07-4所示。

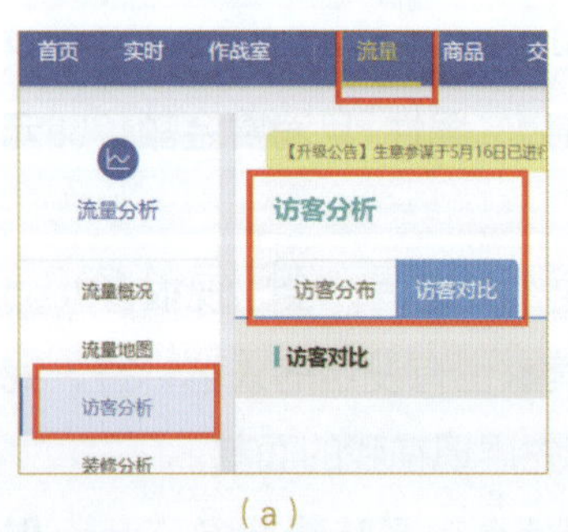

(a)

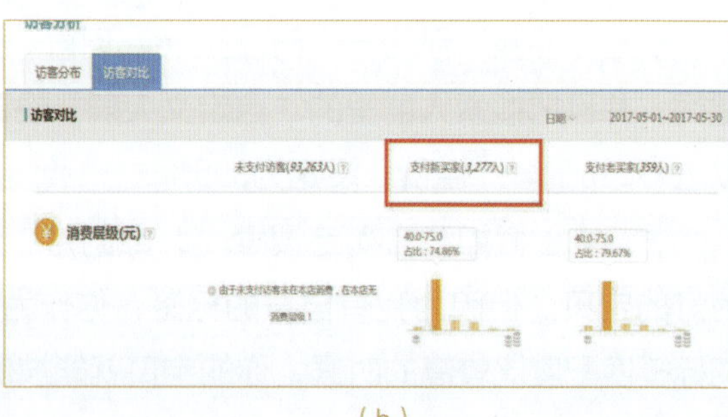

(b)

▲ 图07-1

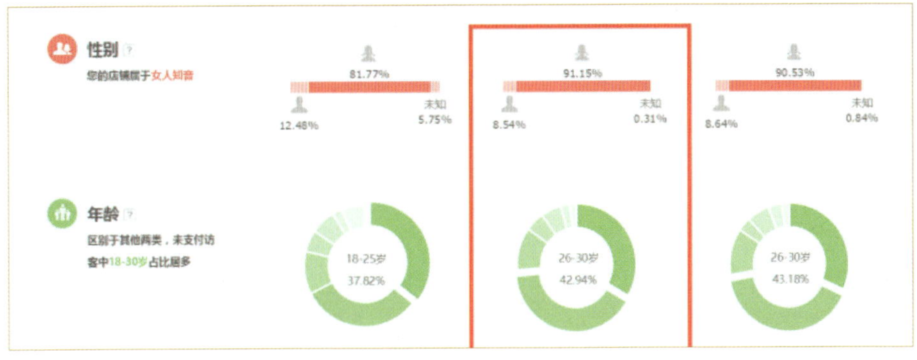

图07-2

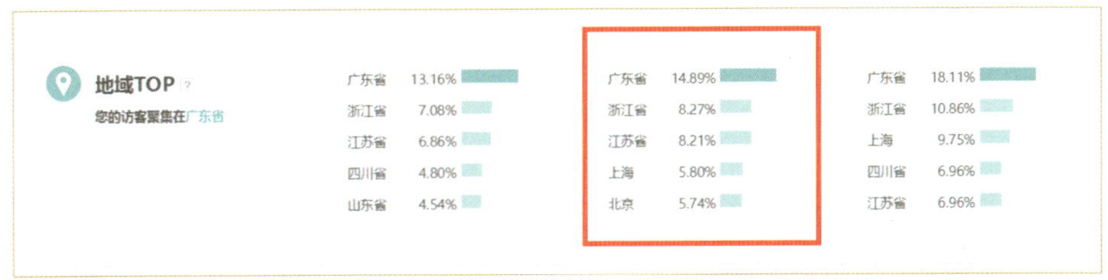

图07-3

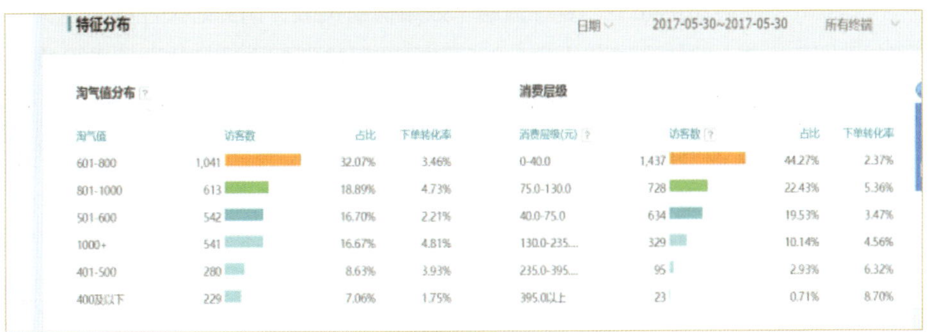
特征分布　日期　2017-05-30~2017-05-30　所有终端

淘气值分布

淘气值	访客数	占比	下单转化率
601-800	1,041	32.07%	3.46%
801-1000	613	18.89%	4.73%
501-600	542	16.70%	2.21%
1000+	541	16.67%	4.81%
401-500	280	8.63%	3.93%
400及以下	229	7.06%	1.75%

消费层级

消费层级(元)	访客数	占比	下单转化率
0-40.0	1,437	44.27%	2.37%
75.0-130.0	728	22.43%	5.36%
40.0-75.0	634	19.53%	3.47%
130.0-235...	329	10.14%	4.56%
235.0-395...	95	2.93%	6.32%
395.0以上	23	0.71%	8.70%

图07-4

| 王诚 | 作为西部地区排名第一的直通车服务商的CEO，我在操作一个店铺之前，也会向商家询问很多关于产品方面的问题，以便了解产品的全貌，把握产品的特点，更好地去做人群优化。

| 王诚 | 如何数据优化人群呢？最重要的是看点击率、转化率、ROI这3个指标。

| 王诚 | 看点击率是指如果人群点击率比其他人群低很多，那么就可能说明人群不是太精准，可以考虑降低溢价或去除溢价。

| 王诚 | 转化率和ROI这两个指标是结合着来分析的，如果转化率和ROI

高，则加大溢价力度；如果转化率和ROI低，则降低溢价力度。

｜王诚｜在图07-5所示的溢价中，在点击率、转化率、ROI这3个指标中更偏向于转化率。

状态	搜索推广	溢价	展现量	点击量	点击率	平均点击花费	花费	总成交金额	投入产出比	总收藏数	总购物车数	点击转化率	总成交笔数
推广中	单价：50-100 年龄：25-29岁 性别：女	90%	17,961	1,977	11.01%	¥1.39	¥2,739.92	¥7,501.00	2.74	91	250	5.72%	113
推广中	单价：100-300 年龄：25-29岁 性别：女	60%	639	77	12.05%	¥1.38	¥105.96	¥254.00	2.40	3	7	5.19%	4
推广中	750-1049元 性别：女	50%	27,452	2,770	10.09%	¥1.24	¥3,441.13	¥8,039.99	2.34	126	250	4.40%	122
推广中	20-50 性别：女	5%	19,538	1,707	8.74%	¥1.03	¥1,759.44	¥3,407.00	1.94	82	122	3.05%	52
推广中	50-100 月均消费额度：550-749元	30%	2,082	198	9.51%	¥1.06	¥209.89	¥730.00	3.48	17	14	5.56%	11
推广中	20-50 月均消费额度：400-549元	12%	6,537	587	8.98%	¥1.12	¥654.67	¥1,603.00	2.45	29	43	4.09%	24
推广中	25-29岁 性别：女	30%	19,859	1,926	9.70%	¥1.12	¥2,162.82	¥5,395.99	2.49	84	169	4%	77
推广中	1750元及以上	100%	115,114	10,572	9.18%	¥1.54	¥16,275.23	¥43,825.94	2.69	471	1,451	6.15%	650
推广中	类目笔单价：100-300	50%	24,173	2,251	9.31%	¥1.61	¥3,630.95	¥8,467.00	2.33	105	247	5.29%	119

▲ 图07-5

｜王诚｜最后总结如下：要想直通车效果有所突破，请务必关注在结合关键词的情况下精准人群的测试和优化，然后利用宝贝特征配合适度的溢价来投放。

｜鹿客1｜老师好，我想请教个问题：图书这个类目怎么样的呢？

｜王诚｜教辅书同质化严重，靠抢排名和精准人群；童书或者经管类图书具有多样性的特点，适合多推一些商品，这样ROI会非常高。教辅书的ROI一般做到2；多样性的书，ROI做到10都有可能。

｜鹿客2｜女装直通车测款时的点击率和收藏加购率要达到多少比较合适？

｜王诚｜女装点击率至少要达到3%以上才是潜在爆款，直接加购和直接收藏比例至少要达到10%以上。

｜鹿客3｜老师，我有两个问题：① 测款的时候，要不要调整人群溢价？② 我现在操作的一个款式，明天就是第3个周期（上架第21天），通过直通车还能拉起来吗？数据表现都还可以，但是童装大盘下滑比较厉害。

｜王诚｜① 测款的时候，不要过多调整人群溢价，可以等确定主推后再重点调整。② 大盘下滑厉害的话，建议不要逆势操作，不然操作起来会非常困难。

08

电商运营不可不知的站内营销工具使用方法及店铺优化技巧

分享嘉宾 阿B ｜ 主持人 · 整理人 橙子

陈志彬（花名“阿B”）

电商“小腊肉”，热爱数据延展分析，操作过男女箱包、滋补保健、女裤、女鞋、灯具、成人用品等类目，曾服务过波斯丹顿箱包、汪氏蜂蜜等天猫店。

"工欲善其事，必先利其器"。作为电商运营，必须掌握常用营销工具的使用方法以及店铺的优化技巧，在此基础上才能运用营销思维来运营店铺。

| 阿B | 我是2013年开始进入电商行业的，从当初的刷单、低价倾销、1分钱上直通车头名，到如今的"黑车""黑搜""黑猜你喜欢"……我甚至一度怀疑自己做的是IT行业还是零售行业。当对这些营销方法有了深刻了解以后，我发现这些方法其实都是万变不离其宗，都是为了让宝贝的数据呈现得更好或是获取更高的曝光率，而且也绝非所有层次的卖家都能实现自己的目标，资本+商品本身+营销方法三者缺一不可，这些不是100%可控的。既然如此，我们是不是更应该掌握一些自己能够把控的方法呢？答案是肯定的，方法就是店铺优化。

| 阿B | 先来看一家中型类目小店铺聚划算拼团优化前后两期的数据对比图，如图08-1和图08-2所示。

活动成交额	购买转化率	商品页总访客数	购买顾客数
72, 388 低于行业均值	9.99% 低于行业均值	2, 954 低于行业均值	295 低于行业均值
成交件数	**活动商品数量**	**客单价**	**单品产值**
591 低于行业均值	14 高于行业均值	245 高于行业均值	5, 171 低于行业均值

▲ 图08-1

活动成交额	购买转化率	商品页总访客数	购买顾客数
156, 424 高于行业均值	22.75% 高于行业均值	2, 356 低于行业均值	536 高于行业均值
成交件数	**活动商品数量**	**客单价**	**单品产值**
1, 206 高于行业均值	28 高于行业均值	292 高于行业均值	5, 587 低于行业均值

▲ 图08-2

| 阿B | 如图08-1和图08-2所示，销售额提升116%，转化率增加

12.76%，而访客数减少600。这主要有以下几个原因：

（1）聚划算拼团讲究的是店铺本身流量促成的转化，几乎完全是店铺自身流量，数据的可对比性比较准确；

（2）增加商品数量、提升转化率、提升客单价，就拉升了店铺的销售额；

（3）UV的减少是因为排除了一部分无效的推广引流，节省人力时间，把时间放在真正能帮助店铺的优化上面，让店铺更加健康可控，服务更精准的人群。

｜阿B｜这家店铺刚开始没有参与活动的两个月的数据对比如图08-3和图08-4所示。

日期段	浏览量（PV）	访客数（UV）	旺旺咨询总人数	人均访问页面	店铺收藏	宝贝收藏	加购物车人数	加购物车宝贝件数	页面停留时间
08月01日～08月31日	156140详	34070详	1927详	4.6	596	1260	2228	3654	73

（a）

日期段	销售额	销售量	订单数	成交用户数	客单价	转化率
07月01日～07月31日	317~~478.52~~元	433~~4~~件	21~~88~~笔	215~~3~~人	147.46元	5.75%

（b）

▲ 图08-3

日期段	浏览量（PV）	访客数（UV）	旺旺咨询总人数	人均访问页面	店铺收藏	宝贝收藏	加购物车人数	加购物车宝贝件数	页面停留时间
08月01日～08月31日	156140详	34070详	1927详	4.6	596	1260	2228	3654	73

（a）

日期段	销售额	销售量	订单数	成交用户数	客单价	转化率
08月01日～08月31日	364~~929.52~~元	46~~88~~件	25~~17~~笔	24~~88~~人	146.68元	7.3%

（b）

▲ 图08-4

｜阿B｜上面的数据是单纯做店铺营销内容优化的结果。因为店铺从几十元到上千元的产品都有不少的成交量，客单价比较不可控，略微降低了0.78元。由于无效UV减少、转化率提升以及成交用户数提升，店铺整体销售额还是呈现了增长的势态。这是个非常好的信号，说明我们调整的方向找对了消费者的喜好，可以开始逐步加大针对精准客户的引流。

｜阿B｜接下来我要详细介绍转化率的提升，就是利用阿里出品的营销工具对客户进行直接的内容灌输。下面列举的都是我个人较常用的一些营销工具。当然，还有非常多的营销工具可以利用，大家可以多多尝试。目前我个人用起来效果比较能满足需求的大概就是以下这些。

一、直观体验页面

直观体验页面包括主图、详情页、标题、副标题、价格促销标签、店铺优惠设置（单品+全店）、优惠搭配、优惠券、无线视频、店铺首页类目排列。

｜阿B｜主图、详情页、标题、店铺类目排列、优惠搭配，这几项操作在“鹿人说”平台上已经有过说明了，这里不再赘述，我只重点说说副标题这块。该功能上线很久了，但不是每家店都会用心去使用它。

｜阿B｜每次策划新一期的活动时，我都会用心给相应的主力宝贝包装一段适合活动主题的文案。其实就是简单提炼宝贝卖点，可以是标题的拓展，也可以是主图卖点的补充，或者是详情卖点的浓缩提炼，或者是活动信息的简要概括。想知道副标题有没有作用，想想杜蕾斯和步步高集团历年来的广告和文案营销就知道答案了。

｜阿B｜举个例子，有些类目标题上不能出现“纯天然”“正品”“真皮”之类的违禁词，我们的文案又不想占用标题有限的字数，那我们日常可以编辑副标题为“纯正天然之选”“臻品真牛皮”之类的词来做适当修饰。活动时，我一般用活动内容做宣传，如“日常价××元，直降×元”“今天拍下，赠送××”“买×送×”等简单直接的指示性文案，像“错过今天，再等一年”“全民疯抢，最后一天”之类的没有实质性优惠信息的文案不宜采用。消费者如果可以用更短的路径、更少的时间获取你的优惠信息，是不是可以减少犹豫时间，提高下单的效率呢?

｜阿B｜价格促销标签：通常大部分卖家的设置是非常简单的，基本上是“××特惠”“××疯抢”。这块的设置，基本上可以沿用副标题的设置思路，日常写卖点，活动写优惠信息，最多5个字。推荐以下几个文案：“直降××元”“日常××元”“买就送×”“买×送×““优雅上线”“型酷必备”“正品推荐”“天然监制”“潮妈推荐”“宝妈推荐”。尽可能使用一些有吸引力的词，但是有部分字词可能通不过，大家可以多多尝试。

| 阿B | 店铺优惠设置（单品+全店）：天猫店、淘宝店设置红包等。同一家店铺可以针对不同产品设置不同的活动，如图08-5所示。

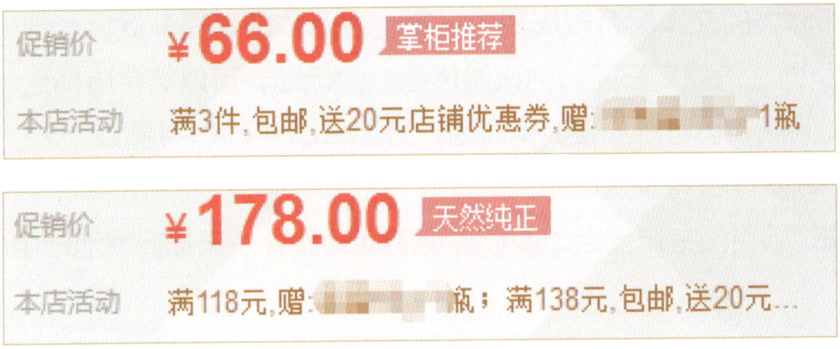

促销价 ¥66.00 掌柜推荐

本店活动 满3件,包邮,送20元店铺优惠券,赠: 1瓶

促销价 ¥178.00 天然纯正

本店活动 满118元,赠: 瓶；满138元,包邮,送20元...

▲ 图08-5

| 阿B | 展开后如图08-6所示。

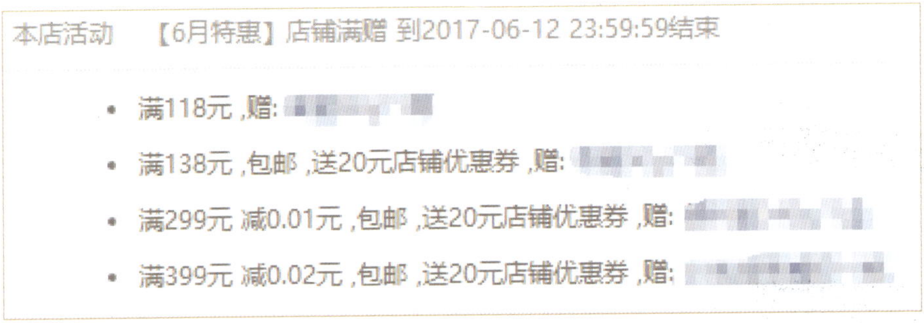

本店活动 【6月特惠】店铺满赠 到2017-06-12 23:59:59结束

- 满118元 ,赠:
- 满138元 ,包邮 ,送20元店铺优惠券 ,赠:
- 满299元 减0.01元 ,包邮 ,送20元店铺优惠券 ,赠:
- 满399元 减0.02元 ,包邮 ,送20元店铺优惠券 ,赠:

▲ 图08-6

| 阿B | 这里面，时效我会设置为7天内，造成一种促销的紧张感，然后下一期更换不同的赠品方案。当然也可以保持一样的方案，因为调整页面及ERP设置是需要一定时间的。把页面呈现的活动方案在这里编辑，可以让消费者更直观地看清基础的活动信息。如果是较为复杂的活动设计，则无法在这里全部编辑，需要精选一些内容作为呈现主体。和副标题拟定的初衷一样，这也是为了让消费者减少看到优惠信息的路径，增加优惠信息的渗透率。而且该工具可以在成交后自动发送回购券到消费者的账户里。在一些大型的促销活动时，我会发送一些大额的优惠券，如满300元减100元，页面只显示100元店铺优惠券，并不会显示满多少元才能使用，而且优惠券是可以限定使用日期的。一般消费者看到大额优惠券，就会咨询客服使用的规则，沟通期间客服做好引导成交工作，可使转化率有不小的提升。

| 阿B | 优惠券其实也有隐藏的优化点，就是优惠标题，可以根据店铺情

况编辑，10个字以内即可。我个人的做法是7天短时效券+活动主题，如“6·18专享”“滋补周专享”“新机体验专享”“6月聚专享”“晒图专享”等，诸如此类的文案配合短周期的设置，目的依旧是提升促销紧张感。在手淘、PC页面、购物车都能看到该类优惠券的标题，可以结合店铺活动主题做宣传引发回流，也可以加强促销氛围，增加每UV平均访问量。

二、互动体验页面

互动体验页面指单品活动设计、全店活动设计、天猫商家活动中心List页面投放。

| 阿B | 对于天猫商家活动中心List页面投放，我会整理不同的商品或是单品做一些商品教育的页面，主要针对品牌调性、商品介绍。大型促销活动时，可依据活动大小做针对性的页面设计投放到List。虽然是小流量渠道，也需尽可能做一套可以长期使用的页面进行投放。大促时的流量还是非常集中的，日常没有太多精力的天猫卖家，大促时可以在店铺首页投放活动中心List页面。

| 阿B | 活动设计方面的内容非常庞杂，毕竟是与策划相关的内容，受时间限制，这里仅介绍几种简单实用的方法。

（1）参考同行的活动方案。

（2）自己设计活动方案时，要确定好整店商品营销策略，A经典商品是主力冲量、卡搜索位的，B、C、D热销群商品是用作提升关联销售及客单价的，E、F超性价比商品是供新客户体验的，G、H精品商品是用作忠诚客户消费升级，等等。当对全店商品有了初步定位之后，再去设计活动就会有清晰的思路了。

（3）遇到同行低价竞争时，可以提高主推商品价格，增加赠品或服务项目。选择的赠品和服务项目必须是一些让人无法拒绝的选项，如“十年售后”，或者“买雪地靴送绒毛保暖拖鞋”之类关联性强、消耗快、实用性强的商品。此方法在300元以下的大部分商品销售中都适用。

（4）新品上新，提高定价，晒图+如实评价（中/差/好评均支持）返大额优惠券，可以短时间内积累新品的晒图和评价量，对提高搜索率非常有用。我曾用此方法在服饰、箱包类目中打造过小爆款，实现过程非常简单轻松。此方法适合消费对象为35岁以下年轻人的商品，中老年消费者的互动率太低，效果较差。

｜阿B｜这几天在朋友圈看到一段文字，觉得非常实用，这里分享给大家感悟一下。

｜阿B｜营销其实就是对人性的把握，佛理中常说贪、嗔、痴、妒、慢、疑，在营销中同样可以抓住这几点来做营销策略。

｜阿B｜对富人来说，他们可能怕商品不安全，没档次，怕购买、使用这种商品没面子；对一般客户来说，他们喜欢便宜，喜欢赠品，喜欢打折，喜欢比别人买的东西更划算，喜欢省钱。

三、互动体验页面2

互动体验页面2指手淘抢购倒计时模块、旺铺智能版千人千面、手淘互动服务窗、微淘、宝贝详情页、问大家。

旺铺智能版的倒计时模块日常和大促时都可以使用，对主推单品和活动呈现的效果非常直接，只需图片上有商品卖点及优惠信息，设置一下活动时间就能自动倒计时，制作也极其简单方便，如图08-7所示。

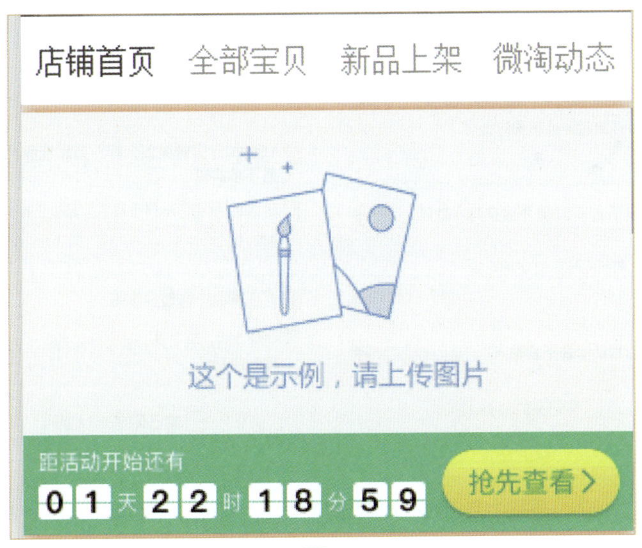

▲ 图08-7

手淘互动服务窗：应用方法可参见淘宝官方详细说明。

就目前测试效果来看，手淘互动服务窗的互动率不是特别高，却是一个非常不错的实现宝贝多次曝光的工具，能够减轻客服的压力，并且提升消费者自助解决问题的效率。例如，针对有强烈需求而且患“懒癌”的消费者，我会使用该工具推广优惠活动页面、快递公告、宝贝展示等。

| 阿B | 微淘的用法也是多种多样，但由于人群会有非常大的差异，使用该方法时需要运营人员有较强的活动策划能力。以女性消费群体为主的商品用法，在微淘中有很多的经验分享；以男性消费群体为主的商品用法，在微淘中基本上还是优惠信息公告、获奖信息公告、上新通知，这3种方式对于简单的消费互动已经足够了，作用在于增加辅助曝光。仅依靠微淘来引流的话，即便是网红店也不能保证100%做起来。

| 阿B | 如图08-8所示，“问大家”这个频道中出现了很多关于衣服的问题，有些问题完全是可以在这里解决的，靠“问大家”减少消费者的疑虑比商家的详情页靠谱多了。

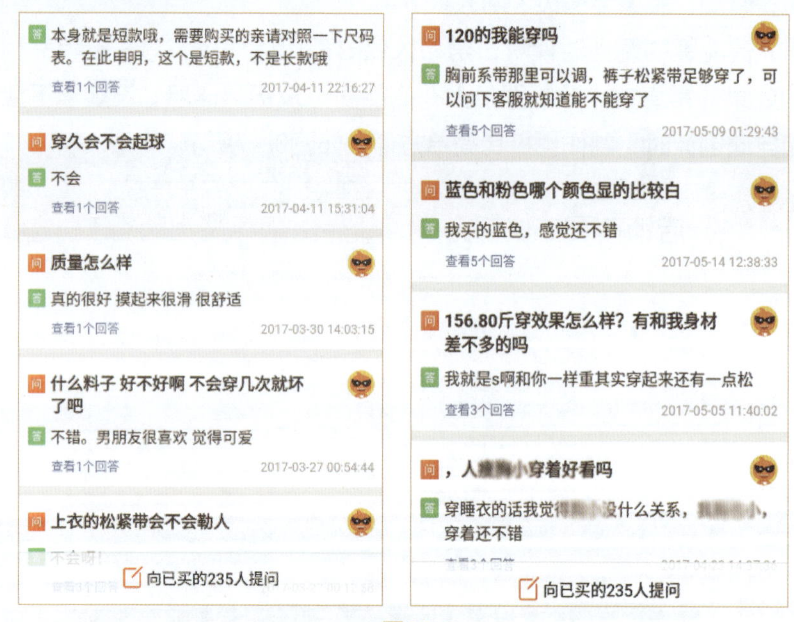

▲ 图08-8

| 阿B | 希望今天对店铺常用营销工具的用法分享能帮助鹿人朋友们提升店铺流量的转化率，让固定的流量产生更大的价值。

| 阿B | 营销的魅力在于形式千变万化而核心思路不变。抓住核心思路举一反三，做到期期有创新、期期有差异，是保持店铺CRM活力、新鲜感的重要策略。

| 阿B | 最后我分享一下我活动策划的思维导图（见图08-9），以供各位

参考，帮助大家消化今天的内容。

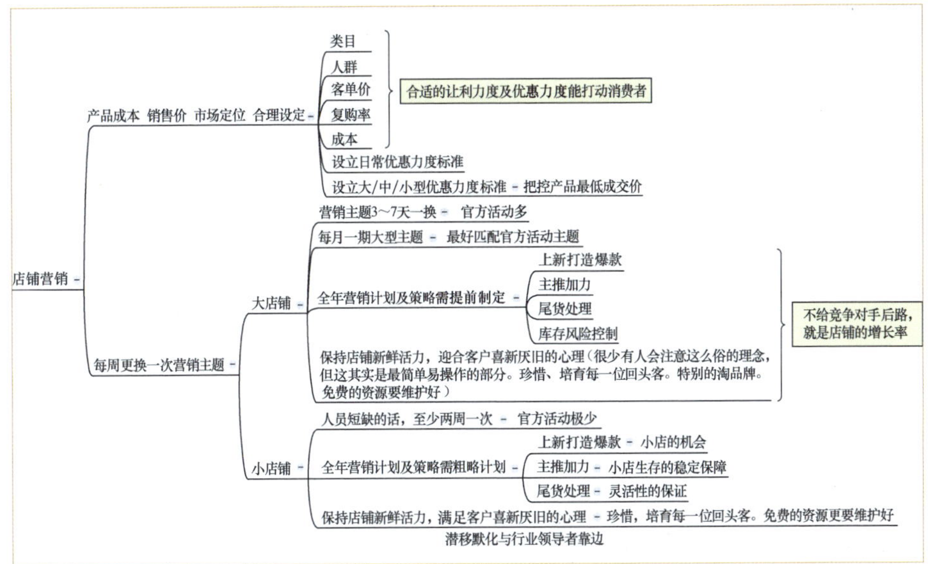

▲ 图08-9

| 鹿客1 | 现在C店做无线视频的效果怎么样？

| 阿B | 无线视频可以用在手淘页面、无线详情，PC页面更不用说了，很早就用了。无线视频的操作要求较高，在数码产品、家居产品等类目中侧重功能介绍，以相对比较标准化的内容呈现。而在食品、服装等类目中，可以根据店铺产品特性来包装功能、风格。根据我自己的测试结果来看，无线视频打开量是非常高的，而且手淘有自动播放机制，建议有条件的卖家针对日常活动和促销活动做两种视频。当然，小卖家也是可以好好利用无线视频的，活动期间用视频来简略介绍优惠用法是非常棒的做法，视频可以用变音器+浏览页面的呈现方式，这样消费者不用自己动手就能短时间内了解促销活动的规则了。

| 鹿客2 | 天猫商家活动中心的List页面投放具体是怎样的？

| 阿B | 点进去是一个活动页，而不是单独产品。它通过“天猫活动中心”这个功能去投放，选择对应类目去投放就好。

| 鹿客3 | 老师，CRM怎么用？这个是计入30天最低价格的吗？

| 阿B | CRM的用法不是单纯价格促销。通常我会设定一个固定的价格，如大促价69元、小活动价79元、日常价89元。再如日常买1送1，那大促就买2

送1。不是说做活动就要比日常更优惠，可以通过赠品形式的转变拉升利润，包括大促送回购券、日常送小礼品，在策略上可以调整。

｜鹿客4｜遇到同行干扰时该怎么办？

｜阿B｜同行干扰活动策略这个问题，我相信并非无解。我前面分享了一个店铺活动策略的思维导图（见图08-9），我基本上保持一周一换策略。遇到同行竞争，只能根据实际情况去制订策略。

｜鹿客5｜大卖家价格总比我们小卖家低，同款宝贝，如我现在做的T恤之类的，每次我发现主推的宝贝跟大卖家同款时我就放弃主推了，因为我竞争不过。

｜阿B｜我觉得选择一个适合的行业比努力更重要。选择这个行业，只有想办法解决这个行业存在的问题，你才能成功。你的这种情况，我觉得可以在选择供货商上面再做些调整。

09

新品直通车，这「车」要这么开

分享嘉宾　艾米｜主持人 · 整理人　南影

王燕（花名“艾米”）

11年电商从业经验，6年电商讲师经验，实战派讲师，多次获得各种优秀讲师称号，操盘过女装、男装、箱包家具等类目的多个千万级店铺。

淘宝新品销量不过百，就不能开直通车吗？当然不是，只要用好策略和方法，新品的直通车照样能开出你想要的效果。

| 艾米 | 今天给大家分享直通车的新品推广策略。

| 艾米 | 关于新品要不要上直通车，其实业界一直有争议。我相信一定有同学听过“前辈”关于“新品销量不过百，不能上直通车”的说法。

| 鹿人1 | 嗯，是的，销量是个硬伤，比不过别人。

| 艾米 | 但是，对我们很多中小卖家来说，如果不开直通车的话，本身就没有流量，更谈不上销量，对吧？

| 艾米 | 所以，在这里我首先说一下我自己的观点，那就是：如果你有一定的老客户基础，有激活老客户购买新品的能力，或者你有自己的渠道，可以不上直通车实现销售，等累积了一定销量之后再开直通车，效果确实会比直接开直通车更好一些。

| 艾米 | 但是，如果你本身没有老客户基础，也没有其他渠道的引流能力，这个时候，你还不开直通车，那你还要等什么？

| 鹿人2 | 是的，直通车是新店的一个突破口。

| 艾米 | 所以，如果你没有这些基础，那么直通车是你可以使用的门槛相对较低的引流工具。当然，我们在为新品开直通车的时候，也要讲究策略。

| 艾米 | 由于新品本身的转化率比较低，我们在选取关键词的时候，就需要弥补转化率不足的这个缺点，选取的关键词需要跟我们的商品本身贴合得更精准一些。

| 艾米 | 但是现在有个问题，就是我们手机端页面的很多关键词的流量是很容易被系统引导的关键词给引导、分流走的。

| 鹿人3 | 怎么理解“系统引导”呢？

| 艾米 | 例如，买家搜索“连衣裙”，然后在“连衣裙”的后面，系统会自动给出“修身”“韩版”“欧美”“蕾丝”等引导词。

| 艾米 | 买家随便点一下，搜索框中的关键词就变了。所以，这时候，我们在关键词的选取上，除了要根据商品本身选取精准关键词外，还要选取系统引导的关键词，因为这些关键词的相对流量也比较大。也就是采用核心关键词+系统引导关键词的组合。

| 鹿人4 | 就是常说的长尾词，而且还是系统引导的那种吗?

| 艾米 | PC端相对长尾关键词流量较少，但是在手机端，由于操作特性和系统引导，长尾关键词的流量也相对较高，那么这就是选词的技巧。

| 艾米 | 当然，在选词的过程中，大家也可以用到生意参谋里面的词表。但要注意的是，词表有PC端的关键词表和手机端的关键词表之分，二者分别应用在不同的计划中。

| 艾米 | 在词表的关键词筛选中，大家要分几个数据维度。例如，图09-1是一张生意参谋的行业热词榜，其中有搜索人气、点击人气、点击率、支付转化率和直通车参考价等几个数据指标。

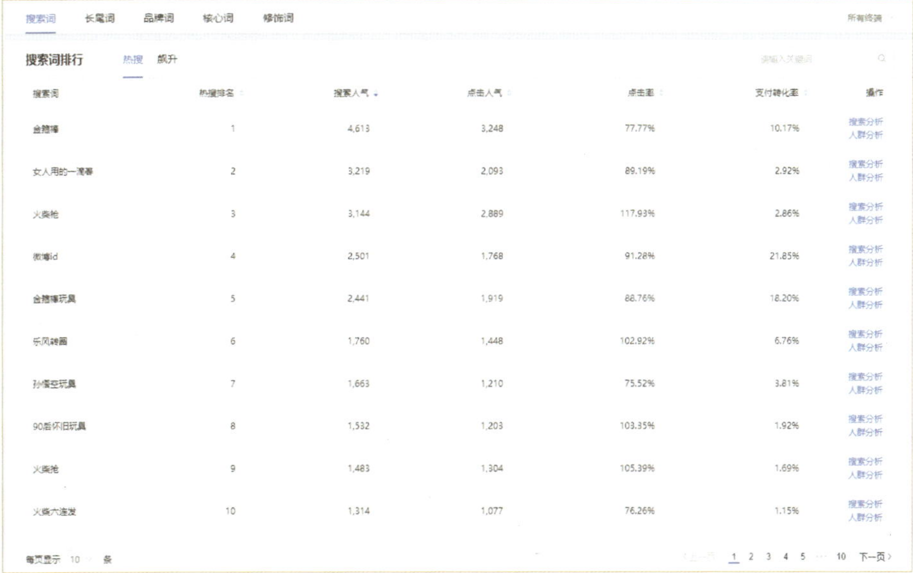

搜索词 长尾词 品牌词 核心词 修饰词 所有终端

搜索词排行 热搜 飙升

搜索词	热搜排名	搜索人气	点击人气	点击率	支付转化率	操作
金箍棒	1	4,613	3,248	77.77%	10.17%	搜索分析 人群分析
女人用的一滴香	2	3,219	2,093	89.19%	2.92%	搜索分析 人群分析
火柴枪	3	3,144	2,889	117.93%	2.86%	搜索分析 人群分析
微博id	4	2,501	1,768	91.28%	21.85%	搜索分析 人群分析
金箍棒玩具	5	2,441	1,919	88.76%	18.20%	搜索分析 人群分析
乐风转圈	6	1,760	1,448	102.92%	6.76%	搜索分析 人群分析
孙悟空玩具	7	1,663	1,210	75.52%	3.81%	搜索分析 人群分析
90后怀旧玩具	8	1,532	1,203	103.35%	1.92%	搜索分析 人群分析
火柴枪	9	1,483	1,304	105.39%	1.69%	搜索分析 人群分析
火柴六连发	10	1,314	1,077	76.26%	1.15%	搜索分析 人群分析

每页显示 10 条 上一页 1 2 3 4 5 … 10 下一页

图09-1

| 艾米 | 在这些数据指标中，我们就要考虑数据筛选的优先性，因为直通车是一个流量工具，所以我们考虑的第一个数据维度一定是搜索人气。有人搜索才会有流量，你选的关键词再精准，如果没有人搜索，就无法给你带来流量，那么作为流量工具，它就失去了意义。

| 艾米 | 所以，第一步，我们先将“搜索人气”列进行排序，如行业热词榜是前500名，那么按“搜索人气”排序，取前300名，是不是就筛选掉了相对没有那么热搜的词了？

| 艾米 | 第二个维度，很多同学都认为是“点击率”，但是由于这组数据中的点击率和我们平时理解的点击率不太一样，这是一组全网点击率的数据，所以我们暂时不将其作为参考。

| 艾米 | 那么第二步，我们考虑筛选的维度就是“支付转化率”，因为有些词虽然是热搜词，但是转化率不一定好。

| 艾米 | 例如，一些热门时事的词，大家虽然都去搜索，但都是去看看，并不一定是去购买。

| 艾米 | 所以，一般情况下，对于新品来说，这样的热度我们蹭了也没多大意思。现在，我们将“支付转化率”的数据做一个排序，再删除一部分转化率低的关键词。

| 艾米 | “搜索人气”“支付转化率”都筛选完后，第三个维度就是直通车的平均出价，即“直通车参考价”。

| 艾米 | 如果直通车平均出价远高于你的预算，那么这样的关键词暂时是用不起的，哪怕它行业数据再好，暂时也不能用，所以要删除。当然，现在用不起的词不代表一直用不起。

| 艾米 | 当宝贝销量达到一定数量后，大家会发现转化率也是会自然提升的。转化率提升之后，ROI也随之提升，那么这时我们可以用于推广的预算也会相应提升。

| 艾米 | 所以，这也是为什么我们上新品的时候，一般都不太用那些太过热门的大词，主要原因是“太贵”，用不起。

| 艾米 | 这部分的数据筛选，依次是“搜索人气”“支付转化率”“直通车参考价”（即直通车平均出价），剩下的基本就是人气可以、转化率有保证和出价也是我们能承受得起的关键词了。

| 鹿人5 | 也就是说，新品围绕搜索人气高、商品少、直通车点击单价低、转化率好这几个维度去选词，对吗？

| 艾米 | 对的。

| 艾米 | 选完词之后，还有个问题，那就是关键词的匹配方式。新品推

广的时候，用什么样的匹配方式比较合适呢？

| 艾米 | 我们知道，现在淘宝后台有广泛匹配和精准匹配两种匹配方式。同时，业界也有两种观点：一种观点认为，推广前期由于商品本身转化能力不强，所以在关键词匹配上就要把控好精准度，所以用精准匹配的方式比较好；另一种观点认为，由于精准匹配带来的流量相对较少，而新品需要较多的流量来进行商品测试，所以用广泛匹配的方式比较好。

| 艾米 | 其实这两种观点各有各的道理，下面需要我们看一看精准匹配和广泛匹配有何区别，才能知道我们要怎么匹配关键词。

| 艾米 | 顾名思义，精准匹配就是严格遵循AB=BA的原则，就是所设置的关键词必须和买家搜索的关键词一模一样、一字不差，你的商品才有机会被展现。

| 艾米 | 当然，词的前后顺序是可以颠倒的，如“连衣裙 女”和“女 连衣裙”的搜索效果是一样的。

| 艾米 | 注意，特定名词不能拆开颠倒，如“连衣裙”不能拆成“裙——连衣”。

| 艾米 | 在“精准匹配”方式下，如果你设置关键词为“连衣裙——女”，而买家搜索的关键词为“连衣裙　女　修身”，此时，由于买家多搜索了“修身”这个词，你的商品就没机会被展现。但是，如果采用“广泛匹配”方式，只要买家输入的搜索词跟你设置的关键词相关，你的商品就都有机会被展现。

| 艾米 | 在“精准匹配”方式下，如果“连衣裙　女”的质量得分是8分，当买家搜索“连衣裙　女”的时候，你的关键词排名和扣费都是按照8分来计算的。

| 艾米 | 如果是在“广泛匹配”方式下，你的商品是被广泛匹配搜索到的，此时，你的商品的质量得分就会有一个瞬间的降权，可能是7分，也可能是6分，你的关键词排名和扣费就是按照瞬间降权后的质量分进行计算的。

| 鹿人6 | 怎么理解“瞬间降权”？

| 艾米 | 瞬间降权是淘宝后台自动处理的，只对排名和扣费进行瞬间降权。也就是“广泛匹配”方式可以匹配到更多的流量，但同时你也要花更多的钱来争取商品排名。

| 艾米 | 那么对于新品，既希望能够保证流量，又希望省钱的时候该怎么做呢?

| 艾米 | 你看到的质量分是“精准匹配”方式下的质量分。所以，如果你既要流量，又希望省钱，那么就尽可能地把你能找到的精准的关键词都加进直通车计划，然后进行“精准匹配”方式下的投放。

| 艾米 | 如果你觉得精力不够，流量不足，则可以使用“广泛匹配”方式，价格出高一点儿，也是能达到相同效果的。

| 艾米 | 当然，在流量一样的情况下，“广泛匹配”方式下的扣费可能会相对高一些，精准度和转化率也会差一些。所以，如果有足够的精力去找词、筛选词，还是“精准匹配”方式对账户整体数据的提升更有帮助。

| 艾米 | 当你的商品达到一定的销量后，你的商品本身就有很强的转化能力了，这时就可以再打开“广泛匹配”方式，获取更多的流量。

| 艾米 | 以上就是新品期的关键词匹配方式。注意把握两个关键点：①新品期关键词的选择，在人气、转化率、平均出价和精准度中考量；②关于匹配方式，建议在“精准匹配”方式下尽可能多加精准关键词，偷懒的商家可用“广泛匹配”方式。

| 艾米 | 下面讲一下出价。出价一般有两种方法。一种方法是加价法，即将市场平均出价乘以70%或80%，然后慢慢往上加价，直到你觉得流量足够，费用也合理为止。

| 艾米 | 另一种方法是减价法，也称倒车法，即将价格直接拉高到市场平均出价的1.5~2倍，然后在保证能够获取流量的前提下，慢慢往下减价。

| 艾米 | 这两种方法也是我自己比较常用的方法，各自适合不同的类目。例如，加价法适合季节性不明显，上新后能卖很久的商品。

| 艾米 | 往下减价的倒车法适用于季节性比较强，短期内需要拿到测试数据的商品。

| 艾米 | 采用倒车法时需注意，一定要设置该直通车计划的限额，防止一不小心把钱烧没了的现象发生。

| 艾米 | 因为时间有限，其中的原理我就不讲了，下面直接讲一下我自己的操作思路。

| 艾米 | 现在，关键词有了，匹配方式有了，出价方法也有了，接下来

的操作就是根据数据来调整、优化关键词了。数据表现好的、ROI高的关键词，可以加价，提高关键词排名，获取更多的流量。没有展现量的关键词，看排名。排名靠前但没有展现的关键词，说明这个词没有流量，需要将其删掉；排名靠后但没有流量的关键词，适当加价提升排名，看一看其效果，如果出价已经达到你预算的最高值了，其排名还是很靠后且没有流量，则说明这个关键词你用不起，那就删掉该关键词，再换一批新词。

| 艾米 | 对于有流量却没有转化的关键词，可考虑优化详情页和商品价格；有流量但ROI低的关键词，可降低出价。操作上基本都是这样的套路。

| 艾米 | 当然，如果是新品，还有个测试期的问题。如果你测试了3~5天后，所有的数据都不理想，这时就要考虑这个商品适不适合推广，是否需要换商品。

| 艾米 | 一般新品测试，主要看点击率、转化率、收藏率、加购率和反馈。

| 鹿人7 | 老师，测试新品，一般测试多久比较科学呢?

| 艾米 | 季节性的商品，一般3~5天肯定会有判断结果。

| 艾米 | 总结一下，新品推广的4个关键点：①关键词；②匹配方式；③出价；④调整优化。

| 艾米 | 好了，今天的分享就到这儿，有什么问题大家现在可以提问。

| 鹿人8 | 老师，新款出价一般要出多少测试的效果会比较好呢，如比同行业高多少?

| 艾米 | 新款出价，周期性不强的商品，出价可为行业平均价的70%或80%；周期强的商品，出价可为行业平均价的1.5~2倍。

| 鹿人9 | 小类目词有限怎么办呢?

| 艾米 | 小类目词有限，可以抢关键词排名和人群。

| 艾米 | 还有就是不要眼里只有直通车，现在内容营销也很重要。

10

如此全面的老客户互动方案，你绝对没看过

分享嘉宾 蔷薇 | 主持人·整理人 聂辉

张蕊（花名“蔷薇”）

自营店铺7年，2016年夏季女装类目TOP商家，月销售额达750万元，擅长供应链整合、聚划算活动操盘、精细化客户运营等。

一个店铺的好坏不仅在于流量和销售额的多少，还在于他的老客户，那么直接影响新客户转化的因素有哪些呢？3个页面设计的技巧，帮你在细节上提高客户的留存率和转化率！

|蔷薇| 大家好，我是蔷薇，今天和大家聊一聊无线装修。无线装修不是技术层面的装修，所以大家不要联想到美工的工作。今天主要从流量和转化率两个方面分享运营过程中无线装修的小技巧。

|蔷薇| 无线端的流量越来越大，而且主图对流量和转化率的影响也越来越大，这个大家都深有体会。我以女装和身边一些朋友的店铺为例子，和大家一起来看一下。

|蔷薇| 如图10-1所示在这4张主图中，大家有没发现共同点？对，就是主图打标签（以下简称“打标”）。今天不说测图，我们只说干预主图——主图打标。主图打标可以借助工具，如“361主图标签”就可以实现主图打标，包括价格以及个性化都可以实现。对于一些大的促销活动，主图打标是必需的，小的促销活动也需要主图打标。

▲ 图10-1

|蔷薇| 主图打标平时也做，给大家看一下我自己的店铺三四月时做的主图，如图10-2所示。

|蔷薇| 图10-3所示的这个标签也是我们长期在做的。注意，不要把标签做成“牛皮癣”。

▲ 图10-2

▲ 图10-3

| 蔷薇 | 这个标签不是官方要求的，是我们店自己打的。我们店铺的500多个宝贝都打标签。老顾客可能不太在乎你的标签，但是新顾客在乎。标签因活动、因商品而异，500个标签用不了1小时就可以搞定。

| 蔷薇 | 打标分几种情况，如官方大促、店铺促销、新品促销，以及申报成功的官方活动。

| 蔷薇 | 官方大促包括“双11”“双12”“6·18”“9·9大促”等。

| 鹿人1 | 这些标签不会被认为是“牛皮癣”吗？

| 蔷薇 | 不会，至少我见过的标签都没有像“牛皮癣”的。标签的面积不要太大，注意美观性。一般做了标签的，其流量和转化率都有提高。

| 蔷薇 | 对于新品，我们一般是配合详情页的解释打标签，效果如图10-4和图10-5所示。

补贴福利•6.5夏款上新23款

本款交易成功后补贴50元

活动时间：6月5-6月11日（上新一周内）

下单后订单金额不变，亲需要全额付款，收到宝贝满意确认收货后，联系客服享受补贴50元优惠，并提供支付宝账号已及姓名，返现款项48小时左右打入买家支付宝账户。注：优惠券和淘金币等不参加此活动

▲ 图10-4

| 蔷薇 | 我们店庆结束后“掉标”了，转化率和流量随之下降了很多。其实店庆就是自己店铺找的促销理由，不要天天搞店庆就好了。即使半年做一次店庆活动，顾客也不会太介意的。店庆7天之后，去掉标签的3天特别难熬。第3天晚上再次“打标”，流量和转化率就又起来了。

| 蔷薇 | 我们不是网红店铺，也不是高端的线下品牌，所以店铺的日常活动尤为重要，时间节点一般为每周一次循环，这样顾客的购物车转化率会很高。

| 蔷薇 | 另外，还可以做清仓标，如图10-6所示。

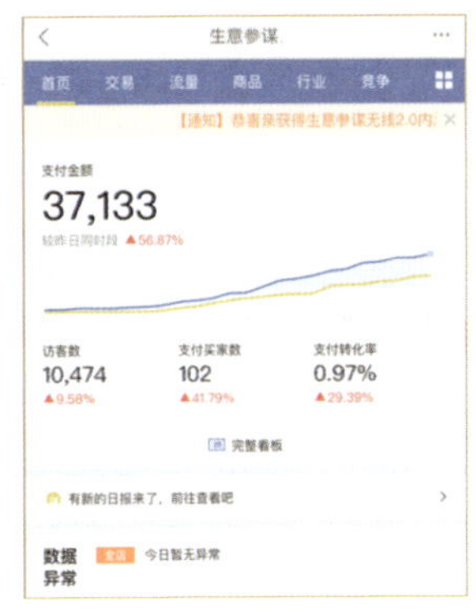

▲ 图10-5

▲ 图10-6

| 蔷薇 | 我们店后续延续了每周一次换标的做法，转化率和流量一直在稳步提升。“打标”时请记住以下几点：①中间间隔两天提价也是可以的。我们店是没有时间间隔的，以免引起顾客疲劳；②标签内容不要乱七八糟，不要什么都想表达，将活动的时间、价格以及促销理由说清楚就好，简练一点，不要放一堆小字，这样会显得很乱。

| 蔷薇 | 大家平时用361主图标签工具吗？除此之外，“超级店长”也可以，我们试用了很多种打标工具，最常用的是361主图标签。在“服务市场”中搜索关键词“361标签”即可搜索到该工具，如图10-7所示。

▲ 图10-7

| 蔷薇 | 我们家有500个宝贝，要是一个一个地添加标签，估计半个月也做不完。此时，可使用Excel表格导入，计算好价格，用360软件自动生成价格也是很快的。删除标签也可批量完成，几分钟就做完了，谁都可以操作，

如图10-8所示。美工做好PNG格式的标签，然后分发给运营人员就可以了，价格是自动生成的。

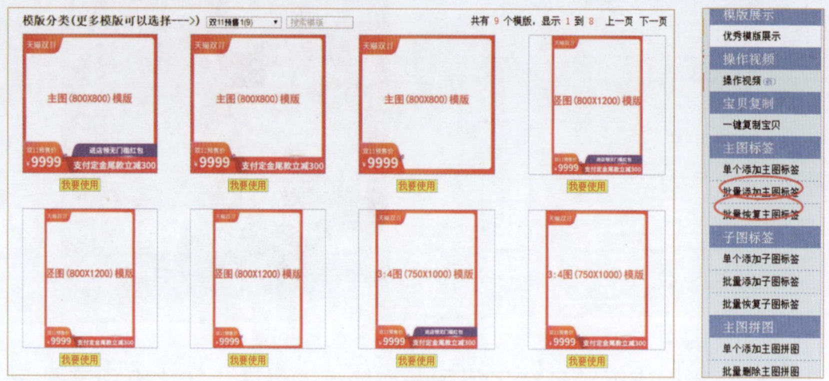

▲ 图10-8

| 蔷薇 | 刚刚这个图大家都看明白了吗？我们不是线下大牌，不是网红店铺，所以想办法让自己的主图点击率高一些，转化率高一些，对店铺的流量和转化率都是非常有帮助的。

| 蔷薇 | 注意事项：活动常新，与时俱进，要有时效性和紧迫感。不能天天搞店庆活动，一般一年两次就可以了。把每年的节气、节日都列出来，不知道的可以百度搜索。另外，像初夏新品、盛夏促销、夏末促销、反季清仓这种和商品生命周期有关系或者和季节有关系的活动也可以做。常见常新，但一个活动不要超过一周。把活动日期标出来，制造紧迫感，这样才有意义。

| 蔷薇 | 接下来我们看一下和流量有关的店铺首页的设计，如图10-9所示。

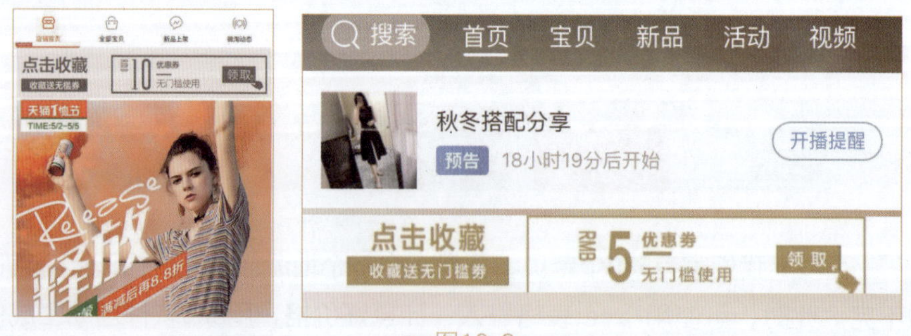

▲ 图10-9

| 蔷薇 | 大家能看出这几张图有什么共同点吗？没错，引导收藏。这个

动作不仅关系到日后的转化率，对流量的提高也有很大的帮助。流量异常珍贵，且有且珍惜，所以我们要做足功课，留住顾客，在优质的位置引导客户收藏店铺。收藏店铺的好处有两点：第一可以在收藏夹中找到我们的店铺；第二，在手淘搜索的时候，购买过的店铺、收藏过的店铺都是靠前排位的。大家对红包都比较感兴趣，点开就是收藏店铺，然后是红包。不管这次买不买，客户都有可能回来。客户收藏店铺之后，微淘更新时他会在微淘后台看到的。

｜蔷薇｜接下来我们看一下手淘的店铺导航。

｜蔷薇｜图10-10中不只有关键词，图中包含了不少内容，我逐个为大家讲解。

▲ 图10-10

｜蔷薇｜“无线任务”这部分貌似一小块，但是点开之后却大有内容。老顾客签到、领取礼品都很积极的，如图10-11和图10-12所示。

▲ 图10-11

▲ 图10-12

| 蔷薇 | 老顾客对新款投票、收藏都很感兴趣，因为积分兑换的礼品都是店铺精心选购的，性价比和实用性都很高。利用无线任务，新品上架后基本上都会很快破零，点击、收藏、加购都不成问题。每周两次上新，靠这些会比较好培养老顾客的数据指标。

| 蔷薇 | 最近我们店上新的宝贝被老顾客投票评为冠军后，立刻做了一次团购活动，100人参与，下单购买的有90多人。这其实不是装修的内容，而是运营的内容。但是如果不给位置展现，运营也无计可施。

| 蔷薇 | 网页是实时更新的，也许过段时间页面就会有调整。图10-13是“社区晒好物”刚刚出台时我们做的活动。

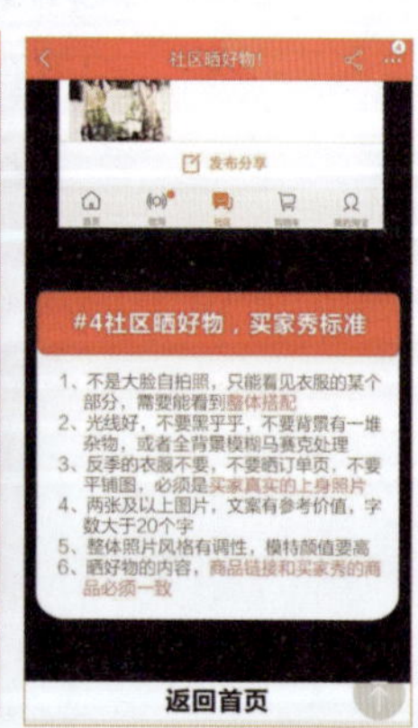

▲ 图10-13

| 蔷薇 | 记得回流，要不然顾客看完就走掉了。我们的目的还是让顾客继续回来下单，而不是仅仅来看热闹。

| 蔷薇 | “全民星计划”的设计如图10-14所示，最下方还是“返回首页”。记住：无论什么时候，都要想着让客户回来下单。

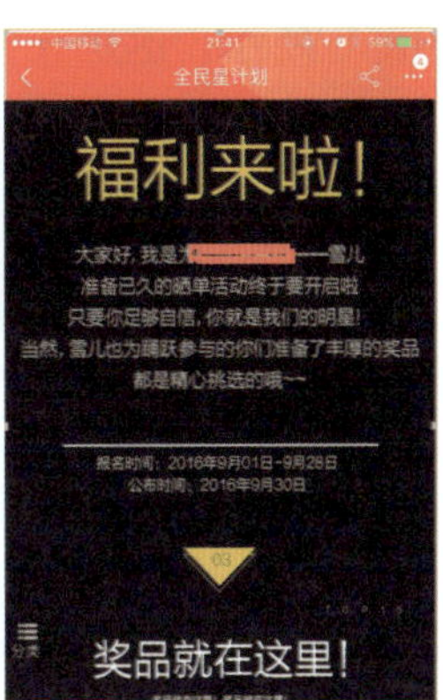

▲ 图10-14

| 蔷薇 | 最后一个是“老顾客集结地”，如图10-15所示。

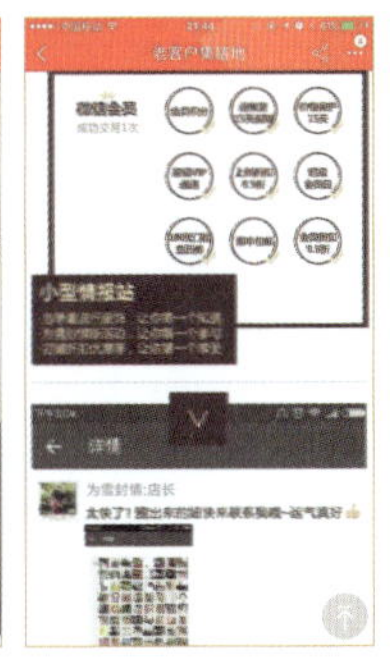

▲ 图10-15

| 蔷薇 | 平时注意搜集与顾客互动的瞬间，将截图放在店铺里，与新顾客形成心灵互通。在手机那一端的顾客也是活生生的人，维系客户关系不止用商品和服务，还有感情和真诚。

| 蔷薇 | 新品展示区很重要，尤其是服饰类目的商品，在详情页中，不单单要有重要的入口，而且还要有首页宝贝展示区。一般的设计逻辑是海报、促销、导航、热卖区、分类展示、新品区、清仓区，最后再放一遍导航区。如果上新频率比较高，以上新为主的店铺，新品最好放在热卖区下面。

| 蔷薇 | 下面介绍分类。我今天看到一家店铺的分类，如图10-16所示。

| 蔷薇 | 这样的展示好不好呢？既然看到了，我们也学习一下。这是店

铺首页右上角的分类。我们的分类悬浮要做到店铺二级分类，如新品区、老顾客专区、爆款专区等，并且分类一定要放在任何可以展现的地方。如图10-17所示，这是一个店铺的二级页面。

▲ 图10-16

▲ 图10-17

｜蔷薇｜以上就是手淘装修的几个关键点。大家平时在逛店铺的时候可以多留意，看到好的装修案例可以收藏起来，自己借鉴或分享给他人都是不错的。

11 直通车质量分的影响因素及提高技巧

分享嘉宾　小胖——主持人·整理人　南影

顾佳琪（花名“小胖”）

曼亦电商创始人，齐论电商高级讲师，致力于中小卖家成长，擅长自然搜索、直通车推广、数据分析、数据营销等。

直通车质量分非常重要，因为质量分关系到投入产出比，同时又影响着扣费和宝贝排名。可以说，质量分是直通车的核心所在，做直通车必须先学会做质量分。如果没有快速“养分”的方法，就没有办法控制费用和提升点击量。那么影响直通车质量分的因素有哪些呢？如何科学、合理地提高质量分呢？且看下文。

| 小胖 | 先做个自我介绍，我是小胖，今天依旧聊一个老生常谈的话题——直通车质量分。

| 小胖 | 很多朋友都认为快速提高直通车质量分很难，为什么难呢？我们回顾一下计分公式：实际扣费 =下一名宝贝出价×下一名直通车质量得分÷我们自己的直通车质量得分+0.01。

| 小胖 | 那么直通车质量分跟哪些因素有关呢？创意质量、相关性、买家体验、账户权重。下面我们一步步分解。

| 小胖 | 首先，账户权重是什么？举个例子，A先生今年开了一家新店C店，然后花了20万元开直通车。B先生的C店是去年开设的，到今年为止一分钱都没投入直通车上。此时，两个人要竞争“双11”的访客，那么谁会获胜呢？为什么？

| 小胖 | 答案是A先生获胜，因为他在直通车上花了钱。也就是说，账户权重的判断是你是否在持续开直通车。即使没产出，你开直通车的花费越高，你的直通车质量分初始也会越高。

| 小胖 | 那么问题来了，有朋友会问：如果我的直通车计划被我做烂了怎么办？解决方法是不要动这个计划，放置一段时间，一般3个月左右质量分会有所提升。

| 小胖 | 接下来介绍第二个因素：相关性。如图11-1所示，此图中“相关性”是满格的。

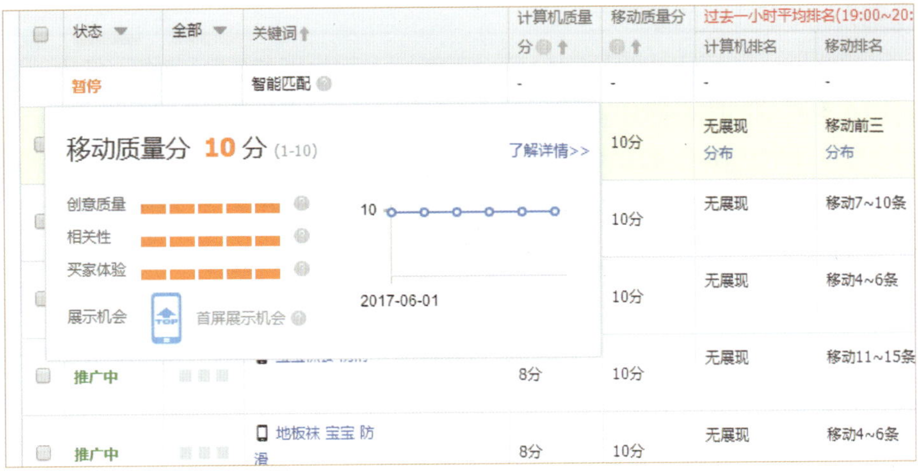

▲ 图11-1

| 小胖 | 现在添加一个自己商品的关键词。此时“相关性”没有满格（见图11-2），于是我要进行一个操作，这个操作可以提升直通车初始质量得分，直接让“相关性”变为满格。

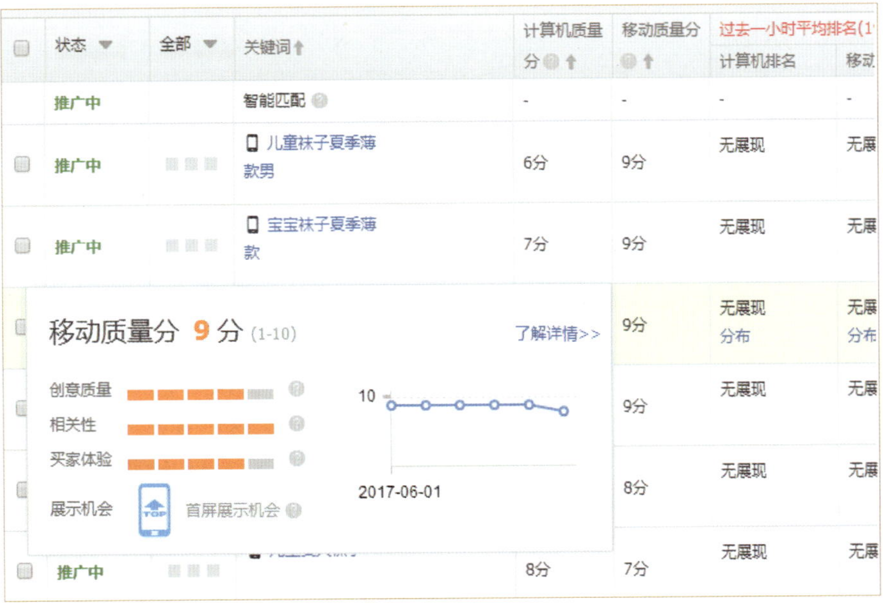

▲ 图11-2

| 小胖 | 这个操作就是把关键词加入创意标题，这样可以有效提高质量得分中的“相关性”，也可以提高质量得分。有时候七八分的关键词，进行这个操作后可以让质量得分直接变为9分，账户权重甚至可以达到10分，这就

是别人比你起步快的原因之一。

｜小胖｜“买家体验”部分可以不考虑，因为即使它不满格，你也一样可以拿到10分的质量得分。

｜小胖｜现在，我们来看第一个因素——创意。简单粗暴地说，“创意”就是点击率，前期做好点击率就可以提高质量分数。

｜小胖｜有人可能会说：“我放10个展现图，再去点一下，那我就有10%的点击率了，我的点击率好高呀！”

｜小胖｜这个点击率是无效的，因为你的点击量没有打标。点击量是没有任何判断界点的，所以我们就顺其自然。点击量不好的商品，自然点击率也不会很好。

｜小胖｜有人说：“我就要推点击量不好的商品，我需要学习如何推广。”那现在我就教你们一个用普通车图开好直通车的方法。点击率=点击÷展现，这个公式一定要记住了，稍后的操作都以这个公式为准。在操作之前，我们先看一下图11-3~图11-5所示的推广成绩。

计算机质量分	移动质量分	过去一小时平均排名(20:00~21:00)		计算机出价	移动出价	展现量	点击量	点击率	花费
		计算机排名	移动排名						
-	-	-	-	0.10元	0.10元	-	-	-	-
9分	10分	无展现	移动前三	0.05元	0.31元	158	22	13.92%	¥10.38
8分	10分	无展现	移动7~10条	0.05元	0.31元	79	7	8.86%	¥3.34
9分	10分	无展现	移动前三	0.05元	0.31元	149	28	18.79%	¥11.86
8分	10分	无展现	移动11~15条	0.05元	0.31元	18	5	27.78%	¥1.45
8分	10分	无展现 分布	移动4~6条 分布	0.05元	0.31元	121	34	28.10%	¥15.48
8分	10分	无展现	移动7~10条	0.05元	0.31元	152	19	12.50%	¥10.00
9分	10分	无展现	移动4~6条	0.05元	0.36元	239	25	10.46%	¥14.71
9分	10分	无展现	移动4~6条	0.05元	0.31元	392	42	10.71%	¥19.82
8分	10分	无展现	移动4~6条	0.05元	0.31元	98	14	14.29%	¥6.30
8分	10分	无展现	移动4~6条	0.05元	0.31元	91	15	16.48%	¥6.40
9分	10分	无展现	无展现	0.05元	0.39元	212	30	14.15%	¥18.86
9分	10分	无展现	移动4~6条	0.05元	0.31元	335	23	6.87%	¥11.54

▲ 图11-3

9分	10分	无展现	移动前三	0.05元	0.31元	42	5	11.90%	¥2.69
8分	10分	无展现	移动7~10条	0.05元	0.31元	244	32	13.11%	¥14.99
10分	10分	无展现 分布	移动4~6条 分布	0.05元	0.45元	266	25	9.40%	¥16.56
7分	10分	无展现	移动前三	0.05元	0.31元	78	9	11.54%	¥4.26
8分	10分	无展现	移动首条	0.05元	0.31元	132	6	4.55%	¥2.59
9分	10分	无展现	移动7~10条	0.05元	0.31元	74	7	9.46%	¥3.63
9分	10分	无展现	移动4~6条	0.05元	0.41元	142	11	7.75%	¥6.94
9分	9分	无展现	移动前三	0.05元	0.31元	39	5	12.82%	¥2.24
9分	10分	无展现	移动4~6条	0.05元	0.31元	479	52	10.86%	¥25.50
9分	10分	无展现	移动11~15条	0.05元	0.31元	53	3	5.66%	¥1.42

▲ 图11-4

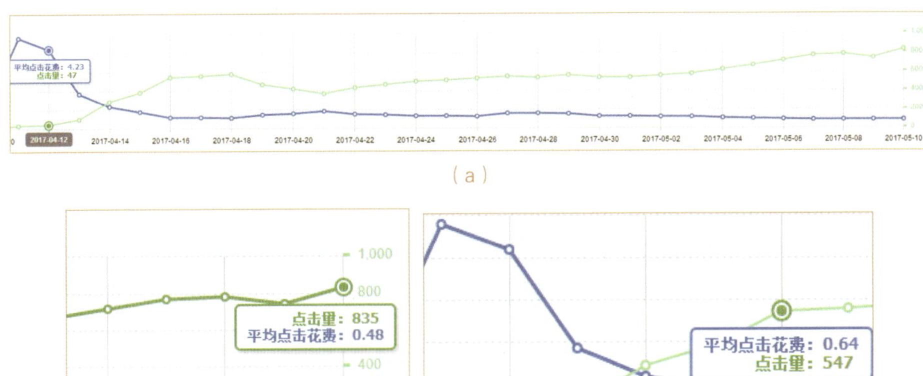

▲ 图11-5

| 小胖 | 3天时间，出价从4.23元降到0.64元。商品类目不一样，但是操作原理一样，出价不一定变化这么快，这里变化快是因为我操作的这个类目小。

| 小胖 | 刚才说过，点击率=点击÷展现，对于普通车图，我控制不了点击量，但我可以控制展现。下面先来看展现的几种控制方法。

| 小胖 | 第一种，折扣控制。此方法下，投放时间可以做图11-6所示的调整。

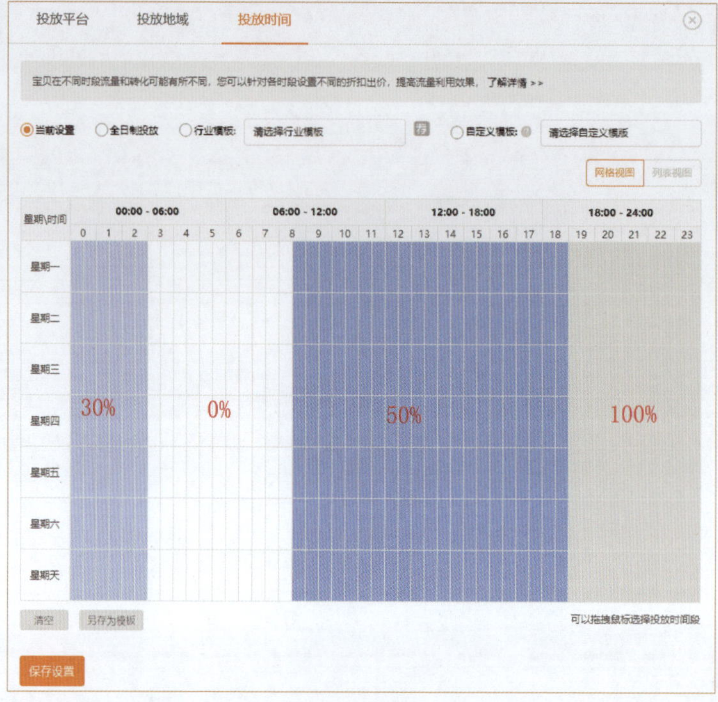

▲ 图11-6

| 小胖 | 30%、0、50%和100%这样的设置是为了让商品在晚间有大点击量的情况下可以更好地展现在顾客面前。

| 小胖 | 第二种控制展现的方法是地区控制，如图11-7所示。

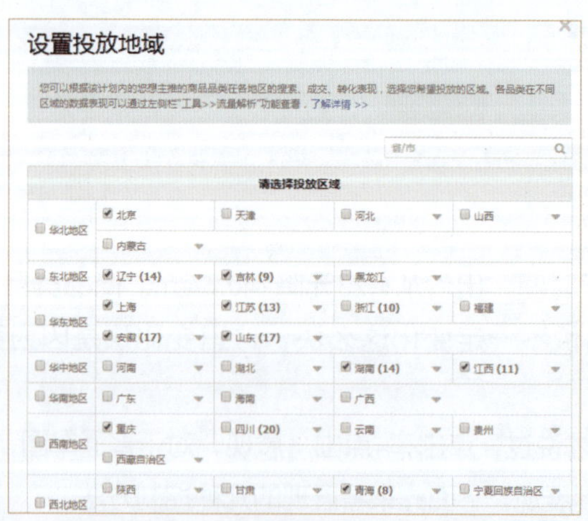

▲ 图11-7

| 小胖 | 该方式下的流量解析和数据透视如图11-8和图11-9所示。

▲ 图 11-8

▲ 图 11-9

|小胖|这里的关键词是宝贝主推关键词。时间选“过去一周”，优选3~5个展现量最大的地区，关键词一般放7~10个词，然后出价到有排名为止，如图11-10和图11-11所示。

▲ 图 11-10

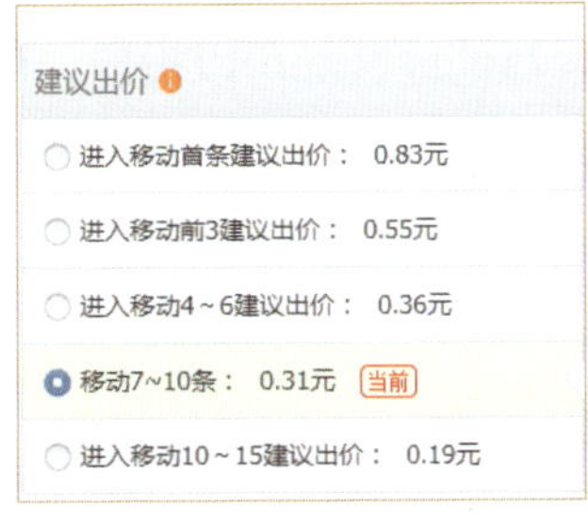

▲ 图 11-11

|小胖|推荐进入移动端前3条，千万不要在20条以后，如图11-12所示。

状态	创意	创意尺寸	投放设备	展现量	点击量	点击率	花费	总成交金额	总收藏数	总购物车数	投入产出比	总成交笔数
推广中		800x800	移动	10,811	1,265	11.70%	¥662.93	¥1,398.30	24	311	2.11	172
推广中		800x800	计算机	8	0	0%	¥0.00	-	-	-	-	-
推广中		800x800	移动	12,286	1,626	13.23%	¥844.99	¥1,395.70	28	411	1.65	157
推广中	15.50元	800x800	移动	70	3	4.29%	¥1.36	¥0.00	0	2	0	0
	（合计）			23,175	2,894	12.49%	¥1,509.28	¥2,794.00	52	724	1.85	329

▲ 图11-12

|小胖|第三种方法只开设一个创意的计算机设备，其他全开设为移动设备，如图11-13所示。因为计算机端的点击率太差了，所以可以忽略掉，这

叫作创意控制。

计划类型	日限额	展现量	点击量	点击率	花费	平均点击花费	操作
标准推广	¥250.00	23,175	2,894	12.49%	¥1,509.28	¥0.52	分日详情
	计算机设备	8	0	-	¥0.00	-	
	移动设备	23,167	2,894	12.49%	¥1,509.28	¥0.52	
标准推广	¥50.00	8,652	28	0.32%	¥38.37	¥1.37	分日详情
	计算机设备	5,050	4	0.08%	¥4.96	¥1.24	
	移动设备	3,602	24	0.67%	¥33.41	¥1.39	
标准推广	¥80.00	6,570	474	7.21%	¥473.31	¥1.00	分日详情
	计算机设备	2	0	-	¥0.00	-	
	移动设备	6,568	474	7.22%	¥473.31	¥1.00	
		38,397	3,396	8.84%	¥2,020.96	¥0.60	

条 1/1

▲ 图11-13

|小胖|第三种方法可以配合前两种方法中的任意一种使用，但前两种方法尽量不要搭配使用。例如，开设了少量地区，那么折扣除了凌晨1点~早上8点外，其他时段都可以100%投放；如果用低折扣，那么除了几个偏远地区外，其他地区都可以投放，后期再优化。

|小胖|控制完地域人群的展现，接下来要做的是提升点击精准度。普通车图根本不能吸引顾客点击，所以要把它推送到最精准的人群面前。

|小胖|“精选人群”部分的筛选信息如图11-14所示。

* 名称：受众20170607211907

宝宝性别：□女 □男

宝宝年龄：□6个月以下 □6-12个月 □1-3周岁 □3-6周岁 □6周岁以上

类目笔单价：□0-20 □20-50 □50-100 □100-300 □300以上

性别：□女 □男

年龄：□18岁以下 □18-24岁 □25-29岁 □30-34岁 □35-39岁 □40-49岁 □50岁及以上

月均消费额度：□300元以下 □300-399元 □400-549元 □550-749元 □750-1049元 □1050-1749元 □1750元及以上

▲ 图11-14

|小胖|这里的标签两两组合。折扣设置为80%~100%，然后测试。删除

点击率低的关键词，留下点击率高的关键词。我一般是一天一看，有些效果实在太差的关键词就直接删除。

| 小胖 | “优质人群”部分也可以开设，“天猫的访客”部分还是不错的，如图11-15所示。

优质人群 | 节日人群 年货节 | 同类店铺人群 | 付费推广/活动人群 | 天气人群 | 人口属性人群

修改溢价

名称	溢价	建议溢价
☑ 资深淘宝/天猫的访客	100%　(已添加)	5%-300%
☐ 高消费金额的访客	5—300整数 %	5%-300%
☐ 高购买频次的访客	5—300整数 %	5%-300%
☐ 喜好折扣商品的访客	5—300整数 %	5%-300%
☐ 浏览未购买店内商品的访客	5—300整数 %	5%-300%

☐ 应用到本计划下其它宝贝推广

▲ 图11-15

| 小胖 | 设置完成后的效果如图11-16所示，接下来要做的是设置日限额。

状态	搜索推广	溢价	展现量	点击量	点击率	花费	总收藏数	总购物车数	点击转化率	投入产出比	总成交笔数	平均点击花费	总成交金额
优质人群													
推广中	资深淘宝/天猫的访客	100%	9,445	1,173	12.42%	¥641.85	18	316	11.25%	1.64	132	¥0.55	¥1,049.60
节日人群													
推广中	双11狂欢未成交访客	100%	2,618	311	11.88%	¥174.46	8	49	6.11%	1.48	19	¥0.56	¥258.90
暂停	使用双11购物券的访客	100%	-	-	-	-	-	-	-	-	-	-	-
同类店铺人群													
推广中	浏览过同类店铺商品的访客	100%	83	18	21.69%	¥10.26	0	7	0%	0	0	¥0.57	¥0.00
付费推广/活动人群													
天气人群													
人口属性人群													
暂停	爱众20170505120826	100%	-	-	-	-	-	-	-	-	-	-	-
暂停	0-6岁宝+25-34岁父母消费单价20-50	100%	-	-	-	-	-	-	-	-	-	-	-
推广中	12-24岁女	100%	2,278	338	14.84%	¥186.54	6	89	15.38%	2.50	52	¥0.55	¥466.60
推广中	12-24岁女	100%	4,858	713	14.68%	¥395.56	11	189	13.32%	1.93	95	¥0.55	¥764.60
	合计：汇总		19,282	2,553	13.24%	¥1,408.67	43	650	11.67%	1.80	298	¥0.55	¥2,539.70

▲ 图11-16

| 小胖 | 这部分用的方法是递增。例如，第一天投放80元，第二天投放120元，第三天投放150元，慢慢增加，前提是保证日限额花完。如果花不完也千万不要去降低日限额，可以把折扣多开设一条时间段或多开设2～3个投放地区，如图11-17所示。

| 小胖 | 一般白天是几十个至100个展现量，晚间会有展现量和点击率。

如果白天展现量很多，但没有点击率，则说明方法不太正确。如果白天有展现量，且点击率也很高，则说明方法正确。那么恭喜你，你的选款是正确的，等着降价爆发就可以了。

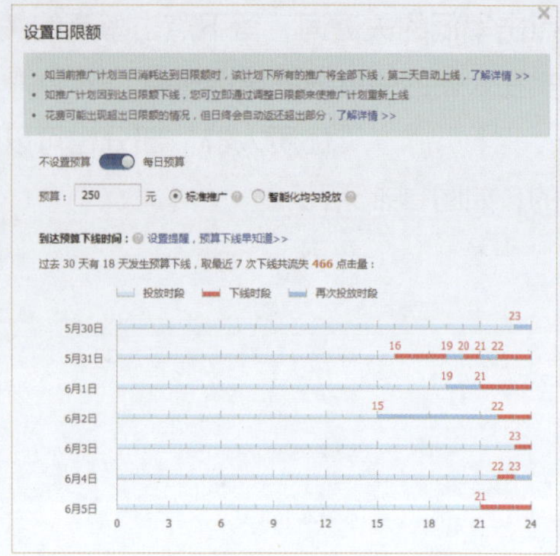

▲ 图11-17

| 小胖 | 如果晚间点击率有提高，但是不是很高，可能只有2%，即使全天全时段开设，点击率也只有0.8%，这说明你已经靠技术做到了能做的一切，这个款是不行的，不用推广了。

| 小胖 | 基本上就是这个结果，如图11-18所示，也就是3~5天的时间，用同样的操作方法。那么今天的分享就到这里，接下来大家有什么问题可以提问。

移动质量分	计算机排名	移动排名	计算机出价	移动出价	展现量	点击量	点击率	花费	投入产出比	总成交笔数	总收藏数	点击转化率	平均点击花费
-	-	-	0.10元	0.10元	34	2	5.88%	¥0.15	-	-	-	-	¥0.07
10分	第3页	移动16~20条	1.52元	0.50元	3,102	287	9.25%	¥262.34	1.60	20	10	6.97%	¥0.91
10分	第3页	移动7~10条	1.47元	0.50元	1,363	95	6.97%	¥71.90	2.16	7	1	7.37%	¥0.76

▲ 图11-18

| 鹿人1 | 关键词匹配是精准匹配还是广泛匹配呢？

| 小胖 | 广泛匹配。

| 鹿人2 | 请问创意标题可以加入竞争对手的品牌词吗？

| 小胖 | 不可以。

| 鹿人3 | 我的关键词质量分也是10分，为什么出价很高呢？

| 小胖 | 说明你类目的价格不便宜。

| 鹿人4 | 你说的精准人群“两两组合”是什么意思，能详细讲一讲吗？

| 小胖 | 就是“女”和“消费能力100~200元”组合。

| 鹿人5 | 所有关键词都上10分了，但PPC为什么降不下来？

| 小胖 | 什么类目？

| 鹿人5 | 洗护用品。

| 小胖 | 因为你的溢价高了。

| 鹿人6 | 女鞋类目点击率有行业标准吗？开直通车时，除了看ROI及藏率外，还需要关注加购率吗？

| 小胖 | 加购率也需要关注。

| 鹿人7 | 老师，一般你测款是提前多久开始的？一般以多少展现量或者点击率作为基本数据参考？

| 小胖 | 我一般是提前3天测款。每个行业的点击率不同，自然参考的标准也不一样，没有统一的标准，一般比同行高几倍就好。

| 鹿人8 | 核心词设置为精准匹配，如果点击率高过广泛的词，那么展现量会被核心词吸引过来吗？

| 小胖 | 不会的。

| 鹿人9 | 老师，测款时，添加长尾词后没有展现及点击率怎么办？

| 小胖 | 提高出价。

| 鹿人10 | 日限额有限，可以白天不投放、晚上投放吗？

| 小胖 | 可以。

| 鹿人11 | 白天展现量少，晚间也有展现量、点击率，说明方法对了。这一点我不是很懂。

| 小胖 | 如果白天展现量少，如几十个但晚间展现量多，且点击率高，就说明你的直通车操作方法正确。

12

五步让包装小白变身为包装行家

分享嘉宾 苏苏——主持人·整理人 金不换

郑苏苏（花名“苏苏”）

10年客服经验，3年县域电商操盘经验，专注于消费者心理需求，擅长老客户维护、产品包装策划和销售话术。

人与人之间的第一次见面，第一印象肯定是外表，那么产品和客户见面，能给客户留下深刻印象的是什么呢？当然是包装，好的老客户维护，首先从产品包装着手。如何让自己的产品包装吸引客户，如何让赠品的留存时间加长，这是现阶段的商家需要考虑的事情。

| 苏苏 | 我们总说“葫芦里卖的是啥药”，其实很早的时候，葫芦就作为一种容器（见图12-1），来盛放物体，看起来很有仙气的感觉，一说里面放的是药，就有仙丹、神药的感觉。这就是早期的包装，传递了产品带来了“神秘，有效”的感觉。

图12-1

| 苏苏 | 由此可见，好的产品包装能很好地展示商品特性，而在咱们电商行业，它能给我们带来更多好处，今天就先从基础说起（见图12-2）。

图12-2

| 苏苏 | 猛一看好像设计特别难，其实大家都可以做到。这几天被人问到“我是卖茶叶的，怎么做包装”，然后他把他的包装设计图发给我，请我帮他看看。

| 苏苏 | 如图12-3所示，我想这样的包装大家看过很多。然后我问他：“你的产品有啥特点？”他想了想，说：“我的茶特别好，富含××××××。”我想说，你对自己的产品要非常了解，特别是要把产品的特性说得让对方印象深刻。“原生态”“绿色无污染”“有机”这些词听多了，客户恐怕都没有什么感觉了。

▲ 图12-3

| 苏苏 | 第一步，懂产品。什么叫懂产品？如图12-4所示。

茶叶包装设计

相关信息收集：

白茶（又名黄溪草），顾名思义，这种茶是白色的，一般地区不多见。白茶生产已有 200 年左右的历史，最早是由福鼎市首创的，目前在溧阳等地均有分布，属于溧阳等地的特产。

白茶 茶水

茶色为什么是白色？这是由于人们采摘了细嫩、叶背多白茸毛的芽叶，加工时不炒不揉，晒干或用文火烘干，使白茸毛在茶的外表完整地保留下来，这就是它呈白色的缘故。历史渊源

白茶，素为茶中珍品，历史悠久，其清雅芳名的出现，迄今已有八百八十余年了。宋徽宗（赵佶）在《大观茶论》（成书于 1107 年～1110 年“大观”年间，书以年号名）中，有一节专论白茶曰：白茶，自为一种，与常茶不同。其条敷阐，其叶莹薄，林崖之间，偶然生出，虽非人力所可致。有者，不过四五家；生者，不过一二株；所造止于二三胯（銙）而已。芽英不多，尤难蒸焙，汤火一失则已变而为常品。须制造精微，运度得宜，则表里昭彻如玉之在璞，它无与伦也。浅焙亦有之，但品不及。

白茶最主要的特点是毫色银白，素有“绿妆素裹”之美感，且芽头肥壮，汤色黄亮，滋味鲜醇，叶底嫩匀。冲泡后品尝，滋味鲜醇可口，还能起药理作用。中医药理证明，白茶性清凉，具有退热降火之功效，海外侨胞往往将白茶视为不可多得的珍品。白茶的主要品种有白毫银针、白牡丹、新工艺白茶、贡眉、寿眉等。尤其是白毫银针，全是披满白色茸毛的芽尖，形状挺直如针，在众多的茶叶中，它是外形最优美者之一，令人喜爱。汤色浅黄，鲜醇爽口，饮后令人回味无穷。

白茶存放时间越长，其药用价值更高。白茶中还含有丰富的维生素 A 原，它被人体吸收后，能迅速转化为维生素 A，维生素 A 能合成视紫红质，能使眼睛在暗光下看东西更清楚，可预防夜盲症与干眼病。同时白茶还有防辐射物质，对人体的造血机能有显著的保护作用，能减少电视辐射的危害。

▲ 图12-4

| 苏苏 | 黄色的字是产品特性，也就说白茶的特点是茶色淡而且收藏价值高，这比说“有机”“原生态”更直观。

| 苏苏 | 第二步，摸市场，如图12-5所示。通过关键字的搜索，可以发现茶有不同的包装形态，有的是罐装，有的是茶饼。

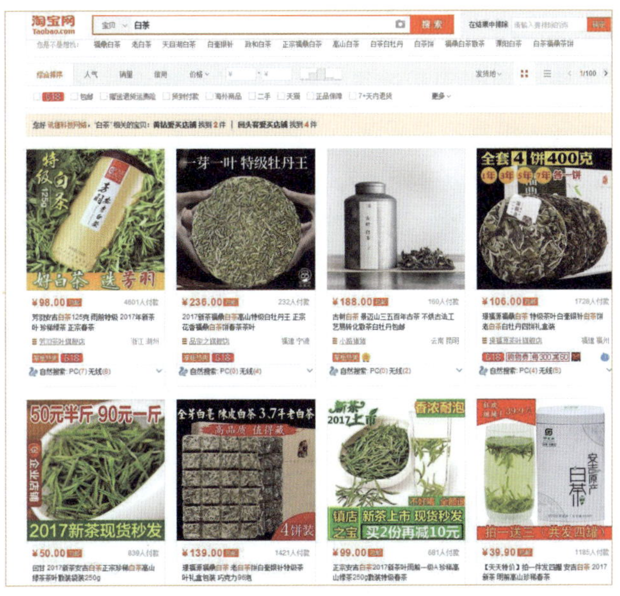

▲ 图12-5

| 苏苏 | 茶饼的包装有两种：棉纸和外面的纸盒，以及礼盒装，如图12-6所示。

▲ 图12-6

| 苏苏 | 我们根据市场上不同的茶包装材质对罐装和礼盒装做个简单的分析，即优势和劣势。例如，优势是不透光，密封良好，还可以印字；劣势是比较常见，没有什么特色，很难给人留下印象，如图12-7所示。

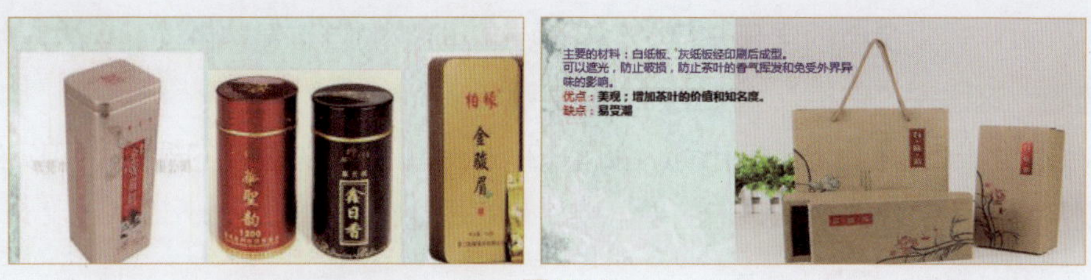

▲ 图12-7

| 苏苏 | 如果梅雨期间要将货发到江浙沪，纸盒包装的劣势就要考虑一下，因为梅雨季节，纸盒容易受潮。

| 苏苏 | 根据市场常见的包装，列出各种包装的优势和劣势，自己心里要有个底，这样可以减少很多自己闭门创造和设计的过程。整理的结果中，除了包装材质，还包含价格，如图12-8所示。

在重量和价格方面，跃华茶业的袋装茶基本为 250 克一袋，味独珍基本为 50 克一袋，蒙顶山大富茶业基本为 50—100 克一袋。茶的价格因茶的加工工艺不同而有区别：一般跃华的毛峰绿茶、花茶在 20 元左右一袋；味独珍的蒙顶甘露、明前茶、花仙子价格相当，60 元左右一袋，黄芽和石花稍贵，蒙顶山大富茶业蒙顶甘露、玉叶长春、万春银叶价格相当，60 元左右一袋，黄芽和石花稍贵。该包装材料一般是福建安溪知福茶业的低端茶叶包装，大富茶业的中档茶叶的包装。

在包装设计方面，跃华的绿茶整体是翠绿色，茉莉花茶为黄色，包装正面最上方是公司的 logo，中间是大圆内部一幅茶园风景，右下方一杯泡好的绿茶实物

▲ 图12-8

| 苏苏 | 整理的结果用表格分列会比较直观。也就是说，一些包装对应的客户和价格的范围已经形成了，你的包装对定价有影响，最直观的例子就是农夫山泉。

| 苏苏 | 图12-9大家都见过吧？农夫山泉的四季插画版包装，这个价格是3.5~4.5元。这样的包装对什么样的人群转化率更高呢？其对小朋友和女性消费者的吸引力更大，一般在大型超市会有。我们可以发现，不同的包装能吸引不同的消费者。

▲ 图12-9

▲ 图12-10

| 苏苏 | 第三步，定人群。如图12-10所示，如果我卖的是花草茶，也能用这样的包装。但是如果我想获得的人群是20~25岁的年轻女性消费者，因为她们生活圈子更活跃、更时尚、更乐于分享，能为产品做推广，则普通的金属罐包装就不会引起她们的注意。

| 苏苏 | 如图12-11所示，该图乍一看不像是茶叶包装。如果有做食品，而且定位人群是小资、时尚、文艺的消费者，可以多看看厦门、台湾的产品包装设计。花草茶一般是女性消费者作为休闲、聚会等常用的饮品，其包装外观精美，而且上面还有女生喜欢的星座。

▲ 图12-11

| 苏苏 | 但是整个淘宝市场，最受欢迎的花草茶包装种类是罐装，其次是盒装。

| 苏苏 | 图12-11中所示的茶是罐装的，且是一种礼盒装。人群定位根据产品特性，做好人群定位后才好做包装设计。如果不想花太多的精力在包装上，也不想花太多钱找人来做包装设计，有没有更简单、更省力的包装设计的方式呢？

| 苏苏 | 有的，那就是第四步——学同行。例如，农产品中卖得比较好的辣椒酱，其包装如图12-12所示。

▲ 图12-12

| 苏苏 | 先学习模仿容器。当然，也可以上1688网，在瓶身上粘贴纸，根据瓶身上的字体，做类似风格的印刷体，如图12-13所示。

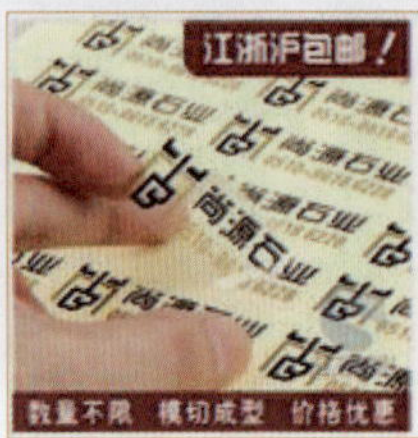

▲ 图12-13

| 苏苏 | 我再给大家看一个示例，如图12-14所示。

| 苏苏 | 主流的喷瓶为透明、褐色和蓝色。人群定位主要是年轻的女性消费者，并且根据产品名字“花之契为”，包装上肯定要有花。

| 苏苏 | 这个花纹不是专门设计的，而是找网上设计贴标的公司，用现有的图设计的，因为不需要制版，所以价格也便宜，好像是0.1元1张。

| 苏苏 | 在这里就不细说如何选择字体了，最后选了图12-15所示的字体。这是最简单的向优秀的同行学习，利用现有资源，减少成本的包装设计方式。

| 苏苏 | 最后一步，做测试。包装即使再好看，如果收货后产品破损（见图12-16），包装也就失去了最基本的功能——保护产品。

▲ 图12-14

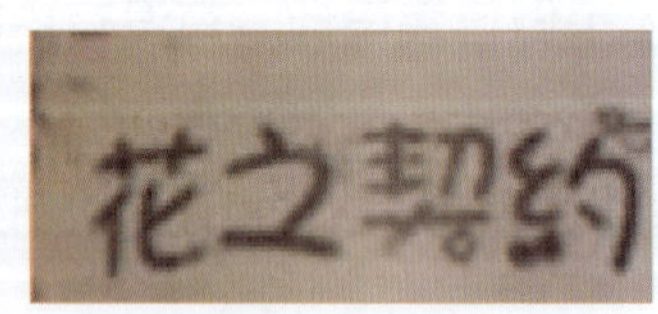

▲ 图12-15

▲ 图12-16

| 苏苏 | 可见物流测试很必要，发出产品后，要做记录，以农产品为例，如图12-17所示。

| 苏苏 | 注意从以下这几个维度来测试物流。

（1）产品销售的主要人群区域，如北京和上海。

（2）会损坏产品的因素，如对红提来说是温度和压力。

测试时间	2015.08.11			
编号	1	2	3	4
快递	韵达快递	韵达快递	顺丰快速	韵达快递
快递单号	10005184	10005184	9062086	100051
快递到货时间	2015.08.12	2015.08.12	2015.08.12	2015.08.14
区域	上海	上海	上海	北京
防震物材	减去碎纸、隔热膜（减少成本15.5元）	延用去年原包装附件（减去隔热膜，减少成本13.5元）	减去碎纸、隔热膜（减少成本2.5元）	减去隔热膜（减少成本14.5元）
结果图片				
测试结果	掉了十几粒，两三粒破裂	完好	完好	坏了
测试结论	1.原包装及原运输方式为最优方案 2.为减少成本，隔热膜可直接剔除（节省0.5元） 3.快递物流方式（顺丰2日可达北京,韵达4日才到，效果不佳）固除江浙沪等周边区域，外围较远区域选用顺丰。 4.江浙沪范围及周边普通物流36小时可达区域，可选用普通快递（节省13.5左右）			

▲ 图12-17

（3）在可能的情况下，减少不必要的成本，如耗材和重量。

｜苏苏｜这是比较基本的包装设计入门方式。刚开始的时候，我记得有小伙伴说“这个是技术活，好难”。这其实也不难，因为我也是半路出家，我也不是美工出身，但是做了电商后，自己试着摸索着设计。现在有很多学习的方式，例如，大家可以多看好的设计，提高审美能力；多看市场上好的包装，对设计灵感有启发。如果有做农产品、食品包装的小伙伴，我们也可以一起探讨。谢谢各位耐心地聆听。

｜鹿人｜请问该如何理解产品的特性?

｜苏苏｜简单地说，产品特性就是把产品的特点变成卖点，将卖点变成买点。例如，我的产品是全棉的，这是特点；全棉的产品透气干爽，这是卖点；夏天人的背后、腋下有汗渍，很难看，但是我全棉的衣服可以帮你解决尴尬，这就是买点。就是要把特性表达得让人有想买的欲望。

｜苏苏｜日本的农产品设计、工业设计，甚至茶叶、花茶设计，这些都可以直接搜索查看。我不仅看，一般还做记录。

13

店铺重点款标题的规划与制作

分享嘉宾 林国波

主持人 · 整理人 橙子

林国波

6年电商从业经验，天猫服装类目运营操盘手，主攻搜索布局及优化，擅长产品营销、老客户维护。

小卖家在店铺重点款标题上容易犯的错误是直接把商品的属性词一股脑地加上去，即使是代销商品，也是使用同一个关键词。但宝贝上架，需要避开一些无谓的竞争，扬长避短才能让你的坑位价值达到最高，后期推广起来也会事半功倍！

| 林国波 | 本期我们一起来聊聊店铺重点款标题的规划与制作。重点款标题结构：破零词+热门搜索词+属性词+核心词。定好主推款后，我们就要着手写标题了。写标题之前，我们要先定好核心关键词。找核心关键词要从竞品入手。

| 林国波 | 搜索类目的最大词，将其按人气排序，找到和自己商品类似或相同的款，并且是对自身商品有影响和参考价值的竞品。找竞品的作用：找到竞品的核心关键词，利用其优势优化自己的商品。竞品的核心关键词也适用我们自己的商品。利用核心主词去搜索，卡价格段，找到价格相似、款式相近的爆款商品。注意：目标人群不同的商品不能作为竞品；记录竞品的信息，至少记录4家店铺的竞品信息，包括店铺品牌、店铺信用、宝贝标题、宝贝链接，如图13-1所示。

店铺等级	竞品链接	竞品标题	竞品主图	店铺品牌	引流词/成交词
天猫	ll.com/item.htm?spm=a230r.1.14.22.LVR75f&id=537018746041&n	童装男童夏装套装2017新款中大童夏季两件套儿童短袖11~13周岁潮		嘻哈精灵	1 13岁男孩夏装 12岁男孩夏装 十一岁男孩夏装
天猫	ll.com/item.htm?spm=a230r.1.14.30.LVR75f&id=547620915580&n	童装男童夏装套装2017新款儿童短袖大童11男装12夏季13男孩15周岁		祥宁	儿童夏装男童套装 儿童夏季套装男 男孩夏装套装10-15岁 夏季衣
天猫	ll.com/item.htm?spm=a230r.1.14.80.LVR75f&id=533783726836&n	童装男童夏装套装2017新款中大童韩版5儿童7夏季短袖11潮衣13周岁		阿妮甜甜	儿童 夏装 男童 套装 中大童 大童男装套装12-15岁 男童夏装套装2017新款 韩版 潮 男童套装 5-7周岁
天猫	ll.com/item.htm?spm=a230r.1.14.46.LVR75f&id=545092179469&n	3男童套装夏装2017新款儿童5夏季短袖7童装9中大童11两件套13周岁		LOVEBOBO/哎抱抱	儿童夏装男童套装5-6岁 男童夏装2017新款 男童夏装 3-5周岁

▲ 图13-1

| 林国波 | 以童装为例。图13-1所示为竞品的成交词和引流词。这些词是从“生意参谋”的“市场”→“商品店铺榜”中找出来的，如图13-2所示。

▲ 图13-2

| 林国波 | 如果是C店，可在“行业粒度”中查找商品信息；如果是天猫店，可在“品牌粒度”中查找竞品信息，如图13-3和图13-4所示。

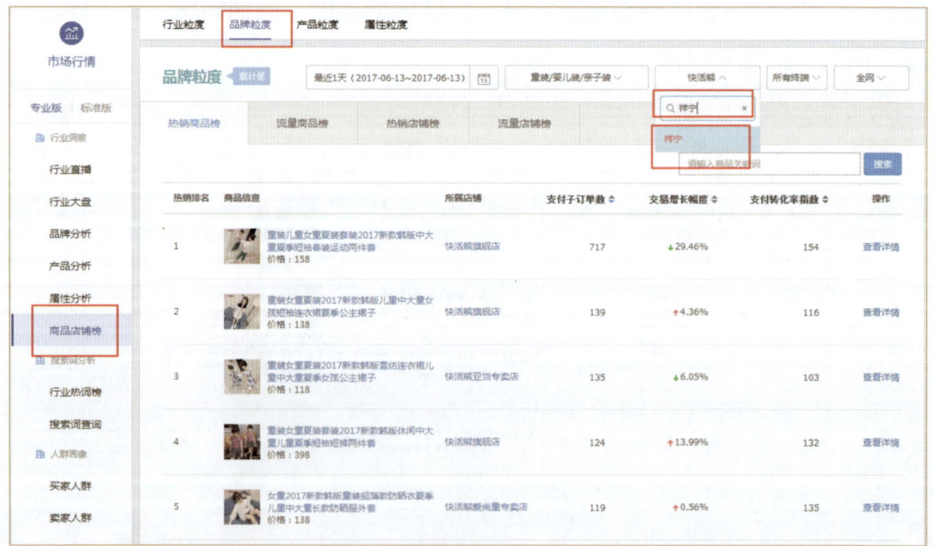

▲ 图13-3

▲ 图13-4

| 林国波 | 在竞品的“操作”列中单击“查看详情”链接，如图13-5所示。

▲ 图13-5

| 林国波 | 查看该竞品的引流关键词和成交关键词，如图13-6所示，然后将这些词记录下来。

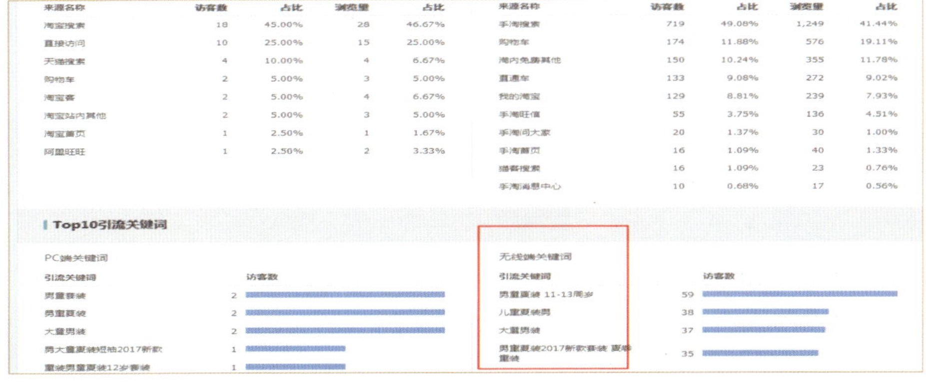

▲ 图13-6

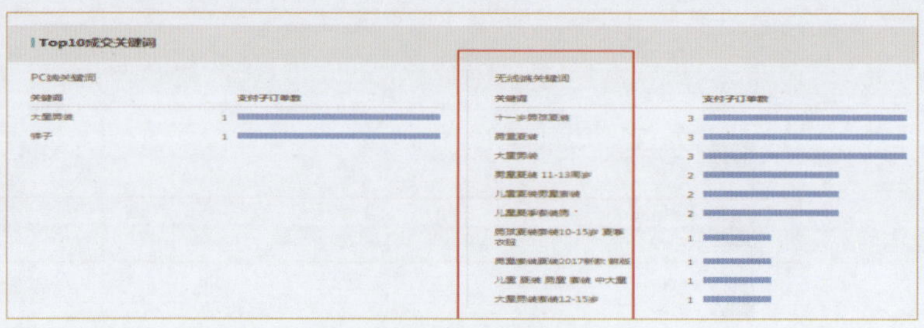

▲ 图13-6（续）

| 林国波 | 把竞品的成交词放在“生意参谋”→“市场行情”→“搜索词查询”里查询一下，如图13-7所示。

▲ 图13-7

| 林国波 | 查看该成交词的搜索趋势是涨还是跌，如图13-8所示。最近童装类目的数据跌得很严重。如果关键词的趋势线是上升的，则意味着我们商品的关键词如果投入使用，后续商品流量会相对稳定一些。

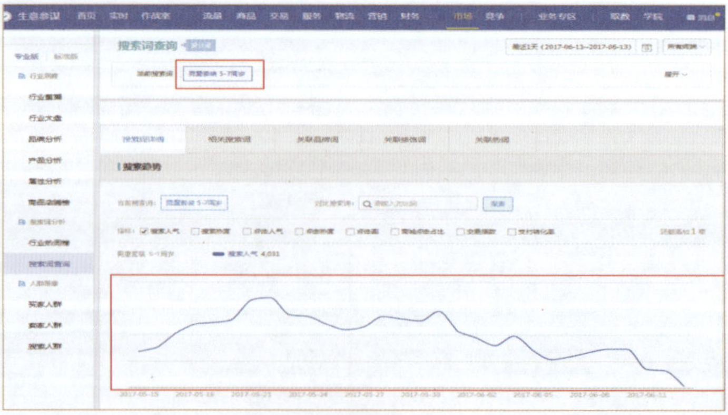

▲ 图13-8

| 林国波 | 查看该关键词的延伸词适不适合我们的商品。例如，搜索人气。搜索人气要看行业，这里没有特定的参考数值。此外还要参考在线商品数。在线商品数越少越好。商城点击占比如果参考的是C店，则数值越低越好；如果参考的是天猫店，则数值越高越好。点击率也是分行业，例如，童装类目的点击率如果过了90%，其关键词里就有水分了（见图13-9）。

▲ 图13-9

| 林国波 | 对以上关键词进行查询验证后，再把该词放在“生意参谋”→“市场”→“搜索人群”里查询一下，如图13-10所示。

▲ 图13-10

｜林国波｜从图13-11中可以看到人群性别和该关键词90天的成交价格，以及成交年龄段。可以做一个定价和人群的参考，因为我们查找的是核心词。

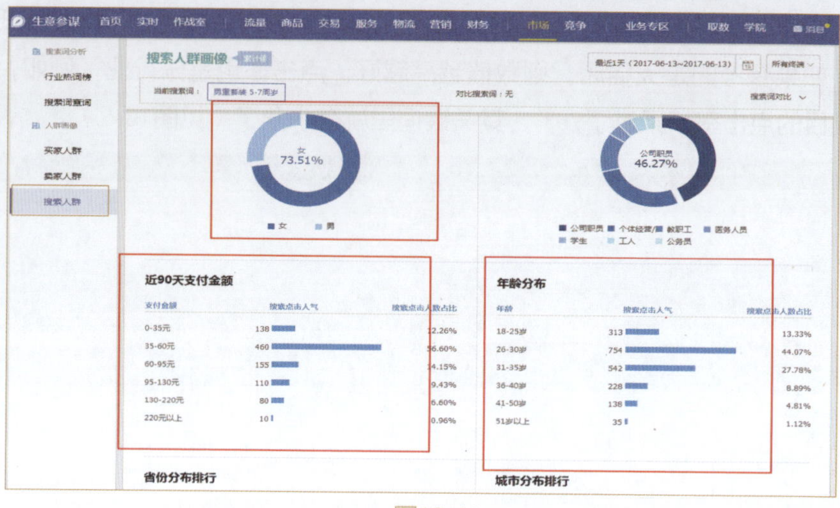

▲ 图13-11

｜林国波｜按照以上方法查找到适合自己商品的核心词后，我们就要开始查找其他的关键词了。

｜林国波｜查找热门搜索词的方法很简单。在“生意参谋”→“市场行情”→“行业热词榜”里有各类目中热门的前500个词，从中找出适合自己商品的热门搜索词（见图13-12）。同样，找到后要经过搜索词查询，查看该词的搜索趋势数据走线、点击率、转化率、商城点击占比、搜索人群、在线商品数，从中选出适合我们商品的热门搜索词。

生意参谋 首页 实时 作战室 流量 商品 交易 服务 物流 营销 财务 市场 竞争 业务专区 取数 学院

搜索词查询

最近1天（2017-06-13~2017-06-13）

当前搜索词：男童套装 5-7周岁

搜索词详情 相关搜索词 关联品牌词 关联修饰词 关联热词

关联修饰词

关键词	搜索人气	相关搜索词数	词均点击率	点击人气	词均支付转化率	直通车参考价
男童	5,307	45	78.00%	3,915	23.00%	2.18
周岁	5,307	45	78.00%	3,915	23.00%	2.18
新款	979	8	75.00%	879	27.00%	-
纯棉	883	5	57.00%	745	44.00%	-

▲ 图13-12

| 林国波 | 接下来是找破零词。前期商品上架零销量，其权重低、排名低。我们要找的破零词分3类：一类是核心词的延伸词；二类是热门词的延伸词，三类是自己找的关键词。这种词的作用是帮助前期销售破零或者成交，因为我们找的是在线商品数很少的词。

| 林国波 | 像“男童套装5~7周岁”这个词，如图13-13所示，在线商品数只有608个。这608个商品里可能有“死款”，也有可能有“死店”，甚至还有权重低的，因此我们的商品上架后还是有可能拿到好的展现排名的。拿到展现排名就意味着有点击量，有点击量就可能有成交。总的来说，破零词也要看在线商品数、点击率、商城点击占比、支付转化率。其中，支付转化率越高越好。

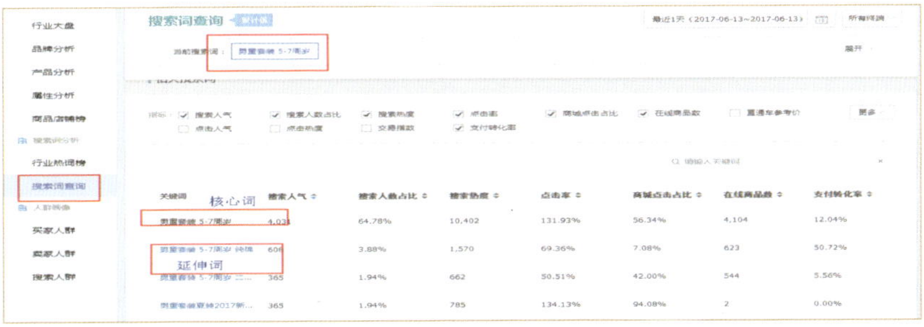

▲ 图13-13

| 林国波 | 最后我们要找的是属性词。商品都有自身的属性，很多带属性的长尾词转化率很高。属性词的选择，一是根据商品自身的属性进行提取，二是看热门搜索词和核心词的关联词及修饰词。

| 林国波 | 在“生意参谋”→“市场行情”→“搜索词查询”中输入关键词，单击“关联热词”或“关联修饰词”，找到和商品本身匹配的属性词，如图13-14所示。

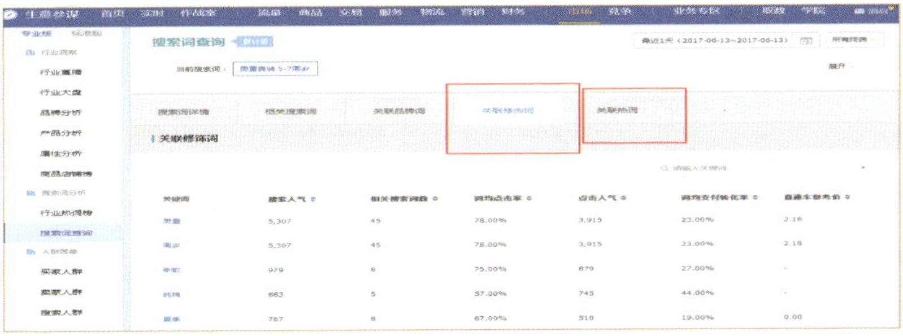

▲ 图13-14

| 林国波 | 我们把重点款标题需要的关键词都找到后，将其组成一个完整的标题，然后商品就可以上架了。

| 林国波 | 进入商家后台，单击“我购买的服务”，选择“生e经”，如图13-15所示。

▲ 图13-15

| 林国波 | 单击“行业情报助手”，如图13-16所示。

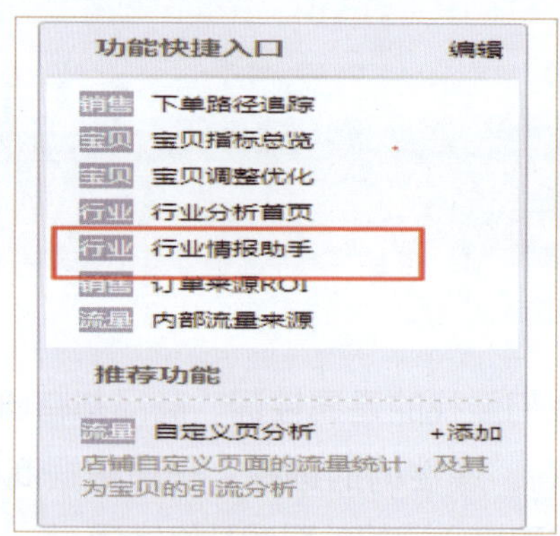

▲ 图13-16

| 林国波 | 在“行业分析”中把关键词按类目进行查询，如图13-17所示。

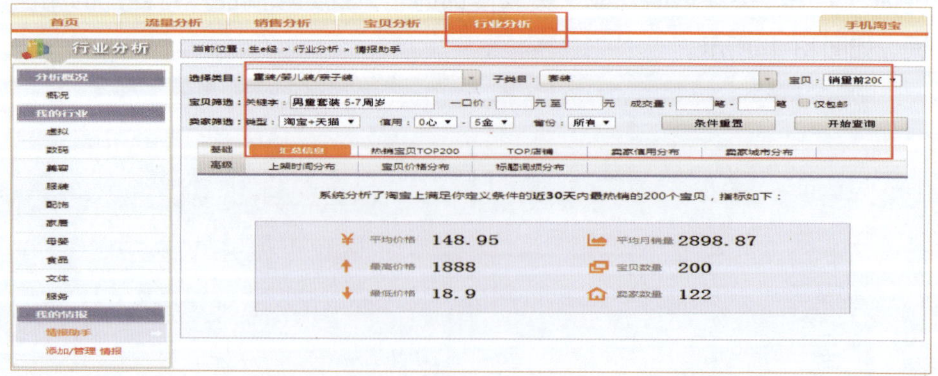

▲ 图13-17

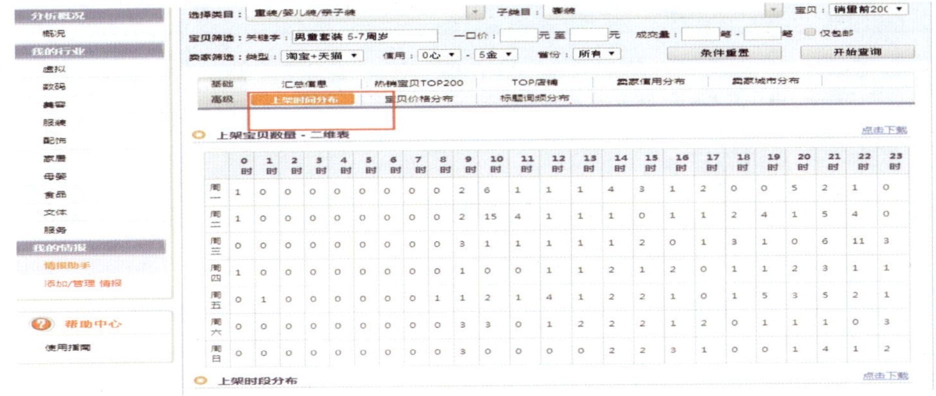

	0时	1时	2时	3时	4时	5时	6时	7时	8时	9时	10时	11时	12时	13时	14时	15时	16时	17时	18时	19时	20时	21时	22时	23时
周一	1	0	0	0	0	0	0	0	0	2	6	1	1	1	4	3	1	2	0	0	5	2	1	0
周二	1	0	0	0	0	0	0	0	0	2	15	4	1	1	1	0	1	1	2	4	1	5	4	0
周三	0	0	0	0	0	0	0	0	0	3	1	1	1	1	1	2	0	1	3	1	0	6	11	3
周四	1	0	0	0	0	0	0	0	0	1	0	0	1	1	2	1	2	0	1	1	2	3	1	1
周五	0	1	0	0	0	0	0	0	1	1	2	1	4	1	2	2	1	0	1	5	3	5	2	1
周六	0	0	0	0	0	0	0	0	0	3	3	0	1	2	2	2	1	2	0	1	1	1	0	3
周日	0	0	0	0	0	0	0	0	0	3	0	0	0	0	2	2	3	1	0	0	1	4	1	2

▲ 图13-17（续）

| 林国波 | 单击“上下架时间分布”，查看宝贝各时间段的上下架情况。该功能在生e经和生意参谋中都要订购，以方便查看关键词在哪天的哪个时间段上架最好。这里查的词是核心词。查出了上下架时间段后就可以把商品上架了。

| 鹿客1 | 关键词前端数据要去核实吗？因为有一些类目在线商品数少，但前端数据展示都是销量上万的。

| 林国波 | 需要核实，不过结果相差不大。

| 鹿客2 | 在百度里查看的人群与在淘宝中查看的一样吗？

| 林国波 | 百度中查看的是百度指数，不代表淘宝的数据，而且淘宝给的数据是成交人群，百度中给的数据是查询人群，二者是不一样的，因此百度指数不能作为参考。

14

大促后如何控制售后指标

分享嘉宾 三三 主持人·整理人 汤琼

门川川（花名“三三”）

8年电商客服实操经验，擅长箱包类目、食品类目的客服管理，专注于客服团队管理和老客户营销。

大促后如何控制售后指标 14

客服在店铺中是必不可少的角色，因为他是整个店铺中唯一和客户接触的窗口。客服工作是商品销售的延伸服务，是完善商品性能、满足客户第二需求的有效途径。客服工作质量直接影响店铺的成交量和客户的购物体验。大促过后，售后客服面临大量的售后问题，不仅要把这些问题解决，还要给客户留下好的印象和好的购物体验，同时还要控制好售后指标，这就需要用到本文中的技巧了！

面对大促，售后客服首先要做的是计划安排，合理的计划安排可以有效地提升售后客服的工作效率。

以“6·18”大促为例，相信运营人员在活动前都做了详细的方案和安排，也制订了大促的目标。售后人员也是一样的，我们也是在大促前就会制订我们的售后目标。评价售后服务好坏的标准一个是客户的体验，另一个是店铺的售后综合指标。

我们会提前做好人员在岗的安排，尤其是在大促的高峰期。这里介绍一下店铺售后的工作安排。“6·18”活动当天，日常的售后工作不是太多，但退款不能忽视，所以当天的售后人员会正常接待客户，并替补未到店铺的退款岗。

“6·18”活动不像“双11”活动，会对订单进行锁定，无法办理退款，“6·18”活动是可以正常处理退款的。我们在6月18日的0点开始，就安排售后专职人员做退款处理，及时把客户拍错、不想要的订单退款，这样可以缩短退款时长。

大促开始以后，0点店铺会有秒杀、半价、前多少名有赠品或礼物等活动，然后是上午的10点、下午的2点、晚上的8点和10点，都是流量的高峰期，这几个时间点的退款也是暴增的。

售后客服在处理问题的时候要注意，如果不是流量高峰期，可以按照平时的处理规范处理售前售后问题；如果是流量高峰期，可以按照及时回复，然后批量处理的方案，或者是调动人员快捷、高效地处理问题。

| 三三 | 了解了大促期间售后客服的安排以后，我们回到影响退款率的因素上。

| 三三 | 大家知道影响退款率的因素有哪些吗？这些指标的比重构成是什么吗？

| 鹿客1 | 退款时间。

| 鹿客2 | 退款原因。

| 三三 | 售后综合指标是指行业综合排名的指标，主要由退款纠纷率、退款时间、自主完结率构成，三者是3:2:1的关系。

| 三三 | 首先，我们得明白纠纷退款率和退款纠纷率的区别。以前影响售后指标的是退款纠纷率，这个是指让淘宝小二处理的有争议的退款所占的比率。不管是否是卖家责任，一旦有淘宝小二介入，交易就会被计入退款纠纷率里。这样售后指标就特别难维护，就会出现一些情况，如当时是打败同行的综合指标，如70%，指标良好；但是一旦28天内淘宝小二介入处理了几笔退款，指标就可以降低到30%以下。一个月内，淘宝小二介入的次数多了，发现售后指标是保不住的，然后售后问题处理就会很痛苦。2017年4月21日，淘宝规则改了，现在是纠纷退款率，指这个退款是有争议的，天猫客服介入以后，若判定不是卖家的责任，交易是不计入纠纷的退款率。

| 三三 | 图14-1是店铺的售后综合指标的一个截图。注意，数据考核周期由28天改为30天。

▲ 图14-1

| 三三 | 图14-2是一个30天的售后服务综合指标行业排名的占比趋势图。

| 三三 | 现在的售后服务综合指标是排名指标，规则改进以后该数据越小越好。售后服务综合指标查看的后台路径："商家中心"→"客户服

务”→“服务数据看板”，如图14-3所示。

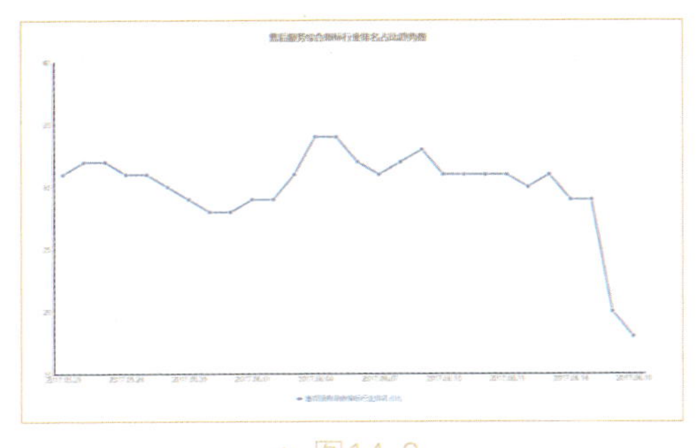

▲ 图14-2

▲ 图14-3

这里介绍一下降低纠纷退款率的方法。

如果是有纠纷的退款，当客户找到客服处理的时候，客服首先要进行耐心的解释，换位思考问题。因为现在的客户维权意识很强烈，第一次的购物体验非常重要，所以我们处理的时候要首先考虑怎样化解危机，不要让矛盾升级到天猫客服处。

处理的基本原则：①人性化；②灵活性；③客户满意；④再次复购；⑤品牌宣传。

这里就不做展开讲解了，大家在做售后的时候，这些道理都是明白的。售后的客服岗位要求有服务意识、服务态度和售后技巧，达到了这3个基本的岗位要求，客服在第一时间就会解决有纠纷的订单。一般90%的订单退款问题售后客服是可以处理的。但是也会遇到个别的客户表示不理解，我们处理的时候也是先给客户做沟通解释，然后拒绝退款，这样就减少了因为客户误会和不理解造成天猫客服介入退款的问题。

如果商家的发货量很大，库房错发货物导致客户退款，正常的处理方式是让客户退回商品，然后给客户补发。但是客户申请了退款，商家会在收到退回的商品后给客户退款，这期间如果申请天猫客服介入，这个责任是算卖家的。是卖家责任就要计入纠纷退款率。

如果前期已经和客户做了沟通，或者是遇到快递问题（订单量比较大的情况下），这时候我们可以主动地跟进，看到商品退回或者发现是自己店铺的问题，可以优先给客户处理，避免造成纠纷率的退款。

注意，千牛工作台里的“消息订阅”要设置一下，以便及时查阅通知信息。一旦有售后人员没有及时跟进导致天猫客服介入处理，系统会发出处罚的通知，这时我们可以把系统消息打开，及时地发现问题并申诉。上次我自己遇到的一笔因为错发货导致的纠纷退款，因为及时发现处罚通知，然后主动联系客服小二，并为客户妥善处理好退款问题而未计入纠纷退款。

|三三|建议“规蜜消息”中的“处罚通知”和“预警消息”也设置一下，如图14-4所示。如果是订单有问题，或者是出现了异常客户订单，如电话号码不正确、地址不存在等，“规蜜消息”也会提醒我们。

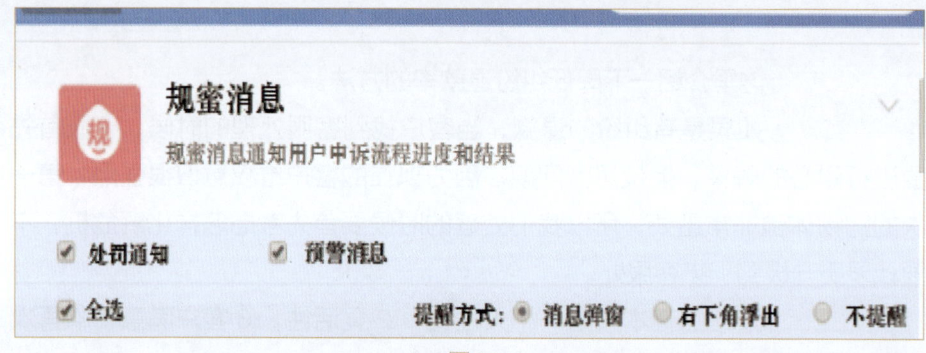

▲ 图14-4

|三三|我平时也非常重视售后指标，每天都会记录店铺的售后指标情况，如果发现指标下滑，就要及时查找下滑的原因和提升的方法。客户投诉和淘宝小二介入处理要同样重视，一天至少看3次投诉记录，订单退款介入也是3个小时刷新一次。

|三三|售后工作是店铺服务质量的最后一道防线，也是增加复购的一个非常好的方式，售后客服的服务宗旨是客户满意。我有两条信条，我遇到非常难处理的客户投诉的时候，我都会在心里默念：“第一条，客户永远是对的；第二条，如果是客户错了，那么遵守第一条。”

|三三|以上内容是关于纠纷退款率，下面的内容是关于退款的完结时间。这里分为3种情况：第一种情况是刚拍下，仅退款、未发货的状态；第二种情况是仅退款已发货的状态；第三种情况是已发货、退货退款的状态。

|三三|针对第一种刚拍下，仅退款、未发货的情况，在大促后可以配合ERP软件，导入系统订单，完成退款操作。这里可以批量完成退款操作，但是大促期间，可能会出现ERP崩溃或者订单异常、不能及时退款的情况，此时可采用人工后台审核，用批量子账户退款的方式进行处理。

注意，掌柜的子账户退款这个权限是给到客服的，在大促的时候，我们所有的售后客服都开通了退款的权限，就是为了更好地、及时地给客户处理好退款问题，提升客户的体验。子账户退款是不需要密码的，只需要在后台进行子账户权限的设置即可。

如果有预售和定金，或者是金额超过了子账户的限额，则需要主账号来处理退款。

仅退款的订单，采用码栈退款可以提升效率，一个人2个小时可以退上千笔，从而可以减少人员工作量和增加销量，这里给大家推荐这个软件。应该有很多商家都在使用这个软件了，它给我们带来很大的便利。

图14-5所示为在码栈的辅助下完成的退款。

▲ 图14-5

平时店铺的退款是100~200单，但是在大促期间，退款率会比平时高一些，“6・18”当天两个人轮换可以完成3000单以上的退款。当然，售后服务不是退款越多越好，不过退款的笔数和销售情况也是有关联的，卖得多，退款自然会比较多。没有使用码栈的卖家可以自行下载，里面有官方的使用视频介绍，他们也有一个旺旺交流群，如图14-6所示。

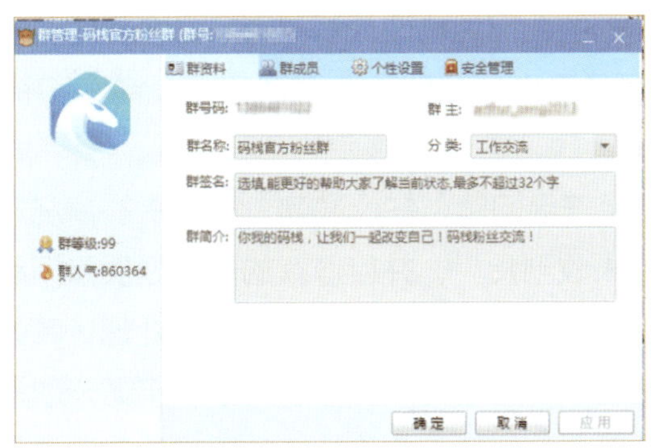

▲ 图14-6

我们使用码栈的时候，只需要人工在后台审核。

码栈使用子账户就可以登录，日常使用得比较多的功能是批量查询快递、大促期间的催付、批量售后问题的补发留言、禁用词的排查。很多大卖家用自己的ERP也可以完成退款，不过大促的时候可能会出现临时ERP抓取订单异常导致退款也存在问题的情况，所以可以多备一个工具一起使用。

对于仅退款的订单，可分两种情况进行处理。一种情况是没有发货的订单可以直接退款，这些订单在活动刚开始的时候可以秒退。还有一种情况是仓库已经准备发货了，正在打包过程中，但客户申请退款，这时候客服和库房的配合非常重要。

我们常使用的方法是对ERP发货验货的环节进行拦截，对拦截的订单做及时退款处理。我们还有一个缩短退款时间的方法，就是大促期间安排晚班，在流量高峰期过后及时对第一批拍下或没有秒杀到宝贝的退款，以及错拍、改地址的退款进行处理。

对于第二种情况——已发货、仅退款的订单，怎样缩短退款时间呢？库房已经发货了，只能通过客户的情况进行判定。如果已经发货但客户还没收到，客户确定不要了，我们售后自己就发起拦截通知，一般快递拦截2~3天可以退回。如果已有物流信息，就先给客户退款。如果已发货了，因快递问题客户还没有收到，商家可以与快递公司做出约定，如3天内物流公司不更新物流信息，我们售后就先给客户退款，然后拦截快递，退回货物。

如果超过3天，物流信息显示已签收但客户未收到，可先给客户退款，然后待快递找到后退回。如果退不回来，就按照遗失处理。当天的快递问题是比较好处理的，因为快递公司和商家是合作的关系，快递公司会配合商家做好售后服务工作的，此种情况视每一个商家和快递配合的情况来安排。

如果是产品问题，在仅退款、已发货的情况下，客户收到了货但也申请“仅退款未收到货”，并且退款的原因是质量问题，如商品变质发霉等，此种情况就需要售后客服去联系客户进行处理。若确实是产品的质量问题，需全款退给客户。但这时要注意引导客户申请修改退款原因为仅退款或退运费。我们一般是引导客户先确认，然后申请售后退款，这样可以加速我们订单回款。

这一过程也是非常容易产生纠纷的。如果是因未收到货而产生退款，一般是拒绝退款申请72小时后淘宝小二可以介入。这里可根据实际情况进行处理，如图14-7所示的这个案例。

确定

全部订单 仅退款(未发货) 仅退款(已发货) 退货(已发货) 导出Excel 管理地址模板

退款类型：售后退款 退款状态：进行中的订单 原因：全部

退款审核：所有 责任方：全部 托管状态：全部

退货物流状态：全部 小二介入：全部 业务类型：全部

快捷筛选：7天无理由 多拍/拍错/不想要了 未按约定时间发货 缺货

批量同意退货 批量同意退款 托管设置

▲ 图14-7

图14-8这个退款申请属于质量问题。这种退款需要售后客服联系客户修改退款原因。如果退款原因是活动促销价格差导致的，可以直接退款。

▲ 图14-8

图14-9所示这种发货后又不想要的，并且明确表示不要货物的退款，售后客服需主动联系快递公司退回货物；如果看到已有物流退回信息，需提前给客户退款。当然，这种情况在大促中还有一个处理方式，就是大促以后退款，原因是物流一直不到，如“双11”快递爆仓。

▲ 图14-9

可以批量导出退款的订单快递单号，然后在码栈里过一遍，对显示有退回物流信息的订单直接退款。这样很方便，不用一个一个地在后台排查。当然，有一些快递退回后系统不显示“退回”两个字，码栈识别不出来，对于这样的快递还是要在后台逐一排查的。

质量问题的退款原因大家知道为什么要修改吗？图14-10所示的

这个商品变质发霉的退款。

(售中) 退款编号 423093902	订单号：3 0371090239	商品编号： 511536					和我联系
新货【 薄皮核桃250g*2袋】新疆零食特产坚果核桃非纸皮 食品口味:【送核桃夹子】...	¥83.00 [运]	¥83.00	2019-03-31 11:30:45	质量问题	-	已发货	已拒绝退款 还剩5天20时 39分

▲ 图14-10

| 鹿客3 | 容易抽检。

| 三三 | 是的，这个原因是需要修改的。因为这会直接影响品质退款率。商品的品质退款率如果排名在后10%，则商品会被抽检，所以这个退款原因商家需要联系客户修改，可以修改成仅退款、退运费等。联系客户修改的方法打电话是最直接的。如果电话打不通，可以查看客户支付宝的联系电话，或者是旺旺留言、发短信。如是客户是学生，我们一般采用发短信的方式，因为上课期间他们不方便接听电话。

| 三三 | 这里分享一个小插曲，是关于打电话的。现在很多客户是不接座机电话的，尤其是淘宝售后的电话。打的次数多了，有的客户甚至会举报，一般这种情况下我们会发短信。

| 鹿客4 | 电话搜索微信呢?

| 三三 | 这种方式我们有时也会用，因为实在联系不上客户，客服也是想尽了各种办法。只要联系上客户就行，不管用什么方法。主动为客户服务，遇到困难不要放弃，因为方法总比问题多。

| 三三 | 遇到投诉或扣分，客服是非常紧张的，如果遇到客户确实不接听电话，就把能用的方法都试一下，比如有时候看到客户的QQ邮箱，也会加客户的QQ。我们做得好的宝贝，C店铺的退款原因修改率可以达到97%以上，尽管现在我们也不怎么让客服去联系客户修改退款原因了。

| 三三 | 不过我们不要骚扰客户，一般一天拨打一次客户的电话，最多不超过2次，在一周内不能超过3次。当然，客户特殊，需要客服与他电话联系的除外。

| 三三 | 在这里给大家推荐一个快捷回复的方法。如果客户申请的退款原因不合适，我们可以把引导原因做成快捷话术，如“请您操作‘我的淘宝’→‘我的订单’→点击‘退款’→‘退款申请’→‘我要退款’→‘退运费’→‘金额：X’”。

我们发现这样引导客户，客户都能很快速地找到修改的办法。当然，对于找不到链接位置的客户，我们也会截图继续引导。手淘的客户居多，所以一般我们会发手机截图给客户，如图14-11所示。

以上是对仅退款情况的处理，下面再说一下退货退款情况的处理（见图14-12）。

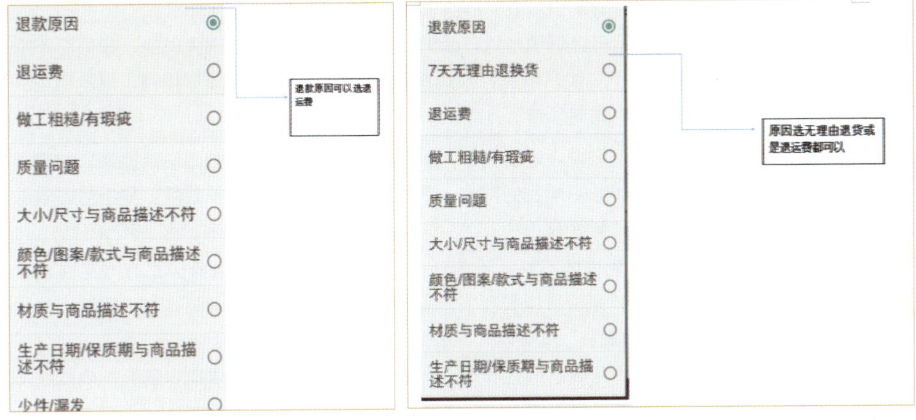

▲ 图14-11 ▲ 图14-12

退货退款的流程：客户申请退款——卖家同意退款——买家输入退货单号——卖家同意退款。这里首先想到的是7天无理由退货的申请。

尤其是有运费保险的退款，如果没有授权卖家填写单号，我们要联系客户输入退货单号。

这里还有一种我们卖家先行垫付的情况。大促以后，卖家可根据自己店铺的客单价情况先给客户退款，然后自己跟进；或者看到退货单号的物流信息后，若退款金额比较小，也可以先行退款，然后自己跟进。如果是产品的质量问题导致退款，卖家承担运费，运费可以先打款给客户，服务先行。

这里给大家推荐一些话术，如表14-1所示。

表14-1

退款的状态	相关话术
同意退款协议	麻烦您帮我们找一个便宜的快递，帮我们在一张纸条上写清退款原因和您的旺旺号或者订单编号，以方便我们收到退货后查询，谢谢配合

续表

退款的状态	相关话术
拒绝退款申请	1.XX您好！ 这个货品已经发走了。 那麻烦您了，需要您稍等两天才可以收到货的。 如果万一您不要了，请帮我们拒收一下；如果要的话，收到货后请帮我们取消一下退款申请。现在的退款我先拒绝一下，谢谢XX啦。 2.XX您好，货品已经到了当地，我们已经配了快递，会尽快去送的，如果您不需要，请拒收一下；如果需要，收到货后请帮我们取消一下退款申请，退款申请我们暂时做拒绝，谢谢支持
货到拒收	您好，XX！看到您说地址留错了，这个件我们也联系快递公司取消返回，如果货品到了当地，麻烦XX帮我们拒收一下可以吗？切记一定要拒收哦，要不然签收退回会有运费哒，辛苦啦
修改退款原因	亲爱的XX，是我们的不好，没能让您满意，看到您申请的原因是有商品变质发霉，您看一下，是否可以帮我们修改一下退款的原因吗？如果退货，帮我们修改成“7天无理由退货”就可以了，么么哒
撤销退款申请	您好，XX！看到包裹已经签收了，您方便帮我们取消一下退款申请吗？确认收货后，退款申请就可以取消啦！感谢您支持XXX，我们会继续加油的，合作愉快
确认退款	您好，XX！看到您申请退款了，已经给您确认退款成功了，记得确认一下哦！一般支付宝的钱是哪里支付的返到哪里，有问题随时联系我们客服哦，祝您生活愉快。XXXX自然的果实，本色的爱
先退款处理	XX您好，看到您申请了退款，我请我们主管优先把货款给您退了。但货品已发出，我们也联系快递公司退回，如果您收到了，请帮我们拒收一下哦！万一您收货后退回，请联系我们再补款，谢谢
货款已退到支付宝	1.XX您好，已经安排财务人员退款了。明天18点前到账，注意查收哦 2.XX您好，答应退您的10元钱已退至您的支付宝了，麻烦查收一下，有问题请随时联系我们亮灯的客服，很期待和您的下次合作
申请售后退款	您好，看到您申请了X元的售后退款，现客服已给您退至支付宝了，请查收一下。另外，麻烦您帮咱们撤销一下售后申请，祝您生活愉快

| 三三 | 大促以后，如果是商品质量的问题，建议给客户直接退款处理。当然，这可根据每一家的客单价的情况来处理。在以往的案例中，发现一些做鲜果并且客单价不高的商家客服，先是和客户解释了一堆不愿意理赔的原因，导致客户生气要投诉，甚至有些客户已经反映到微信、微博或者投诉到淘宝平台、工商管理部门，此时再去妥协还不如第一时间给客户退款。对于商品质量问题的处理，首先售后客服的态度要诚恳，商家也要给售后客服一个承担责任的权限，如根据自己的客单价给予客户免单。

还有一种情况就是商家拒绝退款，买家一直在修改退款原因，有些客户甚至能拖2个月以上，这会影响退款时间。对于这种情况，若商家判定不是自己的责任，可主动申请淘宝小二介入处理。

拒绝退款申请的处理，“6·18”活动时的退款账期和平时是一样的，但“双11”订单的退款账期会有延长，一般能延长到12天，此时不建议客服立刻做拒绝退款处理。因为退款时间太长，等待拒绝退款的时间，还不如客服打电话给客户完结退款。如果过了退款延长期（7天），恢复正常的售后退款时间时，我们再拒绝退款，这样反而能更快地完结退款。以前我们客服也是一直在拒绝退款，但发现自己做了很多的无用功，而且对售后数据指标没有好处。

下面再来说一下退货退款的订单处理。退货退款的订单可分两种情况：一种是真实地收到货品后，申请退货退款；另一种是没有收到货品，但申请了退货退款。

对退货退款的订单处理如下。

（1）如果客户申请了退货退款，商家要第一时间同意客户的退货协议。

（2）对于先行垫付运费的买家，根据客单价情况，小金额的退款可以先给客户退款，信用度高、具备先行赔付资格的淘宝会员的货品一般是可以退回商家的。

（3）同意退款以后，客户没有输入退货单号的，商家要主动联系客户输入。

（4）有运费保险的订单，如果客户没有输入退货单号，商家要主动联系客户，并引导客户输入退货单号。

（5）库房在办理退货的时候，如果是无名件或者是客户没有申请退款的订单，商家要主动联系客户申请退款。

最后再给大家介绍一个品质退款率提升的数据查看工具——客户之声，如图14-13所示。

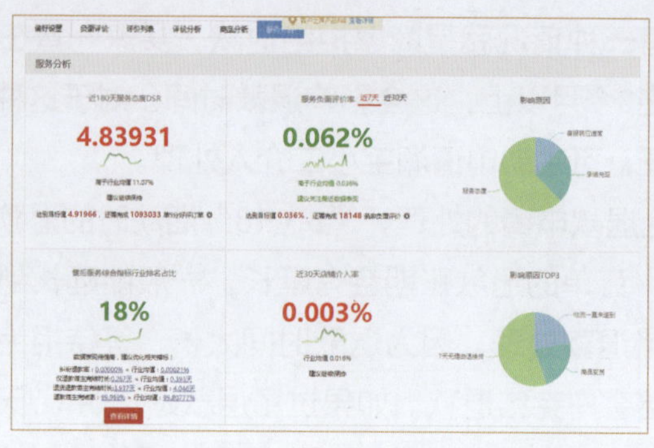

▲ 图14-13

| 三三 | 如图14-14所示在“修改店铺品质退款率目标值”对话框中输入目标值后，商家可以看到自己如果提升指标需要多少订单。在客户之声中还可以及时地回评和举报评价，或者查看哪些商品的品质退款率偏高。

▲ 图14-14

| 三三 | 影响品质退款的指标是销售假货、描述不符、商品质量问题等。所以，如果店铺的销售量不是很大的话，一笔这样的退款申请对天猫店铺的指标影响会很大，并且品质退款率高也会影响商家报名参加平台的促销活动。

| 三三 | 最后分享一下我做售后客服时的服务心态。

（1）发现问题、存在问题并不可怕，首先要认识到错误，抱有谦和、包容的心态。

（2）客户找我们是因为需要帮助，为客户解决问题会令我们快乐。

（3）出现问题的时候及时学会换位思考，从客户的角度思考问题。

（4）售后客服就像是一个医生，为病人解除痛苦是一件伟大的事情。

（5）解决售后问题的不二法宝是用心沟通，真诚解答。

（6）处理售后问题除了补偿或者优惠的方式外，还有良好的服务态度。

（7）被需要是一种幸福，被信任是一种快乐。不要埋怨客户，没有他们你将会面临失业。

（8）心中充满阳光，传递积极向上的正能量。

（9）感恩客户，感恩一起陪伴的小伙伴，学会尊重他人和你的不一样。

（10）有问题先从自身出发，以结果为导向。

（11）简单拒绝小团体，公司团队目标永远放到第一位。

| 三三 | 做好售后服务，守住店铺服务的最后一道防线，相信自己一定可以做得更好。祝愿所有的卖家大卖，做好售后服务，做好回购工作。

| 鹿客5 | 前面提到如果客户电话打不通，可以打支付宝的电话，这个支付宝电话是支付宝账号吗?

| 三三 | 有的客户的支付宝账号就是其手机号码。

| 鹿客6 | 售后指标会影响报名参加平台促销活动，有没有具体数值? 我们的客单都是六七百元的婚纱。

| 三三 | 有的，售后指标超过了90%就不能报名参加平台活动，指标是越小越好，图14-15是领先同行的一个数据占比。

处罚扣分及限制营销活动天数，如下表所示：

违规类型	违规分值	限制营销活动天数
A类一般违规	每累计达到12分	7天
	一次达到48分	90天
B类严重违规	累计达到12分	30天
	累计达到24分	60天
	累计达到36分	90天
	累计达到48分	永久

二、以下两点视同违反天猫举办的"大型官方活动"要求，按照违反"违背承诺"规定，予以扣一般违规6分（详见：http://rule.tmall.com/tdetail-364.htm）：

1.凡通过天猫举办的"**大型官方活动**"商家报名的商家，在商品提报阶段或活动期间（含预热和正式活动）**退出的**；

2.商家违反"大型官方活动"价格约定，活动结束后**15个自然日**内商品售价低于活动期间活动价的。销售个别商品的商家除外（比如3C数码、珠宝贵金属（金、银、铂金）制品、应季清仓等）。

三、商家DSR评分及售后服务综合指标，需达到该店铺所属主营一级类目的要求，如下表所示：

一级类目名称	DSR前3项均值 大于等于	售后服务综合指标排名 小于等于
珠宝/钻石/翡翠/黄金	4.81	90%
办公设备/耗材/相关服务	4.81	90%
保健食品/膳食营养补充食品	4.81	90%
网络游戏点卡	4.80	90%
数码相机/单反相机/摄像机	4.80	90%
乐器/吉他/钢琴/配件	4.80	90%
传统滋补营养品	4.80	90%
电子/电工	4.80	90%
运动包/户外包/配件	4.80	90%
装修设计/施工/监理	4.79	90%
品牌台机/品牌一体机/服务器	4.79	90%
电子元器件市场	4.79	90%
茶	4.79	90%
基础建材	4.79	90%
书籍/杂志/报纸	4.79	90%
奶粉/辅食/营养品/零食	4.78	90%
生活电器	4.78	90%
电子词典/电纸书/文化用品	4.78	90%
厨房/烹饪用具	4.78	90%
宠物/宠物食品及用品	4.78	90%
音乐/影视/明星/音像	4.78	90%
咖啡/麦片/冲饮	4.77	90%

▲ 图14-15

|鹿客7|售后指标在哪儿查看?

|三三|单击后台中的“商家中心”→“综合服务”→“暂无数据”选项，在打开的界面中设置日期数据指标，如图14-16所示。

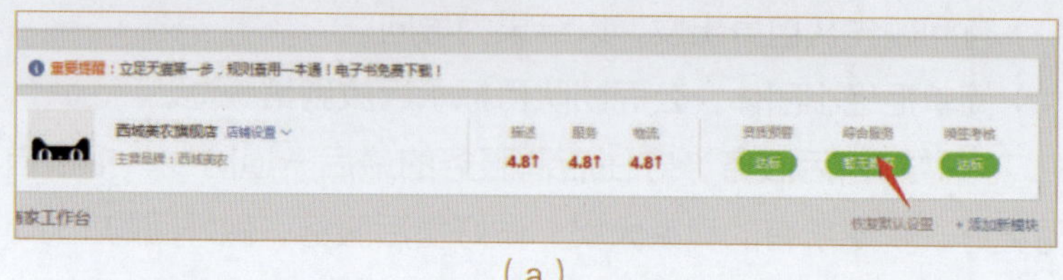

(a)

(b)

▲ 图14-16

|三三|这个18%就是指标，我们定的指标是不高于40%。

15

快速解决农产品滞销问题

分享嘉宾 小坤——主持人·整理人 汤琼

张泽坤（花名“小坤”）

6年电商实操经验，电商创业小青年，同时经营多个类目，擅长CRM营销。目前从事县域电商的方案策划与落地实施，服务于多家县域电商产业园。

农村淘宝，也称县域电商，这几年做得风风火火。县域电商的优势在于当地政府的大力支持，劣势在于没有完整的电商体系，不能很好地把产品销售出去，往往导致农产品滞销。农产品滞销了怎么办？小坤老师有好办法。

| 小坤 | “穷则独善其身，达则兼济天下”。各位朋友，我是小坤，很荣幸在“鹿人说”平台为大家分享。本次分享的内容是关于农产品销售的。

| 小坤 | 之所以用这样一句话做开场，是因为我希望有更多从事县域电商或农产品销售的商家和机构，怀着一颗公益的心在助农的路上勇敢前行。

| 小坤 | 在基础薄弱的农村县域，短时间的业务培训或者高级的运营策划方案对解决农产品的滞销问题未必有效，有时反而是“简单粗暴”的方法见效更快。

| 小坤 | 对于滞销这个名词，大家再熟悉不过了，那么我们需要剖析究竟是什么原因导致的产品滞销。下面我将结合我亲历的两个案例给大家分享如何在短时间内快速解决滞销的问题。

| 小坤 | 第一个案例是苹果的销售。去年，由于天灾等不可抗因素，山西很多地方的苹果都被冰雹打了，造成大量苹果滞销。了解情况后，我们进行了全面的营销方案策划。

| 小坤 | 第二个案例是核桃的销售。年前，我们去了山西吕梁兴县，受当地政府所托，帮农民解决16万斤核桃的滞销问题。

| 小坤 | 我的心得体会主要有以下5点。

| 小坤 | 一、产品把控不可马虎。

| 小坤 | 无论什么情况，到本地核实产品是我们必须要做的事情，因为产品始终是一个项目的核心。所以在产品把控上，我们一点都不敢懈怠，每一次都深入乡村进行实地考察，并且在这个过程中进行内容取景、照片拍摄，为日后的销售准备素材。

| 小坤 | 大家看，图15-1是我们之前网店做核桃的详情页中穿插的素材图片。从图中能够清晰地看到，到达吕梁兴县是非常不容易的，需要翻山越岭，所以当地的农产品滞销和交通条件差也是有着必然联系的。该地封闭的销售环境，再加上电商专业人才的匮乏，最终导致农产品滞销。

▲ 图15-1

| 小坤 | 之后就是我们多数农村都存在的实际问题了。没有种植规模，基本都是各家各户小范围种植，产品存在差异，需要我们挨家挨户地去验货。

| 小坤 | 这一步不可以马虎，很多人只验一家的产品，会导致货源的不稳定性。因为每一家在种植过程中，无论种植时间和种植方法都有差异，导致产品质量存在偏差。

| 小坤 | 当然，这个验货的过程也是一种素材提取的过程。这里给大家看一下我们为这两个案例准备的图片素材，如图15-2所示。当然，这些素材也都用到了网店的销售中去。

▲ 图15-2

|小坤|图15-2是苹果的验货过程。这个过程其实是比较痛苦的，因为天气变冷，苹果都在院子里堆着，很凉，我们一家一家地试吃苹果，也因此吃坏了肚子。

|小坤|虽然大家已经吃得受不了了，但还是不得不试吃，因为产品品相确实存在问题，只能靠味道打动买家。

|小坤|同样，在吕梁兴县我们也是挨个到不同的农户家里去验核桃，因为核桃也是很多散户种植的。核桃和苹果还不一样，苹果收购后可直接销售，但核桃的品相很一般，无法直接销售，于是我们让农户将核桃加工成了核桃仁，再由我们来进行销售。

|小坤|图15-3所示是我们去农民窑洞里验核桃的照片。

▲ 图15-3

|小坤|二、产品定位要符合实际情况。

在销售过程中，目标人群多为有情怀的买家，他们购买产品是为了扶农助农，所以盲目地宣传品牌包装，只会影响买家对产品的感知。

|小坤|在这两个案例中，农产品显然都不适合“高大上”的宣传。如冰雹打过的苹果，如果对实物进行美化，只会提升客户的期望值。当买家收到产品后，会有大量的售后问题产生，DSR会一路走低。

|小坤|就是因为我们在图片的拍摄中还原了产品的真实面貌，买家收货后并没有因为苹果的品相问题要求赔付，反而觉得苹果受伤没有那么严重，再加上苹果口感不错，最后获得的好评居多，如图15-4所示。

（a）

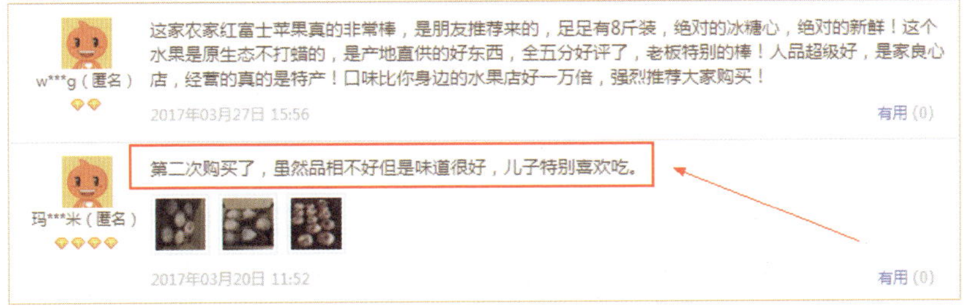

（b）

▲ 图15-4

| 小坤 | 核桃的品相也不佳，而且每户的产品质量参差不齐，我们也是还原了核桃仁的原始模样，没有盲目地、过度地“美颜”，只要求农民尽快、完整地加工核桃仁。最终，核桃仁配以赠品红枣进行销售，也得到了很多买家的好评。除3个中评外，还没有遇到差评，如图15-5所示。

（a）

▲ 图15-5

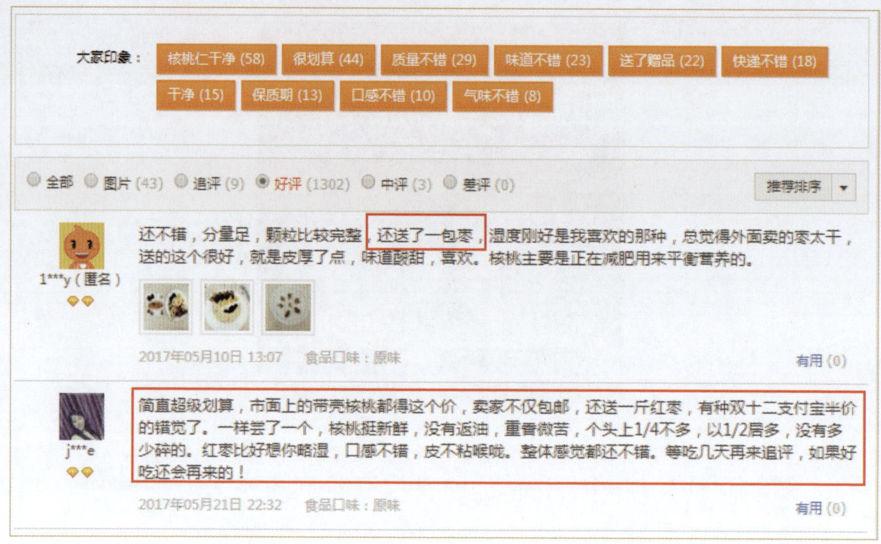

（b）

▲ 图15-5（续）

｜小坤｜农产品的利润本身就很薄，因此，包装材料的选择上别华而不实。这两个产品在包装上都尽可能地节省成本。苹果用的是普通纸箱，核桃用的是牛皮纸袋。

｜小坤｜在准备过程中，我们都是与当地农户合作，让农户直接装箱装袋，节省我们的人工成本。我们则将成品运回太原，因为当地的运费太贵，没有利润空间。

｜小坤｜三、媒体的力量是不可或缺的。

说起这件事，我应该感谢千里鹿老师。一次偶然的机会，他给我分享了很多运营的经验，其中一个是借助媒体的资源来做店。从中我悟到了两点：第一，利用媒体为店铺增加曝光机会来销售产品；第二，通过媒体的曝光增加产品的公信力。

｜小坤｜在苹果销售的过程中，我们得到了当地媒体的帮助。《太原晚报》《山西日报》，以及今日头条等媒体对我们的创业事迹进行了报道，如图15-6所示。由于获得了大量曝光，产品售罄的时间点提前推进了。

｜小坤｜我们也将媒体报道的内容放到了网店装修中，目的是让更多的人购买该农产品，加入扶农队伍中。同时，也让买家相信我们在详情页中宣传的内容都是真实可信的。

深度/报道 2017.3.21 太原晚报 06

“助农小哥”的创业小时代

张泽坤：“助农小哥”和淘宝讲师

太原晚报

“助农小哥”的创业小时代

张泽坤：“助农小哥”和淘宝讲师

2017-03-15 山西青创

这里有你不容错过的精彩

2月21日下午，记者联系张泽坤时，他正在授课。在2015年、2016年连续两年的全国大学生创业英雄寻访活动中，张泽坤均入选百强。

张泽坤

太原工业学院2010级工商管理专业学生

阿里巴巴认证的第二批农村淘宝讲师、香港

▲ 图15-6

| 小坤 | 在这个过程中，必要的政府支持也是要有的。例如，我们在做核桃仁销售的时候，当地村委会和我们签订了助农协议，并帮助我们审核产品，这也让我们的产品宣传资料更具公信力，如图15-7所示。

▲ 图15-7

| 小坤 | 四、淘宝站内及站外推广渠道全部用到。

运营过程中，除了日常的SEO优化所产生的自然订单外，我们主要利用直通车+淘宝客的推广方法。别外，通过活动，如一淘、天天特价、站外活动等也产生了小量订单。

| 小坤 | 与此同时，我们利用微博、微信等渠道进行产品的全面引流。在苹果的销售过程中，淘宝客起主力作用，3个月内10万斤苹果销售一空。在核桃仁的销售过程中，第一周完成基本的SEO优化工作后，第二周便实现了日销订单量的迅速提升，如图15-8所示。

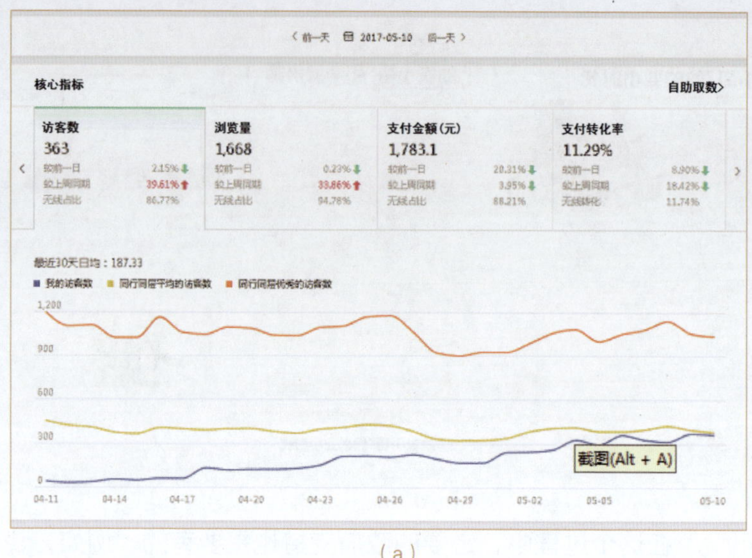

（a）

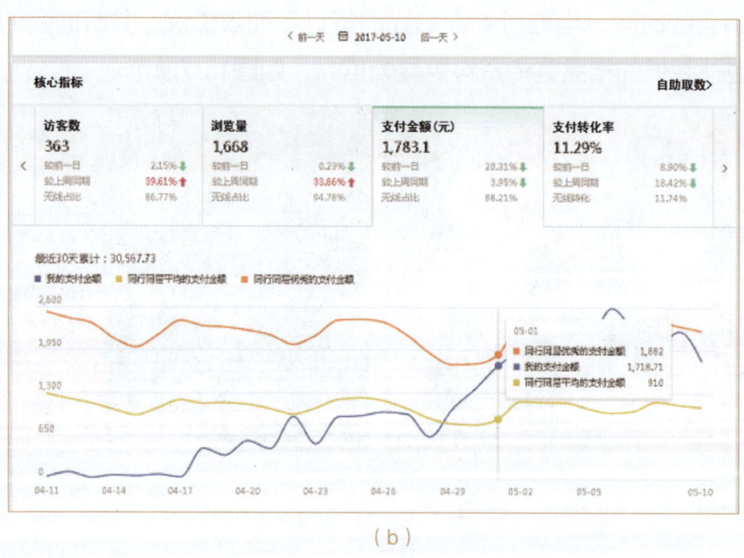

（b）

▲ 图15-8

| 小坤 | 五、老客户才是根本，做好售后服务，圈定一批有共同助农爱好的人。

从事农产品、生鲜类目的商家，都会有共同的感受，就是售后问题比较严重。所以一定要做好售后工作。在发货前要检查产品，不要因为一时的疏忽而增加不必要的成本。处理售后问题的时候一定要用心、细心，通过铁杆粉丝来实现更多的转化，如图15-9所示。

▲ 图15-9

| 小坤 | 今天的分享就到这里。予人玫瑰，手有余香，“鹿人说”平台里的运营高手很多，希望有更多的人愿意和我一起尽绵薄之力，帮助农户解决农产品滞销的问题，也希望做农产品的商家都能生意兴隆。

16

12个淘宝售后疑难问题解答

分享嘉宾　彩英｜主持人·整理人　汤琼

谭彩英（花名“彩英”）

6年电商运营管理经验，擅长服饰类目，专注于客服团队管理、老客户运营、店铺运营策划。

“工欲善其事，必先利其器。”淘宝开店也是一样的道理，作为客服，必须先把淘宝的一些规则了解透彻，不然你会被各种投诉搞得焦头烂额。

| 鹿客1 | 老师，如果代购店铺被判定销售假货，封店之后又解封，但有两个小票没有审核成功，被扣掉4分，请问这个店还有继续经营的必要吗？还是开一个新店？

| 彩英 | 一般来说店铺被扣分以后，对店铺权重和自然搜索流量都会有所影响。如果店铺累积了一些老客户，并且老客户会回购，此种情况建议继续经营此店铺，可以利用老客户把日销做起来，让销量稳定，过1~2个月店铺慢慢就会恢复正常了。如果店铺新开不久，则建议重新开一个。

| 鹿客2 | 因外出没有时间打理，暂停半年的店铺再上传宝贝照片有救吗？

| 彩英 | 暂停了半年的店铺，没销量店铺应该已经被关闭了。这时可以重新开店运营，但是会比较吃力，需要有比较清晰的运营思路和推广思路。相对来说新店会比较有优势一点儿，至少会有新店的扶持期。

| 鹿客3 | 老师，对于售后问题，是不是只要小二介入处理，不管是谁的责任，都会对店铺有影响？

| 彩英 | 淘宝规则中规定，小二介入处理，如果判定是买家责任，则不会影响退款纠纷率，对店铺影响不大；如果判定是卖家责任，则会影响退款纠纷率，且对店铺售后综合评分有所影响。

| 鹿客4 | 老师，有时候明明是客户的问题，店铺却被淘宝小二判定直接退款，没办法申诉；还有不合理评价，规蜜申诉不通过。这时该怎么处理呢？

| 彩英 | 如果是客户的问题却被淘宝小二判定直接退款，建议打电话向淘宝客服反馈问题。如果有类目的售后小二，也可以直接找类目售后小二。不合理的评价是有判定标准的，如有恶意攻击性语言、敲诈、广告等。如果

不属于判定标准范围之内的，申诉自然通不过。

｜鹿客5｜老师，天猫店出现差评，您们是怎么处理的呢？

｜彩英｜天猫店出现差评，第一时间要主动跟买家联系，最好是直接电话沟通，了解买家为什么要给你差评，了解真实原因。如果是恶意的敲诈，需要截取旺旺聊天记录作为凭证，然后去规蜜发起恶意评价申诉。如果是因为我们的服务、产品或物流等原因，导致买家不满意，则建议先向买家道歉，再给出适当的赔偿方案，直到买家满意为止。同时可以追加评价，以表示店铺处理问题的诚意。当出现差评时，先想是不是自己的问题，再想怎么让客户满意。

｜鹿客6｜老师，客户因质量问题申请仅退款，然后联系客户，但客户不退货只申请退款，这种情况下拒绝退款申请会有什么影响？解决这类问题有什么好办法？

｜彩英｜根据上述情况，您可以拒绝买家的退款，拒绝后只对店铺的退款速度有所影响，其他影响不大。同时可以多次联系买家，如买家坚持不退货，请小二介入也没关系，只要不是商家的问题，就不会影响退款纠纷率。

｜鹿客7｜老师，我是做3C、灯具类目的，我最讨厌的是客户选择“品质类型”的退款申请，如质量与描述不符、无法正常使用等，此种情况该如何处理呢？

｜彩英｜如果不想让客户选择此类型的退款理由，可以跟客户协商沟通。正常的情况下，客户都愿意更改。沟通话术可以为“您好，亲，您能把退款原因改成‘七天无理由’或‘其他’吗？因为这两个权限我可以马上给您处理退款。您选择的这个品质问题，需要财务那边审核，等财务和仓库审核过了才能给您退款哦”。如果客户实在不愿意修改，也只能给客户处理退款，毕竟这个影响也不会特别大，只要后续客户没有投诉商品与描述不符就可以了。

｜鹿客8｜老师，我是卖服装的，客户收到衣服后洗了，又要求退货，这种情况可以拒绝退货吗？

｜彩英｜七天无理由退货规则中有规定，产品非质量问题且已影响二次销售的情况下是可以拒绝退货的。

｜鹿客9｜老师，我们遇到这样一个客户，该客户每次来都索要发票，并且要求随货一起邮寄，但每次都说没有收到发票，然后要求再邮寄一次。对于这样的客户，我们是否可以拒绝为其再开发票呢？如果拒绝第二次为他开发票，客户投诉我们发票问题会成功吗？

| 彩英 | 针对这种多次要求二次开发票的情况，在发票寄出之前，可以把开好的发票和快递面单拍照留证，而且发票开具后是有留底的，所以只要把发票已发货的证据拍下来，就不怕客户投诉，也可以拒绝再次给客户重复开发票。

| 鹿客10 | “6·18”过后，新规则中好像是说天猫店未按约定时间发货，直接退款不会进行赔付。若客户发起投诉，被判定为赔付才需要商家赔付；没有判定为赔付，就不需要商家赔付。在这个在操作中有什么要注意的吗？

| 彩英 | 除特殊商品外，天猫商家需要在买家付款后72小时内发货（定制、预售及其他特殊情形可以另行约定发货时间），发货时间以商家商品描述页面为准。若商家实际未在约定时间内发货（即未按约定时间发货或延迟发货），商家需向买家赔付商品实际成交金额的30%所对应的申明折扣让利权益，最低不少于500积分，最高不超过5万天猫积分。目前是这个规则。

| 鹿客11 | 买家因为个人原因买错产品，导致需要退货退款，但是他不愿意负担退货的运费，要求我们商家负担。我们也和买家解释过，但是买家还是不愿意负担运费，而且还把退款理由选择为假冒产品。这种情况应该如何处理呢？

| 彩英 | 这种情况是买家理亏，只要您的产品有正品证明，如有商品注册证或正规进货渠道证明、商品授权书等，即使买家申请的退款理由为假冒产品，后续退款成功，买家再投诉也是不会成立的。当然，如果您不想有这个假冒商品的退款原因，可以拒绝退款，同时在拒绝原因栏中上传您商品为正品的资质证明。若买家坚持要按这个理由退款，且申请小二介入的话，您可以进行退款处理。

| 鹿客12 | 大促之后好多买家会投诉延迟发货，如果客户不撤诉，虽然不会被扣分，但投诉成立的单子比较多会不会对店铺有所影响呢？

| 彩英 | 投诉对店铺多多少少都会有影响，如果投诉成立多了，对店铺售后综合服务能力评分会有影响。

17

让你的钻展流量达到最高转化率

分享嘉宾 小佐 — 主持人·整理人 金不换

林佐俊（花名“小佐”）

5年钻展经验，资深钻展运营专家，累计钻展费用消耗超过3000万元。独创钻展低价引流法，擅长钻展流量运营及规划。

钻展最强大的功能就是定向客户，然后将宝贝展现在他们面前。用钻展引流不是什么难事，难在如何让这些流量高度转化。其实淘宝官方已经给了我们方法，用淘积木上的一些功能可以很好地转化这部分的流量，关键在于怎么玩转这个套路！

| 小佐 | 钻展大行其道有几年了，但是依然有非常多的人用不好钻展。究其原因，很多人还是用直通车的思路在玩钻展。这是完全错误的。直通车带来的是精准的搜索流量，而钻展作为展现类的广告流量，很多时候我们必须要思考这部分流量进来之后能完成什么动作。钻展的流量从进店到转化是需要一个过程的，而很多人抓不到这个过程的核心点，所以钻展的转化率很低。

| 小佐 | 这里讲一个案例，如图17-1所示。

单日投放效果　历史投放效果　默认数据　展现效果　效果转化周期 7 天　最近 30 天

消耗（元）	展现量	点击量	收藏宝贝量	收藏店铺量	添加购物车量
7,664.10	309,538	4,334	7	5	77
成交订单量	**成交订单金额（元）**	**平均展现成本（元）**	**点击率**	**点击单价**	**投资回报率**
16	3,289.88	24.76	1.40%	1.77	0.43

▲ 图17-1

| 小佐 | 相信一定还有比这个惨烈的，所以，我们必须要做一些改变。从前端的钻展投放优化，改为后端落地承接页面的优化。因为钻展现在的定向已经都是非常智能的定向了，流量都很精准。真正要做的、能做的就是落地的承接页面。今天就跟大家一起来研究这个承接页面最好的工具——淘积木。

| 小佐 | 淘积木是目前官方提供的针对钻展营销的一个二级承接页面工具，如图17-2所示。

▲ 图17-2

|小佐|现在应用淘积木很方便，从后台可以直接进入。那么它究竟可用在哪些地方呢？这个工具有两种应用模式，一种是长图页面，另一种是H5页面。这两种页面方式可以非常快速地实现我们对承接页面的需求。下面我们就来分别讲解这两种模式，如图17-3所示。

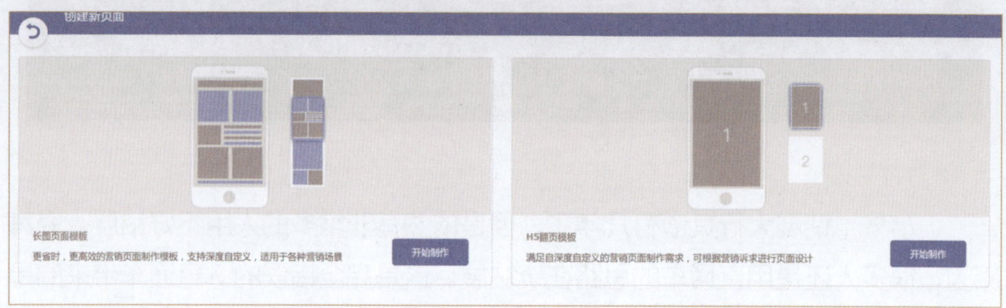

▲ 图17-3

|小佐|长图页面是我们擅长使用的方式。长图页面更强调页面的打开速度，也更强调销售信息和宝贝展示。长图页面也有两种实现方式，一种是堆叠方式，另一种是自由方式。两种方式都能非常快捷地帮助我们实现产品及页面的呈现，如图17-4所示。长图页面功能的实现其实是依托了它自身强大的组件功能。我今天就不详细解读每个组件了，大家在使用的时候，自己去揣摩理解就好了。关键在于把握好这个长图的页面逻辑就可以了。

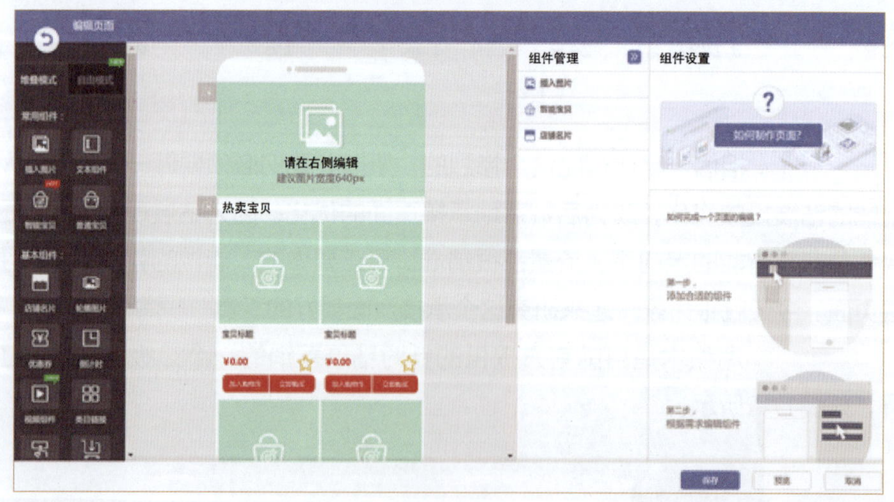

▲ 图17-4

|小佐|这个逻辑实际上就是让消费者在哪一部分阅读到什么内容，如图17-5所示。

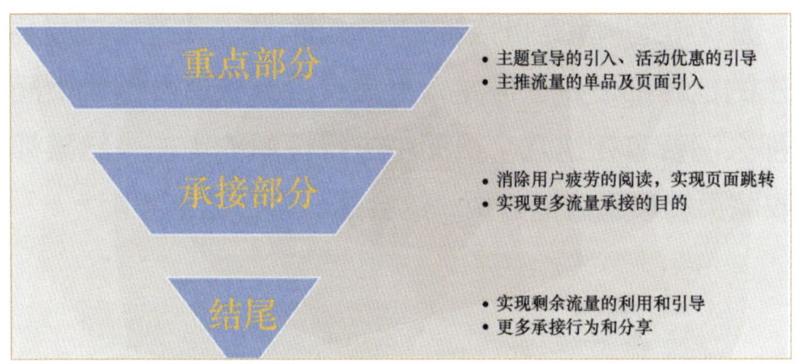

▲ 图17-5

| 小佐 | 页面流量是倒三角形的，在这个倒三角形里面，越往下，流量越少，却越精准。如何在每个部分让消费者阅读到吸引他的内容是关键。

| 小佐 | 相信大家有很多应用经验，这里就不做详细说明了。而另一种H5页面模式，玩起来就更加有趣了。H5页面模式是一种页面翻页的模式，在H5页面里可以实现多种有趣的页面。基本上我们可以把H5页面按照不同的形式分成图17-6所示的几种类型。根据不同的应用需求，要采用不同的页面类型。

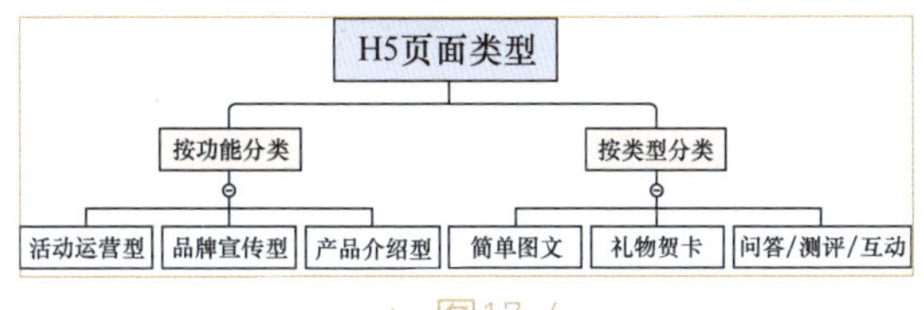

▲ 图17-6

| 小佐 | 图17-7是H5的设置页面，一般做5~8屏以内的翻页为好。当然，也有很多独特的H5页面呈现方式。

▲ 图17-7

| 小佐 | 图17-8是一家茶叶店铺的H5页面。5个页面全都是品牌宣传，一点儿引导点击的信息都没有。但是，大家有没有想过：整个页面的图片若都做成热点，那么消费者在这几个页面中进行任意的点击，结果都会跳转到收藏页，再从收藏页转移到店铺首页，这会是一个什么结果呢？

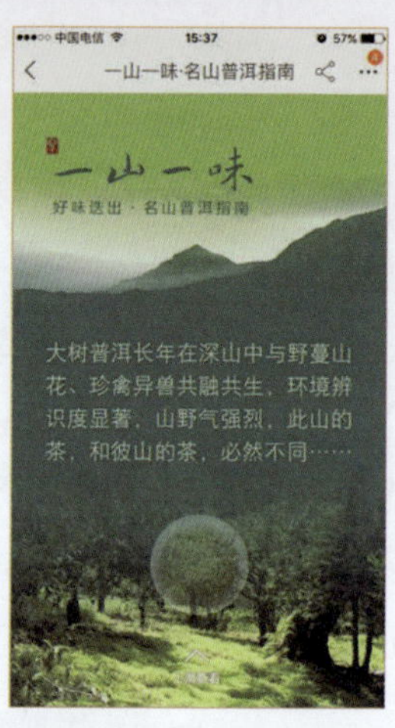

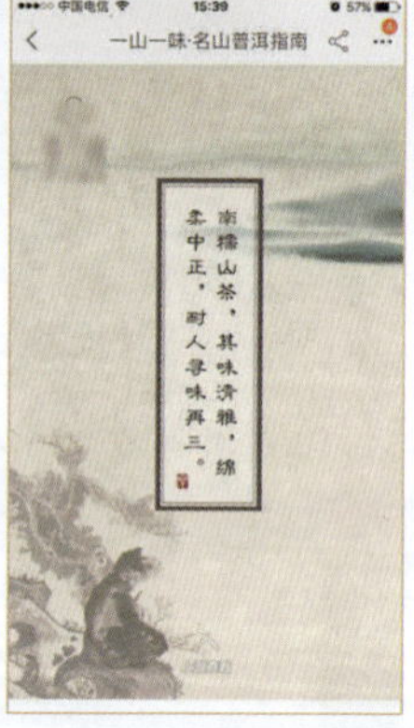

▲ 图17-8

| 小佐 | 好了，到了这一步，就是要简单地跟大家来说说淘积木这个工具的使用方法。我们都发现，今年的手淘首页个性化流量不好拿，可是还总能看别人家的手淘流量那么多。为什么呢？因为手淘部分的流量其实非常看重展示类流量在店内的转化率。这个我们暂且称为流量转化率。流量转化率不仅包括购买行为，其实收藏、加购、关注店铺这些都属于流量转化的部分。所以，如何引导流量实现更多的转化就是我今天要分享的方法。

| 小佐 | 拿新客进店来说，既然我们能够实现低价流量进店，那么接下

来要做的事情就是实现低价引流的转化。作为新客，直接形成购买转化周期必然是比较长的，所以我会更多地引导新客完成对店铺的其他转化，如收藏店铺、收藏宝贝等。

| 小佐 | 如图17-9所示，这个模特是不是很帅？如果消费者进店，看到这样一个模特弹出来，会有什么反应呢？这个页面只给了消费者3个路径：领取优惠券、收藏店铺、进入首页。那么，消费者的行为是不是就被限定了？这个时候，作为一个新客流量，给他更多的这种优惠力度的优惠券，就能够让他产生更多的兴趣。我发现，做了这样一个设计之后，这段时间的收藏加购比上升了26.6%。

▲ 图17-9

| 小佐 | 这就是利用H5页面动画弹出的效果制作了一个类似中奖的页面，给消费者制造惊喜。等于说消费者在浏览店内其他商品前，先进行一轮收藏动作。现在利用H5页面可以实现三合一的玩法，即消费者点击一次，就可以完成关注店铺、领取优惠券、进入首页这3种动作。那么，每个人进店的流量利用率几乎就被我们100%利用了。

| 小佐 | 再来看这一案例，如图17-10所示，也是用一个优惠券的方式引导消费者发生收藏店铺及领取优惠券的行为。如果消费者发生了对你店铺的收藏、领取优惠券这样的行为，那么在手淘首页端口的个性化展现部分，我们的宝贝就能不断地呈现在消费者面前了。

| 小佐 | 到目前为止，我都是在教大家如何利用淘积木，创造那种令消费者进店后无论如何都要发生收藏店铺行为的方法。当然，还有更多好玩的方法，是需要大家自己去思考和实践的。总之，就是要创造那种消费者进店后必然收藏店铺的结果。

| 小佐 | 在长图页面模式里同样有一个快捷按钮，叫作“有礼玩法”。

| 小佐 | 看到图17-11所示页面里中的小宝箱了

▲ 图17-10

吗？这个小宝箱就是为了收藏有礼而出现的。消费者收藏店铺，就可以通过小宝箱领取到优惠券，在页面内立刻发生购买行为。当然，长图页面的这种收藏引导效果没有H5页面的好，但作为中小卖家，我更建议大家采用长图页面的方式进行引导。因为如果没有一定的技术基础和运营思维，H5页面的制作及整体营销方法是很难把效果做到极致的。

▲ 图17-11

｜小佐｜现在回过头看我们的整体钻展投放情况。你会发现，消费者的加购率和收藏率都提高了，整体转化率也提升了，ROI也越来越好看了。这个环节是许多人在做钻展投放时容易忽略的。大多数人都在关注“为什么我投放了精准人群定向，ROI还是不好”，实际上，你只是简单地把消费者引导进店，而没有进一步引导消费者发生你预设的行为，如收藏店铺、领取优惠券等。

｜小佐｜所以，未来的营销方向必然是淘积木。钻展仅仅是引入精准流量的工具而已。内容做不好，钻展是很难做出效果来的。

｜小佐｜再来看一个案例，如图17-12所示。该页面的设计亮点是消费者点击领取优惠券就会自动关注该店铺，然后又自动返回到首页进行浏览。

▲ 图17-12

｜鹿人1｜精准人群是怎么来的？

｜小佐｜来自钻展的定向，是精准的定向流量。

｜鹿人2｜钻展投放前，如何获取精准人群？也就是说，怎么让精准人群来“看”我投放的钻展？

｜小佐｜你只要理解了钻展后台定向人群的抓取原理，就会发现钻展的定向真的非常精准。关键在于你要明确自己需要什么样的人群。钻展的很多定向是依托智能托管的，如全店日常销售这个定向的托管模式（见图17-13）。

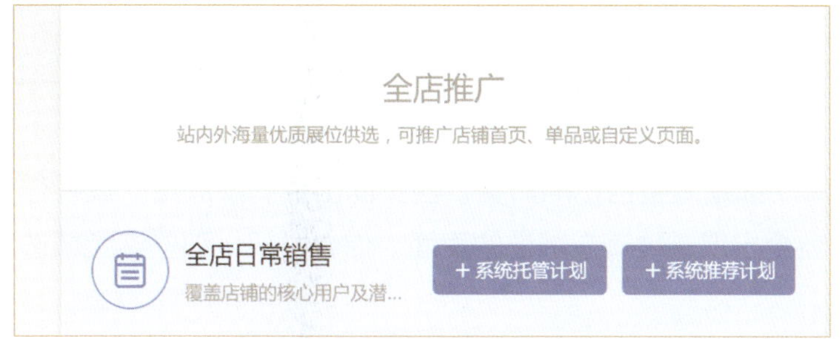

▲ 图17-13

| 小佐 | 在圈定老客户的时候，系统会先对你的店铺进行标签识别，也就是说你的店铺如果标签不精准，抓取的人群就不准；如果标签精准，抓取的人群一定是精准人群。人群是系统自动抓取的，任何人工干扰的因素都没有。如果你做了类似刷单、淘客、“黑科技”这样的动作，那么系统抓取到的人群一定非常不精准。如果想要店铺标签更精准，就要直通车与钻展结合，先开直通车打标签，再利用钻展收割人群流量。

| 鹿人3 | 老师，在钻展投放的过程中，我们参加了大型促销活动。我们售买的是标品，被控价了，但是在投放同行的店铺访客定向的时候，我出价非常高了，几乎是300%的溢价，可钱就是花不出去，是不是我的人群定向错了？我分析过我访客定向的那些店铺，它们和我店铺的性质是吻合的，但我的钱就是花不出去。

| 小佐 | 出价多少？预算是多少？

| 鹿人3 | 我开始出价是市场的150倍，后来加大了出价，一直加到300倍了，预算是1天1 万元。

| 小佐 | 先看看是不是圈的店铺本身流量就不大。尽量采用系统托管的方式拿流量。

| 鹿人4 | 高点击率的创意图片应该怎么做？目前尝试过的好像就是“xxxx降价”效果好。

| 小佐 | 无线端点击率高无非一个因素：字大！这些“xxxx降价”不就只是给消费者看字吗？按照这个方向去做属于你自己的那种不降价的创意就行了。这种“降价”的图片，点击率、转化率虽然都不错，但是含金量不高，不提倡经常用。

| 鹿人5 | 老师，有时我点到的钻展落地页是淘宝精选，这个是淘宝官方

投放的还是卖家自己投放的？

| 小佐 | 淘宝官方投放的。

| 鹿人5 | 那为什么也会标广告字样？

| 小佐 | 那是淘宝自己的广告。当页面出现剩余流量，或者你自己没有被定向，就会出现这种淘宝精选的页面。你会发现，那些淘宝精选里面都是钻展坑位。

| 鹿人6 | 精准人群的获取，是指平日里用直通车已经获取到的那类人群标签吗，还是在投放钻展前需要另外再做额外的店铺人群标签的获取？

| 小佐 | 日常的，就是你店铺内的标签。

| 鹿人6 | 意思是只要我平日有开直通车，付费推广里已有的人群标签清晰、准确，再投放钻展的话，系统就会自动识别我的店铺标签？自动识别我店铺的人群标签，然后自动投放到符合我店铺人群标签的人群当中去？

| 小佐 | 是这样的。

18

直通车ROI的优化技巧

分享嘉宾　鑫彤

主持人·整理人　黑骑士

关鑫彤（花名“鑫彤”）

6年电商运营实操经验，多家千万级店铺运营操盘手，擅长直通车推广、自然搜索和营销活动策划。

在店铺运营的过程中，每个阶段的直通车推广都是有目的的，结合运营节奏，合理、有计划地提升直通车的ROI，直通车的作用才能发挥到最大。那么如何理性地优化ROI呢？鑫彤老师会告诉你正确方法。

｜鑫彤｜我先做一下自我介绍。我是金彤，有6年的电商运营实操经验，对直通车这一块一直进行实操。今天和大家系统地讲一下如何优化直通车的ROI（投入产出比）。

｜鑫彤｜直通车的本质就是付费引流，于是很多商家就任性地烧钱开车。但是我们都希望降低单个流量成本，提高流量价值，所以我们要做ROI优化。

｜鑫彤｜在客单价确定的情况下，影响ROI的两个核心因素是转化率和PPC。

｜鑫彤｜这里要告诉小伙伴们，直通车是辅助店铺整体运营策略的营销工具。开直通车的目的很重要。

｜鑫彤｜一般开直通车的策略有3种：加力策略、ROI策略和低价引流策略。

｜鑫彤｜加力策略主要看中的是销售额的增长，不注重点击成本，目的是拉动产品的销售增长，推爆款的7天螺旋就是这个原理。

｜鑫彤｜我们今天主要说一说ROI策略，注重ROI，不注重流量的总和，是以当下的盈利或者不亏损为目的进行的推广。

｜鑫彤｜下面切入正题。在进行ROI优化之前，大家要先弄清楚，直通车就是一个营销工具，为了迎合现在无线端的千人千面，一定要把自己的产品人群定位精准。定位好人群才能有转化，让产品的标签明显化，和目标人群高度匹配，增加展现的机会，同时增加转化量。

｜鑫彤｜ROI的计算公式如下。

ROI＝总销售额÷总花费

＝成交客单价×点击量×点击转化率÷（点击量>PPC）

=成交客单价 × 点击转化率 ÷ PPC

｜鑫彤｜从公式可以看出，产品上直通车之后，在客单价一定的情况下，影响ROI的主要因素就是点击转化率和PPC。所以，提高ROI的根本就是提高点击转化率，降低PPC。

｜鑫彤｜下面开始进行ROI计划。首先设定一个日限额，即给每个宝贝设定一个日限额，设定时可以参考宝贝利润的一定比例，如图18-1所示。

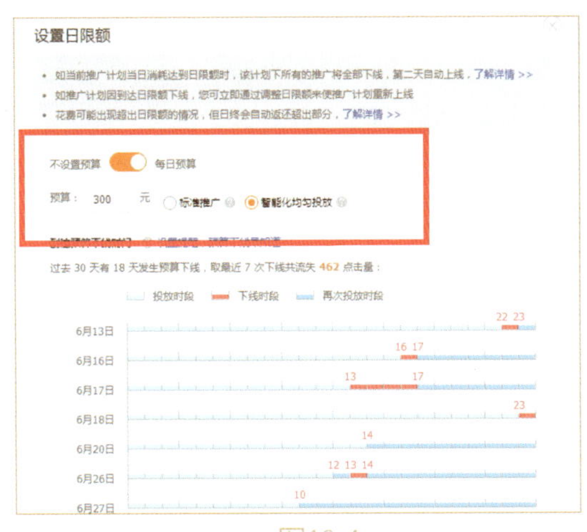

▲ 图18-1

｜鑫彤｜可以设定每个词的初始出价。这个初始出价可以参考市场均价。如果质量分高，出价可略低于市场均价；如果质量分低，出价可略高于市场均价。

｜鑫彤｜第二天观察这个计划的效果，如图18-2所示。

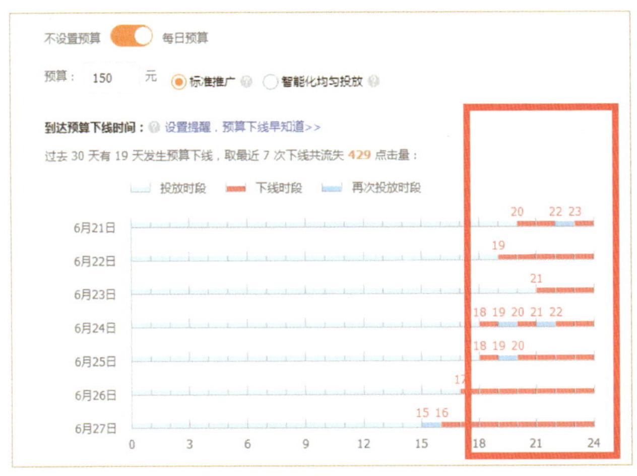

▲ 图18-2

| 鑫彤 | 如果在一整天的投放时间内预算提前花完了，说明产品自身在这个价位上是有引流能力的，接下来可以把出价降低一点儿，以获得更多的流量，降低PPC。

| 鑫彤 | 在计划中选择点击量比较大的词进行降价操作，以10%这样的比例去降价，直到你的预算一天不多、一天不少地花完，如图18-3所示。

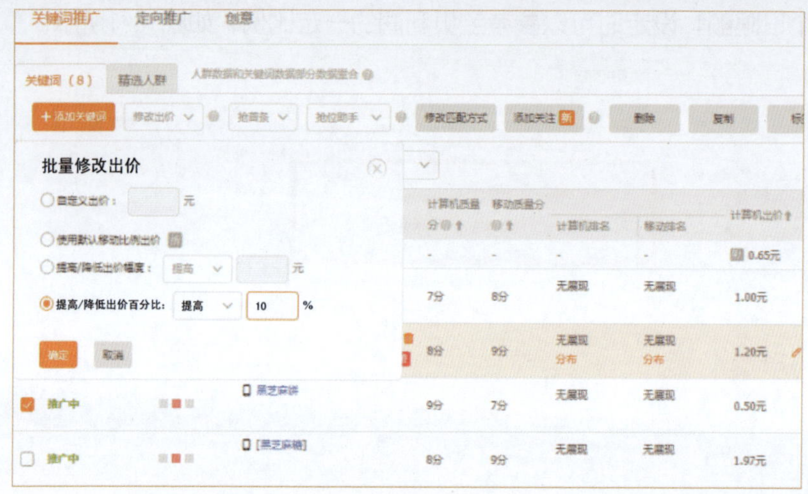

▲ 图18-3

| 鑫彤 | 我们也要定期地删除一些词，大家可以参考这个标准去删除：2天无展现、7天无点击和14天无成交的词。当然，若直通车花费比较多，可以参考点击量的情况，如2天无展现、500个展现无点击、200个点击无转化这个参数。

| 鑫彤 | 点击率低于0.2%、转化率低于0.5%的词也应该放弃。

| 鑫彤 | 对于14天的一个操作周期，ROI比较高、点击量比较少的词也可以增加出价，也是按10%这样的比例加价。

| 鑫彤 | 以下这些词可以不再进行加价：展现排名前三的词；出价比计划平均出价高出120%的词；出价比扣费高的词（没有必要过度溢价）。

| 鑫彤 | 这是基于关键词出价的操作，也就是降低PPC的操作。基于转化率，若计划累计300个点击而无转化，则判断为转化能力弱，可删除该计划，重开新计划。

| 鑫彤 | 若宝贝累计200个点击而无转化，则视为转化能力弱，可判断该款式不合适；若宝贝关键词累计50个点击而无转化，则判断该词转化能力

弱，可按照优化关键词原则来优化。

| 鑫彤 | 这里面如果有收藏宝贝和将宝贝加购物车行为，则8个收藏等同于1个成交，5个加购物车等同于 1 个成交，以上就是直通车操作的方法。

| 鑫彤 | 打造爆款和打造利润款时，前期比较适合用加力策略。在拉动产品销量的中期和晚期，注重盈利的时候就比较适合用ROI策略，如图18-4所示。

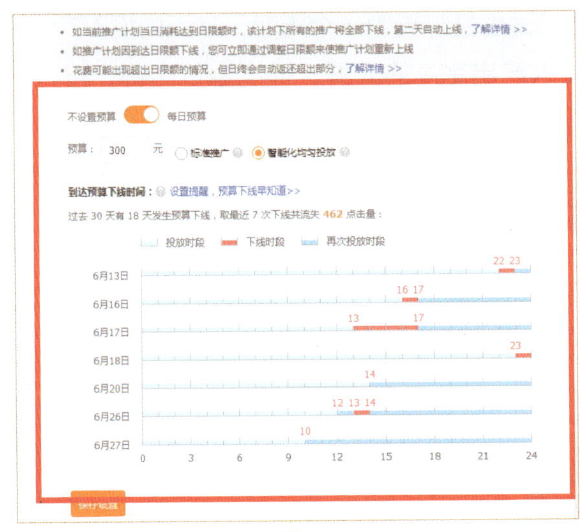

▲ 图18-4

| 鑫彤 | 大家看一下我操作的直通车，都是与流量限额持平，红色部分表示该缴费了，如图18-5所示。

状态	关键词	计算机质量分	移动质量分	计算机排名	移动排名	计算机出价	移动出价	平均展现排名	展现量	点击量	点击率	平均点击花费	投入产出比	总成交笔数	点击转化率
推广中	智能匹配	-	-	-	-	0.15元	0.15元	-	11,697	878	7.51%	¥0.27	5.86	7	0.80%
推广中	26寸男士自行车	8分	10分	无展现 分布	移动首条 分布	0.21元	0.22元	7	1,122	96	8.56%	¥0.34	16.92	1	1.04%
推广中	男士自行车成人	10分	10分	第2页	移动4~6条	0.24元	0.23元	17	10,544	377	3.58%	¥0.45	14.69	14	3.71%
推广中	成人自行车	9分	9分	第2页	移动7~10条	0.17元	0.18元	17	18,224	632	3.47%	¥0.40	9.79	11	1.74%
推广中	带人自行车	-	-	无展现	移动前三	0.20元	0.21元	4	423	57	13.48%	¥0.38	9.61	2	3.51%
推广中	成人代步自行车	10分	10分	第2页	移动4~6条	0.17元	0.19元	6	9,764	1,071	10.97%	¥0.34	9.29	16	1.49%
推广中	轻便自行车	9分	10分	第2页	移动4~6条	0.22元	0.22元	9	21,346	1,431	6.70%	¥0.47	8.28	27	1.89%
推广中	自行车 26	9分	10分	第2页	移动7~10条	0.18元	0.20元	13	2,357	146	6.19%	¥0.34	7.55	2	1.37%

▲ 图18-5

|鑫彤|在实际操作的过程中，可以抓取周期，先按照ROI排序，ROI高的词，标注为一种颜色；ROI不好的词，标注为另一种颜色，如红色，但没必要删除。然后按照展现量再排序。展现量高的词，标注为一种颜色，如蓝色。在展现量和投入产出比都高的持平限额情况下，出价可以不变；投入产出比高、展现量低的词，可以加价；展现量高、投入产出比低的词，可以降价。这种方法操作的关键就是善于用颜色来标注自己控制的维度。精选人群可以开设，优化原理也是14天为一个周期，14天内投入产出比低的人群，降低溢价比例；投入产出比高的人群，提高溢价比例；投入产出比不好的人群，可停掉计划。

|鑫彤|这是我的直通车做到的数据，260%的那个溢价就可以降低一些，如图18-6所示。

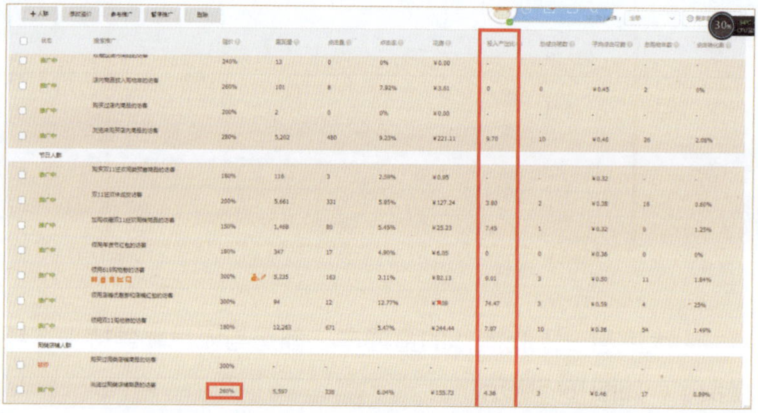

状态	名称	溢价	展现量	点击量	点击率	花费	投入产出比	总成交笔数	平均点击花费	总购物车数	点击转化率
推广中	[illegible]	240%	13	0	0%	¥0.00	-	-	-	-	-
推广中	[illegible]	260%	101	8	7.92%	¥3.61	0	0	¥0.45	2	0%
推广中	[illegible]	200%	2	0	0%	¥0.00	-	-	-	-	-
推广中	[illegible]	280%	5,202	480	9.23%	¥221.11	9.70	10	¥0.46	26	2.08%
节日人群											
推广中	[illegible]	180%	116	3	2.59%	¥0.95	-	-	¥0.32	-	-
推广中	[illegible]	200%	5,661	331	5.85%	¥127.24	3.80	2	¥0.38	18	0.60%
推广中	[illegible]	150%	1,468	80	5.45%	¥25.23	7.45	1	¥0.32	9	1.25%
推广中	[illegible]	180%	347	17	4.90%	¥6.05	0	0	¥0.36	0	0%
推广中	[illegible]	300%	5,235	163	3.11%	¥82.13	9.01	3	¥0.50	11	1.84%
推广中	[illegible]	300%	94	12	12.77%	[illegible]	74.47	3	¥0.59	4	25%
推广中	[illegible]	180%	12,263	671	5.47%	¥244.44	7.97	10	¥0.36	54	1.49%
[illegible]											
暂停	[illegible]	300%	-	-	-	-	-	-	-	-	-
推广中	[illegible]	260%	5,597	338	6.04%	¥155.73	4.36	3	¥0.46	17	0.89%

▲ 图18-6

|鑫彤|最终优化下来数据还是不错的，如图18-7所示。

计划类型	分时折扣	日限额	投放平台	展现量	点击量	点击率	花费	投入产出比	直接成交金额	总成交金额	总购物车数	平均点击花费	总成交笔数	操作
标准推广	120%	40元	计算机	113,393	366	0.32%	¥357.89	5.41	¥1,935.00	¥1,935.00	11	¥0.98	5	
标准推广	75%	50元	计算机 移动设备	16,495	1,146	6.95%	¥399.26	9.35	¥2,475.42	¥3,732.99	100	¥0.35	14	
标准推广	70%	60元	计算机 移动设备	50,368	2,128	4.22%	¥900.63	6.85	¥5,767.24	¥6,169.00	179	¥0.42	19	编辑 暂停 查看报表
标准推广	60%	50元	计算机 移动设备	42,412	1,770	4.17%	¥858.92	5.47	¥3,408.19	¥4,699.99	175	¥0.49	19	
标准推广	68%	80元	计算机 移动设备	87,181	3,144	3.61%	¥1,249.62	5.89	¥5,660.14	¥7,361.00	228	¥0.40	33	
标准推广	60%	100元	计算机 移动设备	66,886	3,080	4.60%	¥1,379.17	7.28	¥9,650.34	¥10,043.90	297	¥0.45	33	
标准推广	70%	300元	计算机 移动设备	181,363	8,394	4.63%	¥3,384.88	7.39	¥23,670.28	¥25,011.98	409	¥0.40	122	
标准推广	100%	30元	计算机 移动设备	-	-	-	-	-	-	-	-	-	-	
		710元	-	558,098	20,028	3.59%	¥8,530.37	6.91	¥52,566.61	¥58,953.86	1,399	¥0.43	245	

▲ 图18-7

| 鑫彤 | 上述操作方法，是在主图、详情页都优化好的情况下，单纯地操作直通车。现在盛行个性化页面的形式，做好产品定位、主图和详情页，抓住目标人群才是王道，再配合直通车ROI策略，效果就特别好。直通车图中卖点的提炼可以参考产品评价，从消费者的角度思考问题，用消费者的语言陈述卖点，如图18-8和图18-9所示。

▲ 图18-8

▲ 图18-9

| 鑫彤 | 卖点提炼还可参考“问大家”。优化好页面主图再去开直通车。

| 鑫彤 | 直通车配合点击转化率一起优化，手淘搜索不花钱的流量也上来了，如图18-10所示。

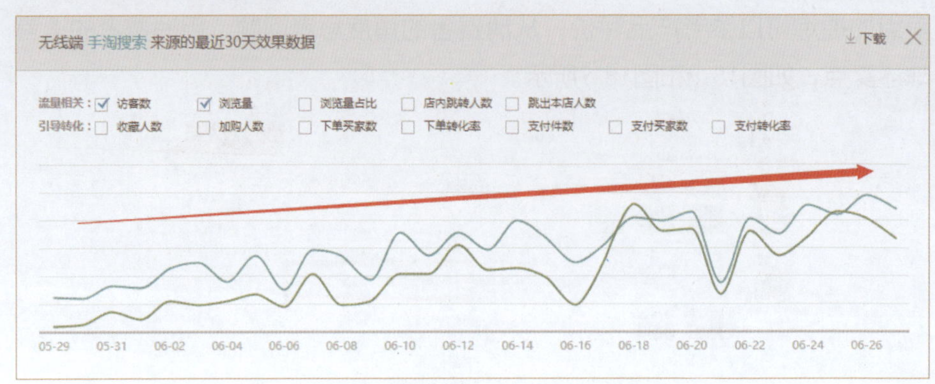

▲ 图18-10

| 鑫彤 | ROI策略是比较好用的，但必须配合宝贝主图和详情页，从目标人群出发。最后再强调一下，直通车仅是一个营销工具，操作方法其实不难，操作的核心是目标人群，即消费者，围绕消费者去做营销，直通车只是辅助的工具，在流量不够或者顺水推舟的时候有必要用一下，但是切勿钻得太深而忘记营销的本质。

| 鹿客 | 你的什么类目采取的是低出价、高溢价？

| 鑫彤 | 户外自行车采取高溢价。低出价、高溢价只适合展现量大的类目，一些展现量小的类目容易圈人群，适合正常出价，少溢价。

19 春节后的第一个店铺活动怎么做

分享嘉宾 千里鹿

主持人·整理人 龙轩

罗远洪（花名“千里鹿”）

12年电商人，6年电商讲师，千里鹿电商媒体创办人，电商知识传播者，致力于帮助中小网商成长。

经过春节假期的短暂休整之后，各位商家又要投入忙碌的一年了。春节后的第一个店铺活动要怎样做呢？今天鹿老师和大家分享一下他的活动心得，助力大家在新的一年里赢在起跑线上。

| 千里鹿 | 春节长假后，大多数行业的开工时间是正月初七或初八。这个时期也是春节后电商行业的第一波大流量期。据以往经验，这一时期不但流量大而且转化率也非常高，流量虽然不比“双11”，但是转化率跟“双11”有得一比。

| 千里鹿 | 那么如何做好春节后的第一个店铺活动呢？

| 千里鹿 | 活动做得好不好，取决于预热期内的宣传是否到位。

| 千里鹿 | 在活动预热期间，店铺整体的销量都会比往常低，恰好可以利用这段时间做店铺的活动准备工作。

| 千里鹿 | 以前无论是我自己的店铺或者和我合作的店铺，我都要求在放假前把开年三天的活动计划做出来，店铺中休业公告要放，但是也要说明开业时间及活动内容。

| 千里鹿 | 一场活动如果只是为了卖货这一个目的，那么这个活动就不是一个好活动。一个好活动必须达到3个以上的目的。以化妆品类目为例，活动的目的如下。

目的一：发布新品。因为是新年新气象，推出新品时机最好。

目的二：清理年前库存，尽量清理干净，但要保证商品品质，注意保质期。

目的三：吸引新客户，唤醒老顾客。

| 千里鹿 | 下面说一下如何实现这3个目的。

第一，体现新年的喜庆，店铺会公告开年三天内，凡购买任何商品，店铺都会送上新年大礼包。可以是商品试用装，也可以是真实的红包。每个红包里放一元钱，然后在红包上写一句祝福语，如“一元复始，万象更新”。一元钱的红包任何店铺都送得起，这仅是讨人欢心、聚集人气的一种方式。

第二，关于库存清理，把以前不热卖的商品都做到新活动的承载页里，只要亏得不多，可以做全部半价或者更大幅度的低价销售，因为我们的目的是清理库存。等客户收到这些商品的时候，资金基本收回来了！我们按照一周时间来计算，大年初七、初八的一周后就是正月十五、十六了，这个时候工厂也已经开工了，店铺又可以有钱进货了，进新货或新生产日期的商品。开年的第一件事就是要想方设法地把手里的货变现，这样才能跟上厂家的生产日期。

第三，关于吸引新客户、唤醒老客户。一种方式就是在公告中说明，开年三天，内凡购买××元商品即可成为VIP等级会员，享受××折扣的优惠。淘宝后台有4个等级：普通会员、高级会员、VIP会员和至尊VIP会员。这要在店铺里说明，购物满××元即可成为某一级别的会员。例如，以往VIP会员等级是购物满500元，而开年三天内只要购物满200元即可成为VIP会员。这对新老客户都有吸引力。

| 千里鹿 | 若要发布新品，新品需要在年前就准备好。因为化妆品替代更新不多，一年更新几个商品是很正常的。我开了8年的化妆品店，新品才上了6个。店铺公告中写明“新年上新一款××商品，只要购物满××元，即送新品！”记住，赠送的新品要原价标注，不打折扣，并且新品只送不卖，目的是帮新品预热。可以用换购的方式进行销售，如购物满××元，就送一张新品抵价券。作为老店，自然少不了在老客户面前打广告。在预热的过程中，老客户是活动的“撒手锏”。一般我们会怎么唤醒老客户呢？就是刚才所说的购物满××元送新品。可以设置一个阶梯，例如，普通会员，购物满1000元送新品；高级会员，购物满800元送新品；VIP会员，购物满600元送新品；至尊VIP会员，购物满500元送新品。

| 千里鹿 | 以上这些活动方式，均可以设置为“开年开业三天多重好礼”，在所有商品的描述页、店铺首页等地方，做一个活动页面，让所有流量都能看到。公告放好，商品准备好，只需要留一个千牛号负责答疑活动内容即可。当然，还可以和两三家同样目标人群、不同商品的商家做联合营销，扩大活动声势，这样流量会更大。另外，如果过年期间你不想休息，可以玩微淘、玩微博，即在微淘、微博上设置一些互动游戏。我个人比较喜欢秒杀活动，如过年十天乐或者过年七天乐。秒杀活动流量很大，可以每天搞

一次或几次秒杀活动，客户秒杀成功后，可以节后同活动一起发货。另外，在春节期间，淘宝平台活动也是基本上没人申报的，因为很多人都发不了货，所以可以试着报报淘宝平台的官方活动，为节后活动做预热、攒人气。

｜千里鹿｜至于搜索，直通车、钻展等，只要价格合适也是可以用来推广的。买家都知道过年期间发不了货，但店铺公告里要说明过年期间只接单不发货，以免被投诉。

｜千里鹿｜既然是预热，就需要有流量，这个时候只要流量价格合适，能获取多少流量就获取多少。我记得有一年，过年期间我们申报的天天特价和聚划算活动都通过了，因为报活动的商家少，通过率就高。申报活动的商家少的原因有如下几个。

（1）商家想休息，来年再战。

（2）没有提前计划，工厂休息了，手里没货，不敢申报活动，怕节后不能及时发货。

｜千里鹿｜我有一年就吃了亏，从客户下单到发货，中间是20天时间。幸好老客户居多，包容性强，比较好沟通、协调。当时快递公司虽然开工了，但工厂要20日才开工，物流公司也要初十后才开工。而且因为放假，物流公司积压的货物较多，从工厂发货到店铺的时间也加长，所以货迟迟没有发出。

｜千里鹿｜商家觉得过年期间的流量不多，因为消费者都放假了。

｜千里鹿｜当然，也可能有其他原因，这里就不做讨论了。

｜千里鹿｜那么年后活动需要做什么准备呢？商品、礼品、活动内容以及平台活动报名。条件好的网店，建议在过年期间录制一个团队或者店主个人的拜年小视频放在网店里。

｜千里鹿｜如果你的供货工厂现在已经放假了，那么建议慎重考虑活动规模。

｜鹿人｜如果过年期间不打烊，年后做这个活动有意义吗？

｜千里鹿｜不打烊，你能发货吗？只要发不了货，这个活动就可以做。

｜千里鹿｜活动的目的是跟客户建立更密切的关系。所以，在特殊的日子里做特殊的活动，对提升客户体验是有好处的。上述活动主要是针对店内活动来设计的。平台活动对于我们来说永远都是引流入口，不能成为正常卖货的标准。

｜千里鹿｜做活动，一定要遵循3个原则。

第一，提升客户体验，越是销量大的时期，客户体验越需要维护。

第二，活动一定要设置门槛，不能让客户轻易就获得活动优惠，否则客户对你的店铺和你的商品就不会忠诚。门槛高低要根据自己的客单价、访问深度以及UV价值数据来量身设定。

第三，活动要讲诚信，不能玩文字游戏，说一套做一套，要树立网店或者商品品牌良好诚信的形象。优惠力度不能跟日常差太少，否则就谈不上刺激消费了。

｜千里鹿｜活动的核心是消费者的需求，消费者的需求是什么样的，你的商品就应该是什么样的。消费者的兴趣在哪里，你的活动激发点就应该在哪里。

20

33个新手运营常见问题与解答

分享嘉宾 刘先森 | 主持人·整理人 汤琼

刘方付（花名“刘先森”）

8年电商从业经验，电商一线操盘手，擅长SEO和内容结合。

不懂基本的电商知识和淘宝规则，是无法运营好店铺的。本文整理了33个典型的运营常见问题，供新手运营参考。

| 鹿客1 | 淘宝SEO是什么？

| 刘先森 | 淘宝SEO其实就是淘宝搜索引擎优化。简单地说就是利用淘宝搜索排名的规则将商品展示给搜索的人群。更直白地说就是当目标客户搜索商品的时候，利用一些诸如优化宝贝标题等方法，让我们的商品在搜索结果排名中靠前，以获得展现的机会。买家搜索一个关键词时，淘宝系统会智能地给他展示出4404个宝贝，一共100页，第一页中有48个，其他页面中有44个。我们希望达到的SEO结果是将商品排名至少做到前5页，也就是前224名。不过目前流量大部分来自手机端，所以我们更应该注重无线端的SEO。

| 鹿客2 | 淘宝店铺的数据分析中，PV、UV、展现量、跳失率是什么？

| 刘先森 | 简单地说，UV是指每一个独立的访客，PV指的是页面浏览量。例如，一个UV访问了3个页面，那么就是3个PV。这两个概念对我们的参考意义在于，如果PV/UV的比例过低，说明我们的网店浏览深度太浅。正常情况下，PV/UV的值在2~3比较合适。展现量指的是宝贝被买家看到的次数。想要有转化，必须要有点击量，也就是访问量；想要有访问量，必须要有展现量，所以展现是第一步。跳失率是指在该关键词带来的所有入店人次数中，只访问了一个页面就离开的访问次数占比。跳失率越低越好。

| 鹿客3 | 宝贝SKU是什么？

| 刘先森 | 宝贝SKU是指宝贝的销售属性集合。例如，某一款鞋子有3个码，3个颜色，那么该宝贝就有9个SKU。这个概念对我们的参考意义在于SKU动销率。SKU动销率 = 有销售的SKU ÷ 总的SKU。对于某些长期没有销售的SKU需要及时进行调整。

| 鹿客4 | 什么是滞销宝贝？应该如何处理？

| 刘先森 | 3个月内没有任何成交量的宝贝即被定义为滞销宝贝。滞销宝贝虽仍然上架显示在淘宝店铺内，但是永远不会被买家搜索到。处理方法是删除宝贝，重新发布。注意，是删除而不是下架。

| 鹿客5 | 淘宝SEO筛选过程一共分几步？分别是什么？

| 刘先森 | 当买家搜索一个关键词时，淘宝搜索机制要进行宝贝的筛选，最终选择SEO做得好的宝贝展示在买家前面，这个筛选过程一般分为以下7个步骤。

（1）相关性筛选，不相关的商品会被淘宝直接屏蔽掉。例如，买家搜连衣裙，牛仔裤会被屏蔽。

（2）违规过滤。有过违规行为的宝贝会被直接屏蔽。

（3）优质店铺筛选。淘宝会优先选择权重高的店铺。

（4）优质宝贝筛选。淘宝会优先展现权重高的宝贝。

（5）上下架筛选。淘宝将很多优质宝贝筛选出来后，为了公平起见，会按照上下架时间来排序。

（6）橱窗推荐。淘宝会将橱窗推荐的宝贝优先展示。

（7）个性化筛选。淘宝会根据买家的属性、浏览习惯、购买习惯对宝贝进行排序。

| 鹿客6 | 影响淘宝SEO相关性的因素有哪些？

| 刘先森 | 影响淘宝SEO相关性的因素有类目相关性、属性相关性、标题相关性、店铺相关性。类目相关性是指当买家搜索一个关键词时，淘宝会优先展现这个关键词对应的最优类目下的宝贝。例如，搜索“男士钱包”，最优类目为箱包/热销女包/男包/钱包卡套。属性相关性是指当买家搜索一个关键词时，淘宝会优先展现这个关键词匹配的属性的宝贝。例如，搜索“圆领T恤”，淘宝会优先展示属性里有“圆领”的T恤。标题相关性是指当买家搜索一个关键词时，淘宝会优先展现标题中带有这个关键词的宝贝。店铺相关性是指当买家搜索一个关键词时，淘宝会优先展现这个关键词所对应的类目占比最高的店铺。

| 鹿客7 | 当找出的关键词最优类目不一致时，该怎么做？请举例说明。

| 刘先森 | 假设找到30个关键词，其中有10个关键词的最优类目为大码女装，有20个关键词的最优类目为连衣裙，那么最合理的做法是将最优类目为大码女装的关键词用在某一宝贝标题上，然后将这个宝贝发布在大码女装类目里；将最优类目为连衣裙的关键词用在另一个宝贝标题上，然后将该宝贝发布在连衣裙类目里。

| 鹿客8 | 比较常见的淘宝搜索违规有哪些？

| 刘先森 | 比较常见的淘宝搜索违规主要有12种:①超低价格；②超高邮

费；③偷换宝贝；④标题滥用；⑤宝贝与描述不符；⑥违规商品；⑦重复铺货；⑧宣传商品；⑨错放类目；⑩同样商品发布不同类目；⑪SKU作弊；⑫虚假交易。

| 鹿客9 | 店铺权重和宝贝权重是什么？

| 刘先森 | 简单理解就是淘宝对你这个店铺和宝贝的好感度，换句话说就是淘宝认为你的店铺和宝贝的重要程度。你的店铺权重越高，淘宝给你的排名越好。

| 鹿客10 | 影响店铺权重的因素有哪些？

| 刘先森 | 影响店铺权重的因素主要有消保保证金、7天无理由退换、支付宝使用率、旺旺响应时间、发货速度、其他的消保服务。在实际操作中，消保保证金和7天无理由退换货一定是要有的，支付宝使用率、旺旺响应时间、发货速度这3项只要不太差就可以，其他消保服务量力而行，但服务开通得越多越好。

| 鹿客11 | 影响宝贝权重的因素有哪些？

| 刘先森 | 影响宝贝权重的因素主要有持续稳定增长的销量、高质量的点击率、搜索转化率、有用的收藏、动态评分。

| 鹿客12 | 上下架时间对宝贝排名有什么影响？

| 刘先森 | 越临近下架的宝贝搜索权重越高，排名越靠前。卖家希望的是，当买家来访问的时候，正好赶上宝贝临近下架，这样宝贝会尽可能多地被展现在买家面前。

| 鹿客13 | 请举例说明如何布局上下架的宝贝。

| 刘先森 | 假设有30款宝贝，首先我需要平均分布在每一天（暂时不考虑竞争透明），一个周期为7天，那么每天需要上架的宝贝数=30/7，即4~5个宝贝。假设我查出来的买家来访高峰期为每天14:00~15:00、7:00~18:00、20:00~23:00，那么我会把每天需要上架的4个宝贝分布到每一个时间段的末端稍微延后一点儿，也就是15:15、18:15、20:20和23:15。如果需要上架5个宝贝，就在22:00穿插上架一个，这样我就能保证在每一次买家来访高峰时正好赶上一款宝贝下架。

| 鹿客14 | 橱窗推荐对宝贝排名有什么影响？

| 刘先森 | 淘宝会优先展现橱窗推荐的宝贝，这里的优先指在其他因素都相同的前提下，相对于没有橱窗推荐的宝贝而言的。我们要做的是将临近下架的宝贝进行橱窗推荐，这样就可以对该宝贝进行权重叠加，使其排名更加

靠前。

| 鹿客15 | 为什么到处发店铺链接会影响搜索权重？

| 刘先森 | 因为到处发店铺链接会给你带来很多不精准的流量，这些不精准的流量会导致你的店铺的转化率降低，由此淘宝会认为买家对你的店铺或者宝贝体验度很差，从而导致店铺权重走低。

| 鹿客16 | 为什么参加活动的宝贝搜索权重会很低？

| 刘先森 | 参加活动可能会导致3个结果：①可能带来很多不精准的流量，这些流量会降低转化率；②可能会带来销量的暴增，但活动结束后，销量会暴降，销量暴增暴降的宝贝淘宝是不喜欢的；③可能会带来中差评和低评分，低评分会严重影响搜索权重。

| 鹿客17 | 什么样的点击才是对搜索权重有帮助的？

| 刘先森 | 此点击需具备3个条件：停留时间长、无跳失、上下浏览。

| 刘先森 | 简单说就是一个访客进来之后，通过滑动鼠标浏览完描述页，然后点击这个页面上的任何一个链接，包括购买宝贝、收藏店铺或宝贝、浏览首页或者本店铺的其他宝贝等。如果访客浏览时间过短就关闭页面，淘宝会认为你的页面不吸引人；如果访客没有发生上下浏览行为，描述页的图片不被打开，淘宝也会认为你的页面不吸引人；如果访客看了这页就直接关闭，淘宝还是会认为你的页面不吸引人。

| 鹿客18 | 搜索一个关键词，搜索到A宝贝，然后点击B宝贝成交，那么该行为对A和B的搜索权重有什么帮助？

| 刘先森 | 这种情况对于A来说是一个跳失的点击，对A的搜索权重的影响仅限于这个点击的质量还不错；对于B来说，仅仅是一单成交，没有任何搜索权重的直接提升。

| 鹿客19 | 提升动态评分的策略有哪些？你是怎么做的？

| 刘先森 | 提升动态评分最常规的做法是好评5分返现或者送礼品。这种做法可不是写在描述中就行了，还需要辅助多种引导方式，如包裹中附带一封感谢信进行说明，等客户签收之后在旺旺上及时提醒等。当然，操作核心就是客户体验，我们应用的任何方法都是为了让客户满意。

| 鹿客20 | 哪些收藏对提高搜索权重有帮助？你为此做了哪些工作？

| 刘先森 | 能够产生二次访问的收藏对提高搜索权重是有帮助的。建议做法是在全店做一个收藏送优惠券的活动，同时在宝贝详情页面上做这样一件事情，就是给客户两个选择：第一，现在购买宝贝，可以享受某种优惠；

第二，暂时不想购买，收藏宝贝就送某种礼物。例如，我是售卖鞋子的，收藏我的宝贝就送10元代金券，有效期为一个月，同时送一双袜子。客户决定购买时，使用代金券可以省10元，同时获赠一双袜子。

| 鹿客21 | 你对隐形降权是怎么理解的?

| 刘先森 | 没有隐形降权的说法，市面上所有检测隐形降权的工具都是别有目的的。

| 鹿客22 | 你对新店扶持政策是怎么理解的?

| 刘先森 | 淘宝为了扶持新店的发展，对新店是有很多扶持政策的，其中搜索权重方面的扶持也是比较明显的。扶持阶段从新开店到一钻以下，具体的扶持时间要看你店铺的表现。如果店铺表现好，可以一直扶持到一钻；店铺表现不好，可能扶持一周就结束了。扶持对象为新开店的实物店铺，虚拟店铺是不享受扶持政策的。扶持标准为专一的优质店铺，也就是说自始至终做一种类目宝贝、客户体验度好的店铺，重点是点击率和转化率好。如果想要享受新店的扶持政策，需要注意：第一，不要以虚拟店铺起步；第二，不要到处找流量，重点做好点击率和转化率等内功；第三，不要轻易更换类目。

| 鹿客23 | 为什么不建议新店做虚拟转实物?

| 刘先森 | 淘宝的新店扶持政策里明确说明：第一，淘宝对于虚拟店没有扶持；第二，淘宝希望你从一而终地做类目。如果虚拟转实物，相当于这两条都违犯了，淘宝对你的店铺印象会非常不好。

| 鹿客24 | 为什么不建议经常换主营类目?

| 刘先森 | 淘宝SEO里有一项非常重要的指标，即相关性。你的主营类目占比的高低决定着你的这个店铺跟客户搜索的关键词的相关性。如果经常更换主营类目，主营类目占比会非常低，淘宝会认为你的店铺的相关性很差。

| 鹿客25 | 转化率能提升搜索权重，对这一点你是怎么理解的?

| 刘先森 | 最能提升搜索权重的转化率是搜索转化率。例如，如果买家搜索关键词“单肩包　女”，进入这个宝贝页面，然后成交，那么这个转化率对“单肩包　女”这个词的权重提升是相当好的。另外，如果买家搜索“单肩包　女　韩版”这个关键词，进入这个宝贝页面后成交，那么这个转化率除了对“单肩包　女 韩版”这个关键词提升权重之外，对“单肩包　女”这个关键词的权重也是有提升的，因为“单肩包　女　韩版”这个词里面包含了“单肩包　女”这个词。

| 鹿客26 | 销量能提升搜索权重吗?

| 刘先森 | 销量对搜索权重是有影响的，最有利的增长方式是持续、稳定增长的销售额，具体表现为稳定的销量趋势、增长的销量趋势、持续的销量趋势、销售的金额。

| 鹿客27 | 修改宝贝标题、描述、主图、价格，会被降权吗?

| 刘先森 | 宝贝标题、描述、主图、价格不要同时修改，否则可能会让淘宝误判你为换宝贝。最安全的做法是逐个更换。如果没有特殊需求，下架当天最好不要修改主图、描述和一口价。

| 鹿客28 | 买家搜索某关键词，然后选择所在城市成交，这对宝贝权重有提升吗?

| 刘先森 | 这种情况只会对选择城市之后的搜索结果页面的搜索排名有提升，对于淘宝综合排名的权重是没有提升的。

| 鹿客29 | 代销的商品属性不能修改，这会影响宝贝的权重吗?

| 刘先森 | 不可以修改的属性都是带红星号的，都是相关属性，不需要修改，不会影响权重。

| 鹿客30 | 同一台电脑、同一根网线能不能同时开两个店铺?

| 刘先森 | 同一台电脑、同一根网线开两个不同类目的店铺是没有问题的，但不可以同时开两个相同类目的店铺，否则会被淘宝认定为重复开店。即使是经营同一个类目下不同的商品也是不行的，尽量不要这么做。

| 鹿客31 | 店铺是做女装类目的，能不能销售女包等宝贝?

| 刘先森 | 如果是女装的店铺销售女包等宝贝，在整店主营类目占比方面是体现不出来的，因为都是服饰鞋包的大类目，但是淘宝会认定你的店铺跟女包的相关性不好，所以尽量不要这样做。如果已经这样做了，只要你的其他权重不错，也不会产生很严重的影响。

| 鹿客32 | 同一个IP下做相同类目的C店和天猫店可以吗?

| 刘先森 | 这种情况下是可以的，因为天猫店和C店是不同的平台店铺。

| 鹿客33 | 做代销如何避免同款的状况?

| 刘先森 | 主要从如下几个方面去避免同款：主图、价格、标题（如果允许修改）、详情页。重点说明的是主图，不要在供货商提供的主图上进行修改，最好的方法是在详情页面里找一个完全不同角度的图片，在此基础上做主图设计。如果还是不行，就只能自己拍照作图了。

21

如何打造店铺视觉差异化

分享嘉宾　子龙

主持人·整理人　黑骑士

赵航（花名“子龙”）

天羿视觉联合创始人，曾服务过海尔、方太、公牛、苏泊尔、博世等知名品牌，成功塑造多个淘品牌。

随着电子商务的飞速发展，淘宝店、天猫店越来越多，商品同质化的情况也越来越严重。店铺如何能在众多相同的商品店铺中脱颖而出？同质化商品怎样才能卖出？一个最有效、最省力的方法就是打造视觉差异化。

｜子龙｜大家晚上好，这是我第四次在“鹿人说”平台做分享了。今天分享的内容是如何打造店铺视觉差异化。

｜子龙｜我服务了很多商家，发现商家都普遍存在一个问题：做店铺视觉就只是让美工作图，但页面效果总也不满意，而且反反复复调整，最终时间浪费了，效果还是没有出来。

｜子龙｜这里我梳理一下做视觉的流程：信息提取、信息梳理、逻辑框架搭建、设计方向策划、摄影脚本策划、设计效果呈现。

｜子龙｜第一步是信息内容的提取，就是先把产品的信息罗列出来。我这里有个表格，课后可以分享给大家。这里不细讲了。

｜子龙｜第二步就是把信息梳理出来，主要是目标人群的需求挖掘和产品卖点挖掘。

｜子龙｜第三步是很多商家容易忽略的步骤。比如图21-1，当我们确定好一个详情页主题的时候，首先要做的是确定好详情页的每一屏的具体元素，如什么样的背景、场景、人物、动作等。

▲ 图21-1

| 子龙 | 这样做的好处有两个：前期做好准备工作，减少后期修图的工作量；为下一步的摄影脚本提供参考。

| 子龙 | 最后得到的海报主题与策划初衷基本契合，不会出现太大偏差，如图21-2所示。

▲ 图21-2

| 子龙 | 很多商家在这一步骤中容易将流程顺序搞错，产品出来后先拍图，然后让美工做设计，最后导致元素不足以匹配页面设计，需要的素材没有，重新拍摄成本又太高。

| 子龙 | 关键是图文结合不到位，于是沦为低转化的页面设计。

| 子龙 | 页面的视觉差异化打造，方案策划是关键。下面我用一个较为完整的案例给大家说明。

| 子龙 | 我们在做视觉策划之前，着手分析两个维度：一个是产品的对比，另一个是店铺视觉的对比，如图21-3所示。

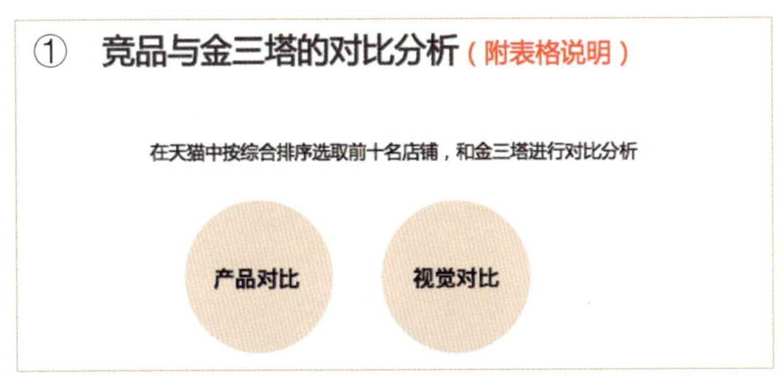

▲ 图21-3

|子龙|这是一个真丝内衣的旗舰店。通过调研，对比竞争对手和行业中比较好的店铺，从买家角度找到竞品的优劣势，如图21-4所示。

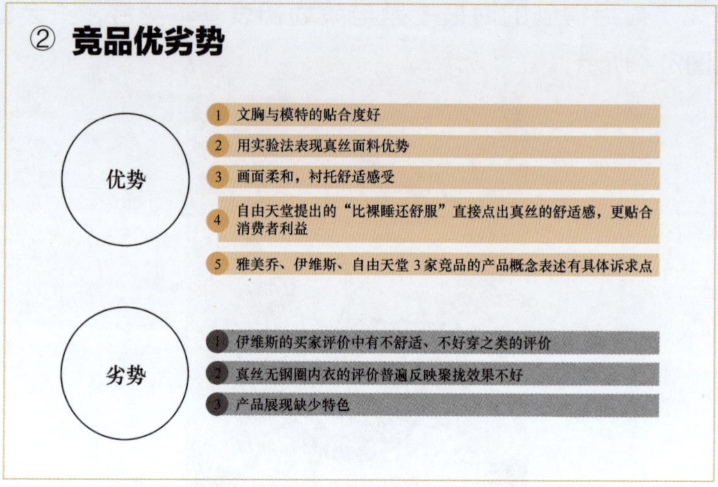

▲ 图21-4

|子龙|我们可以参考买家评论和“问大家”，找出竞争对手的产品卖点共性和差异化，如图21-5和图21-6所示。

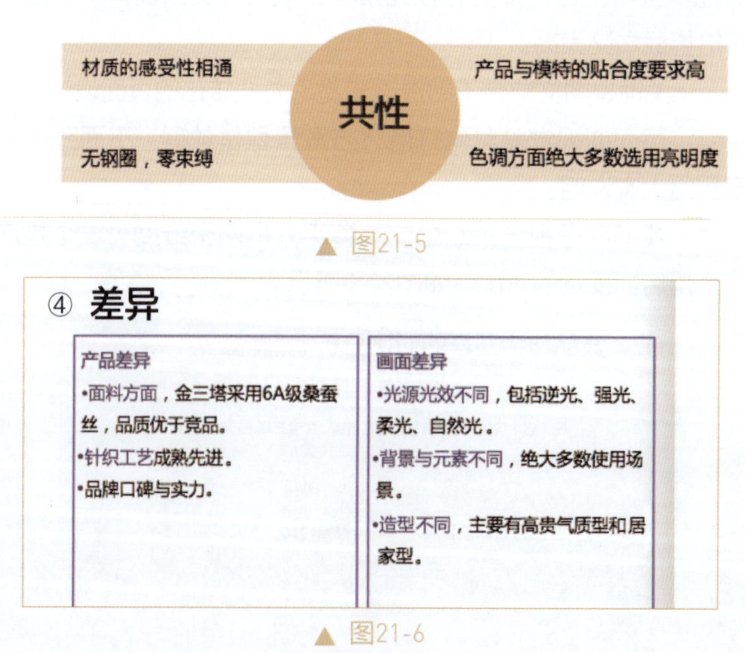

▲ 图21-5

▲ 图21-6

| 子龙 | 金三塔是我们服务的店铺，可以通过前面的分析，总结出我们的产品跟竞品的差异性，如图21-7所示。

▲ 图21-7

| 子龙 | 我们产品的利益点已经分析出来了，接下来要找到和分析消费者本身的需求点，如图21-8所示。

▲ 图21-8

| 子龙 | 通过调研和客服反馈，可以找到很多需求方向。我们最终根据评论中的反馈确定买点，如图21-9所示。

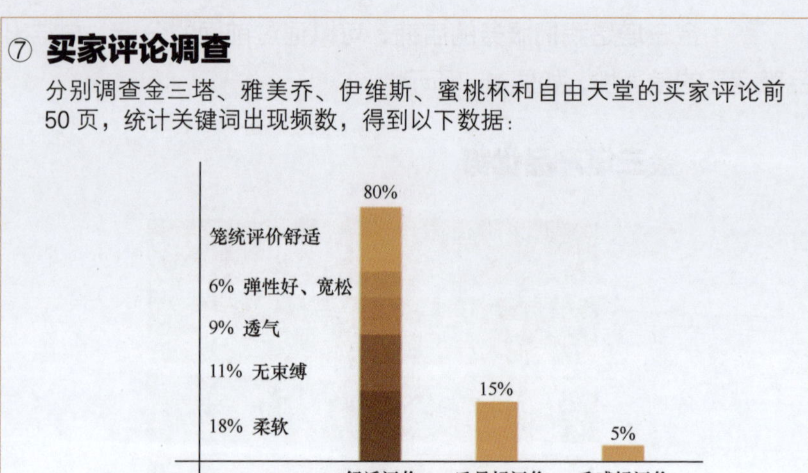

▲ 图21-9

| 子龙 | 根据评论，我们发现消费者（买家）最在意的就是“舒适”，但是“舒适”是很难落地可视化的，因为“一千个读者就有一千个哈姆雷特”，我们无法知道消费者对“舒适”的理解，所以要继续细化关于“舒适”的可视化落地点。买家评论里出现的关于舒适的原因的关键词排序如图21-10所示。

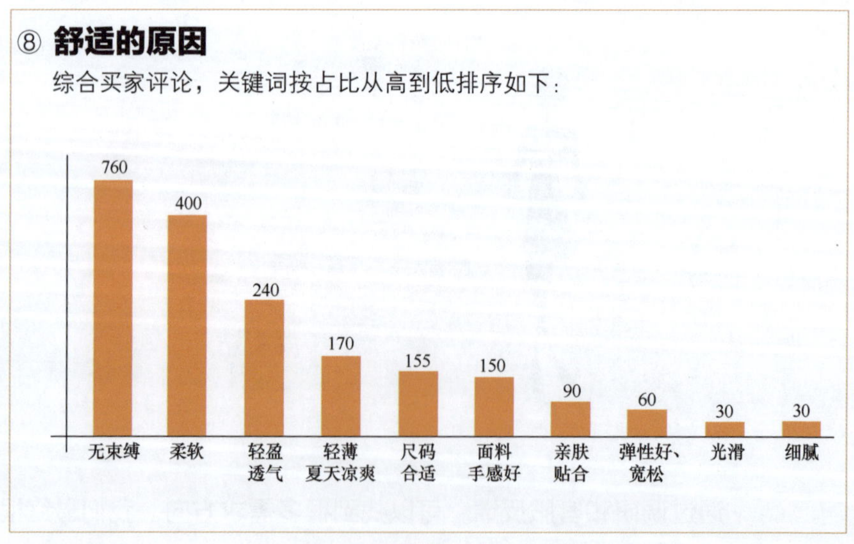

▲ 图21-10

| 子龙 | 从图21-10中可以看出，“无束缚”和“柔软”是买家最关注的。“无束缚”和“柔软”是可以在脑海中产生较为统一的视觉感受的。

| 子龙 | 对于舒适的状态，关于“无束缚”和“柔软”的视觉联想如图21-11所示。当然，实际联想的内容比这个要多得多，后续的视觉落地就是从这里面产生的。

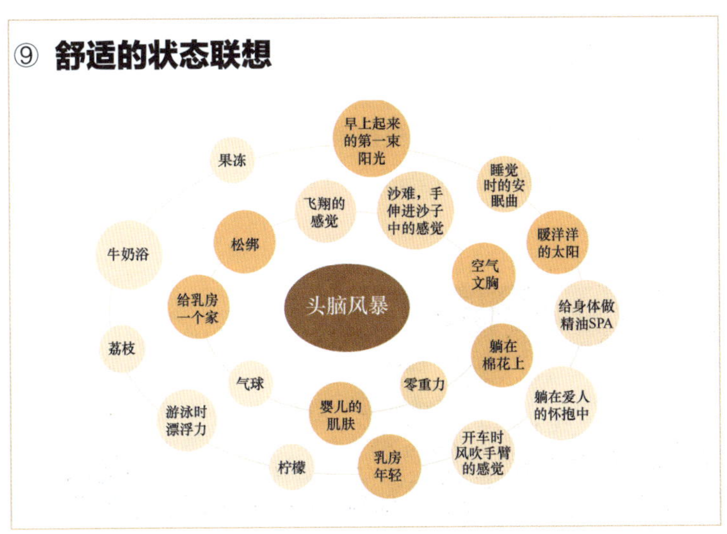

▲ 图21-11

| 子龙 | 我们最终选定了一个方案进行视觉制作，即用蚕宝宝、女人和纱等营造一个微观视觉，从而表现柔软和无束缚感，如图21-12所示。

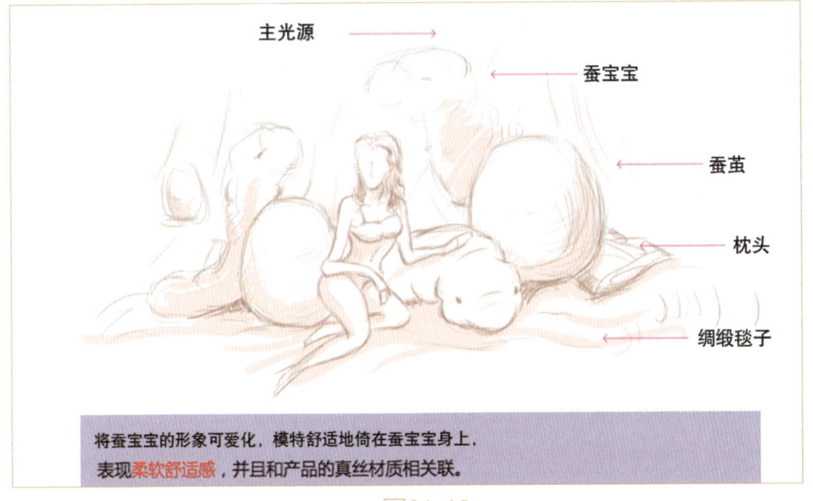

▲ 图21-12

| 子龙 | 在视觉落地的过程中会直接涉及拍摄脚本，如图21-13和图21-14所示。这个是对微观视觉的诠释，就是把人物或者主体物放到一个小空间中。

方案1

《蚕的世界》

置身于蚕宝宝的微观世界，与蚕相伴，
细腻的感受来自真丝的柔软舒适。

▲ 图21-13

氛围色调

温馨的暖色调

光线：
以侧背光为主，
营造阳光从后面洒进来的氛围，
慵懒舒适。

▲ 图21-14

| 子龙 | 接着就要细化拍摄脚本，包括用什么色调，什么光源，如测光还是逆光；模特的风格，模特的妆容、发饰、配饰、表情、动作、穿着等。这些都要一一细化到位，契合主题。另外，道具和场景元素等也要细化，如图21-15所示。

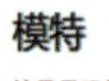

▲ 图21-15

| 子龙 | 大家可以根据这个框架进行脚本的细化。

| 子龙 | 图21-16所示为这个主海报素材的最后效果，大家可以对比一下，是不是之前策划的效果90%都实现了？

▲ 图21-16

| 子龙 | 最后落地到店铺页面就很简单了，把拍摄的素材进行编辑美化就可以了。

| 子龙 | 在做视觉设计时，有几个关键点，这里给大家强调一下。无线端详情页设计规范如下。

（1）前3排图片做竖屏设计，图片高度在1000像素左右。

（2）每屏表达一个核心卖点。

（3）把详情页当作H5页面来做，顺应现今买家的浏览习惯。

（4）卖点文案尽量简短，单段文案控制在8个字左右。

（5）主图详情页化，用详情页的逻辑做主图。

| 子龙 | 今天的分享就到这里，感谢“鹿人说”平台给我们提供这样一个学习、分享的机会，也谢谢大家的聆听。

22

数据化店铺客服诊断

分享嘉宾　双休——主持人·整理人　橙子

吴军（花名“双休”）

无界咨询公司云客服中心总监，淘宝大学线上人气讲师，有丰富的客服管理经验，带领200人的客服团队服务于各大平台的TOP商家。

不以规矩，不能成方圆，没有相对应的考核指标，员工就没有工作目标。客服是店铺运营的关键人物之一，买家对店铺的印象好坏，很大程度上取决于客服的话术和他的专业服务。如何用数据考核你的客服，怎么给你的客服量身定做一套绩效考核标准呢？且看下文。

| 双休 | 今天分享的内容是数据化店铺客服诊断。举几个例子，大家看看自己有没有说过类似的话或者有类似的想法。例如，有卖家会说“觉得咱们家的客服服务态度不好”，或者“我感觉咱们家的客服销售能力不够”。这些看似很具体的问题表达，却没有一个可量化的考核指标，什么是态度好，什么是能力强，大家有具体的词语来准确地形容吗？所以我们在做一个店铺的客服问题诊断时，通常是用数据来说话。首先找到核心数据，其次通过数据分析找到目的数据，最后再找到提高数据的方法。通过这样一系列的动作，才能有效地改善所谓的问题。如态度不好，则要求客服首次响应时间在6秒以内，聊天用语中带上旺旺表情，答问比超过120%等。这些数据列出来，客服就知道自己怎样做才能达标。若这些数据指标都能达到，基本可以判断这个店铺的客服销售态度是不错的。

| 双休 | 前面只是和大家解释一下为什么今天分享的内容是数据化店铺客服诊断，因为客服相关的数据有很多，如售前的转化率、客单价、回头率，以及售后的好评率、品质退款率等。

| 双休 | 商家们最感兴趣的莫过于客服询单转化率，即询单转化成功率。这里的询单转化成功率不是指全店的询单转化成功率，而是指客服的询单转化成功率。询单转化成功率=最终付款人数/询单人数。那我想问一下各位商家，你们觉得和客服询单转化成功率相关的数据有哪些？

| 鹿客1 | 回复速度、技巧、咨询人数和下单人数。

| 双休 | 好的，不过今天只谈数据。很多客服也觉得和咨询人数有关，但是大家要注意，假设有100个人咨询，其中40个人买了，转化率是40%。但是若只有40个人咨询，却有20个人买了，转化率是50%。不管店铺大小，接

待量多少，都和客服询单转化成功率没有太大关系。主要有以下几个数据会影响咱们店铺的客服询单转化成功率，做好这些数据，相信店铺的客服询单转化成功率自然会有所提升。

| 双休 | 首先是首次响应时间，其次是平均响应时间、答问比和回复率，最后是支付率。绩效软件里的这些数据如图22-1所示。

按日查看 2019-01-01 至 2019-01-31 快捷时间 过滤部分时间段 查询 导出Excel

旺旺分组：全部 客服旺旺：请选择

工作量分析

旺旺	数	转入人数	转出人数	买家发起	客服主动跟进	总消息	买家消息	客服消息	答问比	客服字数	最大同时接待	未回复人数	回复率	慢响应人数	长接待人数	首次响应(秒)	平均响应(秒)	平均接待时长
		40	264	7730	73	99901	43400	56501	130.19%	1420479	132	1	99.99%	1	178	0.31	11.6	4分47秒
		32	253	7049	62	89548	40312	49236	122.14%	996291	126	0	100.00%	0	91	0.29	9.41	4分2秒
		55	407	6591	61	81514	35086	46428	132.33%	1177734	127	1	99.98%	7	175	0.28	24.19	5分8秒
		72	287	6062	83	74161	32048	42113	131.41%	1031515	133	1	99.98%	0	102	0.29	15.25	4分17秒
		93	394	5902	63	66052	31786	34266	107.8%	818649	123	0	100.00%	0	131	0.32	20.13	4分37秒
		75	425	5415	96	63452	29793	33659	112.98%	648789	82	3	99.95%	13	221	0.31	28.77	5分47秒
		94	204	5509	42	58665	29326	29339	100.04%	729711	131	0	100.00%	15	131	0.29	30.34	5分2秒
		21	180	5088	56	67397	28523	38874	136.29%	856230	109	0	100.00%	19	185	0.36	26.81	5分33秒
		20	165	5432	30	67498	30438	37060	121.76%	813530	95	1	99.98%	14	237	0.31	26.54	6分25秒

▲ 图22-1

| 双休 | 各位商家也可以打开自己的客服绩效软件，不管是赤兔还是雷达，或者其他的各种绩效软件，数据都是大同小异的。

| 双休 | 如图22-2所示，大家知道我为什么框出了当日付款成功率和最终付款成功率吗？当日付款成功率是96.67%，最终付款成功率是97.42%，这中间相差了0.75%的转化率，为什么呢？客服做什么可以提高这个数值呢？

2019-01-01 至 2019-01-31 快捷时间 过滤部分时间段 查询 导出Excel

分组：全部 客服旺旺：请选择

询单到付款 询单到下单 下单到付款

旺旺昵称	下单人数	当日付款人数	最终付款人数	下单->当日付款成功率	下单->最终付款成功率
	2780	2734	2734	98.35%	98.35%
	2365	2315	2317	97.89%	97.97%
	2626	2570	2572	97.87%	97.94%
	2217	2168	2171	97.79%	97.93%
	2394	2334	2337	97.49%	97.62%
	2718	2647	2652	97.39%	97.57%
	3333	3246	3254	97.39%	97.63%
	3078	2992	3007	97.21%	97.69%
	2403	2323	2341	96.67%	97.42%

▲ 图22-2

| 鹿客2 | 催付，催付那些未付款的顾客。

| 双休 | 是的。说明客服催单了，也就是我们说的支付率。这些就是我们要关注的客服数据。把每个数据做好，达到甚至超过行业水平，那样你店铺的客服询单转化成功率自然会高。

| 双休 | 我们初步了解了和转化相关的核心数据。知道了核心数据，下

一步就要找到目标数据。以前某软件还会公布每季度同类目的各项客服数据，现在没有了，得我们主管自己找到合适的目标数据。目标数据－数据现状=要解决的问题，这个公式大家可以理解吧？例如，行业响应时间都在30秒以内，我家客服的响应时间是40多秒，那如何缩短十几秒的响应时间，就是我们要解决的问题。

｜双休｜下面介绍目标数据。目标数据不是老板拍脑袋随便想出来的，如我想让我家的客服询单转化成功率超过60%，那肯定是不可行的。目标数据都是通过数据收集和分析最后得出一个合理的数据，一个可量化、可执行的目标。

｜双休｜首先我们通过本店铺数据来收集，这里分为横向和纵向两个维度。横向就是同一时间段不同客服之间的对比，排除个别的特殊类目，一般一个店铺的客服询单转化成功率超过5个点，那就比较不正常了；纵向就是同一客服不同时间段的数据对比，如早班和晚班是否有差别，淡季和旺季是否有差别。

｜双休｜如图22-3所示，客服之间的数据差别很大，是什么促使客服询单转化成功率提高了呢？这是店铺客服主管需要分析的原因。再来看看行业数据。

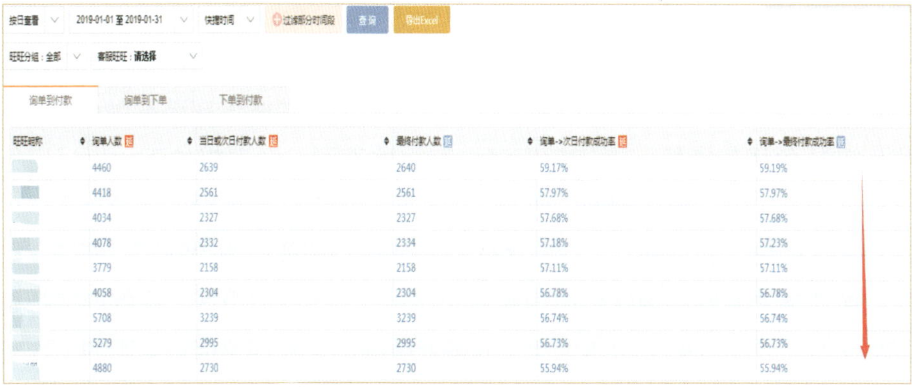

按日查看　2019-01-01 至 2019-01-31　快捷时间　过滤部分时间段　查询　导出Excel

旺旺分组：全部　客服旺旺：请选择

询单到付款　询单到下单　下单到付款

旺旺昵称	询单人数	当日或次日付款人数	最终付款人数	询单->次日付款成功率	询单->最终付款成功率
	4460	2639	2640	59.17%	59.19%
	4418	2561	2561	57.97%	57.97%
	4034	2327	2327	57.68%	57.68%
	4078	2332	2334	57.18%	57.23%
	3779	2158	2158	57.11%	57.11%
	4058	2304	2304	56.78%	56.78%
	5708	3239	3239	56.74%	56.74%
	5279	2995	2995	56.73%	56.73%
	4880	2730	2730	55.94%	55.94%

▲ 图22-3

｜双休｜行业数据可以通过生意参谋中的“服务洞察”→“客服销售”进行数据对比，如图22-4所示。

统计时间 2019-01-01 ~ 2019-01-31　实时 日 周 月

服务洞察：服务概况　实时监控　核心监控　体验诊断　售前服务　接待响应　客服销售　商品营销

贡献转化　下载　同行同层对比　趋势 | 列表

客服询单人数	询单流失人数	客服询单-支付转化率	客服支付金额	客服成功退款金额
3,570	1,199	63.95%	97,929.99	9,812.46
较前一月 92.97%	较前一月 69.59%	较前一月 12.78%	较前一月 1279.49%	较前一月 2407.34%

日期	我的客服询单-支付转化率	同行同层平均客服询单-支付转化率	同行同层优秀客服询单-支付转化率
2019-01	63.95%	41.86%	52.69%
2018-12	56.70%	40.38%	50.82%
2018-11	39.42%	37.80%	48.30%
2018-10	50.00%	54.10%	64.50%

▲ 图22-4

｜双休｜生意参谋里的数据都可以作为行业数据的参考，如图22-5所示。生意参谋里还有很多与客服相关的数据，如物流数据等，都可以查看。

▲ 图22-5

｜双休｜我们对这些数据做一个比较详细的统计和对比之后，对自己的店铺要达到什么样的数据目标就会有一个比较清晰的概念，而不是和以前一样凭空想象绩效指标。指标定高了，客服达不到，会消极怠工；指标定低了，太容易达到，起不到激励作用。现在我们已经找到各种目标数据了，也知道店铺的核心数据现状，这其中的差距就是我们要解决的问题。例如，一个女装店铺的客服询单转化成功率不到35%，同行业以及同层级的商家都是40%左右。我们分析了和转化相关的各项数据后，发现该店铺客服的首次响应时间、平均响应时间、答问比、回复率、支付转化率等每项数据都低于同行，那我们就要分别提高每个数据，这个提高的方法就是下面我要和大家分享的内容。

｜双休｜对于首次响应时间，我想问各位掌柜：你们家的首次响应时间为几秒？

| 鹿客3 | 3~5秒。

| 双休 | 首次响应时间长了，客户走了；客服态度冷淡，客户走了；回复得不专业，客户还是走了。所以，首次响应时间对成交转化的影响可想而知。这么多因素里，首次响应时间就是1，这个1没做好，后面都是0。如果客户都走了，还谈什么转化呢？现在无线端客户占比较大，大家试想一下手机端的操作：客户看看淘宝，一声微信提示音响后去抢个红包，若客服再没回复，客户就会切换到别的商品了。一个简单的切换操作，一切换就不一定切换到谁家去了。因为手机端的消息默认是没有声音提醒的，所以我们得第一时间抓住客户。大家要做到这3个方面：时间，越短越好；态度，传递一种服务的热情；回复内容。

| 双休 | 购物的时候，我还是偶尔会遇见这样的商家，客服回复一句“在的”就没有任何表情和下文了，我若不说话，他也不说话，大家都如此矜持地错过了。

| 双休 | 淘宝店铺那么多，如何让客户对我们的店铺留下深刻印象呢？店铺客服话术风格一般分3种类型：一种是专业，就是很官方地回答问题；另一种是“文青”，就是说话很文艺那种；最后一种是幽默，这种风格最受小朋友的追捧。但是这3种风格没有谁好谁不好之说，采用哪种风格取决于店铺的整体风格。明明商品说明里都是商品故事，走的是文艺范路线，但客服说话都幽默范，那肯定不合适，所以选什么风格，大家要根据自己店铺的实际情况来定。但是无论哪种风格，都要言之有物。第一时间不仅要抓住客户，还要吸引客户。最后想强调一个关于自动回复的细节。

| 双休 | 图22-6所示的3种自动回复，你觉得哪种最好？

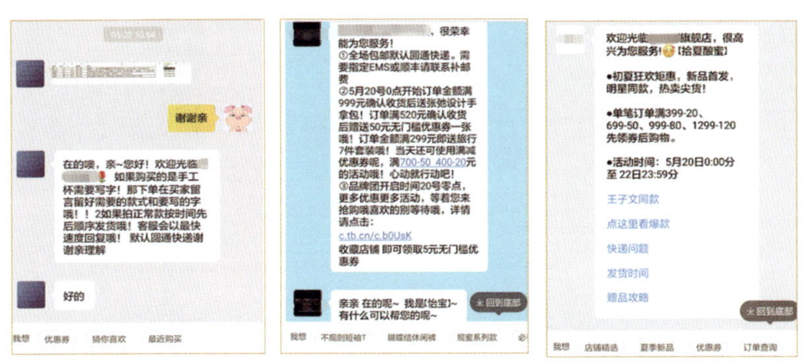

▲ 图22-6

|双休|大家都觉得第3种最好，所以也请大家看看自己家的自动回复在手机端是什么模样的。回复的要求就说到这儿，大家也许会说现在我的问题还是响应时间超过10秒，怎么缩短呢？首先是自动回复的设置，当然有些店铺接待量不大，不设置自动回复也没关系。为了使回复内容更加人性化，可以把问候的短语放在第一个快捷回复位置，这样随手发送会很快。最后就是将响应时间纳入绩效考核里，严格规定首次响应时间一定要不超过多少秒。

|双休|说完首次响应时间，接下来说一说平均响应时间。我看到某些店铺的平均响应时间在40~50秒，很惊讶，怎么会有这么多耐心的客户。我还见过平均响应时间为80秒的店铺，因此他家的转化率只有20%左右。

|双休|平均响应时间的优化，需要做好如下几点。

（1）快捷短语的编码和分组设置合理。很多店铺的快捷短语有上百条，客服找快捷短语的时间比输入的时间还长。

（2）熟悉店铺商品和活动，特别是临时活动。我常遇见客户咨询店铺活动但客服解释不清楚的情况。如果对自己的店铺活动都不清楚，对于客户咨询的每个问题都要问别人再来回答，怎么保障响应时间呢？

（3）识别顾客。

|双休|如图22-7所示，对于这个顾客，你能从中读出什么信息？

▲ 图22-7

| 双休 | 从图22-7中，我们可以看出该顾客是否下单，现在订单是什么状况，是不是我们店铺的会员，目前有没有领取优惠券。标记后面是蓝色信封，说明订单已发货。这时候客户找来，多数是追问物流情况或者可能有售后问题，这些都是惯性思维。作为一个有经验的客服，要快速识别出客户信息，如对方是不是新客户，是不是会员，好评率怎样等。

| 双休 | 上面说的快捷短语，了解商品和活动，识别顾客，这些都属于软技能方面。在硬技能方面，打字速度要快，电脑清理工作要做好，这样才能保障客服接待时的响应时间。响应时间越短、转化率越高的客服，旺旺分流都会高一些，系统都这么聪明，难道我们还看不出其中的重要性吗？一切以客户体验为主，谁都不喜欢漫长的等待。

| 双休 | 答问比和回复率就比较简单了，只要设置好店铺的硬性要求就可以了。现在的一般类目，答问比如果低于120%就太弱了，说明客服基本是一问一答，谈不上主动营销和积极态度。如果是客单价高的类目，答问比做到150%也不为过。回复率要求99%以上，为什么不是100%呢？因为现在做广告的实在太多了。但是我也看见过店铺回复率不足95%的。

| 双休 | 最后就是支付率。为什么其他数据都只看客服绩效软件，而支付率要看生意参谋全店的呢？因为追单是不分静默订单还是询单流失的，所以客服只要有积极的追单意识，掌握了追单的技巧，转化率自然也会提高。大家试想一下，你家客服的首次响应和平均响应时间很短，客户等待时间短，购物体验好，是不是有助于转化成功呢？同样的，客户说一句，你和客户聊两三句，是不是比客户说一句你答一句、客户不说你不问的转化更容易成功呢？追单不一定成功，但是不追单，客户肯定是要流失的，所以单一定是要追的，而且还要讲究方法。

| 双休 | 今天的分享就到这里，希望各位掌柜稍后都能亲自去看看自己店铺的客服数据，再分析分析同行的数据，试一试今天学到的提高方法，看看转化率是否能提高。

23

直通车质量分原理解析

分享嘉宾 不灭 | 主持人·整理人 金不换

刘儒彦（花名"不灭"）

6年电商运营实操经验，操作过多个类目，擅长搜索优化和直通车打造爆款。曾用20天做到玩具类目单品排名前三，15天做到生鲜类目新店月销售额过百万。

影响直通车质量分的因素有哪些？是关键词还是创意图？让我们一起来验证一下。

| 不灭 | 今天分享的内容是直通车质量分的原理，希望大家看了分享内容后对直通车质量分有更深层的理解，可以打破一些常规的认知。同时我还会分享直通车的实操经验。

| 不灭 | 我们先思考一下：开直通车的目的是什么？

| 鹿人1 | 获取精准流量，提高店铺基础销量和店铺层级。

| 不灭 | 是的，大部分人开直通车的最终目的都是带动自然搜索流量的上涨。要想“带动”，必不可免数据要好，而且要有一定的量，这样我们就可以理解为直通车的“质”和“量”，二者缺一不可。“质”是可以优化的，在不考虑“量”的情况下，“质”比较好优化，我的直通车曾经做到投入产出比为19.05，客单价不到100元，如图23-1所示。

移动出价比例	展现量	点击量	点击率	花费	投入产出比	直接成交笔数	收藏宝贝数	直接购物车数
100%	17,725	1,053	5.94%	¥190.18	19.05	43	16	38

▲ 图23-1

| 不灭 | 在不考虑“量”的情况下，我们一起来算一笔账：假设一个点击花费1元钱，转化率为3%，一天限额500元，那就是500个点击。若直通车一天成交15单，一个月则成交450单。450单的销量对于大类目是没有用的，那么想带动免费流量也是不可能的，所以“质”和“量”要同时兼顾，缺一不可。“质”和“量”同时兼顾会发生质变，我给大家看一个数据截图。

| 不灭 | 图23-2是我5月份在做的一个童装类目直通车数据，半个月不到冲到日销900单，营业额差22元到4万元，每天直通车花费最高为8000元，利润在50%左右，投产在1.5万元左右。“质”和“量”是两个不同的操作思路，会产生不同的结果。

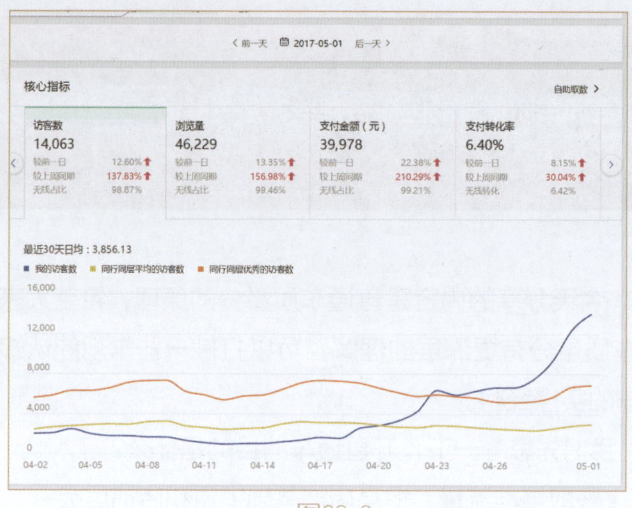

▲ 图23-2

｜不灭｜例如，加价后有两种结果：①拉起爆款；②承受不住PPC的价格，然后翻车。那我们的理想结果是什么？是在自己可以接受的PPC情况下获取最大流量，从而带动免费流量。反推过来，我们优化质量分的目的就是在自己可以接受的PPC情况下获取最大的点击量。

｜不灭｜那么在直通车中哪几个维度有质量分呢？账户权重有质量分，计划权重有质量分，还有什么有质量分？

｜鹿人2｜创意、标题、关键词相关性。

｜不灭｜好的，先说账户权重。账户权重由计划权重组成，因此平时优化计划权重就等于优化了账户权重。计划权重需要怎样优化？

｜不灭｜计划权重优化要做的不多，把平时不开的或已经暂停的直通车计划中的宝贝全部删除，这样就可以起到优化计划权重的效果。

｜不灭｜下面介绍直通车计划里的质量分。质量分的3个维度是创意质量、相关性和买家体验，即点击率、文本相关性和转化率。文本相关性包括商品标题、商品属性、关键词。优化这3个维度可以提高质量分。这3个维度中最容易优化的是文本相关性，最难优化的是转化率，优化空间最大的是点击率。

｜不灭｜我先讲点击率和转化率，二者是可以联系在一起的。点击率分有效点击率和无效点击率。

｜不灭｜有效点击率指的是产生转化率的点击，无效点击率指的是不产生转化率的点击。有效和无效的差别在转化上，在加购和收藏上，在买家体验上。通常情况下，优化有效点击率可以提高转化率。如果把无效点击率做到极致，直通车计划质量分也会提高，不过不会长久。

| 不灭 | 我们知道了质量分的3个维度，也知道怎样正确优化，那么这个质量分属于谁呢？是关键词的、计划的还是商品的？如图23-3所示，这是一个直通车计划中的商品，这个10分是谁的10分？

▲ 图23-3

| 不灭 | 有人说是关键词的，有人说是商品的，那我们就来验证一下。如果是关键词的，删除了关键词，该质量分就会消失。

| 不灭 | 删除该关键词后的效果如图23-4所示。

▲ 图23-4

| 不灭 | 删除后，按常理来说，现在再加入这个词就是新词了，加入新词“真皮女包”后的效果如图23-5所示。

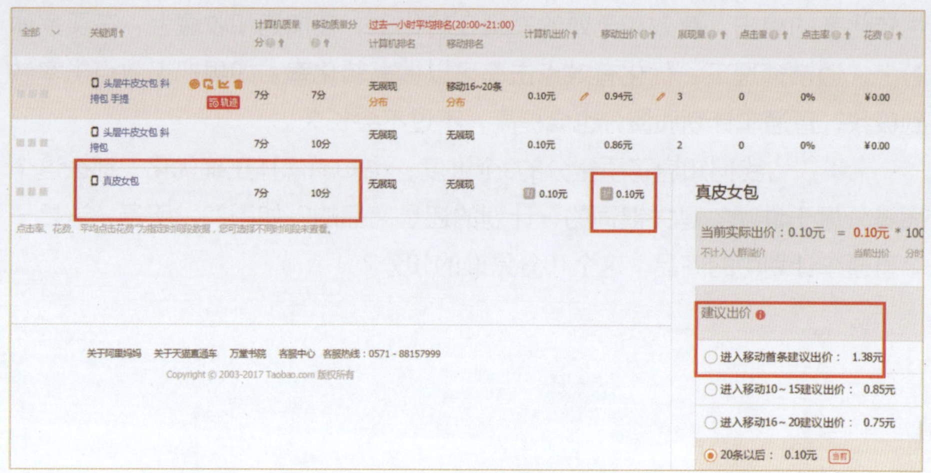

▲ 图23-5

｜不灭｜从图23-5中可以看到，加新词后，质量分、权重、首屏价格没有任何变化，说明这个质量分不是关键词的。

｜不灭｜我们再来看看质量分是不是直通车图的。这里采用一个简单的测试方式——轮播和优选。

｜不灭｜轮播和优选是这4张直通车图的权重的均分和优选，所以你会发现，当4张图都有点击反馈后，质量分会上涨，因为系统挑选了4张直通车图里面最好的图片来计算你的权重，如图23-6所示。

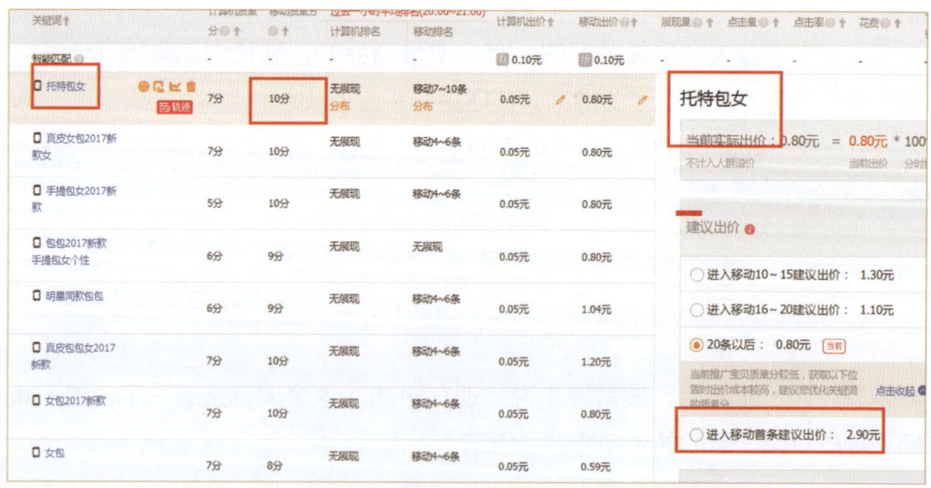

▲ 图23-6

｜不灭｜看一下图23-7，记住方框框中的数据。

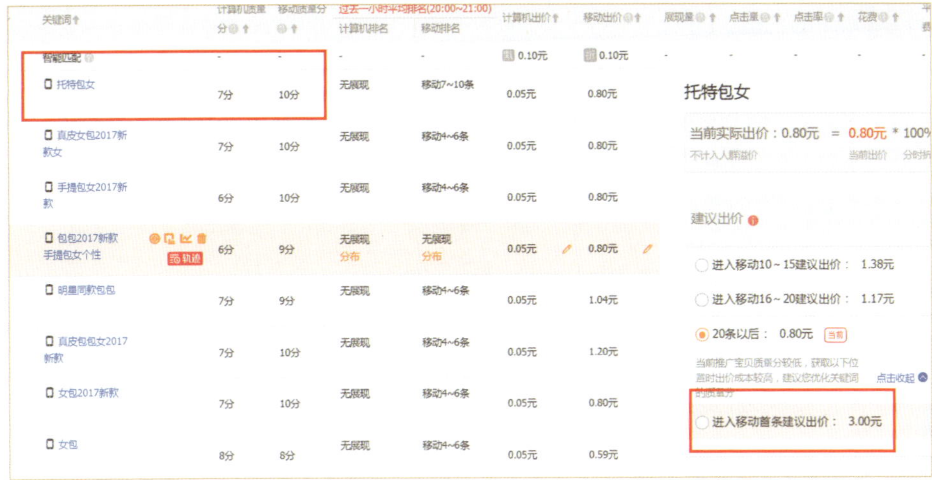

图23-7

| 不灭 | 再看一下首屏价格，这个直通车计划是之前开的，优选时间久一点儿，所以效果不明显。轮播是权重均分，优选是选其中最好的一个权重。

| 不灭 | 我们继续来测试质量分是否是直通车图的。创意图设置里有个选项，用来选择是投放移动端还是计算机端，如图23-8所示。其实这个按钮还有一个功能，就是充当权重的开关。当选择了某张图不在移动端投放时，这张图上累计的权重是不会被展现的。我们还用这个计划做测试。

| 不灭 | 如图23-9所示，方框中的这个按钮也是权重的开关。

图23-8　　图23-9

| 不灭 | 继续验证，还用这个计划，如图23-10所示。

| 不灭 | 记住图23-11中框中的数据，我继续调整。

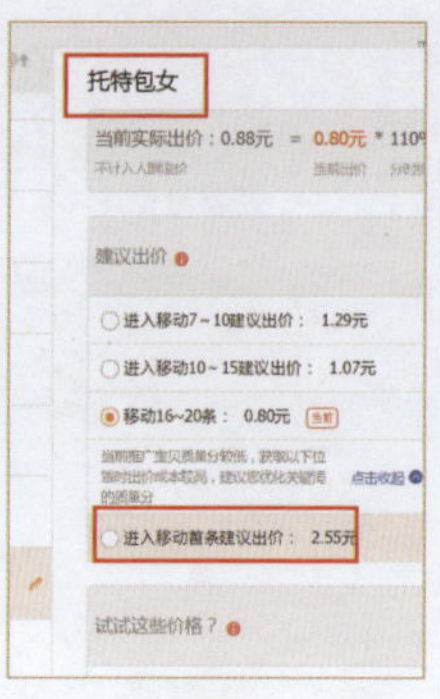

▲ 图23-10

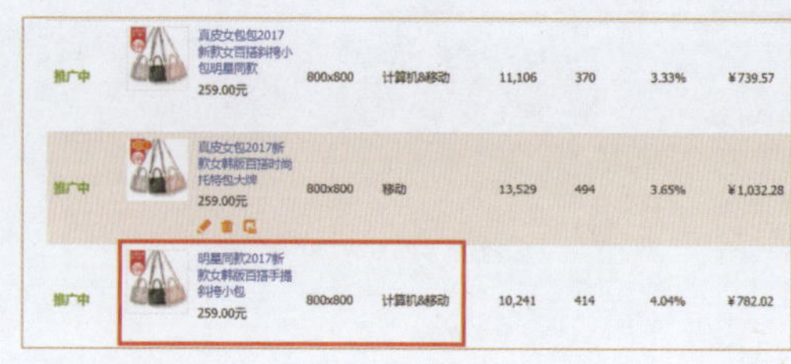

状态	创意	创意尺寸	投放设备	展现量	点击量	点击率	花费
推广中	真皮女包包2017新款女百搭斜挎小包明星同款 259.00元	800x800	计算机&移动	11,106	370	3.33%	¥739.57
推广中	真皮女包2017新款女韩版百搭时尚托特包大牌 259.00元	800x800	移动	13,529	494	3.65%	¥1,032.28
推广中	明星同款2017新款女韩版百搭手提斜挎小包 259.00元	800x800	计算机&移动	10,241	414	4.04%	¥782.02

▲ 图23-11

| 不灭 | 我把这个计划停掉，如图23-12所示。

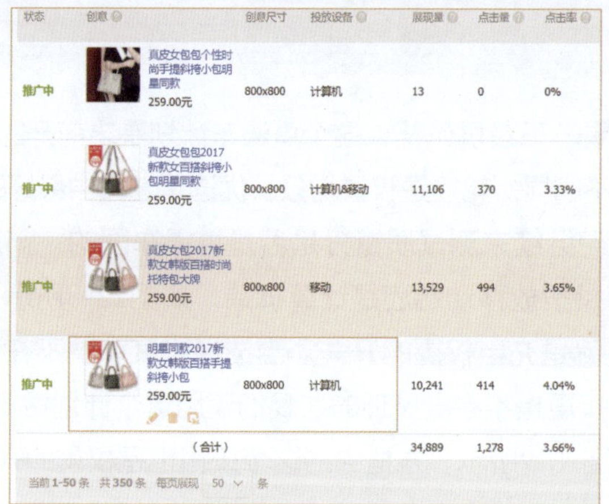

状态	创意	创意尺寸	投放设备	展现量	点击量	点击率
推广中	真皮女包包个性时尚手提斜挎小包明星同款 259.00元	800x800	计算机	13	0	0%
推广中	真皮女包包2017新款女百搭斜挎小包明星同款 259.00元	800x800	计算机&移动	11,106	370	3.33%
推广中	真皮女包2017新款女韩版百搭时尚托特包大牌 259.00元	800x800	移动	13,529	494	3.65%
推广中	明星同款2017新款女韩版百搭手提斜挎小包 259.00元	800x800	计算机	10,241	414	4.04%
	（合计）			34,889	1,278	3.66%

当前1-50条 共350条 每页展现 50 条

▲ 图23-12

| 不灭 | 我们再来看一下关键词和创意图是否相关，如图23-13所示。

关键词	计算机质量分	移动质量分	过去一小时平均排名(21:00~22:00) 计算机排名	移动排名	计算机出价	移动出价
智能匹配	-	-	-	-	0.10元	0.10元
托特包女	7分	9分	无展现	移动7~10条	0.05元	0.80元
真皮女包2017新款女	7分	10分	无展现	移动4~6条	0.05元	0.80元
手提包女2017新款	6分	8分	无展现	移动4~6条	0.05元	0.80元
包包2017新款手提包女个性	7分	10分	无展现	20条以后	0.05元	0.80元
明星同款包包	7分	8分	无展现	移动4~6条	0.05元	1.04元
真皮包包女2017新款	7分	10分	无展现	移动7~10条	0.05元	1.20元
女包2017新款	8分	8分	无展现	移动4~6条	0.05元	0.80元
女包	8分	6分	5页以后	移动4~6条	0.05元	0.59元

▲ 图23-13

| 不灭 | 质量分和价格都有变化，说明质量分是直通车图的。

| 不灭 | 再用计划测试一下，我直接把这张创意图换掉。原计划数据如图23-14所示。

+添加创意　+添加实验创意 新　流量分配

状态	创意	创意尺寸	投放设备	展现量	点击量	点击率	花费	点击转化率
推广中	真皮女包包个性时尚手提斜挎小包明星同款 259.00元	800x800	计算机	13	0	0%	¥0.00	-
推广中	真皮女包包2017新款女百搭斜挎小包明星同款 259.00元	800x800	计算机&移动	11,106	370	3.33%	¥739.57	1.89%
推广中	真皮女包2017新款女韩版百搭时尚托特包大牌 259.00元	800x800	计算机&移动	13,529	494	3.65%	¥1,032.28	0.20%
推广中	明星同款2017新款女韩版百搭手提斜挎小包 259.00元	800x800	计算机&移动	10,241	414	4.04%	¥782.02	1.21%
	（合计）			34,889	1,278	3.66%	¥2,553.87	1.02%

▲ 图23-14

| 不灭 | 如图23-15所示，这个是7天后的计划数据，方框框中的这个创意图的点击率最高，我们就换这张图。

推广中	真皮女包包个性时尚手提斜挎小包明星同款 259.00元	800x800	计算机	44	0	0%	¥0.00	-	-
推广中	真皮女包包2017新款女百搭斜挎小包明星同款 259.00元	800x800	计算机&移动	52,838	1,868	3.54%	¥4,012.31	0.91%	17
推广中	真皮女包2017新款女韩版百搭时尚托特包大牌 259.00元	800x800	计算机&移动	92,562	3,393	3.67%	¥7,289.07	0.74%	25
推广中	明星同款2017新款女韩版百搭手提斜挎小包 259.00元	800x800	计算机&移动	25,970	1,004	3.87%	¥1,981.60	0.90%	9
	（合计）			171,414	6,265	3.65%	¥13,282.98	0.81%	51

当前1-50条　共350条　每页展现 50 条

▲ 图23-15

| 不灭 | 换了创意图质量分会降吗？我们再换个关键词来看一下。“女包2017新款”这个词权重最高，我们就换这个词，如图23-16所示。

| 不灭 | 继续换图，如图23-17所示。

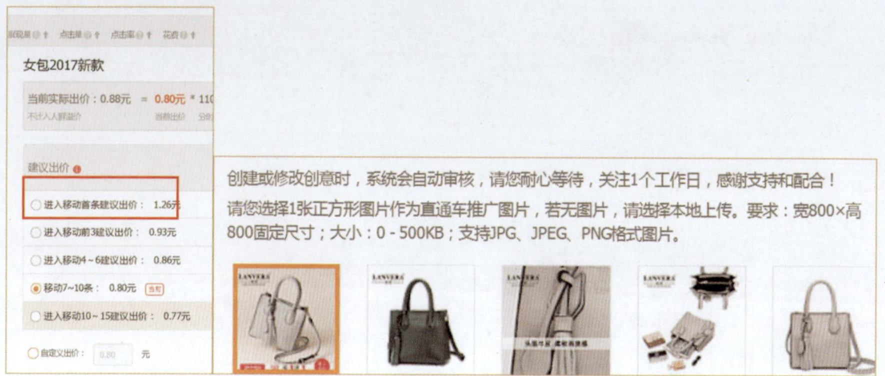

▲ 图23-16　　▲ 图23-17

| 不灭 | 换图后的数据如图23-18所示。质量分没有变化，如图23-19所示。

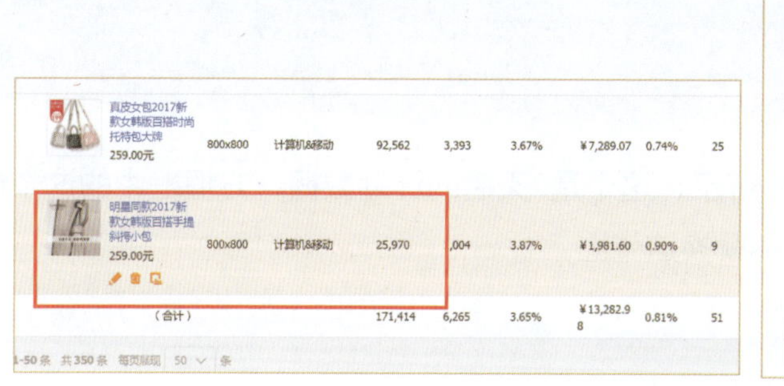

▲ 图23-18

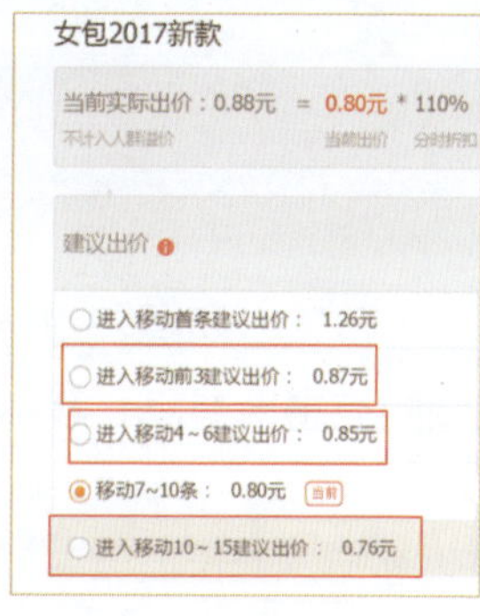

▲ 图23-19

| 不灭 | 前面已验证质量分是直通车图的，但直通车计划停掉后质量分为什么没有变化呢？因为算法。淘宝怎么识别每张图片呢？

| 不灭 | 如图23-20所示，店铺所有的权重都靠这个数字识别，即图片空间的ID。淘宝是按照图片空间的ID记录权重的，虽然换了直通车图，但图片空间ID是不会变化的。

▲ 图23-20

24

新店、新品如何突破基础销量

分享嘉宾 偕行 | 主持人·整理人 黑骑士

魏超（花名“偕行”）

3年淘宝夫妻店经验，从电商小白做起，目前经营2个淘宝C店，擅长单品分析、新品自然搜索和直通车推广。

对于老店新品，只要新品的款式不错，采用老品带新品的操作方式，新品的销量会起得很快。但对于刚起步的新店，没有这样的条件，想要突破基础销量，该如何操作呢？

|偕行|大家开始做店铺时，最头疼的问题是什么？

|鹿客1|没有流量。

|偕行|那流量是如何获得的呢？

|鹿客2|优化标题。

|偕行|新店不需要选款吗？

|偕行|下面我们切入正题。小伙伴们都知道老店新品只要是款式好，以老带新的操作方式会很快上量，但是有多少刚开的新店具备这样的条件呢？这个操作是有局限性的。那么新店新品该如何操作呢？今天我就分享一下我自己的实操经验，即新店新品的流量如何从零到稳定递增。

|偕行|先说一下店铺入围。新店新品如何入围？入围的维度就是新店新品可以展现给搜索人群。

|偕行|首先我们需要知道淘宝系统给每一个店铺的展现扶持，如图24-1所示。

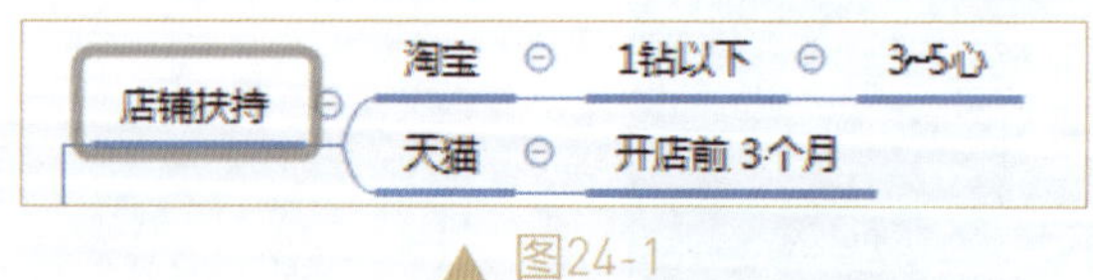

▲ 图24-1

|偕行|什么是商品入围？大家可以跟着我的思路打开PC端淘宝，随便搜索一个关键词。

|偕行|谁能告诉我PC端的展现是多少页？

|鹿客3|100页。

|偕行|那么入围就可以这样理解：如果你的商品在100页以内，这就是商品入围。商品入围后才有资格竞争流量，对不对？

|鹿客4|对。

| 偕行 | 给新品打标签谁做过？

| 鹿客5 | 有的类目没有。

| 偕行 | 部分子类目不支持新品打标签。淘宝新品规则中规定，所涉及类目的新品期限统一为28天，过期后，新品识别标签会消失。

▲ 图24-2

| 偕行 | 目前只有属性为全新（非二手）的商品支持新品标签，系统会根据新品标准，自动过滤出符合标准的新品，并且授予新品标签，如图24-2所示。如果在后期有违反新品行业标准的操作，商品的新品标签会取消。

| 偕行 | 卖家存在《淘宝规则》中规定的如下任一违规情形的，店铺商品不可打新品标签：

（1）近90天内，存在一般违规行为（虚假交易除外）扣分满12分或12分的倍数的处罚；

（2）近365天内，存在严重违规行为（出售假冒商品除外）扣分满12分或12分倍数的处罚；

（3）近90天内，存在因虚假交易被违规扣分但未达48分（含0分）的处罚；或近730天，存在因虚假交易被违规扣分达48分及以上的处罚；

（4）近365天内，存在因出售假冒商品被违规扣分达12分及以上24分以下的处罚；或近730天内，存在因出售假冒商品被违规扣分达24分及以上的处罚；

（5）近90天内，存在利用非正当手段扰乱市场秩序的行为，包含但不仅限于虚构交易、虚构购物车数量、虚构收藏数量等行为；

（6）因各种违规行为而被搜索全店屏蔽的。

| 偕行 | 同时商品需符合以下条件：

（1）商品图片无“牛皮癣”；

（2）非旧款重发；

（3）非拍卖、二手、闲置商品；

（4）商品标题中不包含“清仓”“反季”“换季”“二手”等字样；

（5）商品第一次上架时间在28天以内；

（6）有一定的新品喜爱度。

| 偕行 | 如图24-3所示，这个能理解吗？

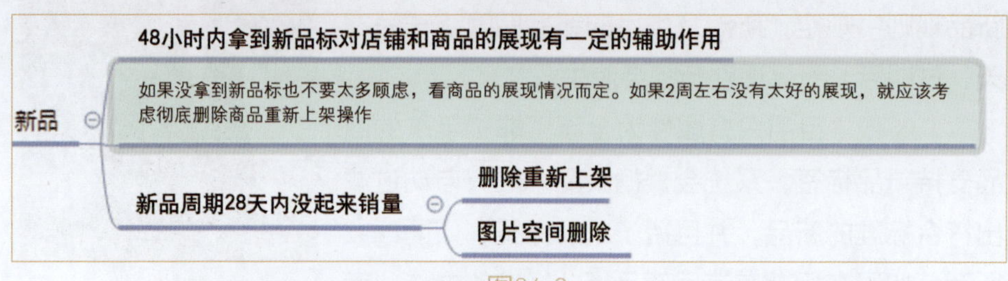

▲ 图24-3

| 鹿客6 | 就是28天内若新品销量没起来，删除后重新上架吗？

| 偕行 | 对的，需要把图片空间的商品图片都删除。

| 鹿客7 | 销量没起来的款是不是可以理解为不是好款？

| 偕行 | 也不能这样理解，要看市场的饱和度。

| 鹿客8 | 还需要重新作图吗？

| 偕行 | 需要，图片全部重新制作。

| 偕行 | 这个理解了，我就继续讲下面的内容。搜索加权的几个维度，有谁知道？新品的基础加权维度有哪几个？

| 鹿客9 | 点击率、转化率、收藏率、加购率。

| 偕行 | 对的。

| 偕行 | 有谁上架新品的时候开通过图24-4所示的服务？

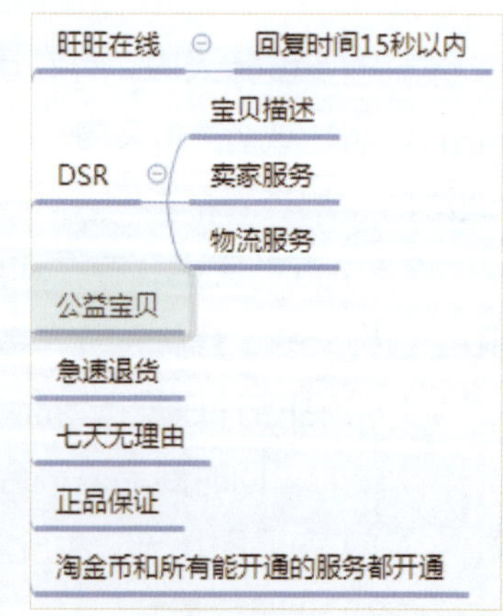

▲ 图24-4

| 鹿客10 | 开通过。

| 偕行 | 是不是可以理解为只要是系统推荐的服务都开通？

| 鹿客11 | 运费险等服务都开通，开通了有权重。

| 偕行 | 想一下，系统为什么让开通所有服务？

| 偕行 | 因为有利于辅助展现。

| 偕行 | 动销率有谁知道？

| 鹿客12 | 10个以上商品才有动销率。

| 偕行 | 新店的商品是越多越好，还是1个就好？

| 鹿客13 | 最低10个。

| 偕行 | 对的，新店新品一般以10个为基础（见图24-5）。

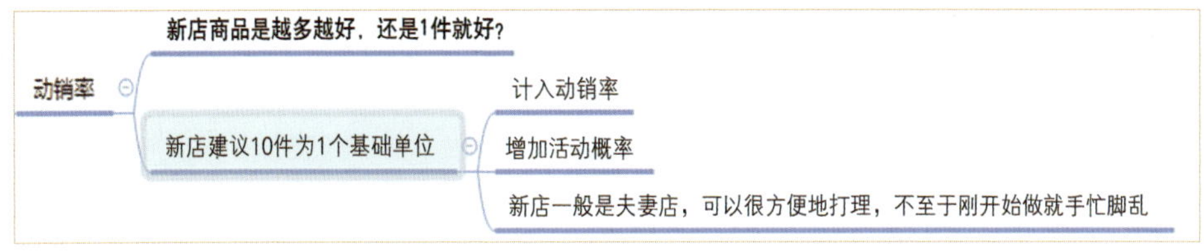

▲ 图24-5

| 偕行 | 动销率是指店铺中的商品的动销率，即商品动销率=已销售的商品销量÷商品总库存×100%。

| 鹿客14 | 意思就是新店要有10款商品，是吗？

| 偕行 | 动销率的累计最低是10款商品，也就是说一个店铺的基础销量款必须大于10。简单理解就是你的店铺铺货最低是10款商品，而且保证这10款商品都要有销量。

| 鹿客15 | 为什么只能10个商品，上多怕铺货吗？

| 偕行 | 刚开始开店，铺货过多会忙不过来。而且商品过多，若没有销量，会拉低动销率。

| 鹿客16 | 一个月内商品没有销量，是不是就要下架？

| 偕行 | 对的，全部删掉后重新上架。

| 鹿客17 | 周期是一个月吗？

| 偕行 | 新品周期是28天。

| 偕行 | 新品选款应考虑哪几个维度？

| 鹿客18 | 展现量和点击率。

| 鹿客19 | 搜索人气、在线商品数、点击率、转化率。

| 偕行 | 如果是新店，在订购不了任何软件的情况下，如何查找这些维度数据？

| 鹿客20 | 通过生e经中的历史热销款来查看数据。

| 偕行 | 查看行业分析中前3年每个周期的时间点的热销款以及相关属性，把每年每个时间周期的商品做一下重叠筛选。如果在每一周期的时间点

上一个商品出现重叠，说明这个商品有很好的市场，可以参考选款，如图24-6所示。

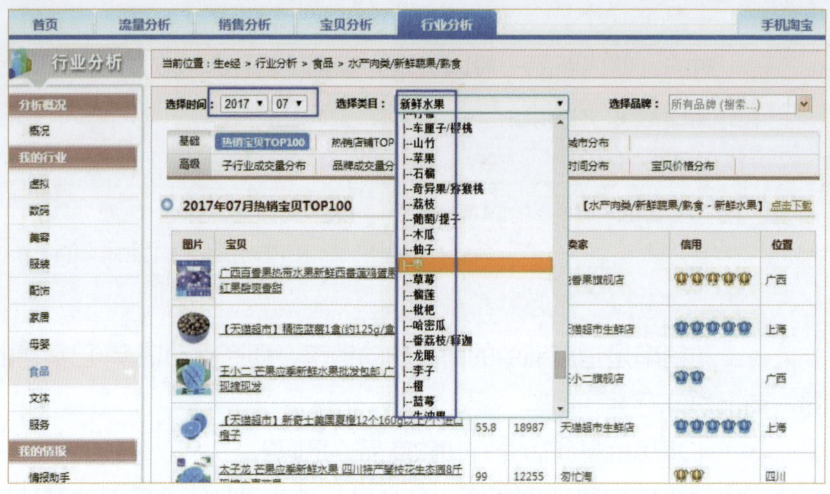

▲ 图24-6

| 偕行 | 新开的店没有工具辅助，如何查看最近热款呢？淘宝首页导航栏是最直接的工具，如图24-7所示，方框中的是最近热搜行业属性的商品，参考自己的行业数值进行分析，从中找到自己想要的款。

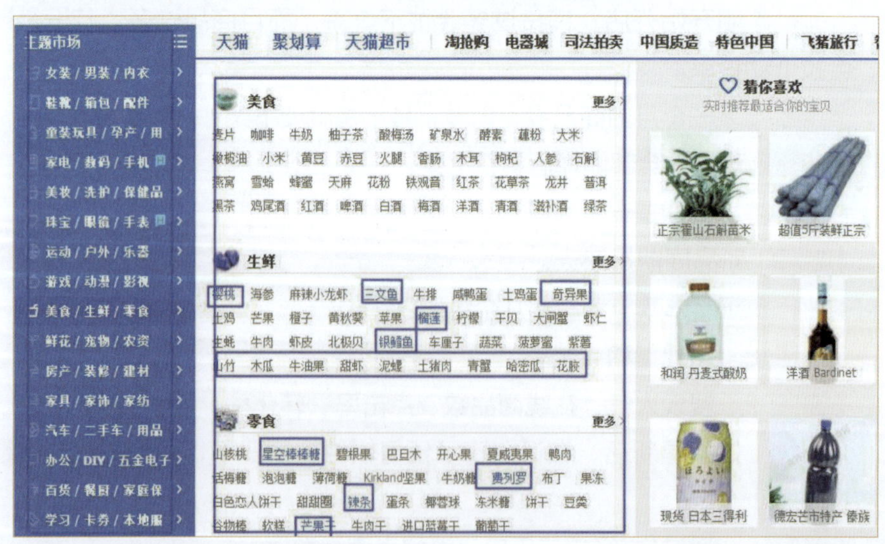

▲ 图24-7

| 偕行 | 下面说一下选款注意事项。选款是一个店铺运作最重要的环节，商品款式的好坏会直接影响后期的推广，所以前期选款时，需要耐心仔

细地收集每一个维度的数据。前期选对了款，后期就能很轻松地把商品销量推起来；反之，款式选不好，后期再努力地推销量也推不起来。

| 偕行 | 商品的款式选好后，下一步就是做标题。

商品标题要求60个字符30个字。商品标题是浏览者唯一的进店途径，一个商品展现得好与坏，标题起到了至关重要的作用。

| 偕行 | 做标题，首先是选关键词。如何去选择？分享一下我的经验。

| 偕行 | 对于新店，在没有任何工具可以借助的情况下，想找到自己属性的核心关键词，有一个简单的办法，即在手机淘宝搜索框中输入自己商品的关键词，搜索结果中的第一个词就可以做你的核心关键词，如图24-8所示。然后全网统计排查一下，看看这个词包含多少商品。当然，前提是这个词一定要和你的商品属性相关。

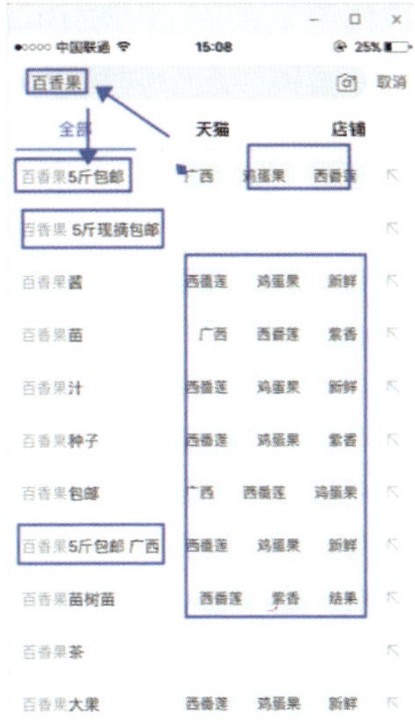

▲ 图24-8

| 鹿客21 | 淘宝PC端的操作与这个一样吗？

| 偕行 | 淘宝PC端的搜索下拉列表中，第一个词也是“百香果5斤包邮”。在图24-8中，右侧方框中的是最近的热搜词，热搜词也要逐步去筛选，选词和选款的道理是一样的，如图24-9所示。

▲ 图24-9

| 偕行 | 有条件的店家可以借用朋友或同事的生意参谋，标准版的生意参谋就足够用了。在生意参谋后台搜索词查询中就可以查每一个关键词的维度，标题的维度主要围绕的是搜索人气、在线商品、直通车点击单价和支付转化率。图24-10所示的是生意参谋的搜索词查询界面，数据也是正确的，“百香果”这个词看起来还可以，求大于供。

关键词	搜索人气	搜索热度	点击率	在线商品数	直通车参考价	支付转化率
百香果	30,383	63,107	167.79%	30,541	1.47	20.88%
百香果5斤包邮	11,295	23,737	173.21%	6,061	1.80	23.50%
百香果 5斤现摘包邮	4,733	10,850	182.43%	2,467	1.45	27.33%
百香果 广西	2,827	6,780	158.04%	10,693	1.76	26.59%
广西百香果	2,646	6,273	199.49%	10,694	1.76	17.52%
新鲜百香果	2,626	6,404	181.75%	13,024	1.73	23.15%

▲ 图24-10

| 偕行 | 小伙伴们也许会问：这4个维度如何界定呢？一般商品搜索人气最低要1000以上，宝贝数量占比当然是越少越好，支付转化率最低要5%以上。当然，直通车点击单价越低越好。类目不一样，实际操作也是有区别的。

| 偕行 | 标题做好后，如何拆分标题呢？

| 鹿客22 | 用生e经分析标题。

| 偕行 | 谁来发一个标题？我演示一下如何拆分标题。

| 鹿客23 | 儿童零食健康营养奶片内蒙古草原情奶片正宗牛初乳咀嚼片特产高钙。

| 偕行 | 打开网页版淘宝，如图24-11所示。

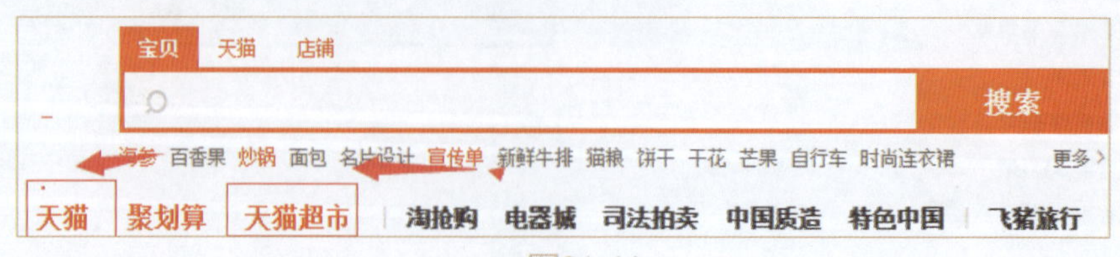

▲ 图24-11

| 偕行 | 选择“天猫”选项卡，把标题粘贴到搜索框中，输入空格后再输入6个0，单击“搜索”按钮，搜索结果中显示的就是标题的拆分结果，如图24-12所示。

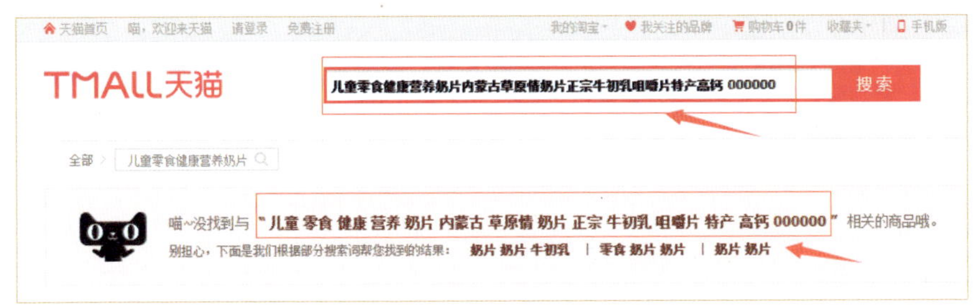

▲ 图24-12

| 鹿客24 | 我想问一下，是不是关键词在标题里面出现得越多越好？

| 偕行 | 是的，但要注意可读性。

| 偕行 | 制作主图时需围绕图24-13所示的几个维度。

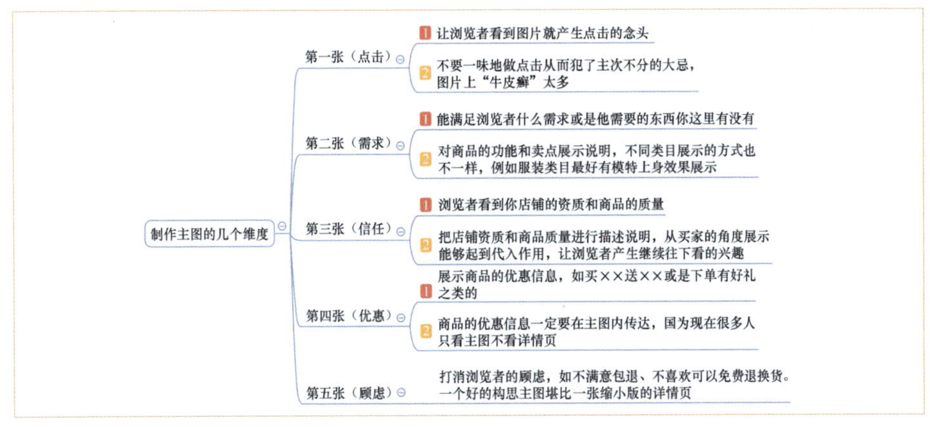

▲ 图24-13

| 偕行 | 下面说一下详情页的设计。详情页需要表达的是商品信息、资质信息、促销信息、售后信息。首先需要划分一下详情页的结构，第一屏放一些买家想要的信息。买家对商品还有不了解的地方，可以到详情页中来寻求答案，因此我们要挖掘一下自己商品的信息。

| 偕行 | 现在购买力是移动端占比大于PC端，所以移动端详情页需要单独做，而且前3屏最重要。

| 偕行 | 如何提炼自己商品的文案？答案是在竞品的中差评中找买家的痛点，如图24-14所示。

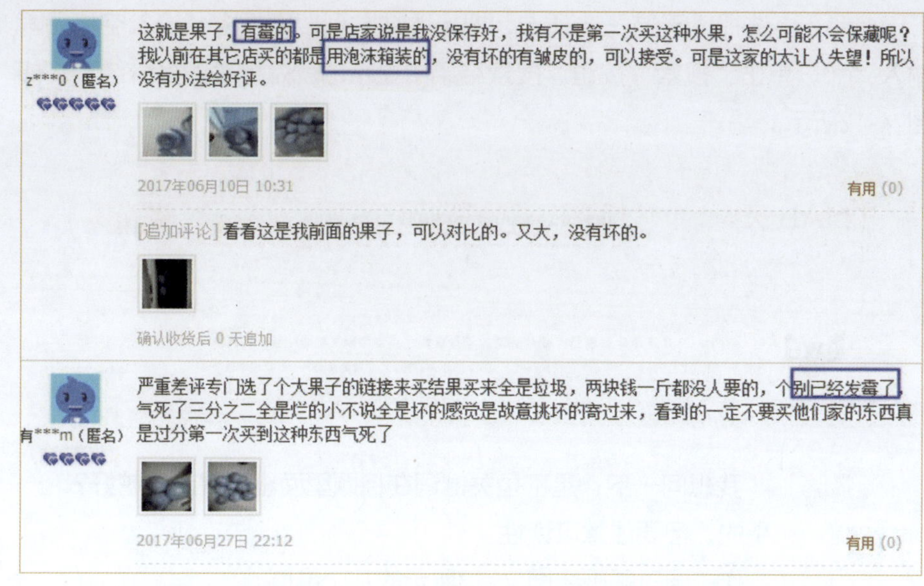

▲ 图24-14

｜偕行｜在“问大家”中也可以收集买家痛点问题，然后针对这些痛点问题提炼自己的商品文案。

｜偕行｜前期准备工作都做好后，我们来看一下新品上架的28天（4周）中如何操作，如图24-15所示。

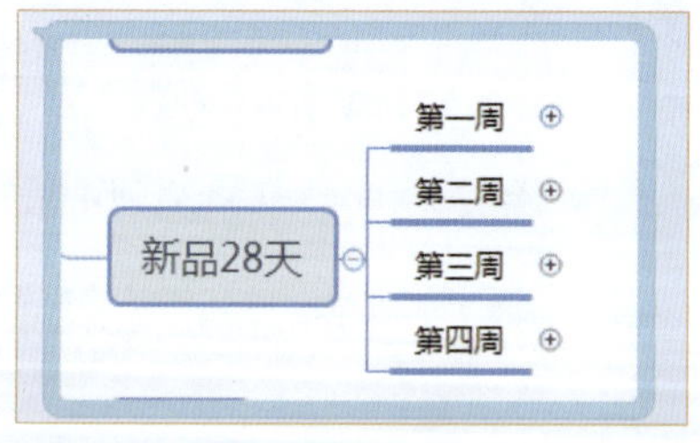

▲ 图24-15

｜偕行｜淘宝平台会给每一个新品展现的机会，但是能不能转化就要看商品的点击率了，这是一个硬指标。

｜偕行｜我们首先需要做什么呢？标题的核心关键词，大类目建议用二级、三级词，小类目直接用大词，借助商品的属性、消费人群、性别占比、年龄等特性，想办法精准定位消费人群，并做好店铺人群标签。例如，百香果—女性居多—30左右—公司白领—月消费大约3000—孕妈或是减肥人群，按此样式进行分析。

| 偕行 | 第一周内成交量在10单左右并拿到新品标后，就可以做第二周的计划了。

| 偕行 | 第一周拿到新品标和展现指标就可以了。接下来我们看第二周如何操作。

| 偕行 | 第二周需要做的就是关键词的曝光量要高于同行平均值的2倍。这个值可以在“体检中心”→“搜索曝光量”中查看。如果曝光量超过1000，属于正常现象。当然，类目不同，曝光量数值也不一样。

| 偕行 | 第二周还可以尝试开直通车。注意，这时候不要在乎直通车的排名，重点放在精准人群上，也就是通过直通车进来的访客没有成交也算是你的精准人群。和你的客服有沟通、加购物车的客户，都是潜在客户群体。通过开直通车增加商品的收藏加购率，这一周中尽可能地去完成这些转化指标。

| 鹿客25 | 提高收藏加购率有什么好方法吗？

| 偕行 | 可以通过详情页或微信朋友圈引导。收藏是个人行为，可用收藏有礼品或是发放优惠券的方式引导客户。收藏加购可以在第二周通过直通车实现。

| 偕行 | 第一周点击率达标，第二周收藏加购率也可以了，喜欢你的商品的顾客也关注你了，剩下的就看你怎样去转化了。建议只要是询单的客户，你就要想尽一切办法让其成交，因为第三周的店铺流量应该是日销量在20单以上。如果做不到20单，你就需要考虑是不是款式出了问题。

| 偕行 | 选款好，后期不用费力推广就可以实现销量递增。

| 偕行 | 如果顺利过了3周，那么第4周就是稳定期，可以根据加购的数量做购物车营销或是老客户营销。除了自然搜索以外的流量，设置好淘宝客，设置好直通车精确人群溢价，多维度地测试人群标签。人群标签越精准，流量就越多。过了这个阶段可以想想如何去参加活动，但此时参加活动的目的只是为了让店铺和商品能有一个很好的曝光机会，别想着赚钱。

| 偕行 | 以上就是新品28天周期玩法。新品过了28天以后需要我们不定期地去优化标题、直通车图、详情页和文案等。店铺流量不是一下子就能起来的，是需要一个成长期的。有些小伙伴会说他们的竞争对手一个星期销量就起来了，手淘搜索也过几万了。我只能说做事和做人一样，基础不好、内功没做足，再厉害也只是个纸老虎。

23 99%的卖家都不知道的高效测图方法

分享嘉宾 七戒 | 主持人·整理人 南影

杨斌（花名“七戒”）

6年电商实操经验，擅长利用直通车快速引爆单品及全店，主攻服装类目的爆款群操作。

没有正确的测图方式，测得的图片都是不能匹配你的精准人群的！如何高效地测图呢？这里既有思路，也有方法。

| 七戒 | 今天给大家分享测图的正确方法，我一边操作一边给出演示图。

| 七戒 | 测款，第一个测试的就是流量入口，也就是我们的推广主图。现在直通车创意下可以用4个推广图，我直接进入主图，然后设置计划。创意标题对应关键词相关性，可以提高初始质量得分。下面我先创建一个推广宝贝，创意标题暂不设置，如图25-1所示。

图25-1

| 七戒 | 我只加一个关键词，图25-1是创意标题没有做的情况下的质量得分。但我把这个关键词属性添加到创意标题中时，可以看到关键词相关性的变化，如图25-2所示。

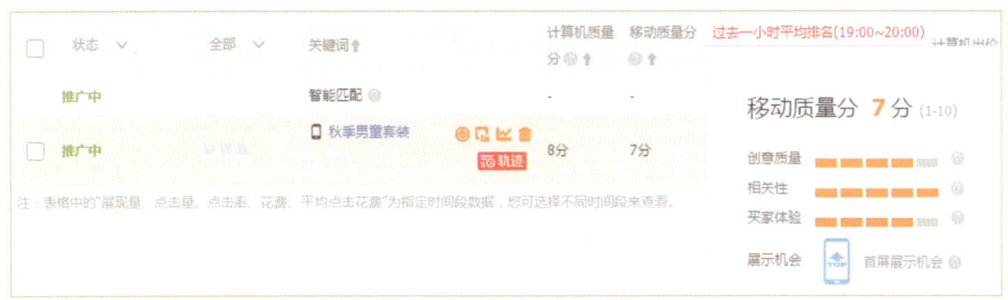

图25-2

|七戒|这里我要说的是创意标题影响关键词质量得分（相关性）。那么也就是说，加入若干关键词后的创意标题，只需要把关键词属性添加到创意标题中就可以了。

|七戒|操作到这一步，我们又会遇到一个新的问题：我用了很多关键词，做了4个不同的创意标题，用了不同的推广图，但点击率很不稳定。有没有小伙伴遇到哪怕是4个推广图一样，创意标题不同，点击率也很不稳定的情况？

|鹿客1|有。

|七戒|这个原因就在于我们的直通车关键词。在宝贝推广中，每个词的点击率是不同的，同时关键词的属性会对应到创意标题。也就是我们有些关键词属性只在某一个创意标题中有，这个时候，该关键词会比那个涵盖这个属性的创意标题优先展现。所以我在测图的时候，只用一个创意标题，但是我还是会去操作关键词相关性。

|七戒|图25-3是我刚添加的关键词，把这些关键词全部选中，然后复制到Excel表中，如图25-4所示。

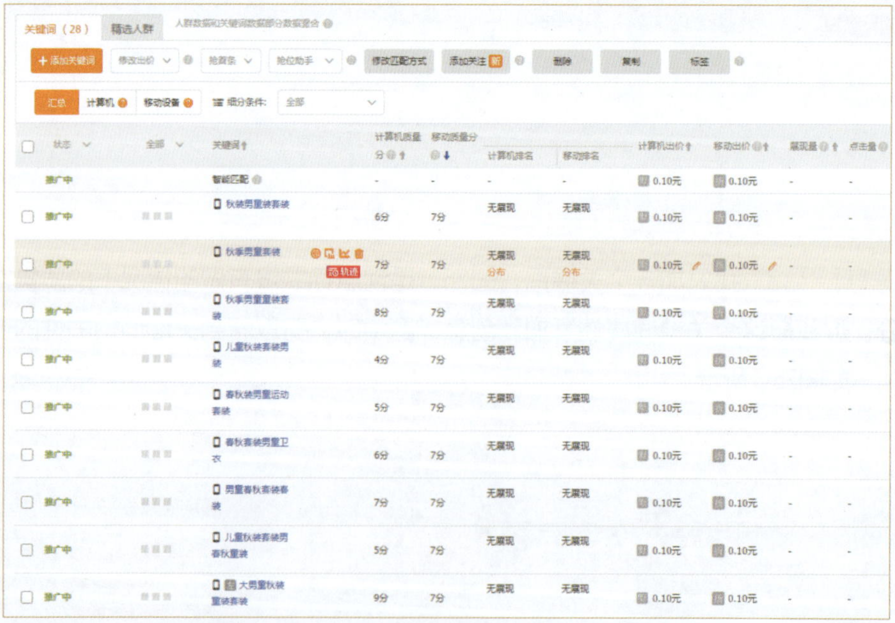

关键词（28） 精选人群

+添加关键词 修改出价 抢首条 抢位助手 修改匹配方式 添加关注 删除 复制 标签

汇总 计算机 移动设备 细分条件：全部

状态	全部	关键词	计算机质量分	移动质量分	计算机排名	移动排名	计算机出价	移动出价	展现量	点击量
推广中		智能匹配	-	-	-	-	0.10元	0.10元	-	-
推广中		秋装男童装套装	6分	7分	无展现	无展现	0.10元	0.10元	-	-
推广中		秋季男童套装	7分	7分	无展现 分布	无展现 分布	0.10元	0.10元	-	-
推广中		秋季男童童装套装	8分	7分	无展现	无展现	0.10元	0.10元	-	-
推广中		儿童秋装套装男装	4分	7分	无展现	无展现	0.10元	0.10元	-	-
推广中		春秋装男童运动套装	5分	7分	无展现	无展现	0.10元	0.10元	-	-
推广中		春秋套装男童卫衣	6分	7分	无展现	无展现	0.10元	0.10元	-	-
推广中		男童春秋套装春装	7分	7分	无展现	无展现	0.10元	0.10元	-	-
推广中		儿童秋装套装男春秋童装	5分	7分	无展现	无展现	0.10元	0.10元	-	-
推广中		大男童秋装童装套装	9分	7分	无展现	无展现	0.10元	0.10元	-	-

▲ 图25-3

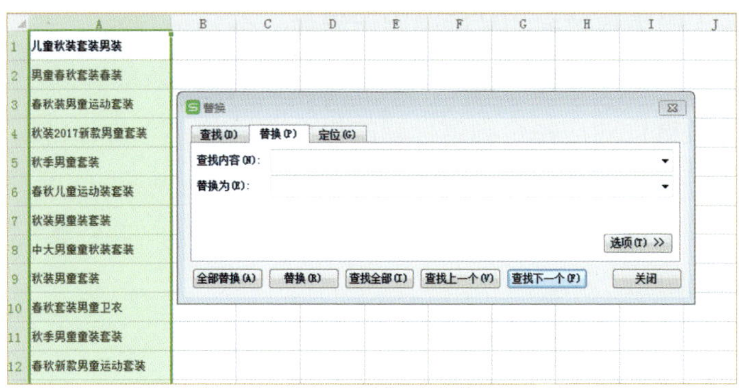

▲ 图25-4

| 七戒 | 按快捷键<Ctrl>+<H>调用Excel的替换功能，如图25-5所示。

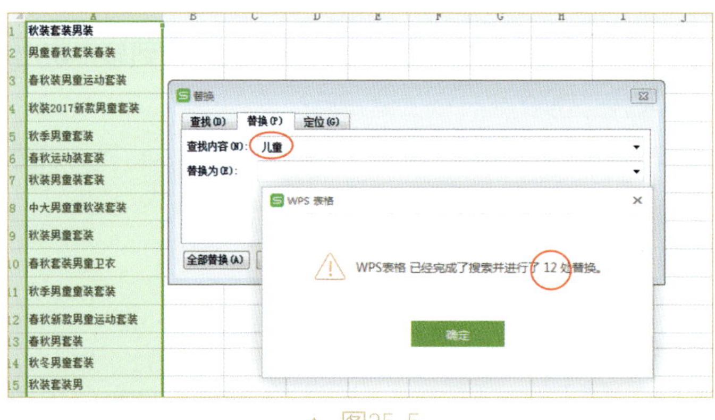

▲ 图25-5

| 七戒 | 一个属性一个属性地替换，同时记录该属性与添加到直通车关键词的重复数，如图25-6所示。

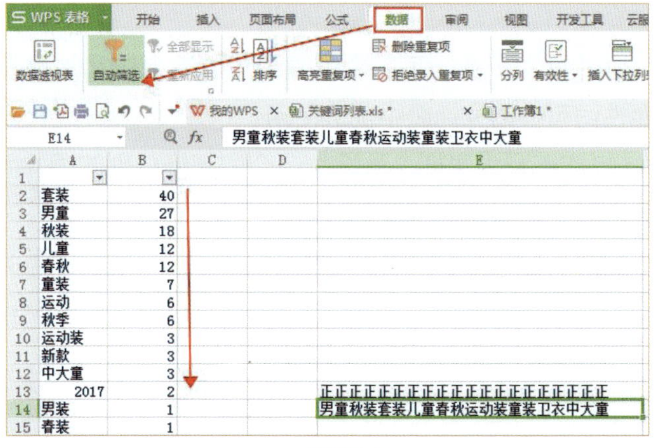

▲ 图25-6

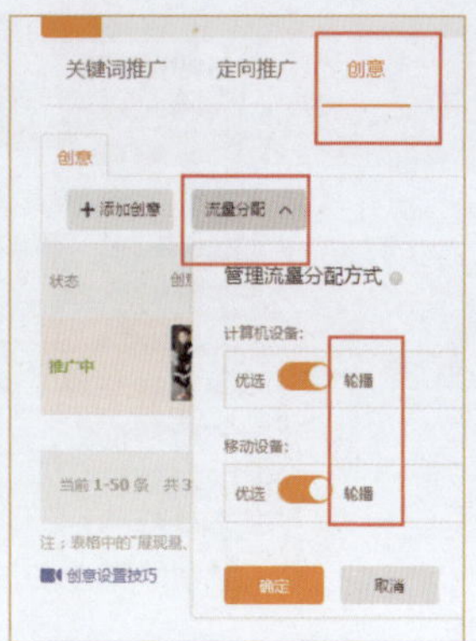

▲ 图25-7

| 七戒 | 用重复较多的关键词属性组成一个20字的创意标题。这里我使用统一创意标题，目的就是为了不让关键词对应每个创意标题的机会同等公平。

| 七戒 | 选择“创意”——“流量分配”——“轮播”，如图25-7所示。

| 七戒 | “轮播”指轮流播放，“优选”指优先选择。“轮播”是4个创意之和的平均权重分值，“优选”是优先选择4个创意中创意权重分最高的创意权重分值。

| 鹿客2 | 老师，有个地方我没有看明白，我只看到您搜索出来一个关键词“儿童”，但是要替换的是什么关键词呢?

| 七戒 | 按照关键词顺序一个属性一个属性地输入、替换，如图25-8所示。

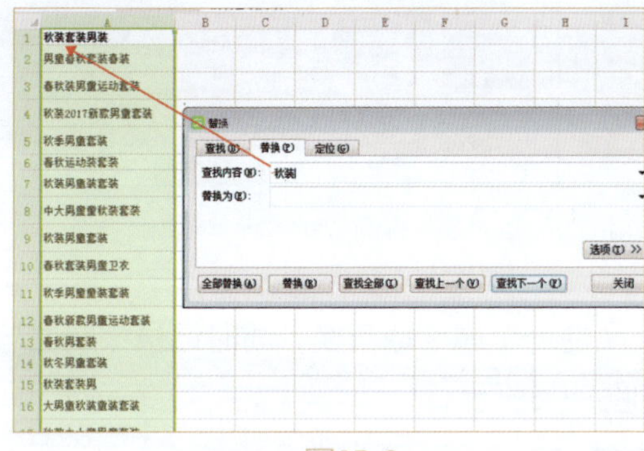

▲ 图25-8

| 七戒 | 目的是为了看一下每个关键词里面有哪些属性出现频率高，出现频率高的属性词可在创意标题中优选使用。

| 鹿客3 | 其实不是为了把“秋装”这个词替换成别的词，而是要计算出这个词出现的次数，可以这样理解吗?

| 七戒 | 是的，是为了计算这个属性词在我加入直通车的关键词涵盖的属性词中出现的次数。

| 鹿客4 | 使用统一创意标题目的就是为了不让关键词对应每个创意标题的机会同等公平。为什么不让它们的机会平等呢?

| 七戒 | 统一创意标题是为了使每张图片对应每个关键词的机会相等，

拆分每个关键词的属性，找到重复较多的属性，是为了尽量提高每个关键词质量得分的相关性，从而提高关键词质量得分。

| 七戒 | 在这样的情况下，图片和词在计划轮播下就可以得到准确的点击率。直白地说就是纯粹为了对比哪张图片好。

| 七戒 | 图片点击率测试不准，会给后面操作带来很大压力。

| 鹿客5 | 编辑出来的创意标题，只是测图的时候用还是平时常态下也可以用呢?

| 七戒 | 测图的时候用。

| 七戒 | 总结一下，就是利用统一创意标题+轮播快速测试图片。测款的时候，只有快速测出图片效果，后面的操作优化才会事半功倍。

| 鹿客6 | 测图一般是新建计划，而不是用原来的精准计划，对吗?

| 七戒 | 可以用同一个计划。

| 鹿客7 | 老师，怎么增加关键词的展现量?

| 七戒 | 展现需要提高排名，排名=质量得分×出价。

| 鹿客8 | 测图的时候，一般点击量达到多少才能确定此图是一张好图?

| 七戒 | 点击量一般为1000左右。

| 鹿客9 | 图测好以后，做精准计划时，是不是每个创意都要有不同的标题?

| 七戒 | 做精准计划时，可以根据当前计划再选关键词，重新做不同的创意标题。

| 鹿客10 | 测款的时候，需要添加多少个关键词呢?

| 七戒 | 这个因人而异，我一般用五六十个词。

| 鹿客11 | 创意标题只能是20个字符，一个创意标题是涵盖不了所有的关键词的，那该怎么办呢?

| 七戒 | 满足大部分关键词相关性就可以了。

| 鹿客12 | 选关键词的话，一般出价到什么价位合适呢? 测PC端还是移动端呢?

| 七戒 | 测移动端，根据排名高低，只要可以获取展现就好。

| 鹿客13 | 测款的时候，人群需要一起测试吗?

| 七戒 | 需要。

26

流量红利时代，如何基于用户思维打造爆款

分享嘉宾　祝小祝 | 主持人·整理人　聂辉

祝诗剑（花名“祝小祝”）

4年电商运营经验，曾创120万笔订单的月销售纪录，连续3年单品排名第一。

流量是所有电商最关心的问题，因为它是营销的基石，是交易的前提，是盈利的核心。但流量的本质还是用户的注意力，没有做好用户体验和维护，即使流量大波地涌来，你也承接不住。因此，用户的精准和黏度才是现今电商更应该关注的方向。以用户为导向，用用户思维进行产品设计和运营策划，可以使流量暴涨，打造爆款单品。

｜祝小祝｜淘宝从业者首先要清楚淘宝是什么。简单理解，淘宝就是一个流量平台，并按照平台规则为展现在这个平台上的商品分配不同的流量。换句话说，买家需要什么，就会在淘宝搜索引擎上搜索关键词，淘宝会根据买家给出的关键词为其匹配需要的宝贝。此时，会有很多宝贝展现出来，那么哪个宝贝更适合买家呢？淘宝又会按照一定的规则把最符合买家关键词的综合权重最高的宝贝展现给买家。

｜祝小祝｜2017年之前，网店的运营思路都是用商品找流量、标题优化、宝贝上下架、直通车等付费推广、维护老客户、吸引新客户。而现在，不管是千人千面、内容营销还是人群标签，其本质都是用流量找商品。

｜祝小祝｜我做了多年的丝袜销售，我一直坚持找流量，所以我几乎走了所有找流量的路，如低价、暴力付费、频繁活动……现在，我放弃了“流量为王”，回归到了“以用户为核心”，但流量依旧暴涨。

1. 宝贝标题的设计

｜祝小祝｜运营操作心得：宝贝标题不能乱写，关键词搭配讲究套路。

｜祝小祝｜宝贝关键词搭配可以遵循杠杆原理。如图26-1所示，蓝色框内的红色字体表明关键词匹配成功。可以理解为这些关键词综合权重都很高，也是推广中要重点抓取的关键词和组合词。或者也可以理解为这些词的自由组合和系统数据显示的热搜组合是此类目的热词，也是流量大词。

2. 主图的设计

｜祝小祝｜解决了标题问题，下面解决商品的第一张主图问题。在万众商品中如何突出自己的商品图片，这不仅仅是美工美化和视觉设计的重点，也是运营规划的重点。以丝袜为例，主图要干净利落，不能是大堆文字的堆砌，可以是某个穿着场景的展示，也可以辅助动作。图26-2所示为丝袜的防勾丝展示。

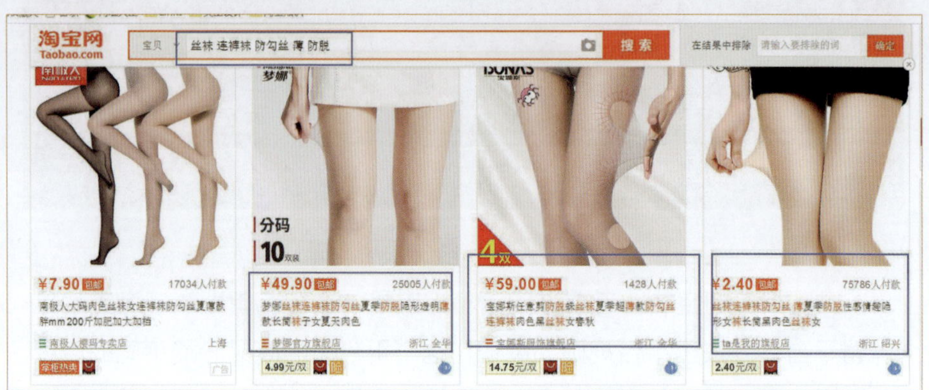

▲ 图26-1

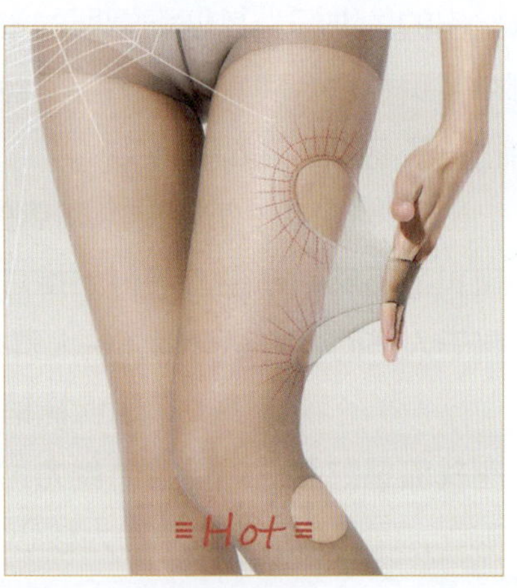

▲ 图26-2

| 祝小祝 | 主图是店铺点击率的开始，也是精准人群的开始。①美腿应该是很多女生的向往，锁定人群范围；②防勾丝应该是办公室女性的需求痛点（看重防勾丝的，一般是购买丝袜的老客户）。

| 祝小祝 | 一款丝袜既要美腿又要防勾丝，最后还要有一个防蚊防虫或者更有创意的用途，从而争取到所有的丝袜买家。但是，精准流量很少，优化图片、优化标题、优化价格、优化商品等，这一波操作下来，这个宝贝能持续新生或者成为爆品吗？

| 祝小祝 | 如果人群不精准，更严格地说，系统给了你流量，你转化不

了，系统就不会再给你流量。所以主图要解决的问题是干净利落地聚焦。第2~5张主图一般是商品的基本展示，包括正面、侧面、材料、工艺、功能用途、应用场景等。

3. 详情页的设计

｜祝小祝｜要想转化率高，必须做精细化详情页，明确商品聚焦的点。购买人群明确后，详情页一定要针对该群体进行设计，原则就是“看什么人说什么话，不要哪壶不开提哪壶。”站在该款宝贝消费群体的角度，换位思考，强调宝贝的突出卖点，解决买家的问题疑惑，减少买家购买前的顾虑，增强买家的购买意愿。例如，对于美腿的丝袜，你说它的材料多么好，防勾丝多么厉害，还不如在详情页里将美腿丝袜的费用和美腿化妆品的费用进行对比，而且美腿丝袜比美腿化妆更具安全性。还可以放美腿丝袜搭配各种连衣裙、短裙、小白鞋等的应用场景效果图。

4. 价格定位

｜祝小祝｜针对该品类消费人群进行定价，包括一口价、促销价、活动价、历史最低价、SKU价等。定价方法：①朋友圈调研；②根据自己的盈利空间确定；③根据行业数据（生意参谋）确定；④根据对应的关键词，看用户最喜欢的价格段，如图26-3所示。

▲ 图26-3

| 祝小祝 | 如果设置了冷门价格，再多的营销操作也是独木桥走法，卖家切记在坚持走自己田埂路的时候，也要随大流。

5. 宝贝上架

| 祝小祝 | 在主品上架的前48小时，先上架协同商品，目的是为主品导流量。通过链接指向，即使主品没有上架，买家也可通过链接点击查看，让主品在未上架前获取一定的浏览量和收藏量，这种二转跳失不会计在主品上，以确保主品只要上架，权重就是最大化。

| 祝小祝 | 让比价行为产生在店内。买家比价很常见，有了协同商品，店内有个选择氛围，以免买家直接出店比价。

6. 销量破零设计

| 祝小祝 | 我们先来区分基础销量和正常销量的概念。基础销量要的不是数量，而是质量（评价、买家秀、人群精准、高权重）。提高基础销量的常见方式如图26-4所示。

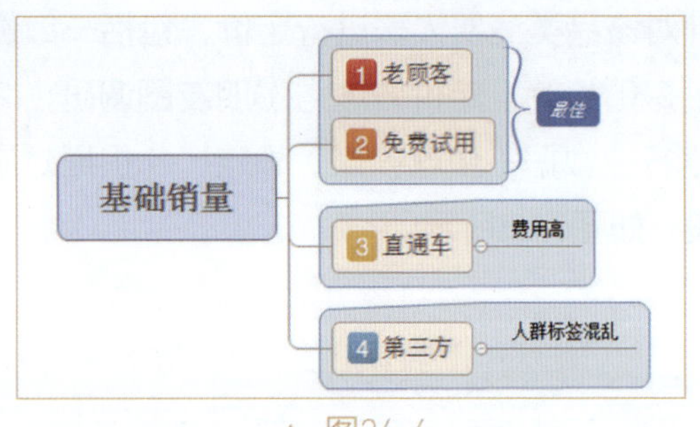

▲ 图26-4

（1）老顾客：利用自己可以控制的成本营销、商品配搭等活动直接带动老顾客来回购是最佳的方式。

（2）免费试用：有官方免费试用和店铺免费试用两种方式，在没有老顾客的情况下，一般参加官方的免费试用活动。

| 祝小祝 | 官方免费试用方式，带来的是平台类优质的潜在用户人群，能大量增加微淘粉丝和店铺收藏，后期的流量持续且相对稳定、精准。这个方式最大的问题在于排期，也可用已上架的类似款参加活动，先圈定人群，再将其引导为当前主品流量，主品上架后，会产生老顾客回购。

| 祝小祝 | 店铺微淘联合微博，如在微博上跟进最近的热门话题，并一直循环跟进，慢慢筛选适合自己店铺的用户。

7.包裹营销

｜祝小祝｜包裹营销最常见的方式是在包裹内附加宣传单页或信函。

8.买家秀、评价问大家等

｜祝小祝｜买家秀、评价、问大家等都是基础工作，可围绕宝贝的特性真实反馈。

｜祝小祝｜整体操作思路：在主打产品上进行销量破零、收藏、加购、人群打标、评价、问答等操作，以微淘等形式进行内容推送，辅助单品的流量导入主打产品。

｜祝小祝｜销售额=展现量×点击率×转化率×客单价。如果你想提高自己的销售额，4个因素里最容易提升的是哪个？提升点击率，无论对新手运营还是老手运营都很难；转化率对店铺的内功和商品的品质要求很高；客单价非短期能够提升，但是展现量可以通过推广和参加活动来提升，相对来说，较容易见效果。

类目大盘数据下滑时，细分产品稳住店铺的订单和层级

分享嘉宾 白桥｜主持人·整理人 汤琼

邵秀成（花名“白桥”）

6年电商运营经验，擅长操盘服饰类目，2016年线上销售额达8000万元，2017年一季度销售额为2000万元，曾用2个月时间让新店登上TOP排行榜。

淘宝、天猫平台上的大多类目都会受淡季和旺季以及特殊市场环境变化的影响，从而引起大盘数据的动荡。当类目大盘数据持续下滑时，你就需要从大盘中找出差异化商品，突破瓶颈，稳住店铺订单和店铺层级。

| 白桥 | 2017年，从5月20日开始，服装类目的大盘整体的搜索趋势都下滑得非常厉害，我当时的两个爆款经历了“5·20”之后也呈现出下滑的趋势。大家可以看一下对比数据。5月18日，两个爆款的支付件数分别是1649和1517，如图27-1所示。

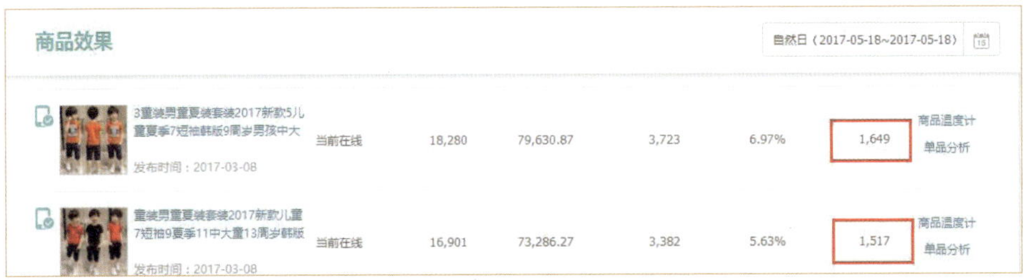
商品效果 自然日（2017-05-18~2017-05-18）

商品名称	当前状态						操作
3童装男童夏装套装2017新款5儿童夏季7短袖韩版9周岁男孩中大 发布时间：2017-03-08	当前在线	18,280	79,630.87	3,723	6.97%	1,649	商品温度计 单品分析
童装男童夏装套装2017新款儿童7短袖9夏季11中大童13周岁韩版 发布时间：2017-03-08	当前在线	16,901	73,286.27	3,382	5.63%	1,517	商品温度计 单品分析

▲ 图27-1

| 白桥 | 5月23日，两个爆款的支付件数分别降到了1287和1126，如图27-2所示。

商品效果 自然日（2017-05-23~2017-05-23）

您的店铺存在99款高流失商品，查看流失商品》

指标：☑商品访客数 ☐商品浏览量 ☐下单件数 ☑支付金额 ☑加购件数 ☐收藏人数 ☐平均停留时长 更多

曝光量，点击次数，点击率暂只提供PC端数据

自定义分类 全部分类 请输入商品名称或ID

商品名称	当前状态	所有终端的商品访客数	所有终端的支付金额	所有终端的加购件数	所有终端的支付转化率	所有终端的支付件数	操作
3童装男童夏装套装2017新款5儿童夏季7短袖韩版9周岁男孩中大 发布时间：2017-03-08	当前在线	15,041	61,921.64	2,752	7.37%	1,287	商品温度计 单品分析
童装男童夏装套装2017新款儿童7短袖9夏季11中大童13周岁韩版 发布时间：2017-03-08	当前在线	15,816	54,267.94	2,479	5.80%	1,126	商品温度计 单品分析

▲ 图27-2

| 白桥 | 5月26日，两个爆款的支付件数分别降到了1124件和756件，如图27-3所示。

▲ 图27-3

| 白桥 | 我当时决定趁着大盘还没有掉到低谷的时候，在“6·18”大促之前再做两个新品。

| 白桥 | 首先是选品。当时我分析了一下套装类目的大盘数据，几乎都是针织类的短袖加短裤的搭配。

| 白桥 | 6月之前，虽说是夏季，但是还不算很热。进入6月之后，特别是“6·18”之后才是真正的三伏天，大多数商家都做针织纯棉套装，那么我选品的时候要从面料上实现差异化，于是我选择做棉麻套装。

| 白桥 | 大多数商家选择短袖加短裤的套装，那我就做短袖加九分裤套装，因为在夏季九分裤可以防蚊。这个是选款的差异化，于是我上架了第3个套装主打款。

| 白桥 | 如图27-4所示这个款在大盘数据下滑的两天前就已上架，因为当时主打的两个套装都还处在平稳的状态，所以我没管这个款。

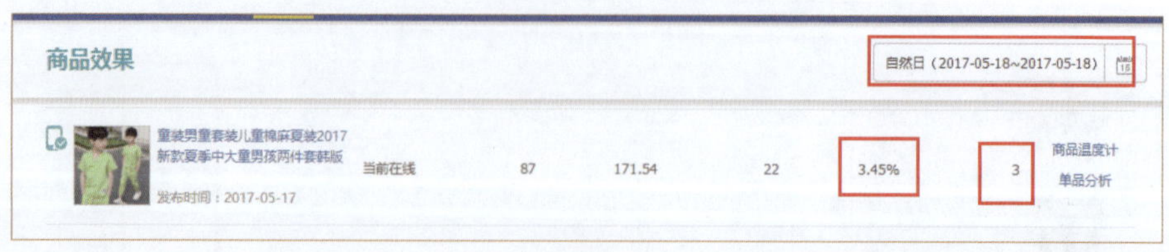

▲ 图27-4

| 白桥 | 从“5·20”大促之后，在主打的两个款流量和转化率一直往下

掉的情况下，我判断这个款式在面料和款式设计上都和之前的款式有很大的差异，并且用直通车测了几天图之后，发现该款图片的点击率也不错，于是决定推这款。

| 白桥 | 如图27-5所示，这个款式从18日的3单增加到25日的191单，一个星期的时间，利用直通车的增量方式做销量的递增，从而拉动免费搜索的增长。

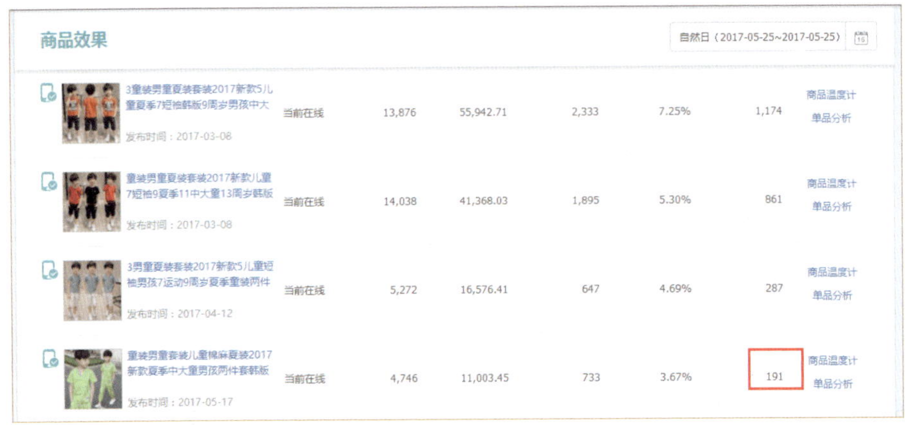
商品效果　　自然日（2017-05-25~2017-05-25）

商品	状态						操作
3童装男童夏装套装2017新款5儿童夏季7短袖韩版9周岁男孩中大 发布时间：2017-03-08	当前在线	13,876	55,942.71	2,333	7.25%	1,174	商品温度计 单品分析
童装男童夏装套装2017新款儿童7短袖9夏季11中大童13周岁韩版 发布时间：2017-03-08	当前在线	14,038	41,368.03	1,895	5.30%	861	商品温度计 单品分析
3男童夏装套装2017新款5儿童短袖男孩7运动9周岁夏季童装两件 发布时间：2017-04-12	当前在线	5,272	16,576.41	647	4.69%	287	商品温度计 单品分析
童装男童套装儿童棉麻夏装2017新款夏季中大童男孩两件套韩版 发布时间：2017-05-17	当前在线	4,746	11,003.45	733	3.67%	191	商品温度计 单品分析

▲ 图27-5

| 鹿客1 | 只是用直通车推广吗？

| 白桥 | 所有款都是用直通车辅助推广的。

| 白桥 | 到了6月1日，这个单品的日销量已经是店铺的第2名了，如图27-6所示。

商品效果　　自然日（2017-06-01~2017-06-01）

自定义分类　全部分类　请输入商品名称或ID

商品名称	当前状态	所有终端的商品访客数	所有终端的支付金额	所有终端的加购件数	所有终端的支付转化率	所有终端的支付件数	操作
3童装男童夏装套装2017新款5儿童夏季7短袖韩版9周岁男孩中大 发布时间：2017-03-08	当前在线	12,426	42,332.77	1,925	6.59%	882	商品温度计 单品分析
童装男童套装儿童棉麻夏装2017新款夏季中大童男孩两件套韩版 发布时间：2017-05-17	当前在线	18,289	38,473.61	2,691	3.37%	663	商品温度计 单品分析
童装男童夏装套装2017新款儿童7短袖9夏季11中大童13周岁韩版 发布时间：2017-03-08	当前在线	10,135	27,291.48	1,371	5.03%	568	商品温度计 单品分析

▲ 图27-6

｜鹿客2｜用直通车做销量递增要几个周期？

｜白桥｜最好是两个周期。

｜白桥｜到了“6·18”大促当天，这个款就是该类目第一大爆款，单款销售5309件，在套装类目中排名第一，如图27-7所示。

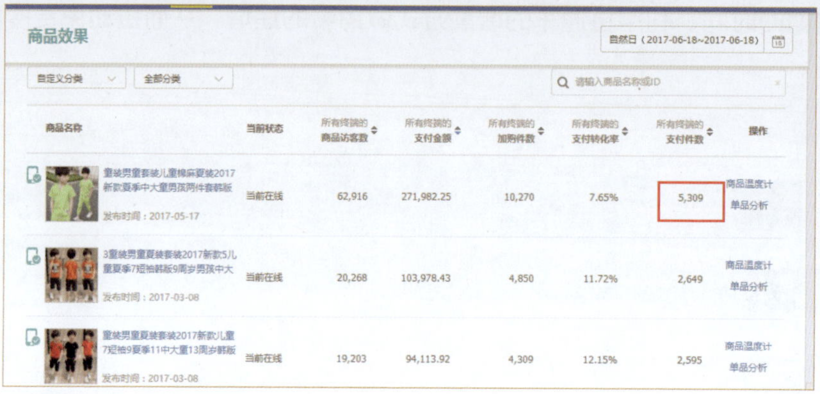

商品效果　　自然日（2017-06-18~2017-06-18）

自定义分类　全部分类　请输入商品名称或ID

商品名称	当前状态	所有终端的商品访客数	所有终端的支付金额	所有终端的加购件数	所有终端的支付转化率	所有终端的支付件数	操作
童装男童套装儿童棉麻夏装2017新款夏季中大童男孩两件套韩版 发布时间：2017-05-17	当前在线	62,916	271,982.25	10,270	7.65%	5,309	商品温度计 单品分析
3童装男童夏装套装2017新款5儿童夏季7短袖韩版9周岁男孩中大 发布时间：2017-03-08	当前在线	20,268	103,978.43	4,850	11.72%	2,649	商品温度计 单品分析
童装男童夏装套装2017新款儿童7短袖9夏季11中大童13周岁韩版 发布时间：2017-03-08	当前在线	19,203	94,113.92	4,309	12.15%	2,595	商品温度计 单品分析

▲ 图27-7

｜白桥｜两个周期做下来能带来多少自然流量，由商品的点击率和转化率以及行业店铺阶层的天花板来决定。

｜鹿客3｜若没成交呢？

｜白桥｜若没成交，有可能是你起初测试的宝贝的转化率低或者关键词不精准。

｜鹿客4｜老师，如何测款呢？需要做基础销量和评价吗？如果都是零销量和零评价，转化应该很差吧？

｜白桥｜我一般的测款方式是对老客户营销，并做10~20个买家秀，然后用直通车测试。有了基础销量和好评之后，再测试宝贝的图片点击率。记住，不要打“黄色擦边球”或者用夸大其词的营销文案，尽量用纯模特图或者平铺图去测试，这样才是最准的。

｜白桥｜可以一张图一个模特或者一张图两三个模特，但是别用消极的图或者低俗的营销文案，否则你测出来的点击率都是虚假的，只会有点击，但转化率会非常低。

｜鹿客5｜老师，如果是功能性商品怎么办？

｜白桥｜功能性的商品可以适当地加文案，但是别用消极的、低俗的营销文案，那样测出来的数据都是假的。

| 白桥 | 选择关键词的时候，标题里面包含10~20个主词就可以，大词、长尾词都行。

| 白桥 | 如果你的行业点击率为3%，而你的点击率达到4%~5%，说明你的点击率是不错的，可以开始测试转化率。一般我会选择高于行业均值1.5倍的点击率的商品来打造爆款。测准点击率之后，就可以开始做一个小螺旋，测试宝贝整体的转化率。

| 鹿客6 | 是做直通车点击量的螺旋吗?

| 白桥 | 是的，点击量的螺旋。通俗地说就是费用的螺旋，要做多大的螺旋，取决于销量要递增多少。

| 白桥 | 出价前期只要“烧”得出去就暂时不要去拖，前期守住你的主词，“烧”不出去就是你点击率不够好。

| 鹿客7 | 可以分享一下销量递增的方法吗?

| 白桥 | 在做直通车增量之前，先测试宝贝的点击率、转化率和加购率。例如，今天我需要成交20单，自然成交了5单，还有15单需要完成。在点击率和转化率都稳定的情况下，我花300元钱成交了15单。第二天需要40单的订单量，自然成交可能是8单，还需要30多单，则第二天把直通车限额加到600元；第三天需要100单，直通车限额可能加到1500元。以此类推。

| 鹿客8 | 有时候当天的转化不好，没办法做螺旋怎么办?

| 白桥 | 小幅度的波动没关系，如果连续2~3天转化都异常，那就要找原因了。

| 白桥 | 用直通车螺旋打造爆款的原理就是利用付费流量给宝贝打标签，然后随着订单量的增长，精准人群的标签量也会自然加大，标签才是千人千面下搜索最重要的因素。

| 白桥 | 订单量有一个周期性的增长，从而让搜索引擎知道你的宝贝是优质宝贝，你的宝贝才会获得权重。有了权重才会有排名，有了精准标签才会有稳定的转化。

| 白桥 | 在点击率、转化率（人群标签）都精准的情况下，怎么可能卖不出去货呢? 还需要补什么单呢?

| 白桥 | 在行业大盘数据下滑的时候，找准有差异化的商品，利用大盘的疲劳期打造新的爆款，从而保持店铺层级和销量稳定。

28

合理分配宝贝资源，提高店铺销量

分享嘉宾 小胖——主持人·整理人 金不换

顾佳琪（**花名“小胖”**）

曼亦电商创始人，齐论电商高级讲师，致力于帮助中小卖家成长，擅长自然搜索、直通车推广、数据分析、数据营销等。

不是每个商品都适合作为爆款，所以，找出你的宝贝的合适位置，进行最优的商品布局，才是一个店铺运营该做的事情。

|小胖|我今天分享的内容是如何合理分配宝贝资源，提高店铺销售，从字面上理解就是按款合理分配流量资源。

|小胖|有人做商品跟踪表吗？通过商品跟踪表可以知道什么样的款应该得到什么样的流量。

|小胖|我常用的商品跟踪表如图28-1所示。

	A	B	C	D	E	F	G	H	I	J	K
1	日期	访客数	转化率	加购数	收藏数	加购率	收藏率	加购收藏率	客单价	UV价值	
2											

▲ 图28-1

|小胖|这里有两个指标用以判断商品的好坏。第一个指标是转化率，第二个指标是加购收藏率。商品应季推广看转化率，商品推广预热看加购收藏率。下面来看一款商品，如图28-2所示。

	A	B	C	D	E	F	G	H	I	J	K
1	日期	访客数	转化率	加购数	收藏数	加购率	收藏率	加购收藏率	客单价	UV价值	
2	7月7日	773	0.39%	66	20	8.41%	3.36%	11.77%	531.08	0.69	

▲ 图28-2

|小胖|这是第一天的数据，从这个数据中可以看出加购率和收藏率都不错，但是UV产值低。

|小胖|再看第二天的数据，如图28-3所示，加购收藏率的变化不大，但转化率降低，UV产值升高。

	A	B	C	D	E	F	G	H	I	J	K
1	日期	访客数	转化率	加购数	收藏数	加购率	收藏率	加购收藏率	客单价	UV价值	
2	7月7日	773	0.39%	66	20	8.41%	3.36%	11.77%	531.08	0.69	
3	7月8日	703	0.14%	55	27	7.82%	3.84%	11.66%	509	0.72	

▲ 图28-3

| 小胖 | 加购率和收藏率是证明宝贝是否合格的两个关键指标，那么这款宝贝合格吗？

| 鹿客1 | 看商品类目，如果是应季的商品，这款就不合格。

| 小胖 | 细心的人会发现，其实我的这款商品转化率并不是很好。这是一款秋季商品，那么这个数据告诉我，我只需要关注收藏率和加购率，收藏得越多，加购得越多，就能证明这款宝贝越好。

| 小胖 | 再来看一下UV产值。产值越高，证明商品的品质越好。

| 小胖 | 客单价的优势在淘宝里的体现是很明显的，如果没有客单价优势，可以在客件数上“做文章”。例如，卖9.9元的商品，可用买3个包邮的销售策略。

| 小胖 | 打开生意参谋，进入“商品”→“商品效果”界面，如图28-4所示。

▲ 图28-4

| 小胖 | 在“商品效果”中查看宝贝的上架时间。我这款宝贝的上架时间是7月7日，第一周的数据如图28-5所示。

	A	B	C	D	E	F	G	H	I	J
1	日期	访客数	转化率	加购数	收藏数	加购率	收藏率	加购收藏率	客单价	UV价值
2	7月7日	773	0.39%	66	20	8.41%	3.36%	11.77%	531.08	0.69
3	7月8日	703	0.14%	55	27	7.82%	3.84%	11.66%	509	0.72
4	7月9日	918	0.44%	81	41	8.82%	4.47%	13.29%	522.12	0.57
5	7月10日	767	0.65%	59	24	7.69%	3.13%	10.82%	517.72	0.67

▲ 图28-5

|小胖|我先记录到这里。我们要看宝贝适合做什么工作，而不是强行给它指派工作。宝贝的产值过低，说明这个宝贝不能给我们带来较大的利润。在预热的商品中，即使流量足够，转化率好，加购率也好，但是这种产值低的款不能作为主推爆款，因为产值太低，如果一件一件地卖，获取不到好的排名；如果强行推广，它不能作为店铺的业绩主力。

|小胖|它每天只能给我贡献2万元的业绩，但是我要拉到1万元的流量，如果投入算0.4PPC，我需要花费2500元，何况这是最理想化状态下的估算。

|小胖|再来看另一款宝贝，如图28-6所示。这款宝贝是7月19日上架的，800元的客单价，相对来说，UV价值大于1，那么这个款式作为主推爆款赚钱的概率更大，因为高客单价可以成为店铺的业绩主力。经过以上分析，就可以给这两款商品分配角色。低客单价这款商品可以用来分流，因为客户会被它的折扣和低价格吸引到店铺，然后我们把客户引导到可以赚钱的款，即高客单价的主推款。

商品名称	当前状态	所有终端的商品访客数	所有终端的商品浏览量	所有终端的加购件数	所有终端的收藏人数	所有终端的客单价	操作
发布时间：2017-07-19	当前在线	1,268	1,605	53	28	823.70	商品温度计 单品分析

▲ 图28-6

|小胖|我挑选这款800元客单价的宝贝作为店铺的主打商品，因为这款UV价值达到1，说明价格高，利润也相对高，可以直接上直通车推广，让该款商品获得更多流量。而低客单价的这款商品，可以直接引导流量至某入口，起到导流的作用。高客单价款商品作为流量的终结点，能起到聚流的作用。

|小胖|那么小卖家只推一个款怎么办？首先，你推的款必须是你店铺的业绩主力，可以消化流量。其次，要做好布局，如哪个款负责冲业绩，哪个款负责承接流量等。

|小胖|如果一个店铺主推的款很多，怎么办？

|小胖|在“商品效果”中下载7天或30天的数据，然后把爆款找出来，如图28-7所示。怎么找？看加购收藏率、转化率，如果收藏率、加购率和转化率一直是平稳的，这款又是店铺中的爆款，那么直接主推该款。主推款找

出来之后，再看UV产值，分配好每个商品的任务。

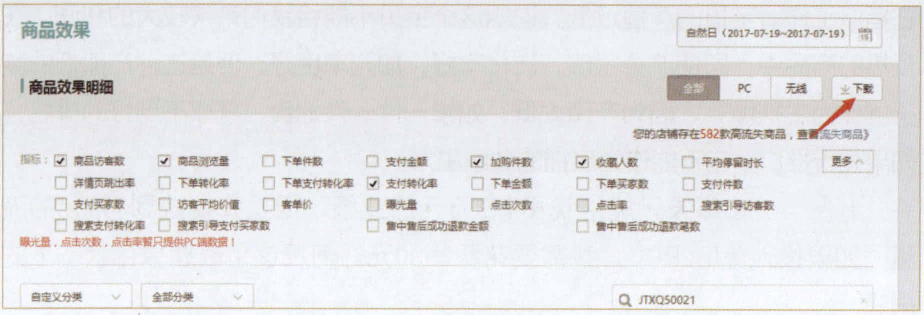

▲ 图28-7

｜小胖｜注意：用最低价格的款作为引流利润款，优化好页面，不要加太多关联，让它成为流量终结者。

｜鹿客2｜UV价值怎么算，是看销售额/访客吗？

｜小胖｜是的。

｜鹿客3｜是用UV价值低的做引流款吗？

｜小胖｜不是，是用产值低的款引流。

｜鹿客4｜多SKU的商品怎么做？

｜小胖｜可以先估算SKU的销量再决定，这是常规做法。

29

小卖家提升自然搜索流量的标题优化技巧

分享嘉宾　林国波

主持人·整理人　黑骑士

林国波

6年电商从业经验，天猫服装类目运营操盘手，主攻搜索布局及优化，擅长产品营销、老客户维护。

小卖家在付费推广经费有限的情况下，能最大化提升自然搜索流量的途径只有标题和内容营销，所以标题优化至关重要！

| 林国波 | 今天我和大家分享的内容是关于宝贝标题优化的。

| 林国波 | 进入“生意参谋”→“商品”，看一下商品效果，找到需要优化标题的单品。单击“单品分析”，在“来源去向”中选择“无线”，如图29-1所示。

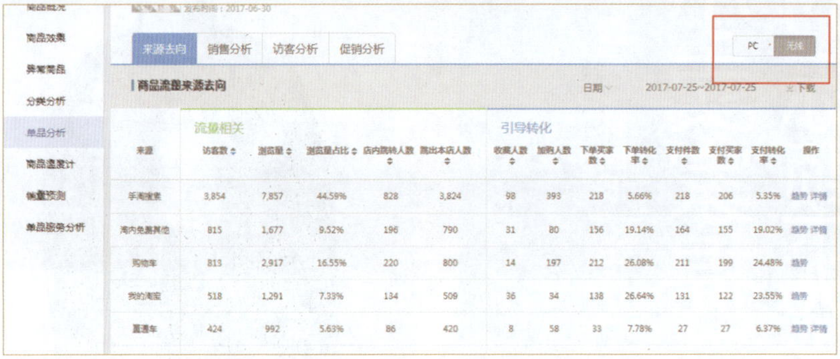

商品流量来源去向　日期　2017-07-25~2017-07-25　下载

来源	流量相关					引导转化							
	访客数	浏览量	浏览量占比	店内跳转人数	跳出本店人数	收藏人数	加购人数	下单买家数	下单转化率	支付件数	支付买家数	支付转化率	操作
手淘搜索	3,854	7,857	44.59%	828	3,824	98	393	218	5.66%	218	206	5.35%	趋势 详情
淘内免费其他	815	1,677	9.52%	196	790	31	80	156	19.14%	164	155	19.02%	趋势 详情
购物车	813	2,917	16.55%	220	800	14	197	212	26.08%	211	199	24.48%	趋势
我的淘宝	518	1,291	7.33%	134	509	36	34	138	26.64%	131	122	23.55%	趋势
直通车	424	992	5.63%	86	420	8	58	33	7.78%	27	27	6.37%	趋势 详情

▲ 图29-1

| 林国波 | 下载最近7天的数据，如图29-2所示。

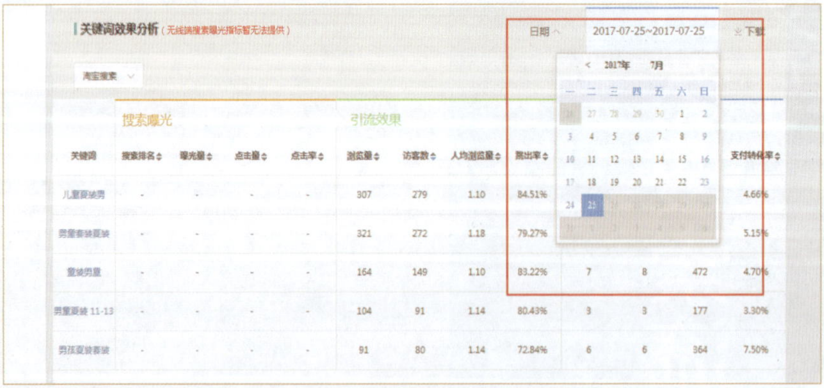

关键词效果分析（无线端搜索曝光指标暂无法提供）　日期　2017-07-25~2017-07-25　下载

关键词	搜索曝光				引流效果							
	搜索排名	曝光量	点击量	点击率	浏览量	访客数	人均浏览量	跳出率				支付转化率
儿童夏装男	-	-	-	-	307	279	1.10	84.51%				4.66%
男童套装夏装	-	-	-	-	321	272	1.18	79.27%				5.15%
童装男夏	-	-	-	-	164	149	1.10	83.22%	7	8	472	4.70%
男童夏装 11-13	-	-	-	-	104	91	1.14	80.43%	3	3	177	3.30%
男孩夏装套装	-	-	-	-	91	80	1.14	72.84%	6	6	364	7.50%

▲ 图29-2

| 鹿客1 | 免费版的生意参谋中可以查询到这些数据吗？

| 林国波 | 可以。

| 林国波 | 在Excel中整理下载的数据，如图29-3、图29-4所示。

	关键词	平均搜索排名	曝光量	点击次数	点击率	浏览量	访客数	人均浏览量	跳失率	支付买家数	支付商品件数	支付金额	支付转化率
2	10-11岁胖子男童夏	-	-	-	-	1	1	1.00	100.00%	0	0	0.00	0.00%
3	10-12岁儿童装新款夏	-	-	-	-	1	1	1.00	100.00%	0	0	0.00	0.00%
4	10-12岁男童夏季套	-	-	-	-	1	1	1.00	100.00%	0	0	0.00	0.00%
5	10-12岁男童夏装201	-	-	-	-	1	1	1.00	0.00%	0	0	0.00	0.00%
6	10-13岁大孩童装男	-	-	-	-	1	1	1.00	100.00%	0	0	0.00	0.00%
7	10-13岁男夏装	-	-	-	-	1	1	1.00	100.00%	0	0	0.00	0.00%
8	10~12岁儿童衣服	-	-	-	-	1	1	1.00	100.00%	0	0	0.00	0.00%
9	10岁儿童夏装	-	-	-	-	2	1	2.00	100.00%	1	1	59.00	100.00%
10	10岁儿童夏装男2017	-	-	-	-	1	1	1.00	100.00%	0	0	0.00	0.00%
11	10岁大童装男	-	-	-	-	1	1	1.00	0.00%	0	0	0.00	0.00%
12	10岁男套装	-	-	-	-	1	1	1.00	100.00%	0	0	0.00	0.00%
13	10岁男孩夏季套装	-	-	-	-	1	1	1.00	100.00%	0	0	0.00	0.00%
14	10岁男孩夏装	-	-	-	-	1	1	1.00	100.00%	0	0	0.00	0.00%
15	10岁男孩夏装 休闲	-	-	-	-	1	1	1.00	100.00%	0	0	0.00	0.00%
16	10岁男孩的套装	-	-	-	-	1	1	1.00	100.00%	0	0	0.00	0.00%
17	10岁男孩衣服	-	-	-	-	1	1	1.00	0.00%	0	0	0.00	0.00%
18	10岁男童夏装	-	-	-	-	21	18	1.17	66.67%	2	2	118.00	11.11%
19	10岁男童夏装 休闲	-	-	-	-	3	3	1.00	100.00%	0	0	0.00	0.00%
20	10岁男童夏装 短裤	-	-	-	-	1	1	1.00	100.00%	0	0	0.00	0.00%
21	10岁男童衣服	-	-	-	-	1	1	1.00	100.00%	0	0	0.00	0.00%
22	10岁男童装	-	-	-	-	3	1	3.00	100.00%	0	0	0.00	0.00%
23	10岁的童装	-	-	-	-	1	1	1.00	100.00%	0	0	0.00	0.00%
24	10岁童装男	-	-	-	-	1	1	1.00	100.00%	0	0	0.00	0.00%
25	10男孩衣服 男童套	-	-	-	-	6	6	1.00	100.00%	0	0	0.00	0.00%
26	10男孩衣服 男童套	-	-	-	-	1	1	1.00	0.00%	0	0	0.00	0.00%
27	11—12岁女童	-	-	-	-	1	1	1.00	100.00%	0	0	0.00	0.00%
28	11岁儿童装	-	-	-	-	1	1	1.00	100.00%	0	0	0.00	0.00%
29	11岁男夏装	-	-	-	-	16	14	1.14	85.71%	0	0	0.00	0.00%
30	11岁男夏装 中大童	-	-	-	-	2	1	2.00	0.00%	1	1	59.00	100.00%
31	11岁男孩夏装	-	-	-	-	3	3	1.00	100.00%	0	0	0.00	0.00%
32	11岁男孩夏装 儿童	-	-	-	-	1	1	1.00	0.00%	0	0	0.00	0.00%
33	11岁男孩夏装2017新	-	-	-	-	2	1	2.00	100.00%	0	0	0.00	0.00%
34	11岁男童夏装 两件	-	-	-	-	6	6	1.00	50.00%	0	0	0.00	0.00%
35	11岁男童衣服夏2017	-	-	-	-	1	1	1.00	100.00%	0	0	0.00	0.00%
36	11男童装夏	-	-	-	-	1	1	1.00	100.00%	0	0	0.00	0.00%
37	12 岁 童装	-	-	-	-	1	1	1.00	100.00%	0	0	0.00	0.00%
38	12 岁 童装 男孩	-	-	-	-	1	1	1.00	100.00%	0	0	0.00	0.00%
39	12-13岁男孩穿的夏	-	-	-	-	2	1	2.00	0.00%	0	0	0.00	0.00%
40	12-13岁男孩穿的夏	-	-	-	-	1	1	1.00	100.00%	0	0	0.00	0.00%
41	12-15岁男童装	-	-	-	-	2	2	1.00	100.00%	0	0	0.00	0.00%
42	12-15岁男童装 中大	-	-	-	-	1	1	1.00	100.00%	0	0	0.00	0.00%

【生意参谋平台】WIRELESS商品关键词效果分析2017-0

▲ 图29-3

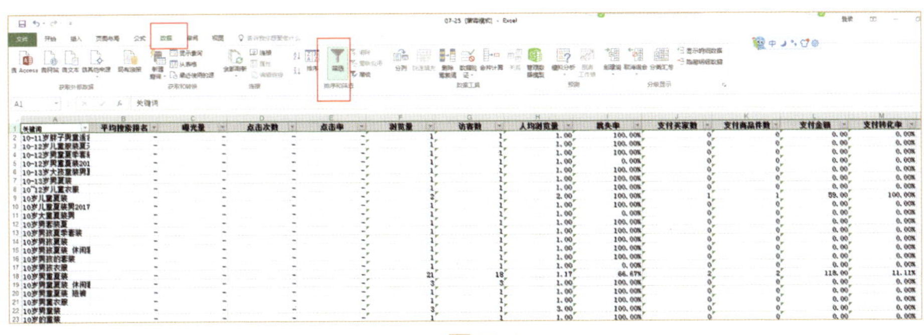

	关键词	平均搜索排名	曝光量	点击次数	点击率	浏览量	访客数	人均浏览量	跳失率	支付买家数	支付商品件数	支付金额	支付转化率
2	10-11岁胖子男童夏	-	-	-	-	1	1	1.00	100.00%	0	0	0.00	0.00%
3	10-12岁儿童装新款夏	-	-	-	-	1	1	1.00	100.00%	0	0	0.00	0.00%
4	10-12岁男童夏季套	-	-	-	-	1	1	1.00	100.00%	0	0	0.00	0.00%
5	10-12岁男童夏装201	-	-	-	-	1	1	1.00	0.00%	0	0	0.00	0.00%
6	10-13岁大孩童装男	-	-	-	-	1	1	1.00	100.00%	0	0	0.00	0.00%
7	10-13岁男夏装	-	-	-	-	1	1	1.00	100.00%	0	0	0.00	0.00%
8	10~12岁儿童衣服	-	-	-	-	1	1	1.00	100.00%	0	0	0.00	0.00%
9	10岁儿童夏装	-	-	-	-	2	1	2.00	100.00%	1	1	59.00	100.00%
10	10岁儿童夏装男2017	-	-	-	-	1	1	1.00	100.00%	0	0	0.00	0.00%
11	10岁大童装男	-	-	-	-	1	1	1.00	0.00%	0	0	0.00	0.00%
12	10岁男套装	-	-	-	-	1	1	1.00	100.00%	0	0	0.00	0.00%
13	10岁男孩夏季套装	-	-	-	-	1	1	1.00	100.00%	0	0	0.00	0.00%
14	10岁男孩夏装	-	-	-	-	1	1	1.00	100.00%	0	0	0.00	0.00%
15	10岁男孩夏装 休闲	-	-	-	-	1	1	1.00	100.00%	0	0	0.00	0.00%
16	10岁男孩的套装	-	-	-	-	1	1	1.00	100.00%	0	0	0.00	0.00%
17	10岁男孩衣服	-	-	-	-	1	1	1.00	0.00%	0	0	0.00	0.00%
18	10岁男童夏装	-	-	-	-	21	18	1.17	66.67%	2	2	118.00	11.11%
19	10岁男童夏装 休闲	-	-	-	-	3	3	1.00	100.00%	0	0	0.00	0.00%
20	10岁男童夏装 短裤	-	-	-	-	1	1	1.00	100.00%	0	0	0.00	0.00%
21	10岁男童衣服	-	-	-	-	1	1	1.00	100.00%	0	0	0.00	0.00%
22	10岁男童装	-	-	-	-	3	1	3.00	100.00%	0	0	0.00	0.00%
23	10岁的童装	-	-	-	-	1	1	1.00	100.00%	0	0	0.00	0.00%

▲ 图29-4

| 林国波 | 把“支付买家数”按降序排列，如图29-5所示。

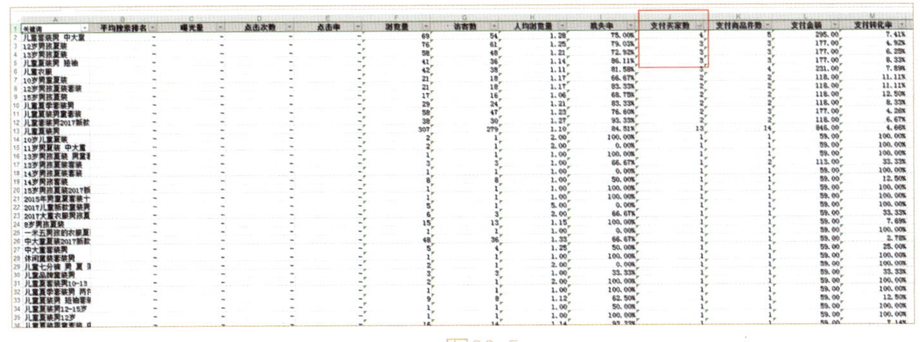

	关键词	平均搜索排名	曝光量	点击次数	点击率	浏览量	访客数	人均浏览量	跳失率	支付买家数	支付商品件数	支付金额	支付转化率
2	儿童套装男 中大童	-	-	-	-	69	54	1.28	75.00%	4	5	295.00	7.41%
3	12岁男孩夏装	-	-	-	-	76	61	1.25	79.03%	3	3	177.00	4.92%
4	13岁男孩夏装	-	-	-	-	58	48	1.21	72.92%	3	3	177.00	6.25%
5	儿童夏装男 短袖	-	-	-	-	41	36	1.14	86.11%	3	3	177.00	8.33%
6	儿童衣服	-	-	-	-	42	38	1.11	81.58%	3	4	231.00	7.89%
7	10岁男童夏装	-	-	-	-	21	18	1.17	66.67%	2	2	118.00	11.11%
8	12岁男孩夏装套装	-	-	-	-	21	18	1.17	83.33%	2	2	118.00	11.11%
9	15岁男孩夏装	-	-	-	-	17	16	1.06	68.75%	2	2	118.00	12.50%
10	儿童夏季套装男	-	-	-	-	29	24	1.21	83.33%	2	2	118.00	8.33%
11	儿童夏装男童套装	-	-	-	-	58	47	1.23	76.60%	2	3	177.00	4.26%
12	儿童套装男2017新款	-	-	-	-	38	30	1.27	93.33%	2	2	118.00	6.67%
13	儿童夏装男	-	-	-	-	307	279	1.10	84.51%	13	14	846.00	4.66%
14	10岁儿童夏装	-	-	-	-	2	1	2.00	100.00%	1	1	59.00	100.00%
15	11岁男夏装 中大童	-	-	-	-	2	1	2.00	0.00%	1	1	59.00	100.00%
16	13岁男孩夏装 男童	-	-	-	-	1	1	1.00	100.00%	1	1	59.00	100.00%
17	13岁男孩夏装套装	-	-	-	-	3	3	1.00	66.67%	1	2	113.00	33.33%
18	14岁男孩夏装套装	-	-	-	-	1	1	1.00	0.00%	1	1	59.00	100.00%
19	14岁男孩套装	-	-	-	-	8	8	1.00	50.00%	1	1	59.00	12.50%
20	15岁男孩夏装2017新	-	-	-	-	1	1	1.00	100.00%	1	1	59.00	100.00%
21	2015年男童夏套装十	-	-	-	-	1	1	1.00	100.00%	1	1	59.00	100.00%
22	2017儿童新款童装男	-	-	-	-	5	1	5.00	0.00%	1	1	59.00	100.00%
23	2017大童衣服男孩夏	-	-	-	-	6	3	2.00	66.67%	1	1	59.00	33.33%
24	8岁男孩夏装	-	-	-	-	15	13	1.15	100.00%	1	1	59.00	7.69%
25	一米五男孩的衣服夏	-	-	-	-	1	1	1.00	0.00%	1	1	59.00	100.00%
26	中大童夏装2017新款	-	-	-	-	48	36	1.33	66.67%	1	1	59.00	2.78%
27	中大童套装男	-	-	-	-	5	4	1.25	50.00%	1	1	59.00	25.00%
28	休闲夏装套装男	-	-	-	-	1	1	1.00	100.00%	1	1	59.00	100.00%
29	儿童七分裤 男 夏	-	-	-	-	2	1	2.00	0.00%	1	1	59.00	100.00%
30	儿童品牌童装男	-	-	-	-	3	3	1.00	33.33%	1	1	59.00	33.33%
31	儿童夏套装男10-13	-	-	-	-	2	1	2.00	100.00%	1	1	59.00	100.00%
32	儿童夏季套装男 两件	-	-	-	-	1	1	1.00	100.00%	1	1	59.00	100.00%
33	儿童夏装男 短袖套	-	-	-	-	9	8	1.12	62.50%	1	1	59.00	12.50%
34	儿童夏装男12-15岁	-	-	-	-	1	1	1.00	50.00%	1	1	59.00	100.00%
35	儿童夏装男12岁	-	-	-	-	1	1	1.00	100.00%	1	1	59.00	100.00%

▲ 图29-5

| 鹿客2 | 一次是不是只能下载一天的数据？

| 林国波 | 一次可以下载多天的数据。

| 林国波 | 把“支付买家数”项下没有成交的关键词的所有数据删除，

如图29-6所示。

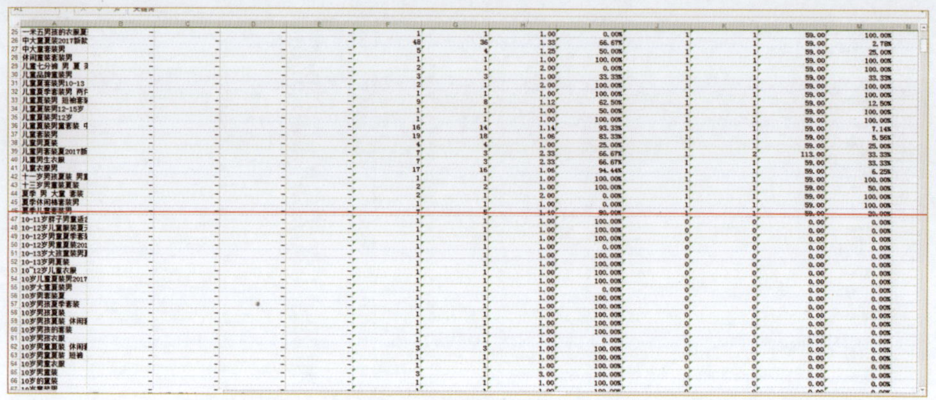

	A	B	C	D	E	F	G	H	I	J	K	L	M
25	一米五男孩的衣服夏	-	-	-	-	1	1	1.00	0.00%	1	1	59.00	100.00%
26	中大童夏装2017新款	-	-	-	-	48	36	1.33	66.67%	1	1	59.00	2.78%
27	中大童套装男	-	-	-	-	5	4	1.25	50.00%	1	1	59.00	25.00%
28	休闲童装套装男	-	-	-	-	1	1	1.00	100.00%	1	1	59.00	100.00%
29	儿童七分裤 男 夏	-	-	-	-	2	1	2.00	0.00%	1	1	59.00	100.00%
30	儿童品牌童装男	-	-	-	-	3	3	1.00	33.33%	1	1	59.00	33.33%
31	儿童夏套装男10-13	-	-	-	-	2	1	2.00	100.00%	1	1	59.00	100.00%
32	儿童夏季套装男 两件	-	-	-	-	1	1	1.00	100.00%	1	1	59.00	100.00%
33	儿童夏装男 短袖套	-	-	-	-	9	8	1.12	62.50%	1	1	59.00	12.50%
34	儿童夏装男12-15岁	-	-	-	-	1	1	1.00	50.00%	1	1	59.00	100.00%
35	儿童夏装男12岁	-	-	-	-	1	1	1.00	100.00%	1	1	59.00	100.00%
36	儿童夏装男童套装 中	-	-	-	-	16	14	1.14	93.33%	1	1	59.00	7.14%
37	儿童套装男	-	-	-	-	19	18	1.06	83.33%	1	1	59.00	5.56%
38	儿童男夏装	-	-	-	-	4	4	1.00	25.00%	1	1	59.00	25.00%
39	儿童男套装夏2017新	-	-	-	-	7	3	2.33	66.67%	1	2	113.00	33.33%
40	儿童男生衣服	-	-	-	-	7	3	2.33	66.67%	1	1	59.00	33.33%
41	儿童衣服男	-	-	-	-	17	16	1.06	94.44%	1	1	59.00	6.25%
42	十一岁男孩夏装 男	-	-	-	-	1	1	1.00	100.00%	1	1	59.00	100.00%
43	十三岁男童装夏装	-	-	-	-	2	2	1.00	100.00%	1	1	59.00	50.00%
44	夏季 男 大童 套装	-	-	-	-	2	1	2.00	0.00%	1	1	59.00	100.00%
45	夏季休闲棉套装男	-	-	-	-	1	1	1.00	0.00%	1	1	59.00	100.00%
46	夏季儿童套装男	-	-	-	-	7	5	1.40	90.00%	1	1	59.00	20.00%
47	10-11岁胖子男童适	-	-	-	-	1	1	1.00	100.00%	0	0	0.00	0.00%
48	10-12岁儿童服装夏	-	-	-	-	1	1	1.00	100.00%	0	0	0.00	0.00%
49	10-12岁男童夏季套	-	-	-	-	1	1	1.00	100.00%	0	0	0.00	0.00%
50	10-12岁男童夏装201	-	-	-	-	1	1	1.00	0.00%	0	0	0.00	0.00%
51	10-13岁大孩童装男	-	-	-	-	1	1	1.00	100.00%	0	0	0.00	0.00%
52	10-13岁男夏装	-	-	-	-	1	1	1.00	100.00%	0	0	0.00	0.00%
53	10~12岁儿童衣服	-	-	-	-	1	1	1.00	100.00%	0	0	0.00	0.00%
54	10岁儿童夏装男2017	-	-	-	-	1	1	1.00	100.00%	0	0	0.00	0.00%
55	10岁大童夏装男	-	-	-	-	1	1	1.00	0.00%	0	0	0.00	0.00%
56	10岁男套装夏	-	-	-	-	1	1	1.00	100.00%	0	0	0.00	0.00%
57	10岁男孩夏季套装	-	-	-	-	1	1	1.00	100.00%	0	0	0.00	0.00%
58	10岁男孩夏装	-	-	-	-	1	1	1.00	100.00%	0	0	0.00	0.00%
59	10岁男孩夏装 休闲	-	-	-	-	1	1	1.00	100.00%	0	0	0.00	0.00%
60	10岁男孩的套装	-	-	-	-	1	1	1.00	100.00%	0	0	0.00	0.00%
61	10岁男孩衣服	-	-	-	-	1	1	1.00	0.00%	0	0	0.00	0.00%
62	10岁男童夏装 休闲	-	-	-	-	3	3	1.00	100.00%	0	0	0.00	0.00%
63	10岁男童夏装 短裤	-	-	-	-	1	1	1.00	100.00%	0	0	0.00	0.00%
64	10岁男童衣服	-	-	-	-	1	1	1.00	100.00%	0	0	0.00	0.00%
65	10岁男童装	-	-	-	-	3	1	3.00	100.00%	0	0	0.00	0.00%
66	10岁的童装	-	-	-	-	1	1	1.00	100.00%	0	0	0.00	0.00%

▲ 图29-6

| 林国波 | 按照同样的方法整理7天的数据表，然后把每个数据表中成交的关键词都放在一张数据表中，如图29-7所示。

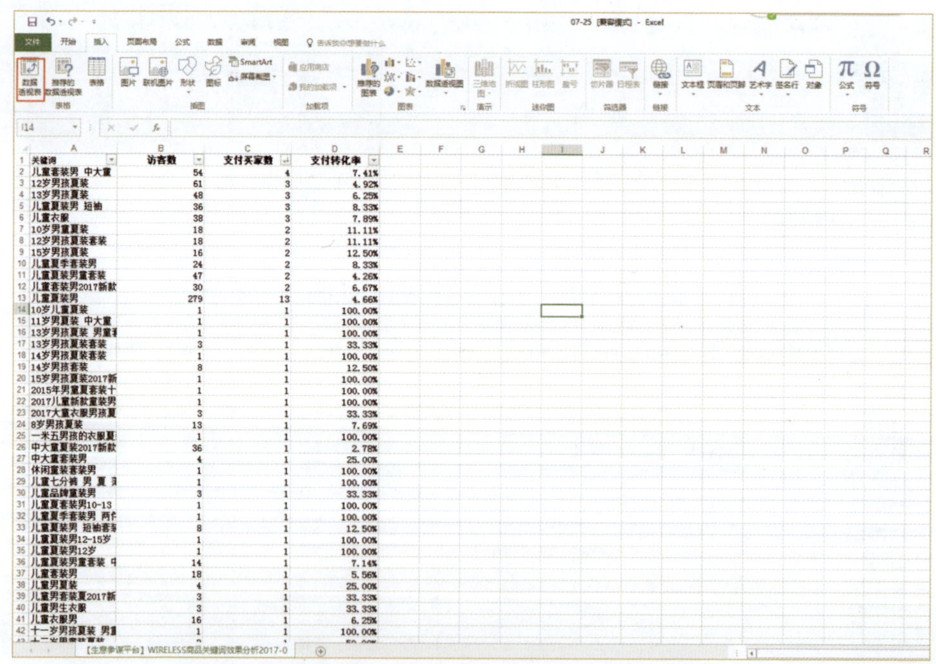

	A	B	C	D
1	关键词	访客数	支付买家数	支付转化率
2	儿童套装男 中大童	54	4	7.41%
3	12岁男孩夏装	61	3	4.92%
4	13岁男孩夏装	48	3	6.25%
5	儿童夏装男 短袖	36	3	8.33%
6	儿童衣服	38	3	7.89%
7	10岁男童夏装	18	2	11.11%
8	12岁男孩夏装套装	18	2	11.11%
9	15岁男孩夏装	16	2	12.50%
10	儿童夏季套装男	24	2	8.33%
11	儿童夏装男童套装	47	2	4.26%
12	儿童套装男2017新款	30	2	6.67%
13	儿童夏装男	279	13	4.66%
14	10岁儿童夏装	1	1	100.00%
15	11岁男夏装 中大童	1	1	100.00%
16	13岁男孩夏装 男童	1	1	100.00%
17	13岁男孩夏装套装	3	1	33.33%
18	14岁男孩夏装套装	1	1	100.00%
19	14岁男孩套装	8	1	12.50%
20	15岁男孩夏装2017新	1	1	100.00%
21	2015年男童夏套装十	1	1	100.00%
22	2017儿童新款童装男	1	1	100.00%
23	2017大童衣服男孩夏	3	1	33.33%
24	8岁男孩夏装	13	1	7.69%
25	一米五男孩的衣服夏	1	1	100.00%
26	中大童夏装2017新款	36	1	2.78%
27	中大童套装男	4	1	25.00%
28	休闲童装套装男	1	1	100.00%
29	儿童七分裤 男 夏	1	1	100.00%
30	儿童品牌童装男	3	1	33.33%
31	儿童夏套装男10-13	1	1	100.00%
32	儿童夏季套装男 两件	1	1	100.00%
33	儿童夏装男 短袖套	8	1	12.50%
34	儿童夏装男12-15岁	1	1	100.00%
35	儿童夏装男12岁	1	1	100.00%
36	儿童夏装男童套装 中	14	1	7.14%
37	儿童套装男	18	1	5.56%
38	儿童男夏装	4	1	25.00%
39	儿童男套装夏2017新	3	1	33.33%
40	儿童男生衣服	3	1	33.33%
41	儿童衣服男	16	1	6.25%
42	十一岁男孩夏装 男	1	1	100.00%

▲ 图29-7

| 林国波 | 全选该数据表，在“插入”选项卡中单击“数据透视表”按钮，在弹出的“创建数据透视表”对话框中选择“新工作表”单选项，单击“确定”按钮，结果如图29-8所示。

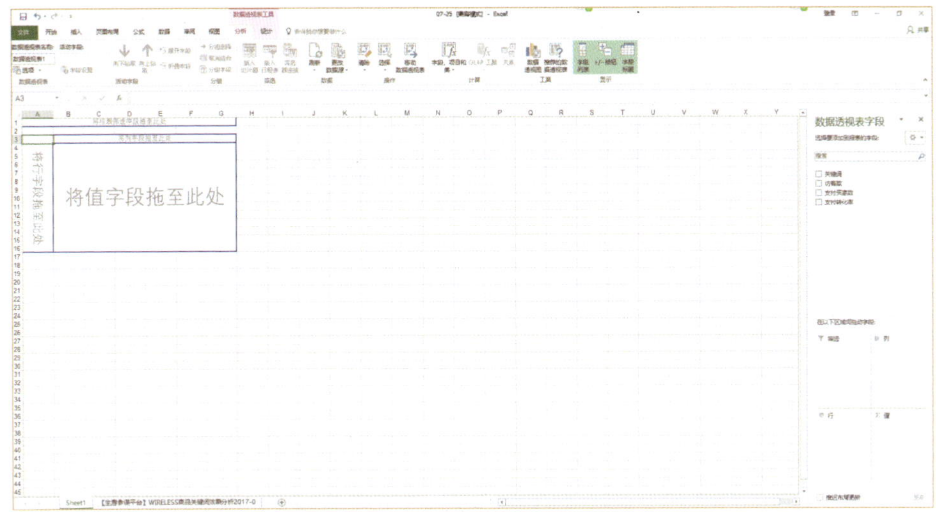

▲ 图29-8

｜林国波｜将鼠标指针放在“关键词”选项上，然后按住鼠标左键将其拖曳至“行”区域，如图29-9所示。

｜林国波｜将“访客数”“支付买家数”“支付转化率”依次拖曳至“值”区域，如图29-10所示。

▲ 图29-9 ▲ 图29-10

｜林国波｜对“访客数”进行求和运算。这里的“求和”是对7天中所有成交的关键词访客数求和。以此类推，对“支付买家数”也进行求和运算。

| 林国波 | 最后对“支付转化率”进行求平均值运算，因为我们要计算7天成交的平均转化率。

| 林国波 | 全选数据表，再复制数据，然后新建一个Excel表，在“粘贴”选项中选择“粘贴数值”中的“值”，粘贴好数据后对数据进行筛选，结果如图29-11所示。

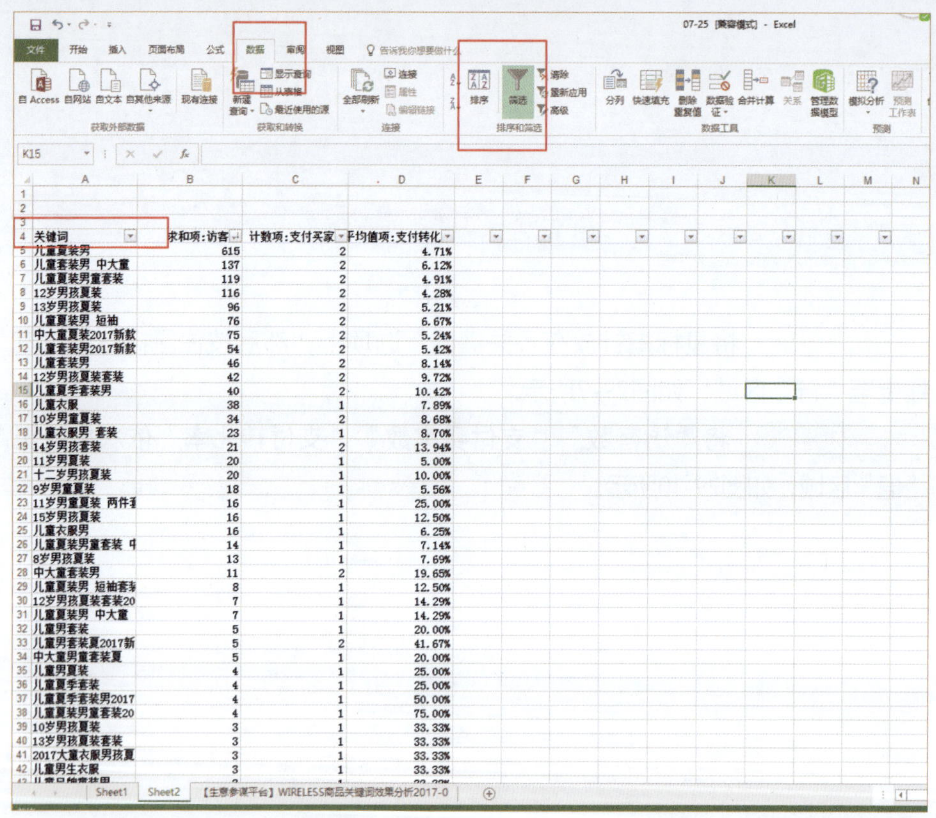

关键词	求和项:访客	计数项:支付买家	平均值项:支付转化
儿童夏装男	615	2	4.71%
儿童套装男 中大童	137	2	6.12%
儿童夏装男童套装	119	2	4.91%
12岁男孩夏装	116	2	4.28%
13岁男孩夏装	96	2	5.21%
儿童夏装男 短袖	76	2	6.67%
中大童夏装2017新款	75	2	5.24%
儿童套装男2017新款	54	2	5.42%
儿童套装男	46	2	8.14%
12岁男孩夏装套装	42	2	9.72%
儿童夏季套装男	40	2	10.42%
儿童衣服	38	1	7.89%
10岁男童夏装	34	2	8.68%
儿童衣服男 套装	23	1	8.70%
14岁男孩套装	21	2	13.94%
11岁男夏装	20	1	5.00%
十二岁男孩夏装	20	1	10.00%
9岁男童夏装	18	1	5.56%
11岁男童夏装 两件套	16	1	25.00%
15岁男孩夏装	16	1	12.50%
儿童衣服男	16	1	6.25%
儿童夏装男童套装 中	14	1	7.14%
8岁男孩夏装	13	1	7.69%
中大童套装男	11	2	19.65%
儿童夏装男 短袖套装	8	1	12.50%
12岁男孩夏装套装20	7	1	14.29%
儿童夏装男 中大童	7	1	14.29%
儿童男套装	5	1	20.00%
儿童男套装夏2017新	5	2	41.67%
中大童男童套装夏	5	1	20.00%
儿童男夏装	4	1	25.00%
儿童夏季套装	4	1	25.00%
儿童夏季套装男2017	4	1	50.00%
儿童夏装男童套装20	4	1	75.00%
10岁男孩夏装	3	1	33.33%
13岁男孩夏装套装	3	1	33.33%
2017大童衣服男孩夏	3	1	33.33%
儿童男生衣服	3	1	33.33%

▲ 图29-11

| 林国波 | 单击“关键词”筛选按钮，在“文字筛选”中输入标题里包含的关键词。每个关键词都输入一次，这样我们就能知道标题中哪个词没有成交，哪个词成交最少，如图29-12所示。将这两种词找出来后，把它们都删除，就达到了标题优化的目的。

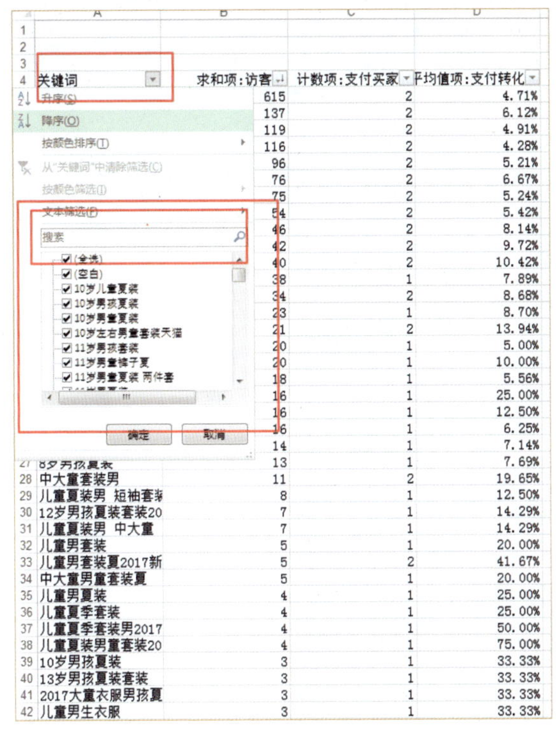

关键词	求和项:访客	计数项:支付买家	平均值项:支付转化
	615	2	4.71%
	137	2	6.12%
	119	2	4.91%
	116	2	4.28%
	96	2	5.21%
	76	2	6.67%
	75	2	5.24%
	54	2	5.42%
	46	2	8.14%
	42	2	9.72%
	40	2	10.42%
	38	1	7.89%
	34	2	8.68%
	23	1	8.70%
	21	2	13.94%
	20	1	5.00%
	20	1	10.00%
	18	1	5.56%
	16	1	25.00%
	16	1	12.50%
	16	1	6.25%
	14	1	7.14%
8岁男孩夏装	13	1	7.69%
中大童套装男	11	2	19.65%
儿童夏装男 短袖套装	8	1	12.50%
12岁男孩夏装套装20	7	1	14.29%
儿童夏装男 中大童	7	1	14.29%
儿童男套装	5	1	20.00%
儿童男套装夏2017新	5	2	41.67%
中大童男童套装夏	5	1	20.00%
儿童男夏装	4	1	25.00%
儿童夏季套装	4	1	25.00%
儿童夏季套装男2017	4	1	50.00%
儿童夏装男童套装20	4	1	75.00%
10岁男孩夏装	3	1	33.33%
13岁男孩夏装套装	3	1	33.33%
2017大童衣服男孩夏	3	1	33.33%
儿童男生衣服	3	1	33.33%

▲ 图29-12

| 鹿客3 | 标题一次优化多少个字合适？

| 林国波 | 建议4个字。

| 鹿客4 | 这是标题优化的方法，那么刚开始时如何找词呢？

| 林国波 | 词是自己商品每天的成交词，这里是统计成交词，然后筛选，这比用眼睛筛选更精准。

| 鹿客5 | 是把没转化的词换成转化率高的词吗？

| 林国波 | 是的，没转化的词放在标题里没有用。

| 鹿客6 | 词不多怎么办？

| 林国波 | 可以优化掉成交量最小的词，把成交量大的词加入标题。

| 鹿客7 | 选词的标准是什么？

| 林国波 | 我选的都是有成交量、有转化的词。

| 鹿客8 | 是不是需要把标题里没有成交量的词都删除？

| 林国波 | 前期数据小的时候是可以这样做的。后期数据大了，若每个词都有成交量了，就把成交量小的词删除。

30

女装上新的4种玩法

分享嘉宾 蔷薇 | 主持人·整理人 橙子

张蕊（花名“蔷薇”）

自营店铺7年，2016年夏季女装类目TOP商家，月销额750万元，擅长供应链整合、聚划算活动操盘、精细化客户运营。

实践是检验方法的唯一途径，经过验证的好方法才是真的好方法。本期由蔷薇老师给大家分享女装上新的4种玩法。这4种玩法都是蔷薇老师在运营实战中总结出来的好用、实用的方法，希望大家在这4个案例中，衍生出一套适合自己店铺的新品玩法。

| 蔷薇 | 我和大家分享4个店铺女装上新的实战案例，并且都是和微信客户互动的案例。希望通过这些案例，大家可以总结出一套适合自己店铺的新品玩法。

| 蔷薇 | 下面看一下新品玩法的第一个案例。

主题：上新日半价/限时5折特惠。

活动时间：当天10:00到次日24:00。

操作要点：提前预热，活动开始后可以给客户营造时间紧迫和限时福利的氛围。

活动前准备：①首页入口展示图；②主图打标，标明上新日半价活动的时间；③标题前加“新品5折”字样，突出优惠力度。

| 蔷薇 | 此店铺手淘首页的展示如图30-1所示。

▲ 图30-1

| 蔷薇 | 二级页面展示，如图30-2所示。宝贝的主图如图30-3所示。

▲ 图30-2

▲ 图30-3

| 蔷薇 | 活动之前的订单如图30-4所示。

| 蔷薇 | 客户购买之后，发现全部是实打实的折扣，新品力度很大，很有诱惑力。

| 蔷薇 | 我们之前的上新玩法是上新3天内购买返现50元，这个操作比较麻烦，而且单价不一的商品，返现50元没有办法做到统一利润率。此玩法持续了半年的时间，我们发现增加了大家的工作量，如客服返现登记、财务审核返现。这个玩法实战了几期后我们发现，该玩法其实适合客单价比较低、利润率稍微高一些的商品。

| 蔷薇 | 若持续上新，且新品优惠力度还很大，则新品人气聚集会非常快速。下面给大家分享一下实战案例。

▲ 图30-4

| 蔷薇 | 这是一个高客单价的店铺运营案例（见图30-5），结合微信老客户运营方法，打组合拳效果会更好。

▲ 图30-5

| 蔷薇 | 具体的操作方法：①新品测款，通过手淘无线任务让老客户投票，选出人气最高的款式；②老客户团购活动；③在团购款中，开展买家秀评比投票活动，对参与者和投票者进行无门槛优惠券奖励，如图30-6所示。

| 蔷薇 | 图30-7所示为微信老客户团购的接力图，此款团购达到103件。这个款是老客户投票选中的款，所以是最精准的款。

▲ 图30-6　　▲ 图30-7

| 蔷薇 | 老客户投票选出来的款，评价都非常高，活动持续发酵过程中，老客户的买家秀也出来了，如图30-8所示。

| 蔷薇 | 图30-8是我私人的朋友圈。店长运营的店铺工作微信号也是老客户的聚集地，人气也非常高，如图30-9所示。

▲ 图30-8

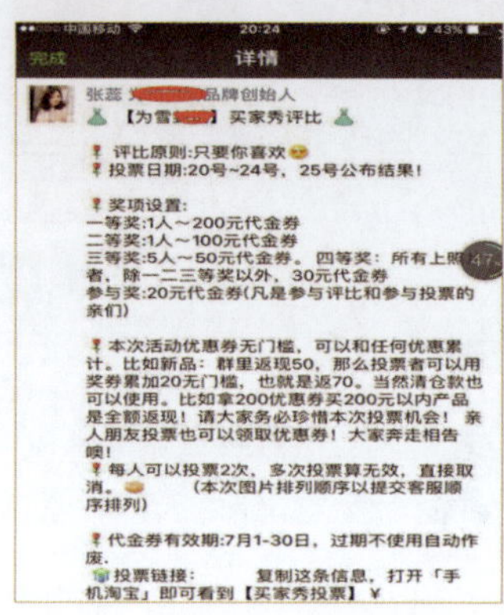

▲ 图30-9

| 蔷薇 | 对于老客户的买家秀评比，利用大额无门槛优惠券鼓励老客户进行买家秀上传，投票的客户也一样有优惠券可以拿，为下期新品购买埋下伏笔。由于代金券的使用是无门槛的，老客户的无门槛优惠券的使用率也非常高。

| 蔷薇 | 下面我们来看一下具体的玩法。这是我们首次实战，非常成功，战果如图30-10所示。

日期	浏览量	访客数	销售额	销量	订单数	转化率	入口数	跳失率
06-01	35	26	333.63	1	1	3.85%	12	75.0%
06-02	599	152	17655.42	40	37	24.34%	66	24.2%
06-03	536	197	7848.76	17	17	8.63%	95	29.5%
06-04	692	273	5366.52	12	12	4.4%	113	34.5%
06-05	370	205	925.98	2	2	0.98%	72	43.1%
06-06	502	332	479.00	1	1	0.3%	199	73.9%
06-07	712	439	0.00	0	0	0%	303	69.3%
06-08	714	444	479.00	1	1	0.23%	289	68.9%
06-09	965	653	939.68	2	2	0.31%	458	68.8%
06-10	863	560	449.61	1	1	0.18%	388	67.5%
06-11	1700	1099	479.00	1	1	0.09%	875	67.0%
06-12	2770	1893	449.82	1	1	0.05%	1631	69.0%
06-13	2682	1803	896.00	2	2	0.11%	1531	68.2%
06-14	2532	1679	[illegible]	8	8	0.48%	1379	69.5%
06-15	1402	788	2678.95	6	6	0.76%	576	64.9%

活动期间

活动6天之后手淘流量

▲ 图30-10

| 蔷薇 | 这个款是5月下旬上架的新品，因为夏装最佳的上架时间已经过了，此时上架，时间的选择确实一般，但是可以取得这样的战绩 ，证明这种结合老客户的玩法是非常给力的。老客户的收藏、加购、评价都非常优质，增加了宝贝的权重，并且老客户的退款是交易成功之后退款处理，所以退货率也降到最低。因此，老客户给新宝贝带来了手淘将近2000的日流量。我们采用新客户和老客户交叉的玩法。不过这个案例不算成功，因为宝贝价格是478元，客单价比较高，不属于热销的主流价位，并且6月已经到了夏装换季的阶段，后面流量上来时没有抓住机会再次进行老客户营销，导致手淘的流量下降。也就是说，流量要“接住”并保持好的转化率，我们在这一点上没有维护好。但是经过这次的新客户和老客户的交叉玩法，我们认识到，手淘奖励获取的流量是真的，就看我们用什么方式来获取流量，并且如果要持续维系流量，就要在合适的时间点推出合适的爆款，最好在旺季到来之前打造爆款。

| 蔷薇 | 下面来看一下新品玩法的第二个案例。

主题：新品上新当天/会员专享8.5折。

活动时间：当天0:00~24:00。

操作要点：提前预热，活动开始后可以给客户营造时间紧迫和限时福利的氛围。

活动前准备：①首页入口展示图、海报图；②主图打标，例如“‘7·25’上新价”“确认收货退差价”；③商品图中显示一口价，主图中显示上新价，拉大价格差距。

| 蔷薇 | 这个案例就是以返现形式实现新品优惠，如图30-11所示。

▲ 图30-11

|蔷薇|三彩的玩法见图30-12所示的活动详解。

|蔷薇|第一个案例中应用的直接打折的方式适合自带流量的网红店铺，或者持续上新频率非常高的店铺，如每日上新，不少这样的店铺不参加淘宝平台的活动，所以不介意30天最低价格。第二个案例中应用的一口价方式比较适合要打造爆款的店铺，为了保护30天最低价格，利用返现和退差价的方式保护最低价格。返现的方式：新客户优惠升级，新客户购买标题中含有“‘7·25’秋上新”的任意一款商品，确认收货并添加指定微信号，即可联系客服返还8.5折差价。

|蔷薇|再来看一下新品玩法的第三个案例。

主题：新品预售/买一送衣/1件包邮再送券，如图30-13所示。

Description
new in.

—— 上新说明.

买家拍下宝贝后，根据主图打标价格与自己拍下时实际支付的金额的差价，在确认收货时联系客服申请退差价。若实付金额小于等于打标价，则不退差价(无差价可退)。

例如：

01 宝贝打标价格为100，买家拍下时实际支付金额为125，则在确认收货后可联系客服申请退款25元。

02 宝贝打标价格为100，买家参与店铺其他满减活动拍下后实际支付金额也为100元，则不退差价。详情请咨询客服。

购买时间在7月25日00:00 - 07月25日23:59的新品
（可咨询客服退差价）

Activity.

▲ 图30-12

▲ 图30-13

活动前准备：①首页入口展示图、海报图、活动二级页面、活动说 明、赠品呈现；②定金设置，预售价格设置，页面显示定金及尾款的金额；③活动说明。

|蔷薇|该玩法适用于可以设置预售付定金的店铺。

操作要点：①商品已经拍照，在大货未出前，可以提前上架预售，要求客户先付定金，后付尾款；②测款+判断大货数量+增送优惠券，可以预热下一期活动。

|蔷薇|接下来看一下新品玩法的第四个案例。

主题：新品精选/单品买就补贴××元，如图30-14所示。

活动前准备：①首页入口展示图、海报图、二级页面；②主图打标，标题内加入相关内容。

操作要点：商品图中显示正常折扣价格。

STAND BY MEETLADY 2017S/S
新品精选
单品买就补贴80元

▲ 图30-14

|蔷薇|第四个案例中的玩法我自己操作已有半年的时间，今年5月底才换玩法。为什么换呢？因为客服团队力不从心。5月是夏季爆款时间，询单量大，但是新品返现、老客户返现登记占用了客服一半的工作时间，并且需要财务审核，售后处理效率降低，有时候返现慢了会导致客户不满。如果商家是要培养爆款，并且客服团队和微信群这一块有专人进行返现处理，返现比直接降价要好一些，因为如果遇到特别优质的款，还可以有操作的空间。并且利用微信返现，可增加微信粉丝量，对于后面老客户的营销也有很大的帮助。很多商家都在把淘宝天猫的客户引流到微信，因为微信互动性强，客户黏性更高一些。

|鹿客1|微信群怎么才能一直保持活跃度？我们几百人的微信群刚开始互动很好，后面就持续不下去了，要一直通过活动刺激吗？

|蔷薇|大家可以看一下我微信朋友圈发的老客户权益，如图30-15所示，这是老客户发在微信群里的买家秀。

|蔷薇|这就是刚刚团购的款式，还是很有吸引力的吧？微信群里经常会有客户自发买家秀，我们是允许晒图的，私下也会联系一些有气质的老客户，让她们多多发图，我们会给这些客户邮寄一些小礼品表示感谢，然后把聊天记录中一些优质的买家秀发到朋友圈里。

▲ 图30-15

自己的朋友圈是样板，我发出来之后，店铺粉丝量最大的两个账号也会跟着发送的。

｜蔷薇｜大家可以看一下老客户的权益，也是微信群会员权益：①新品优先预报并且享有内部价格；②尊享孤品优先权；③定期举行爆款团购；④不定期举行服饰搭配与美容养生沙龙；⑤生日礼品定制，无线任务免费送礼品；⑥尊享衣、食、住、行等各领域产品最优惠资源，如图30-16所示。

▲ 图30-16

｜蔷薇｜进群规则：凭订单编号或者旺旺号与客户私聊，查证无误会拉客户进入老客户群。群内禁止发小广告。不得私加会员微信。

｜蔷薇｜增加客户黏性靠增值服务、多样化的服务，这样才能真正让老客户离不开你！焦点不要放在价格上，而要放在你的个人影响力上，这就是所谓的人格化电商。

｜鹿客2｜新店新品刚上架后该怎么操作?

｜蔷薇｜我刚刚分享的案例就是新店铺也可以操作的流程，大店铺也是慢慢经营起来的。当小店持续形成规律后，就会有一定的用户黏性。当然，这跟你经营什么、流量的主要来源都是有关系的。网红新店自带流量，新品就很容易操作，我们若没有这种资源，就要老老实实地做好基础，把转化率做起来，只要有询单就不要让客户走掉，哪怕不赚钱也一定要有转化，然后慢慢积累自己的老客户。

31

直通车ROI从1到7的优化维度

分享嘉宾 不灭 | 主持人·整理人 汤琼

刘儒彦（花名“不灭”）

6年电商一线实操经验，操作过多个类目，擅长搜索优化和直通车打造爆款，曾20天做到玩具类目销售排名前三，15天做到生鲜类目新店月销售额过百万。

目前，直通车流量红利期已过，卖家们想单纯地靠直通车盈利，即ROI（投入产出比）要大于盈亏点是非常困难的。一不留神，有可能将直通车变为只会烧钱抢排名的工具。因此，我们需要理性地看待直通车，科学、合理、有计划地提升ROI。

| 不灭 | 今天分享的内容是关于如何提高直通车投产比，实现直通车盈利。直通车的投入产出比（ROI，以下简称“投产比”）是所有开直通车的车手或者店主最在意的。图31-1是我的店铺现在每天的流水情况。

支付金额(元)	访客数	浏览量
111,117	77,459	219,377
昨日全天 222,408	昨日全天 144,334	昨日全天 338,078
	支付子订单数	支付买家数
	2317	2102
	昨日全天 4777	昨日全天 4463

今日 昨日 2.40万 1.20万 0 6 12 18 23

▲ 图31-1

| 不灭 | 图31-2所示的是直通车1天的数据，图31-3所示的是直通车7天的数据。从这两幅图中可以发现，投产在6天左右肯定赚钱。下面分享如何全方位地提升投产比。

直通车报表　　转化周期:15天累计数据　昨天

展现量	点击量	花费	平均点击花费	投入产出比
29,044	3,647	¥1,490.26	¥0.41	5.99

设置

▲ 图31-2

直通车报表　　转化周期:15天累计数据　过去7天

展现量	点击量	花费	平均点击花费	投入产出比
210,894	26,426	¥10,041.88	¥0.38	6.58

设置

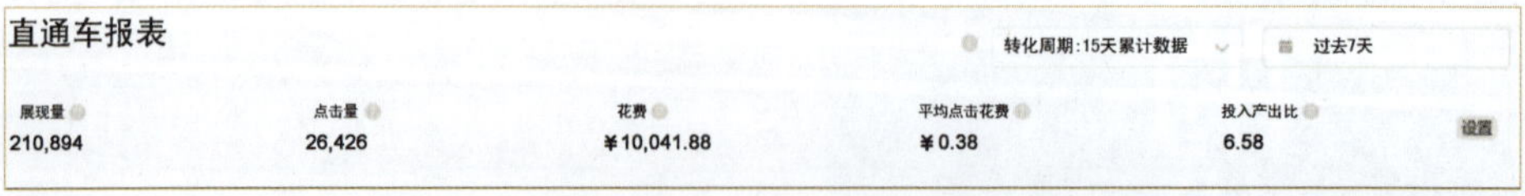

▲ 图31-3

| 不灭 | 直通车有了好的投产，才可以放心地去“开车”。那么，大家跟着我的思路一起来思考：当提到投产比的时候，你们脑海里瞬间浮现的是什么？

| 鹿客1 | 转化率。

| 鹿客2 | 产品的利润。

| 鹿客3 | 点击率。

| 鹿客4 | 点击率和转化率。

| 不灭 | 这其中利润是直通车不能控制的，因为那是产品供应链的事情。我们想到的最多的是PPC（点击付费广告）和转化率。那么，如果要提升投产比，真的只能这样吗?

| 不灭 | 我们来看几个公式，如图31-4所示。

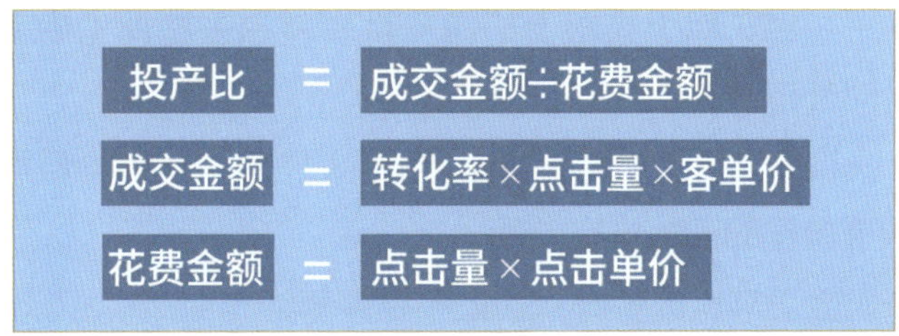

▲ 图31-4

| 不灭 | 从以上公式中可以看出，影响直通车投产比的维度不仅仅是点击花费、平均点击花费和转化率，减少花费金额和提高成交金额也是可以快速提高投产比的。

| 不灭 | 下面我们根据这3个公式来继续拆解。

| 不灭 | 通过投产比公式可以知道，花费金额不是影响投产比的唯一因素，影响投产比的还有成交金额。

| 不灭 | 由成交金额公式可知，要提高成交金额，可以通过提高转化率、客单价和点击量来实现。由此可得出结论，提高投产比可通过以下3个维度实现：①提高转化率；②提高客单价；③提高点击量。

| 不灭 | 我们先记住这3个拆解出来的维度，下面继续拆解花费金额。

| 不灭 | 通过花费金额公式可知，正常情况下，降低PPC就可以提高点击量，达到降低点击花费的目的，这一过程也是大家平时都在做的优化质量分过程。在花费金额一定的情况下，优化PPC就可以提高点击量；如果保持原有的点击量而降低PPC，花费金额也会降低，但ROI会提升。

| 不灭 | 综上所述，优化投产比的维度有4个：提高转化率、提高客单价、提高点击量和优化PPC。

｜不灭｜知道原理后，下面进入操作环节。

1. 转化率的优化

很多人会说“转化率太难优化了，没有任何思路”。那么我们就先分析影响转化率的因素有哪些。

｜不灭｜宝贝好评、问大家、销量、流量的精准度、详情页，影响转化率的主要就是这几个因素。

｜不灭｜我介绍一下我平时是怎么优化转化率的，供大家实际操作时参考。

宝贝好评——每天早上客服上班第一件事就是去看评论中有没有负面评论，若有就及时处理。

问大家——商家也是可以回答的，当有人提问、弹出窗口提示时，第一时间回答，保证自己的回答排在前面。

销量——权重正常累计就好，切记不要刷单。

流量的精准度——可以优化关键词，找到精准的成交关键词，然后进行筛选。

详情页——收集客服每个星期得到的询单问题，针对这些问题优化详情页，重点突出买家咨询的这些问题。

｜不灭｜这5个维度里面你们觉得最难优化的是哪几个呢?

｜鹿客5｜精准词、宝贝好评。

｜不灭｜对于精准词，可以通过直通车获取关键词的7天数据；对于宝贝好评，建议客服每天打开电脑首先要做的事就是看评论，如果有负面评论，客服要第一时间打电话联系买家，沟通解决。

2. 客单价的优化

很多人不知道怎么优化客单价，当然，一口价的价格是不能更改的。在详情页中，一些优惠的活动可以有效地提高转化率，也可以利用打折软件提高商品的客单价。

3. 点击量的优化

点击量和平均点击花费成反比，花费金额相同的情况下，如果要提高点击量，就要降低平均点击花费。降低平均点击花费的核心是优化质量分，当质量分提高的时候，点击量就会增加。

| 不灭 | 综上所述，我们知道优化投产不单单只有PPC一个维度，还有其他3个维度。当你把这几个维度都认真地优化一遍后，你会发现投产比优化没那么难，也不用牺牲流量。

| 鹿客6 | 老师，直通车中的人群溢价是先低溢价，然后慢慢提高溢价，还是相反？

| 不灭 | 直通车中的人群溢价是要测试的，初期是按溢价的5%递增获取数据，然后根据数据反馈再组合优化。一般的做法是先低溢价，然后根据数据反馈组合增加溢价。

| 鹿客7 | 老师，我们做的是母婴电器类的标品类目，关键词比较少，就那么几个关键词，同行销量前15名的卖家客单价都是100元左右，我们的商品客单价是200多元，直通车该怎么开呢？

| 不灭 | 标品类目的特性就是主要关键词少，如果你的客单价差别比较大，那么一定要做人群溢价。

| 鹿客8 | 测试人群的时候，是不是要把别的人群，如“双11”人群、优质人群、加购人群等都关闭呢？

| 不灭 | 是的。

| 鹿客9 | 老师，刚开始测款的时候不做人群，后面再做可以吗？

| 不灭 | 不管什么时候，人群一定要做。

| 鹿客10 | 老师，用你的类目讲一下测款吧！测款出价和人群要怎么设置？词的数量多少合适？测款和正式打款有什么区别？

| 不灭 | 测款的目的是测出好卖的款。好卖的款的评判标准是加购率和收藏率。点击率在测款的时候不太重要，因为点击率后期是可以优化的。测款的时候，不要人为改变直通车的各个参数设置，人为改变这些设置就等于对数据做了优化，这个数据就变质了，不是最原始的数据。我们测试的目的是要找到这个好卖的款，这个款要经得起大数据的冲刷。如果你只限定了几个地域、时间和人群，这样你测出的款是好款，但是在自然搜索的情况下，这个款是根本推不起来的。在自然搜索流量的情况下，你是没有办法控制地域的。我们做直通车的原因是直通车可以搜索到很多我们看不到的客观数据，在测款的时候可以理解为复制版的自然搜索，所以直通车的各个参数要保持默认设置，不要人为改变。

| 不灭 | 看一个店铺的数据截图，如图31-5所示。

整体看板　　□ 同行对比　图表

支付金额(元)	访客数	支付转化率	客单价(元)	成功退款金额(元)	直通车消耗(元)	钻石展位消耗(元)
5,230	3,641	1.59%	90.17	575	770	0
较前一日 6.17%↑	较前一日 6.26%↓	较前一日 8.55%↑	较前一日 4.34%↑	较前一日 302.64%↑	较前一日 3.43%↑	较前一日 0.00%
较上周同期 1.41%↓	较上周同期 11.65%↓	较上周同期 2.57%↑	较上周同期 8.79%↑	较上周同期 63.73%↓	较上周同期 8.52%↓	较上周同期 0.00%

■ 支付金额　■ 访客数　■ 支付转化率　　已选 3/

（a）

实时访客榜　　实时榜单 >

排名	商品名称	访客数
1	文胸套装薄款 欧美舒适夏季	2,326
2	bralette无钢圈内衣女文胸	420
3	蕾丝透气内衣文胸薄款女薄	316

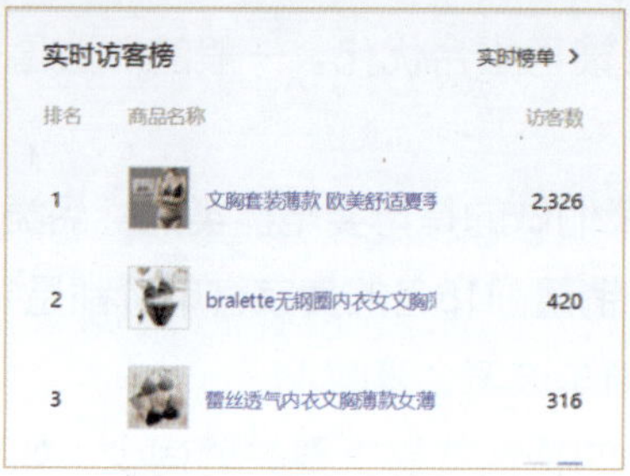

（b）

▲ 图31-5

| 不灭 | 从图31-5中可以简单地看出，单品带全店，店铺的流量架构有问题。

| 不灭 | 再来看一下直通车数据。图31-6所示的是该店铺的直通车计划，可以看到每个计划花费都很少，那么这些计划现阶段的目的是养分、测图，还是冲量？

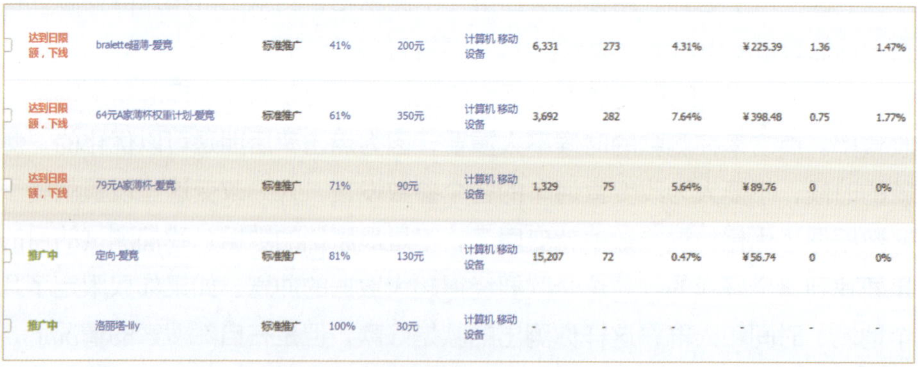

达到日限额，下线	bralette超薄-爱竟	标准推广	41%	200元	计算机 移动设备	6,331	273	4.31%	¥225.39	1.36	1.47%
达到日限额，下线	64元A家薄杯权重计划-爱竟	标准推广	61%	350元	计算机 移动设备	3,692	282	7.64%	¥398.48	0.75	1.77%
达到日限额，下线	79元A家薄杯-爱竟	标准推广	71%	90元	计算机 移动设备	1,329	75	5.64%	¥89.76	0	0%
推广中	定向-爱竟	标准推广	81%	130元	计算机 移动设备	15,207	72	0.47%	¥56.74	0	0%
推广中	洛丽塔-lily	标准推广	100%	30元	计算机 移动设备	-	-	-	-	-	-

▲ 图31-6

| 鹿客11 | 就是想带动自然搜索。

| 不灭 | 目的不明确的直通车是在“飞机场”开的，不是在“高速公路”上开的。

| 不灭 | 我开直通车的目的很明确，每个阶段要做什么，该做什么，该放弃什么，会得到什么，都是有目的的。该直通车要带动免费搜索，一天限额300元，300个点击量，转化率在1.5左右，一天4单，一个月120单，带动免费流量可能吗？事实证明是不可能的。

| 鹿客12 | 最近ROI一直在降，7月份的ROI是2。

| 不灭 | 投产是2，你的直通车赚钱吗？

| 鹿客12 | 不赚，少量赔。

| 不灭 | 既然2都不赚钱，那做到2又能怎样？况且你还开了3个计划。

| 不灭 | 若都是这样做、这样开车，一个月也是没效果的，你一天浪费700元，一个月浪费2.1万元，一年就20多万元。如果你看准了一个款，把这些钱集中起来，半个月花完，可能会得到不一样的效果，这就是量的问题。

| 不灭 | 这是没有打开直通车具体计划时看到的问题。下面我们看一下具体的计划。

| 不灭 | 看图31-7，宝贝在晚上高峰期下线了。晚上是推广的黄金时间段，如果费用有限，出价太低会得不到展现，出价太高不到晚上钱就花完了，那么24点后可以不投放。

| 不灭 | 图片投放一张就好，这样权重可以积累在一张图片上面，图片投放多了会分散权重，如图31-8所示。

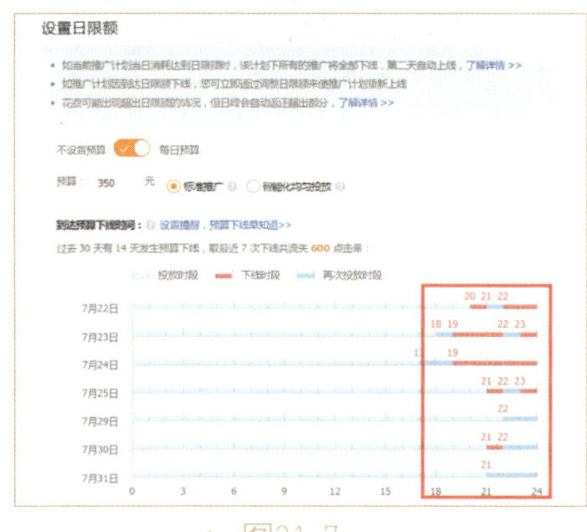

▲ 图31-7

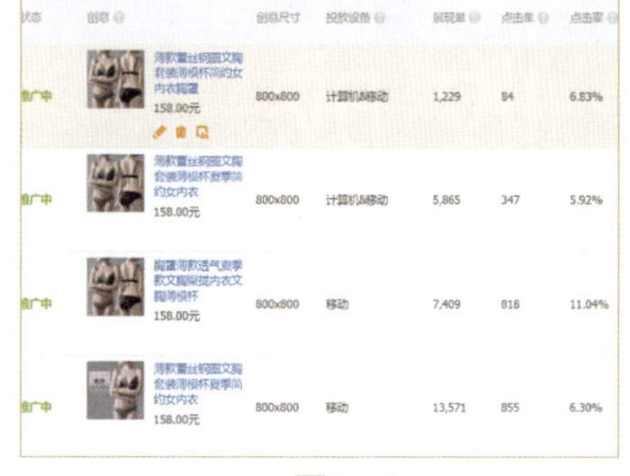

▲ 图31-8

32

定向营销潜在成交客户群，有效提高收藏和加购的转化率

分享嘉宾　兵哥｜主持人・整理人　橙子

尤兆兵（花名“兵哥”）

4年电商实操经验，操盘过3C类目、车品类目，擅长老客维护、直通车推广。

电商行业，客户为本。所以很多淘宝卖家都在想方设法地提高店铺的收藏加购转化率。因为收藏加购转化率提高，代表着更多精准的人群被圈定，也代表着活动预期“种草”的效果。那么如何提高收藏和加购的转化率呢？请看下文。

| 兵哥 | 我相信每一位淘宝店主，最关心的肯定是转化率和订单数，花出去的推广费不能打水漂，得有成交、有转化。在推广运营的过程中，我们会发现有很多收藏商品和将商品加购物车的客户，如图32-1所示。这些客户就是潜在成交客户。

▲ 图32-1

| 兵哥 | 那么我们今天就聊一聊如何有效转化潜在成交客户群，提高收藏和加购的转化率。

| 兵哥 | 有人可能会说，我的直通车、钻展中自然收藏和加购的人很多，但就是没有转化。如果加购物车、收藏店铺或宝贝，以及有浏览行为的这些人都是想购买宝贝，那么是什么原因导致他们没有购买呢？

| 兵哥 | 有很多方面的原因，其中一个主要原因是你给的利益点不够。他们很想购买，但是觉得价格贵。所以我们今天要谈的就是针对这些收藏、加购、有浏览行为、有购买意向的人做定向营销。

| 兵哥 | 有人用过客户运营平台吗？以前叫会员关系管理，然后又变成聚星台，现在叫作客户运营平台。

| 鹿客1 | 我在用。

| 兵哥 | 客户运营平台中有很多功能，其中一个功能是给客户打标签。为客户打好标签后，就可以有针对性地做定向营销了。

| 鹿客2 | 如何打标签呢?

| 兵哥 | 这就是我们今天要分享的主要内容。我们可以给有意向的客户打上标签。在旺旺聊天窗口中有一个客户标签，如图32-2所示。

| 兵哥 | 我们可以按类别对客户这些人群打标签，如询问后没有购买的客户，拍下未付款的客户等，以便后面对这些客户进行针对性的营销，如图32-3所示。

▲ 图32-2

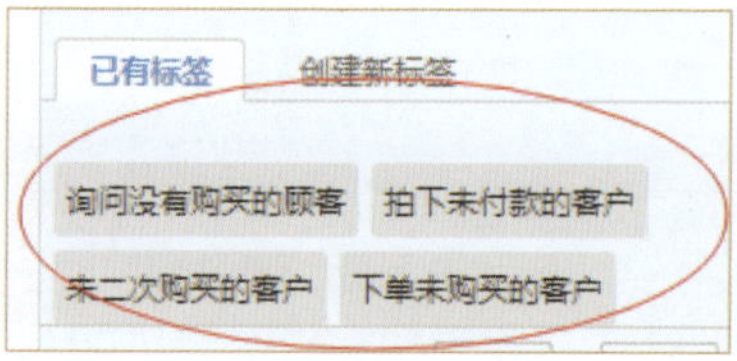

▲ 图32-3

| 兵哥 | 打好标签后，打开客户运营平台，如图32-4所示。

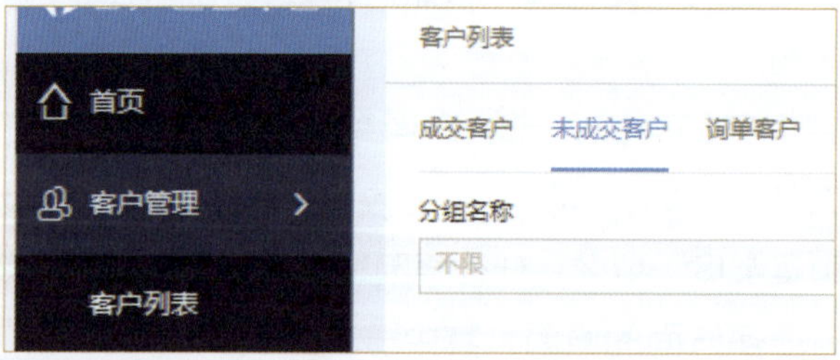

▲ 图32-4

| 兵哥 | 在“客户列表”中有成交客户、未成交客户、询单客户3个类别，这些是你店铺的兴趣人群。很多人可能是通过你的付费推广工具引流进入店铺的，如果让他们流失是很可惜的。可以通过送优惠券、送支付宝红包、送流量等方式对这些客户进行二次营销，如图32-5所示。

▲ 图32-5

| 兵哥 | 其实这几种方式我用得不多，我常用的方式是智能营销里的“专享打折/减现”，如图32-6所示。

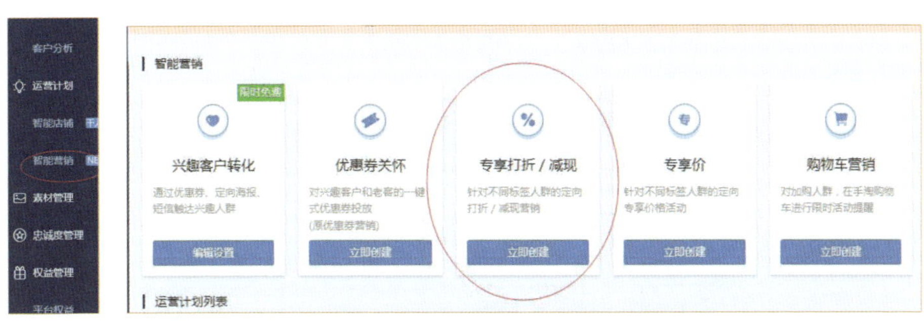

▲ 图32-6

| 兵哥 | 打上标签的客户可以在这里面做定向营销，如图32-7所示。

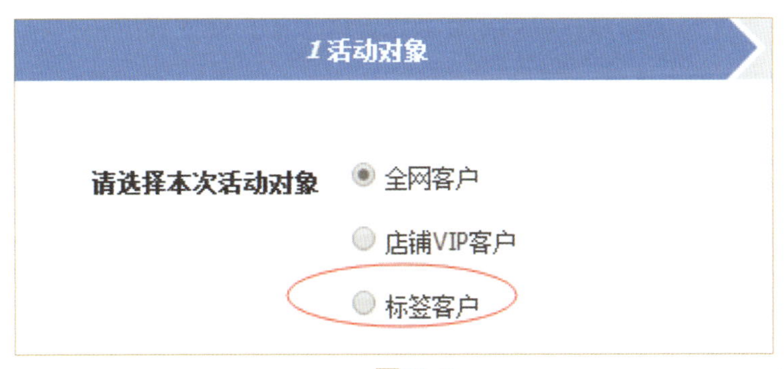

▲ 图32-7

| 兵哥 | “标签客户”就是在旺旺聊天界面中打过标签的客户。

| 兵哥 | 可以针对拍下未付款的客户、询问后没有购买的客户或者你自己打标签的客户（因价格高而没有购买）做优惠活动，如图32-8和图32-9所示。

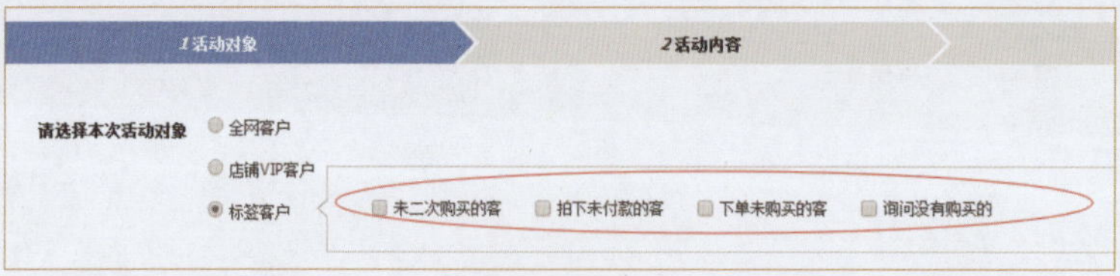

1活动对象　2活动内容

请选择本次活动对象　全网客户　店铺VIP客户　标签客户　未二次购买的客　拍下未付款的客　下单未购买的客　询问没有购买的

▲ 图32-8

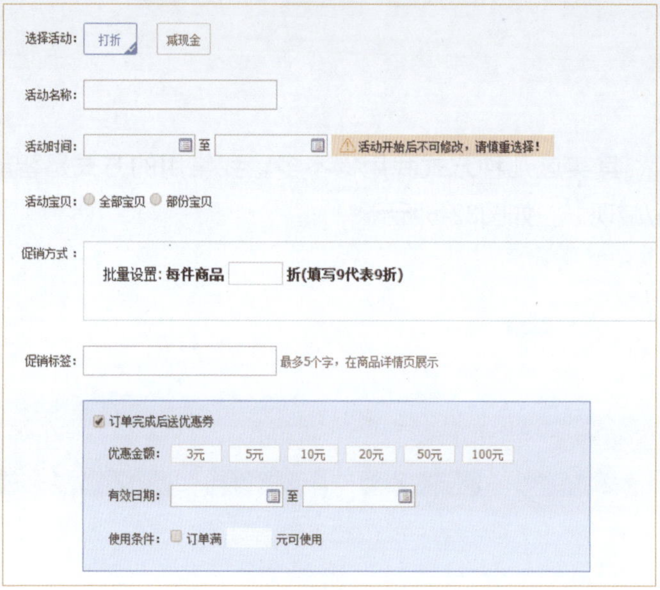

选择活动：打折　减现金

活动名称：

活动时间：　至　活动开始后不可修改，请慎重选择！

活动宝贝：全部宝贝　部份宝贝

促销方式：批量设置：每件商品　折(填写9代表9折)

促销标签：　最多5个字，在商品详情页展示

订单完成后送优惠券

优惠金额：3元　5元　10元　20元　50元　100元

有效日期：　至

使用条件：订单满　元可使用

▲ 图32-9

｜兵哥｜甚至可以在订单完成后赠送优惠券，促使客户二次购买。这是针对感兴趣的客户打标签定向营销的方法。

｜兵哥｜我们也可以对客户分群，然后针对重点人群做定向营销。还可以分析该人群加购、收藏了哪些产品，如图32-10所示。

▲ 图32-10

｜兵哥｜系统对这些人群分得很明确，你还可以得到人群画像，如图

32-11所示。这对你的直通车推广人群也有很大帮助，最起码人群很精准。

（a）

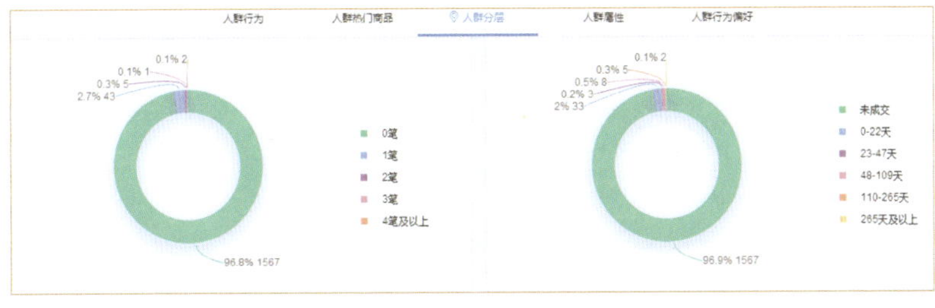

（b）

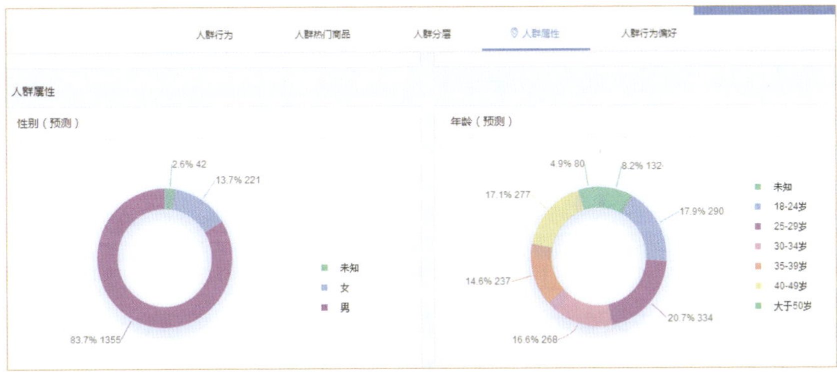

（c）

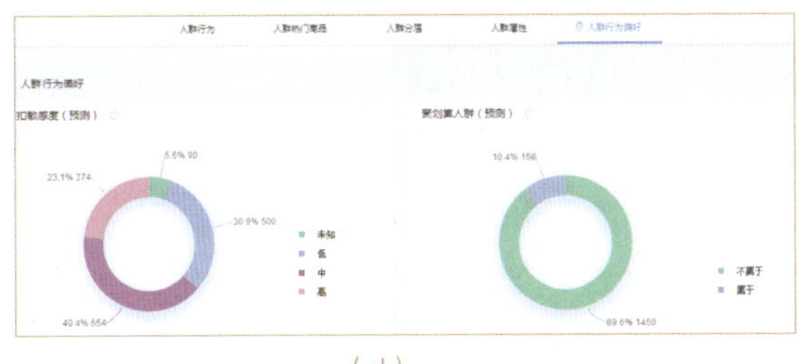

（d）

重点运营人群

兴趣人群

近3-10天有加购或收藏行为，且近期没有购买加购或者收藏商品的客户。

人群总数	昨日访客	昨日成交
1618	35	1

人群分析　定向运营

我的人群库

（e）

▲ 图32-11

| 兵哥 | 定向对兴趣人群进行优惠活动触达通知，可以配合短信或者海报定向精准营销3~10天，如图32-12所示。

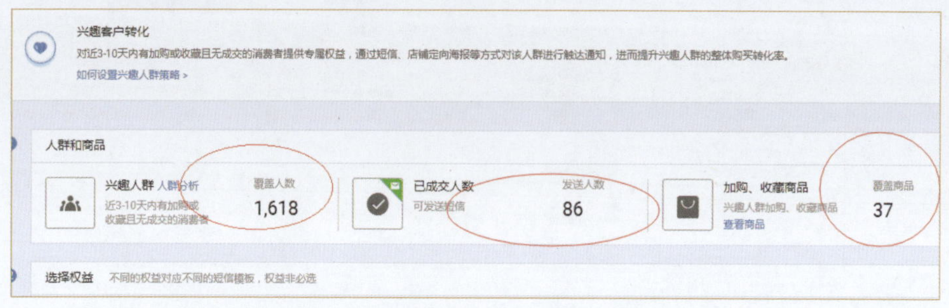

▲ 图32-12

| 兵哥 | 运营计划的有效时间是7天，可以在计划到期的前一天进行短信提醒，前提是设置好店铺的优惠券，如图32-13所示。

▲ 图32-13

| 兵哥 | 短信通知功能是需要申请的。用一个手机号码申请开通短信通知功能，对近3~10天内有加购或收藏而无成交的消费者提供专属权益，通过短信、店铺定向海报等方式对该人群进行触达通知，进而提升兴趣人群的整体购买转化率。这对收藏、加购量大的店铺会有很大帮助。

| 兵哥 | 如果商品利润还可以，可以加大优惠力度。

| 兵哥 | 注意这些优惠券要直接导入客户的卡券包。定向海报设置好后，在店铺里面只有设置了标签的人群才能看到该优惠券。

| 鹿客3 | 定向营销做完后，怎么查看效果分析？

| 兵哥 | 在直通车计划的后面会有一个数据，点进去后会看到成交的效果数据，包括短信通知的人数等，如图32-14所示。这是针对近3~10天内有加

购或收藏而无成交的消费者提供的专属权益。

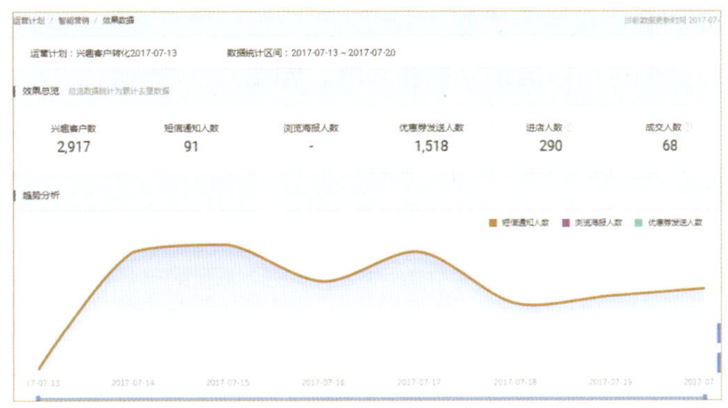

▲ 图32-14

| 兵哥 | 在智能营销中还有优惠券关怀功能。可以直接给兴趣人群发放优惠券，如图32-15所示。

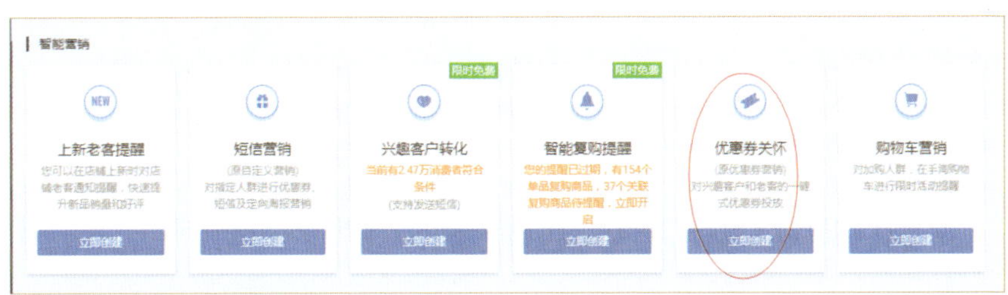

▲ 图32-15

| 兵哥 | 系统会自动创建人群，你也可以自己建立人群包，如图32-16所示。

(a)

(b)

▲ 图32-16

| 兵哥 | 注意，这些优惠券也是直接导入客户卡券包的，发放优惠券后，客户购买时会直接享受优惠。

| 兵哥 | 我们也可以自定义更多人群，如图32-17所示。

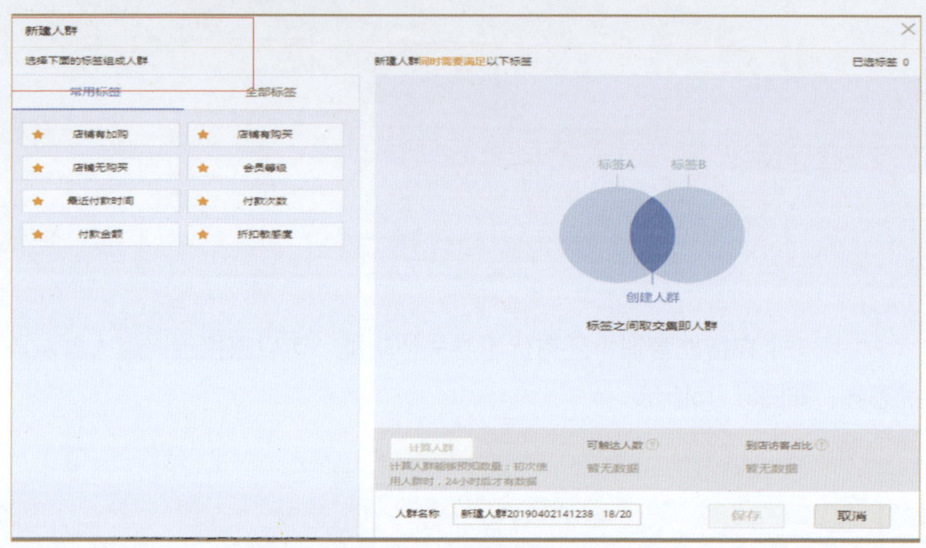

▲ 图32-17

| 兵哥 | 这些人群定义是可以非常精准的，如图32-18所示。

▲ 图32-18

| 鹿客4 | 这个优惠券计入最低价吗?

| 兵哥 | 不计入。

| 兵哥 | 建立自己需要的人群包做定向优惠营销，用利益吸引客户，如图32-19所示。这些定向优惠都有一个好处，就是只有收到优惠券的客户才能享受这些优惠权益，其他客户看到的还是原价。就是你想让某客户看到什么价格他就看到什么价格，但是其他客户看到的还是原价。

| 兵哥 | 另一种方式是专享价，如图32-20所示。

图32-19

（a） （b）

图32-20

|兵哥| 专享价针对的不是全部客户，因为如果针对全部客户的话，所有人看到的价格都一样了，那还不如直接降价。专享价针对的仅是加购、收藏的客户。选好兴趣客户和人群兴趣时间，就可以设置活动了，如图32-21所示。

图32-21

| 兵哥 | 也可以做成海报在微淘中分享。

| 兵哥 | 活动名称可以设置为会员优惠价，这些只有兴趣客户才能看到。这个活动的时间周期是14天，如图32-22所示。

活动名	活动时间	状态
会员优惠价	2017.07.26 - 2017.08.08	进行中
会员专享活动	2017.07.06 - 2017.07.26	已结束
会员专享优惠	2017.04.10 - 2017.04.15	已结束

▲ 图32-22

| 鹿客5 | 这个价格是客户进店才能看到吗，还是直接有短信提醒？

| 兵哥 | 点开宝贝就能看见。

| 鹿客6 | 如果购买过的宝贝还在客户的收藏夹中，他也能看到会员专享价吗？

| 兵哥 | 会。我们现在谈的是专享价，这些人群是针对收藏和加购的。收藏了宝贝、加购了宝贝的客户就会看见会员专享价，如图32-23所示。你可以跟客户说："因为您在我们家买过宝贝，所以以后享受的是会员价。"但是没有收藏宝贝、没有加购宝贝的客户是看不到这个价格的。

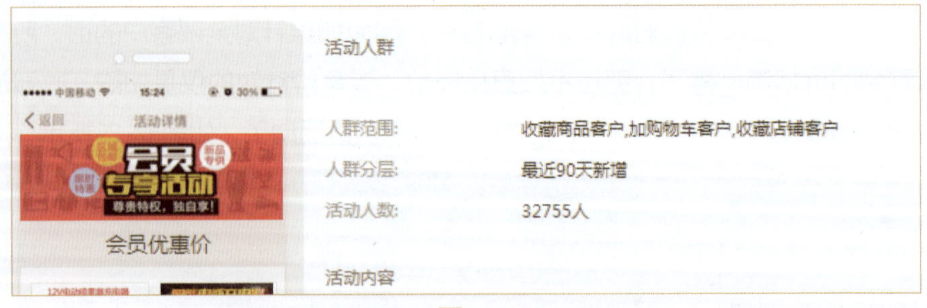

▲ 图32-23

| 兵哥 | 大家可以看看数据，效果其实是很好的，曝光量也很大。每日成交的客户都会有数据显示，如图32-24所示。

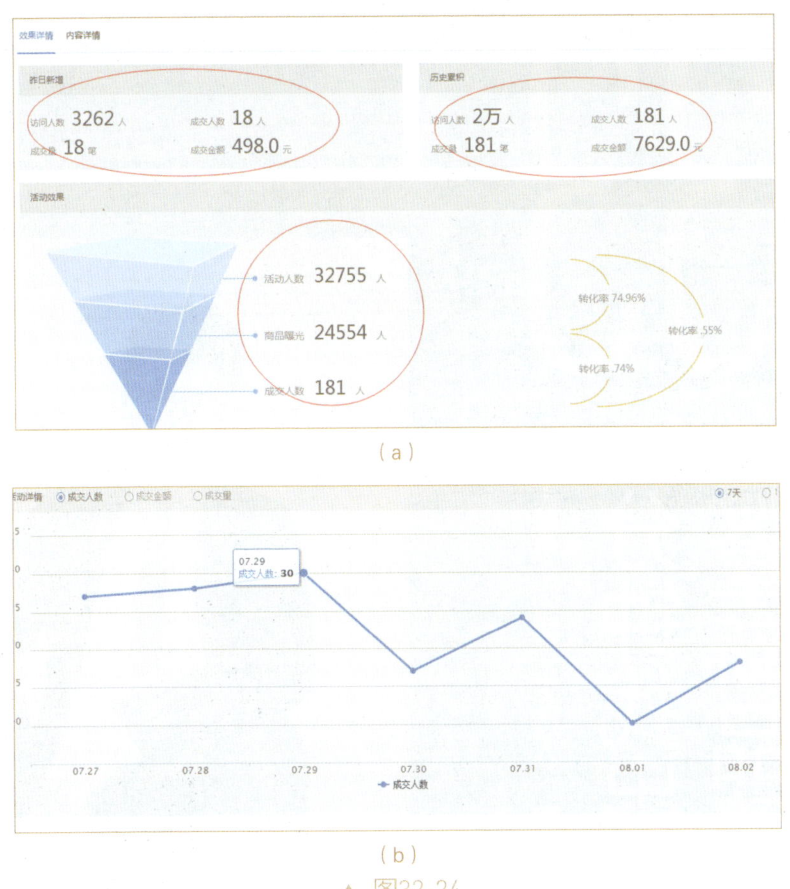

（a）

（b）

▲ 图32-24

| 兵哥 | 上述定向营销效果都是可以测试调整的。例如，优惠券设置3元，效果不好，那就设置成5元、10元，甚至更高。可以根据商品的利润去预估优惠力度。此外，通过这些数据可以得到人群画像，这对于推广人群有一定的辅助作用。

33

3分钟找出类目好词，稳拿新品第一波流量

分享嘉宾 阿瞒 —— 主持人·整理人 金不换

周旭剑（花名“阿瞒”）

4年电商实操经验，超级运营软件创始人，操作过车品、女装、女鞋类目，擅长SEO优化、爆款运营分析。

搜索SEO是分阶段操作的，每一个阶段的操作方式都不一样，但是不管如何操作，目的只有一个，那就是获取精准热搜词的流量。本期内容就手把手教你如何快速、准确地找出类目好词，稳拿新品第一波流量。

| 阿瞒 | 对很多中小卖家来说，新品上架的第一波流量非常重要。

| 阿瞒 | 一般新品上线，淘宝有扶持期，大约为28天。但若操作不当，在这段时间也是拿不到流量的。在搜索SEO之前，我都会先做词库，做一份高质量的精准词库。目前，搜索词库最精准的数据来源就是“生意参谋”→“市场行情”中的“搜索词查询”，如图33-1所示。

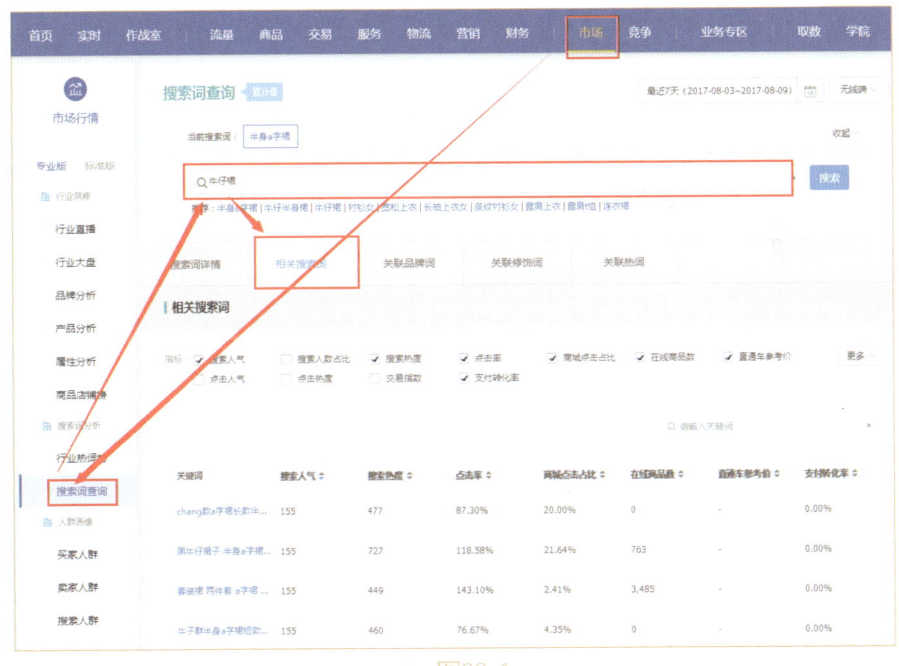

▲ 图33-1

| 阿瞒 | 使用生意参谋的标准版就可以了。我临时举个例子。假如做牛仔裙，第一前提就是确认好核心主词，可以有2~3个，如牛仔裙、牛仔半身裙、半身A字裙，通过这3个主词查出相关词。

| 阿瞒 | 指标选择图33-2所示的几个，“支付转化率”也要选择。

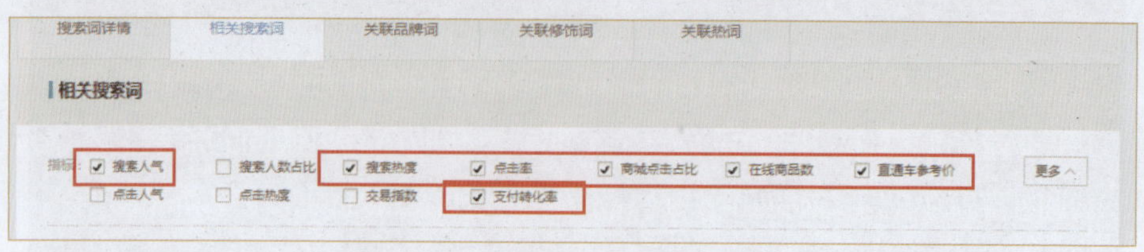

▲ 图33-2

| 阿瞒 | 把查出的相关词复制到Excel表里，如图33-3所示。

	关键词	搜索人气	搜索热度	点击率	商城点击占比	在线商品数	直通车	支付转化率
2	牛仔裙	87,828	206,583	150.74%	52.57%	1,519,169	0.68	3.99%
3	牛仔裙 半身裙	48,601	120,746	163.29%	48.49%	532,574	0.73	4.58%
4	牛仔裙连衣裙	26,226	66,058	148.83%	50.61%	535,046	0.59	2.12%
5	背带牛仔裙	24,657	67,611	161.00%	46.73%	328,663	0.81	3.21%
6	牛仔裙女夏2017新款 韩版	19,606	46,915	136.12%	48.27%	189,362	0.54	3.55%
7	牛仔裙 半身裙 中长款	17,157	43,748	148.06%	44.49%	73,642	0.81	3.74%
8	牛仔裙 短裙	16,940	42,162	128.86%	52.66%	439,745	0.72	4.89%
9	牛仔裙中长款	16,875	41,425	161.33%	37.62%	203,767	0.66	3.49%
10	吊带牛仔裙	16,154	43,438	154.48%	34.35%	143,359	0.52	2.73%
11	牛仔裙套装	15,687	37,773	130.87%	38.83%	179,655	0.62	2.08%
12	牛仔裙 中长款	15,488	37,653	125.56%	48.03%	203,767	0.66	4.36%
13	半身牛仔裙	15,279	41,192	178.79%	49.16%	532,574	0.78	4.58%
14	高腰牛仔裙	13,905	36,070	180.65%	45.45%	435,807	0.67	4.72%
15	ulzzang牛仔裙	12,513	27,043	122.22%	2.69%	5,259	0.28	1.94%
16	白色牛仔裙	12,303	34,920	170.51%	41.32%	99,955	0.89	7.06%
17	牛仔裙夏季女2017新款 韩版学生	12,104	27,734	128.39%	34.85%	25,480	0.49	2.89%
18	牛仔裙 连衣裙	12,075	30,658	114.84%	59.35%	535,046	0.59	2.21%
19	开叉牛仔裙两件套	11,885	22,969	105.03%	22.54%	3,336	0.28	1.68%
20	牛仔裙 半身裙 中裙	11,731	27,403	131.99%	45.48%	28,159	1.06	3.95%
21	大码牛仔裙	11,553	31,702	188.31%	37.14%	129,905	0.84	5.10%
22	牛仔裙套装女2017新款 韩版夏	11,528	27,306	112.30%	40.03%	2,591	0.29	1.82%
23	防走光牛仔裙	11,039	25,793	126.39%	56.17%	33,938	0.69	5.61%
24	牛仔裙长款	10,898	27,285	144.89%	42.95%	194,562	0.59	4.13%
25	半身牛仔裙 中长款	10,772	27,404	164.88%	39.53%	73,642	0.8	4.56%
26	欧货牛仔裙	10,744	23,679	117.59%	14.68%	6,881	0.67	2.05%
27	系带开叉牛仔裙	10,544	19,423	112.98%	6.77%	5,151	0.39	2.68%
28	衬衫牛仔裙两件套	10,297	23,595	108.53%	24.23%	8,315	0.41	0.98%
29	女童牛仔裙	10,030	25,088	133.26%	28.65%	160,574	0.95	6.47%
30	黑色牛仔裙	10,019	29,164	171.05%	43.24%	94,050	0.92	5.79%
31	牛仔裙 半身裙 短裙	9,658	24,026	137.17%	50.62%	272,531	0.84	5.23%
32	白t牛仔裙套装	9,114	17,668	101.77%	12.18%	1,352	0.36	1.36%
33	背带牛仔裙女2017新款 韩版 显瘦	8,593	21,596	125.13%	46.71%	22,356	0.65	3.48%
34	牛仔裙拼接纱	8,399	18,354	137.42%	24.57%	20,382	0.41	3.87%
35	a字牛仔裙	8,287	23,683	175.83%	58.35%	149,421	0.85	4.87%
36	牛仔裙防走光	8,256	20,726	134.86%	50.98%	33,938	0.69	6.17%
37	配牛仔裙的上衣	8,163	18,798	78.84%	5.69%	4,291	0.4	2.59%
38	牛仔裙 半身	7,919	20,194	129.65%	95.02%	532,574	0.78	3.48%
39	女牛仔裙	7,836	19,634	136.33%	51.48%	979,798	0.62	3.10%
40	长款牛仔裙	7,709	20,680	157.15%	41.68%	194,562	0.59	2.67%
41	欧洲站牛仔裙	7,649	17,387	128.27%	14.99%	41,960	0.81	2.55%
42	背带牛仔裙女2017新款 韩版夏	7,511	21,306	135.93%	44.79%	54,602	0.67	3.84%

▲ 图33-3

| 阿瞒 | 多个核心词导出来的相关词可能会有重复，需要删除重复词，如图33-4所示。

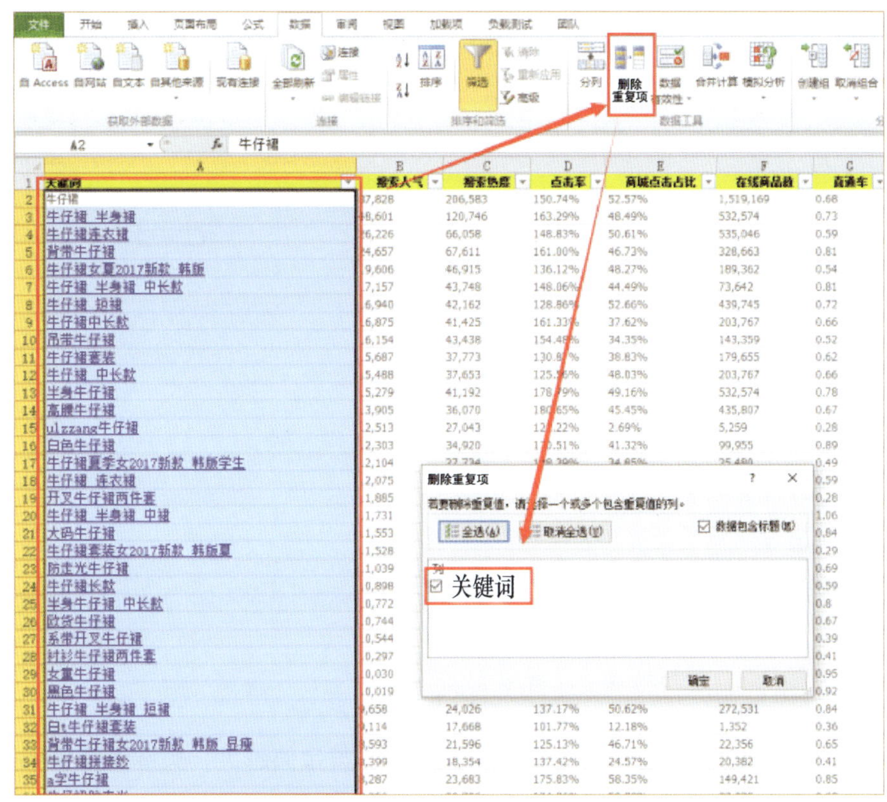

▲ 图33-4

| 阿瞒 | 通过公式算出黄金值，如图33-5所示。

	关键词	搜索人气	搜索热度	点击率	商城点击占比	在线商品数	直通车	支付转化率	黄金值
2	牛仔裙	87,828	206,583	150.74%	52.57%	1,519,169	0.68	3.99%	=B2/F2
3	牛仔裙 半身裙	48,601	120,746	163.29%	48.49%	532,574	0.73	4.58%	
4	牛仔裙连衣裙	26,226	66,058	148.83%	50.61%	535,046	0.59	2.12%	
5	背带牛仔裙	24,657	67,611	161.00%	46.73%	328,663	0.81	3.21%	
6	牛仔裙女夏2017新款 韩版	19,606	46,915	136.12%	48.27%	189,362	0.54	3.55%	
7	牛仔裙 半身裙 中长款	17,157	43,748	148.06%	44.49%	73,642	0.81	3.74%	
8	牛仔裙 短裙	16,940	42,162	128.86%	52.66%	439,745	0.72	4.89%	
9	牛仔裙中长款	16,875	41,425	161.33%	37.62%	203,767	0.66	3.49%	
10	吊带牛仔裙	16,154	43,438	154.48%	34.35%	143,359	0.52	2.73%	
11	牛仔裙套装	15,687	37,773	130.87%	38.83%	179,655	0.62	2.08%	
12	牛仔裙 中长款	15,488	37,653	125.56%	48.03%	203,767	0.66	4.36%	
13	半身牛仔裙	15,279	41,192	178.79%	49.16%	532,574	0.78	4.58%	
14	高腰牛仔裙	13,905	36,070	180.65%	45.45%	435,807	0.67	4.72%	
15	ulzzang牛仔裙	12,513	27,043	122.22%	2.69%	5,259	0.28	1.94%	
16	白色牛仔裙	12,303	34,920	170.51%	41.32%	99,955	0.89	7.06%	
17	牛仔裙夏季女2017新款 韩版学生	12,104	27,734	128.39%	34.85%	25,480	0.49	2.89%	
18	牛仔裙 连衣裙	12,075	30,658	114.84%	59.35%	535,046	0.59	2.21%	
19	开叉牛仔裙两件套	11,885	22,969	105.03%	22.54%	3,336	0.28	1.68%	
20	牛仔裙 半身裙 中裙	11,731	27,403	131.99%	45.48%	28,159	1.06	3.95%	
21	大码牛仔裙	11,553	31,702	188.31%	37.14%	129,905	0.84	5.10%	
22	牛仔裙套装女2017新款 韩版夏	11,528	27,306	112.30%	40.03%	2,591	0.29	1.82%	
23	防走光牛仔裙	11,039	25,793	126.39%	56.17%	33,938	0.69	5.61%	
24	牛仔裙长款	10,898	27,285	144.89%	42.95%	194,562	0.59	4.13%	
25	半身牛仔裙 中长款	10,772	27,404	164.88%	39.53%	73,642	0.8	4.56%	

▲ 图33-5

| 阿瞒 | 淘宝提供的是大数据，我们要接受它的大数据误差。黄金值计算好后，再按照降序排列，如图33-6所示。

	A	B	C	D	E	F	G	H	I
1	关键词	搜索人气	搜索热度	点击率	商城点击占比	在线商品数	直通车	支付转化率	黄金值
2	牛仔半身裙 30-34周岁	1,420	3,336	109.62%	57.56%	1	-	0.68%	1420
3	女士a字裙套装2017新款夏季半身	352	916	97.45%	18.30%	1	-	0.00%	352
4	女士包裙秋季 半身裙 百搭牛仔	789	1,773	83.37%	15.32%	5	-	0.00%	157.8
5	搭配a字裙的上衣女夏 短袖 半身	785	2,027	62.99%	18.13%	5	-	1.64%	157
6	牛子群半身a字裙长款高腰夏2017	1,018	2,555	171.23%	51.86%	7	-	1.28%	145.4286
7	短群女夏 高腰牛仔半身裙 蓬蓬	789	2,276	149.50%	34.33%	8	-	2.74%	98.625
8	牛仔半身裙 25-29周岁	920	1,684	75.26%	47.06%	12	-	1.54%	76.66667
9	欧洲站上品行时尚休闲套装女夏宽松显瘦条纹t恤+牛	1,053	3,373	159.86%	0.79%	14	0.26	15.06%	75.21429
10	女士蕾丝包臀半身a字裙中长款	69	293	133.33%	2.27%	1	-	0.00%	69
11	bei带牛仔裙	1,588	4,577	144.12%	48.03%	32	0	6.07%	49.625
12	配牛仔裙的上衣女夏季2017新款	2,311	5,515	76.34%	4.68%	53	0	1.59%	43.60377
13	chang款a字裙长款半身	69	119	27.27%	0.00%	2	-	0.00%	34.5
14	黑皮裙子 半身 高腰a字裙伞裙	80	90	0.00%	-	3	-	-	26.66667
15	民族风半身短裙子绣花a字裙夏	80	258	142.86%	65.00%	3	-	0.00%	26.66667
16	牛仔半身裙 18-24周岁	1,615	2,814	61.14%	41.72%	61	0	0.81%	26.47541
17	2017夏季新中长款白色高腰显瘦a字裙大摆裙长裙伞	129	471	67.74%	0.00%	5	-	0.00%	25.8
18	牛仔刺绣群半身a字裙高腰夏2017	477	1,335	130.88%	59.27%	20	-	0.00%	23.85
19	牛仔半身裙原宿风女ulzzang 复古	1,594	3,253	65.33%	3.06%	72	-	0.00%	22.13889
20	t恤半身裙两件套 时髦套装 牛仔	1,325	2,398	80.49%	9.09%	72	0	1.01%	18.40278
21	搭配高腰半身a字裙的上衣	220	608	79.55%	34.29%	12	-	0.00%	18.33333
22	超薄牛仔半身裙女 薄夏 中长款	833	1,710	56.49%	8.56%	46	0	3.45%	18.1087
23	牛子群半身a字裙高腰夏2017 百搭	181	482	96.88%	59.68%	10	-	0.00%	18.1
24	半身长裙 a字裙 a字款 百搭休闲	1,159	2,043	43.00%	4.52%	73	0.27	0.00%	15.87671
25	牛仔半身裙a字 前排扣子	1,433	3,083	63.98%	7.77%	93	0	1.43%	15.4086
26	牛仔a字裙套装女2017新款 半身长	875	1,561	46.94%	12.42%	59	-	0.00%	14.83051
27	夏季新款韩版学生短袖t恤套装裙女时尚字母半身a字	460	1,123	123.70%	0.00%	33	0	9.52%	13.93939
28	搭配牛仔裙的上衣女夏新款2017	1,939	4,702	81.99%	14.02%	141	0.2	2.61%	13.75177
29	牛仔裙 连衣裙 长袖 长款 过膝	1,597	4,028	99.59%	47.33%	123	1.11	0.59%	12.98374
30	大摆a字裙半身长裙春秋 气质	477	1,086	58.21%	9.40%	38	-	4.00%	12.55263
31	儿童a字裙女童 半身 牛仔包臀	1,264	2,695	78.85%	8.56%	101	-	2.61%	12.51485
32	爱居兔牛仔裙	1,375	3,093	127.70%	84.84%	115	-	0.97%	11.95652
33	牛仔半身裙 长款a字 高腰侧开叉	983	1,898	90.43%	32.69%	87	0	1.47%	11.29885
34	银轩牛仔裙女2017新款	3,165	8,254	137.60%	16.76%	284	0.54	1.07%	11.14437
35	翠西自制韩国韩版少女感甜美学院风百褶a字裙学生	333	1,105	246.60%	0.00%	30	-	10.00%	11.1
36	衬衣牛仔裙套装	4,367	10,954	128.37%	17.59%	394	0.5	0.68%	11.08376
37	半身长裙 a字裙短款	772	1,506	56.92%	17.30%	72	-	0.00%	10.72222
38	牛仔半身裙 a字裙 不规则 a字款	928	1,692	99.22%	17.45%	88	0	5.45%	10.54545
39	以纯牛仔裙女2017新款 半身裙	1,446	2,881	74.60%	6.78%	143	0	1.32%	10.11189
40	牛仔裙女夏2017新款 韩版 百搭胖	1,417	2,536	69.51%	3.62%	141	-	2.00%	10.04965
41	孕妇a字裙半身	875	2,376	116.07%	38.62%	89	1.19	3.26%	9.831461
42	2017夏季新款韩版学生宽松短袖t恤套装女时尚字母	250	912	160.26%	0.00%	26	-	16.67%	9.615385

▲ 图33-6

｜阿瞒｜通过黄金词的值来选黄金好词。黄金值越大，关键词竞争系数越小。我们选黄金好词有以下4个标准。

（1）黄金值越大越好。

（2）搜索人气。这个要看类目，还要看自己的实操能力，一般为1000~2000。太小的不考虑，因为我们取的数据是最近7天无线端的数据。

（3）支付转化率越高越好。

（4）商城点击占比越低越好（假如是C店，还要考虑商城点击占比）。

｜阿瞒｜黄金好词就是黄金值高、搜索人气不错、支付转化率还可以的词。找出2~3个这种类目词，因为竞争系数不大，所以比较好操作。最复杂的操作是过滤词库，因为在选词之前，一定要确保词库是最精准的，每一个词都适合我们的单品。选词的时候范围要广泛，删除的时候要坚决，要确保留下来的每一个词都是可以带来转化的。

｜阿瞒｜表格删除太麻烦了，而且词库不能对应单品，很多中小卖家都没有开通生意参谋“市场行情”的标准版，拿不到数据源，所以我做了二次开发，将词库和单品结合做了一个黄金词库，如图33-7所示。

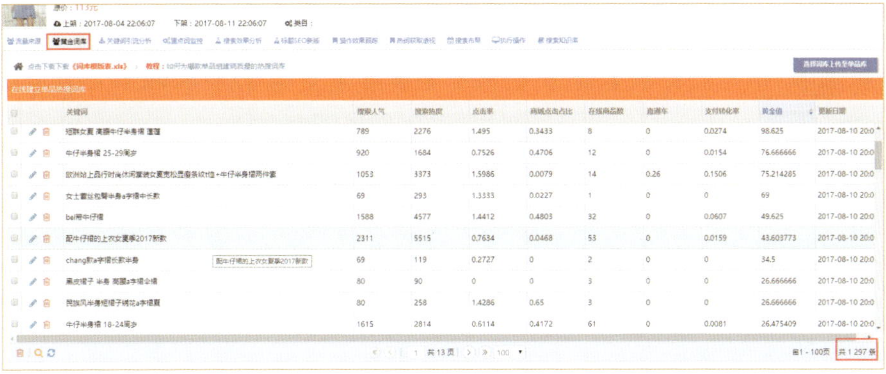

▲ 图33-7

| 阿瞒 | 黄金词库只需要把数据源导入即可，不需要任何操作，系统会自动计算黄金值等，并且会自动删除重复值，还可以和单品相关联。这些词都是这个牛仔裙类目的热搜词。接下来我们要进行删除，找出不符合我们单品的字根：蕾丝、绣花、中长款、刺绣、套装、复古、爱居兔，把和我们不匹配的词根全部找出来，统一一键清除。这里就做个例子，不把所有词都一一选出来了，如图33-8所示。

▲ 图33-8

| 阿瞒 | 将不匹配的词根查找出来后，一键删除，如图33-9所示。

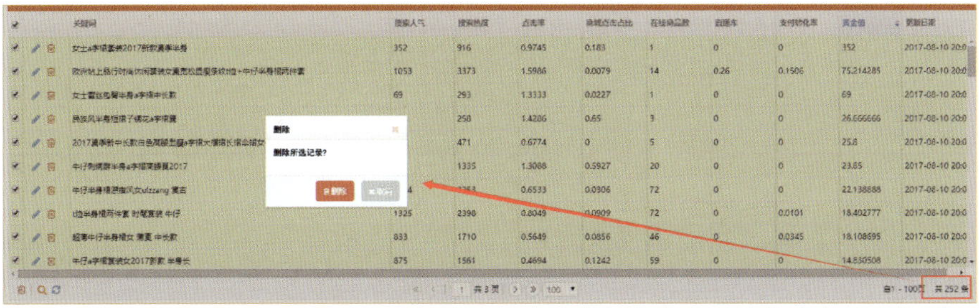

▲ 图33-9

| 阿瞒 | 把支付转化率为0的词全部删除，如图33-10所示。

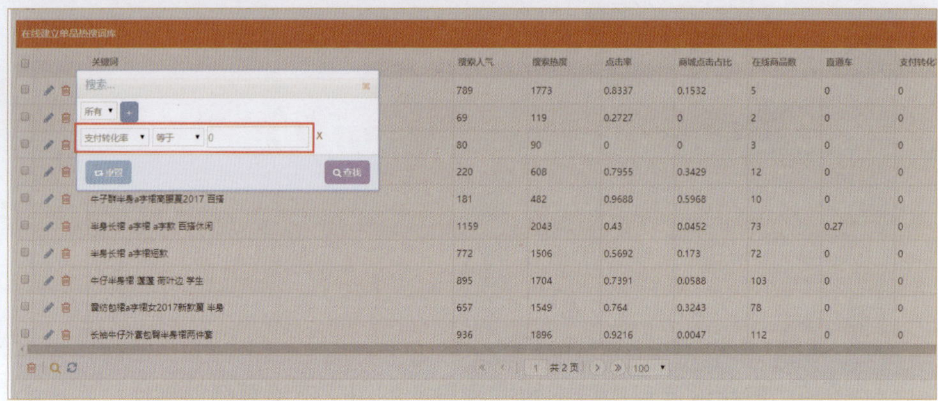

▲ 图33-10

| 阿瞒 | 在线商品数小于50的也需要全部删除，如图33-11所示。这个数值可以自己调整。

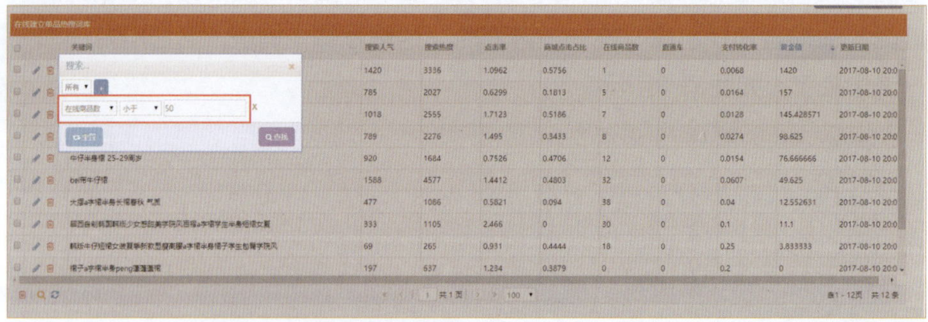

▲ 图33-11

| 阿瞒 | 按照黄金值降序排列这些词，如图33-12所示。这样就很好找黄金词了。前期我们作词时，尽量选择支付转化率高的词，因为成交是关键。

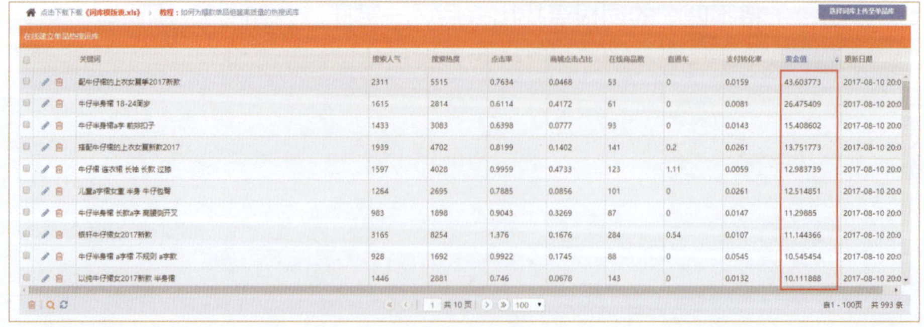

▲ 图33-12

| 阿瞒 | 选出2~3个类目好词，如图33-13所示。这些词找出来之后，我们需要验证一下。把这些词放到手淘里面搜一下，看看搜索结果。假如搜索出来的宝贝基本上交易都为0，则这个词有可能是假词，所以我们要换个词。一般情况下，搜索结果都比较正常，数据分析是一方面，验证是另一方面。接下来是如何用这些词。如果是新品上线，一般会把主搜黄金好词进行完全匹配后放入标题中，前后顺序都不变地放进去，有空格的话也保留。其他的好词再进行组合放进标题，其他词的字根前后可以变动，因为主搜词需要完全匹配，这样的词权重比较高。在做搜索SEO的过程中，词库是非常重要的，而且词库必须是非常精准的，每一个词都应该可以给我们带来成交量，因为我们做搜索的目的就是拿这些精准词的流量促成成交。如果是老品，还可以进行热词获取量计算，看看当前有多少热词获得了流量。

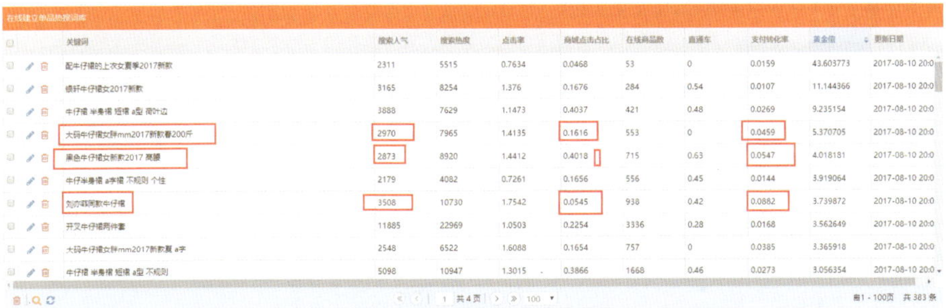

在线建立单品热搜词库

关键词	搜索人气	搜索热度	点击率	商城点击占比	在线商品数	直通车	支付转化率	黄金值	更新日期
配牛仔裙的上衣女夏季2017新款	2311	5515	0.7634	0.0468	53	0	0.0159	43.603773	2017-08-10 20:0
镶钻牛仔裙女2017新款	3165	8254	1.376	0.1676	284	0.54	0.0107	11.144366	2017-08-10 20:0
牛仔裙 半身裙 短裙 a型 荷叶边	3888	7629	1.1473	0.4037	421	0.48	0.0269	9.235154	2017-08-10 20:0
大码牛仔裙女胖mm2017新款春200斤	2970	7965	1.4135	0.1616	553	0	0.0459	5.370705	2017-08-10 20:0
黑色牛仔裙女新款2017 高腰	2873	8920	1.4412	0.4018	715	0.63	0.0547	4.018181	2017-08-10 20:0
牛仔半身裙 a字裙 不规则 个性	2179	4082	0.7261	0.1656	556	0.45	0.0144	3.919064	2017-08-10 20:0
刘亦菲同款牛仔裙	3508	10730	1.7542	0.0545	938	0.42	0.0882	3.739872	2017-08-10 20:0
开叉牛仔裙两件套	11885	22969	1.0503	0.2254	3336	0.28	0.0168	3.562649	2017-08-10 20:0
大码牛仔裙女胖mm2017新款夏 a字	2548	6522	1.6088	0.1654	757	0	0.0385	3.365918	2017-08-10 20:0
牛仔裙 半身裙 短裙 a型 不规则	5098	10947	1.3015	0.3866	1668	0.46	0.0273	3.056354	2017-08-10 20:0

1 共4页 100 1 - 100页 共 383 条

▲ 图33-13

| 阿瞒 | 如图33-14所示，红色标注的数据是店内实际的关键词引流数据。通过这里的数据分析可以清楚地知道，哪些热词当前获取到了流量，哪些热词还没有获取到流量，是什么原因没有获取到流量，是关键词权重太差，还是标题里切词没有切到，抑或词本身就没有搜索量。在这里全部都能分析出结果和原因并进行及时改进。说到切词，我补充一点，对标题的切词，淘宝中是有专业的切法的，是把一个标题切成词和词组。前面之所以把主搜词一字不动地放到标题中，就是怕系统乱组合，到时候词组反而用不上。

| 阿瞒 | 例如图33-15所示的这个标题。

流量来源 流量全词库 关键词引流分析 重点词监控 搜索效果分析 标题SEO解析 操作效果跟踪 热词获取途径 搜索布局 执行操作 搜索知识库

过滤条件： 请选择 添加重点监控词 新

引流关键词	当日排名	查排名	行业搜索人气	搜索UV	搜索引流占比	搜索成交	成交金额	转化率	商城点击占比	在线商品数	直通车	转化率	竞合值	操作
牛仔半身裙	未搜索到	查排名	112539	1087	[illegible]	13	744.65	1.2%	49.65%	532627	0.78	3.99%	0.211	效果追踪
牛仔裙	正在查询..	查排名	87828	432	[illegible]	5	285.54	1.2%	52.57%	1519169	0.66	3.99%	0.058	效果追踪
牛仔裙 半身裙	正在查询..	查排名	48601	379	[illegible]	4	216.66	1.1%	48.49%	532574	0.73	4.58%	0.091	效果追踪
牛仔半身裙 中长款	正在查询..	查排名	30048	0	[illegible]	0	0	0%	40.29%	73643	0.80	4.45%	0.408	效果追踪
牛仔半身裙 a字裙	正在查询..	查排名	27165	224	[illegible]	3	169.54	1.3%	60.86%	135691	0.86	5.8%	0.2	效果追踪
牛仔裙连衣裙	正在查询..	查排名	26226	0	[illegible]	0	0	0%	50.61%	535046	0.59	2.12%	0.049	效果追踪
背带牛仔裙		查排名	24657	0	[illegible]	0	0	0%	46.73%	328663	0.81	3.21%	0.075	效果追踪
a字裙 半身裙牛仔	第53位	查排名	20070	158	[illegible]	0	0.00	0%	54.08%	135691	0.86	5.69%	0.148	效果追踪
牛仔裙女夏2017新款 韩版	正在查询..	查排名	19606	52	[illegible]	2	124.11	3.8%	48.27%	189362	0.54	3.55%	0.104	效果追踪
牛仔半身裙a字		查排名	18480	51	[illegible]	0	0.00	0%	53.96%	108351	0.75	5.36%	0.171	效果追踪
牛仔裙 半身裙 中长款		查排名	17157	8	[illegible]	0	0.00	0%	44.49%	73642	0.81	3.74%	0.233	效果追踪
牛仔裙 短裙		查排名	16940	33	[illegible]	0	0.00	0%	52.66%	439745	0.72	4.89%	0.039	效果追踪
牛仔裙中长款		查排名	16875	0	[illegible]	0	0	0%	37.62%	203767	0.66	3.49%	0.083	效果追踪
吊带牛仔裙		查排名	16154	0	[illegible]	0	0	0%	34.35%	143359	0.52	2.73%	0.113	效果追踪
[illegible]		查排名	15687	0	[illegible]	0	0	0%	38.83%	179655	0.62	2.08%	0.087	效果追踪
牛仔裙 中长款		查排名	15488	0	[illegible]	0	0	0%	48.03%	203767	0.66	4.36%	0.076	效果追踪
半身牛仔裙		查排名	15279	68	[illegible]	0	0.00	0%	49.16%	532574	0.78	4.58%	0.029	效果追踪
高腰牛仔裙		查排名	13905	12	[illegible]	0	0.00	0%	45.45%	435807	0.67	4.72%	0.032	效果追踪
chic牛仔半身裙		查排名	12647	0	[illegible]	0	0	0%	16.08%	5921	0.81	2.94%	2.136	效果追踪

▲ 图33-14

▲ 图33-15

| 阿瞒 | 淘宝的切词方法如图33-16所示。

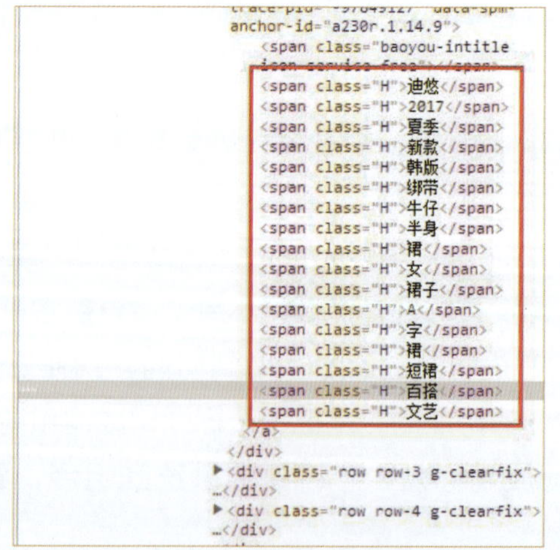

```
anchor-id="a230r.1.14.9">
    <span class="baoyou-intitle
    icon-service-free"></span>
    <span class="H">迪悠</span>
    <span class="H">2017</span>
    <span class="H">夏季</span>
    <span class="H">新款</span>
    <span class="H">韩版</span>
    <span class="H">绑带</span>
    <span class="H">牛仔</span>
    <span class="H">半身</span>
    <span class="H">裙</span>
    <span class="H">女</span>
    <span class="H">裙子</span>
    <span class="H">A</span>
    <span class="H">字</span>
    <span class="H">裙</span>
    <span class="H">短裙</span>
    <span class="H">百搭</span>
    <span class="H">文艺</span>
  </a>
</div>
▶<div class="row row-3 g-clearfix">
…</div>
▶<div class="row row-4 g-clearfix">
…</div>
```

▲ 图33-16

| 阿瞒 | 每个字根都会有对应的权重，如图33-17所示。标题SEO我就不讲了。找到好词放入标题之后，不代表就万事大吉了，坐等流量来是不现实的。找到好词之后，我们要做的就是先重点关注，然后做一些基础的权重，

如加购、加收藏等，这里就不细说了。

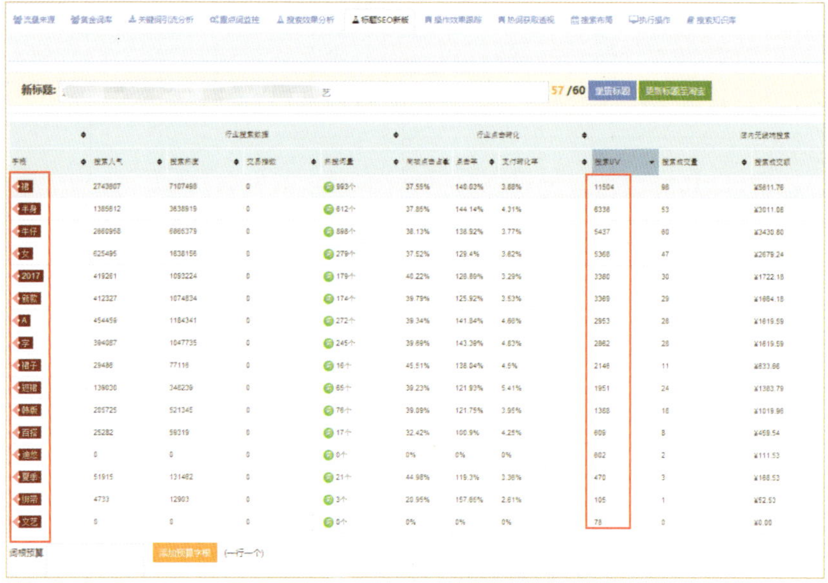

新标题：艺 57/60

字根	行业搜索数据				行业点击转化			店内无线端搜索		
	搜索人气	搜索热度	交易指数	关搜词量	有效点击占比	点击率	支付转化率	搜索UV	搜索成交量	搜索成交额
裙	2743807	7107468	0	993个	37.55%	140.03%	3.88%	11504	98	¥5611.76
半身	1385812	3638919	0	612个	37.85%	144.14%	4.31%	6338	53	¥3011.08
牛仔	2860958	6865379	0	898个	38.13%	138.92%	3.77%	5437	60	¥3430.80
女	625495	1638156	0	279个	37.52%	129.4%	3.62%	5368	47	¥2679.24
2017	419261	1093224	0	179个	40.22%	128.89%	3.29%	3380	30	¥1722.18
新款	412327	1074834	0	174个	39.79%	125.92%	3.53%	3369	29	¥1664.18
A	454459	1184341	0	272个	39.34%	141.84%	4.68%	2953	28	¥1619.59
字	394087	1047735	0	245个	39.69%	143.39%	4.83%	2862	28	¥1619.59
裙子	29486	77116	0	16个	45.51%	138.04%	4.5%	2146	11	¥633.66
短裙	139030	348239	0	65个	39.23%	121.93%	5.41%	1951	24	¥1383.79
韩版	205725	521345	0	76个	39.09%	121.75%	3.95%	1368	16	¥1019.96
百搭	25282	59319	0	17个	32.42%	100.9%	4.25%	609	8	¥459.54
迪悠	0	0	0	0个	0%	0%	0%	602	2	¥111.53
夏季	51915	131482	0	21个	44.98%	119.3%	3.38%	470	3	¥168.53
绑带	4733	12903	0	3个	20.95%	157.66%	2.61%	105	1	¥52.53
文艺	0	0	0	0个	0%	0%	0%	78	0	¥0.00

词根预算 添加预算字根 (一行一个)

▲ 图33-17

| 阿瞒 | 图33-18所示的这个词是我之前设定的主搜好词，那么接下来一段时间要做的就是想办法提升它的权重，监控每日排名和引流效果，如图33-19和图33-20所示。

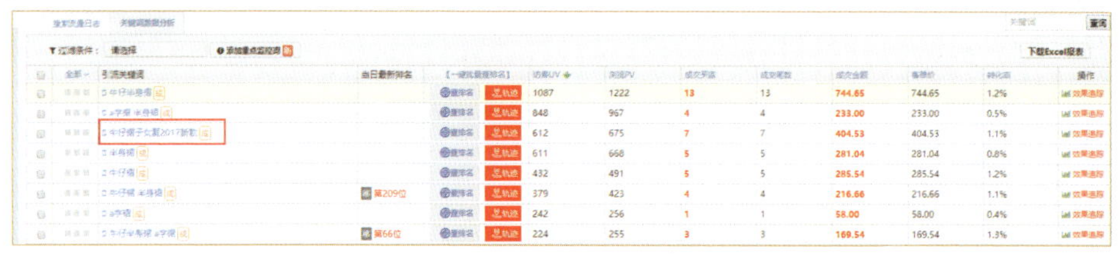

搜索流量日志 关键词数据分析

过滤条件：请选择 添加重点监控词 下载Excel报表

引流关键词	当日最新排名	【一键批量查排名】		访客UV	浏览PV	成交买家数	成交笔数	成交金额	客单价	转化率	操作
牛仔半身裙 成		查排名	轨迹	1087	1222	13	13	744.65	744.65	1.2%	效果追踪
a字裙 半身裙 成		查排名	轨迹	848	967	4	4	233.00	233.00	0.5%	效果追踪
牛仔裙子女夏2017新款 成		查排名	轨迹	612	675	7	7	404.53	404.53	1.1%	效果追踪
半身裙 成		查排名	轨迹	611	668	5	5	281.04	281.04	0.8%	效果追踪
牛仔裙 成		查排名	轨迹	432	491	5	5	285.54	285.54	1.2%	效果追踪
牛仔裙 半身裙 成	第209位	查排名	轨迹	379	423	4	4	216.66	216.66	1.1%	效果追踪
a字裙 成		查排名	轨迹	242	256	1	1	58.00	58.00	0.4%	效果追踪
牛仔半身裙 a字裙 成	第66位	查排名	轨迹	224	255	3	3	169.54	169.54	1.3%	效果追踪

▲ 图33-18

搜索流量日志 关键词数据分析

过滤条件：请选择 添加重点监控词 新

全部	引流关键词	当日最新排名	【一键批量查排名】		访客UV
	牛仔半身裙 成		查排名	轨迹	1087
	a字裙 半身裙 成		查排名	轨迹	848
	牛仔裙子女夏2017新款 成		查排名	轨迹	612
	半身裙 成		查排名	轨迹	611
	牛仔裙 成		查排名	轨迹	432
	牛仔裙 半身裙 成	第209位	查排名	轨迹	379
	a字裙 成		查排名	轨迹	242
	牛仔半身裙 a字裙 成	第66位	查排名	轨迹	224

▲ 图33-19

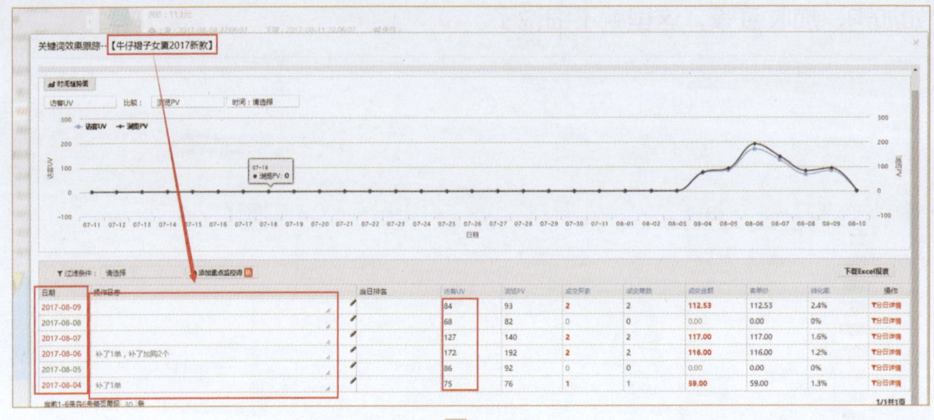

▲ 图33-20

| 阿瞒 | 最重要的参考依据是操作日志，先分析单个好词的数据反馈及每日排名的波动，如图33-21所示。

分组	指标	07月26日	07月27日	07月28日	07月29日	07月30日	07月31日	08月01日	08月02日	08月03日	08月04日	08月05日	08月06日	08月07日	08月08日	08月09日
	日志 每日操作跟踪	▼操作日志	▼操作日志	▼操作日志	▼操作日志	▼操作日志	▼操作日志	▼操作日志	▼操作日志	▼操作日志	▼操作日志	▼操作日志	▼操作日志	▼操作日志	▼操作日志	▼操作日志
单品总渠道	总访客	4752人↓	4250人↓	4700人↑	3663人↓	3832人↑	3151人↓	2933人↓	2795人↓	2441人↓	2430人↓	2601人↑	3153人↑	2799人↓	2066人↓	2422人↑
	总支付买家数	122笔↑	94笔↓	99笔↑	77笔↓	68笔↓	75笔↑	61笔↓	42笔↓	40笔↓	42笔↑	41笔↓	41笔—	39笔↓	20笔↓	10笔↓
	总成交金额	4810.62元↑	3691.24元↓	3952.00元↑	3028.59元↓	2707.26元↓	3147.02元↑	2452.00元↓	1701.00元↓	1616.90元↓	1661.26元↑	1617.26元↓	1605.59元↓	1613.00元↑	775.00元↓	384.51元↓
	new 总加购人数	262人↓	242人↓	246人↑	228人↓	228人↑	159人↓	165人↑	175人↑	111人↓	129人↑	143人↑	181人↑	128人↓	61人↓	71人↑
	总收藏数	161个↓	164个↑	147个↓	122个↓	116个↓	116个—	111个↓	81个↓	95个↑	74个↓	79个↑	107个↑	79个↓	63个↓	75个↑
转化率	转化率	2.57%↑	2.21%↓	2.11%↓	2.10%↓	1.77%↓	2.38%↑	2.08%↓	1.50%↓	1.64%↑	1.73%↑	1.58%↓	1.30%↓	1.39%↑	0.96%↓	0.41%↓
	new 加购率	5.51%↓	5.69%↑	5.23%↓	6.17%↑	5.95%↓	5.05%↓	5.63%↑	6.26%↑	4.55%↓	5.31%↑	5.50%↑	5.74%↑	4.57%↓	2.92%↓	2.93%↑
	new 收藏率	3.39%↓	3.86%↑	3.13%↓	3.33%↑	3.03%↓	3.68%↑	3.78%↑	2.90%↓	3.89%↑	3.05%↓	3.04%↓	3.39%↑	2.82%↓	3.02%↑	3.10%↑
搜索全渠道 全部	搜索总UV	2825人↓	2555人↓	3073人↑	2464人↓	2650人↑	2066人↓	1911人↓	1899人↓	1620人↓	1670人↑	1831人↑	2111人↑	1868人↓	1377人↓	1336人↓
	搜索总成交	64笔↑	47笔↓	58笔↑	44笔↓	41笔↓	33笔↓	26笔↓	26笔—	18笔↓	19笔↑	21笔↑	25笔↑	25笔—	15笔↓	1笔↓
	搜索总成交额	2491.36元↑	1850.91元↓	2344.00元↑	1706.00元↓	1665.00元↓	1452.00元↓	1048.00元↓	1053.00元↑	741.00元↓	780.00元↑	813.26元↑	993.25元↑	965.00元↓	580.00元↓	39.00元↓
	搜索总转化率	2.27%↑	1.84%↓	1.89%↑	1.79%↓	1.55%↓	1.60%↑	1.36%↓	1.37%↑	1.11%↓	1.14%↑	1.15%↑	1.18%↑	1.34%↑	1.09%↓	0.07%↓
搜索全渠道 占比	搜索流量占比	59.45%↓	60.12%↑	65.38%↑	67.27%↑	69.15%↑	65.57%↓	65.16%↓	67.94%↑	66.37%↓	68.72%↑	70.40%↑	66.95%↓	66.74%↓	66.01%↓	55.16%↓
	搜索成交占比	52.46%↑	50.00%↓	58.59%↑	57.14%↓	60.29%↑	44.00%↓	42.62%↓	61.90%↑	45.00%↓	45.24%↑	51.22%↑	60.98%↑	64.10%↑	75.00%↑	10.00%↓
搜索成交数据 无线端	搜索UV	2743人↓	2462人↓	3026人↑	2403人↓	2604人↑	2009人↓	1870人↓	1845人↓	1539人↓	1639人↑	1804人↑	2071人↑	1813人↓	1317人↓	1305人↓
	搜索成交	62笔↑	44笔↓	58笔↑	44笔↓	41笔↓	33笔↓	26笔↓	25笔↓	18笔↓	19笔↑	21笔↑	25笔↑	25笔—	15笔↓	1笔↓
	搜索成交额	2413.36 元↑	1733.91 元↓	2344.00 元↑	1706.00 元↓	1665.00 元↓	1452.00 元↓	1048.00 元↓	1014.00 元↓	741.00 元↓	780.00 元↑	813.26 元↑	993.25 元↑	965.00 元↓	580.00 元↓	39.00 元↓
	搜索转化率	2.26%↑	1.79%↓	1.92%↑	1.83%↓	1.57%↓	1.64%↑	1.39%↓	1.36%↓	1.17%↓	1.16%↓	1.16%—	1.21%↑	1.38%↑	1.14%↓	0.08%↓
搜索成交数据 PC	搜索展现量	6327个↑	9801个↑	5028个↓	4371个↓	4278个↓	5601个↑	5785个↑	5663个↓	9054个↑	4227个↓	3215个↓	3532个↑	5724个↑	5721个↓	5771个↑
	搜索UV	82人↑	93人↑	47人↓	61人↑	46人↓	57人↑	41人↓	54人↑	81人↑	31人↓	27人↓	40人↑	55人↑	60人↑	31人↓
	搜索成交	2笔↑	3笔↑	0笔↓	0笔—	0笔—	0笔—	0笔—	1笔↑	0笔↓	0笔—	0笔—	0笔—	0笔—	0笔—	0笔—
	搜索成交额	78.00元—	117.00元↑	0.00元↓	0.00元—	0.00元—	0.00元—	0.00元—	39.00元↑	0.00元↓	0.00元—	0.00元—	0.00元—	0.00元—	0.00元—	0.00元—
	搜索转化率	0.02%↑	0.03%↑	0.00%↓	0.00%—	0.00%—	0.00%—	0.00%—	0.01%↑	0.00%↓	0.00%—	0.00%—	0.00%—	0.00%—	0.00%—	0.00%—

▲ 图33-21

| 阿瞒 | 再分析单品每日的搜索趋势，看是否淘宝已经给你反馈，再借力打力，引爆搜索。记住：单品权重没有形成之前，基础的权重还是要做的，只是现在做法比较复杂、麻烦一点儿，而且每隔3天必须验证一下操作的效果。假如词无效，就必须找原因、换方法。

| 鹿客1 | 关于切分关键词，可以再分享下吗？

| 阿瞒 | 例如，我们要看图33-22（a）这个宝贝的切词，可将其标题复制，然后放到淘宝中搜索一下，如图33-22（b）和图33-22（c）所示。

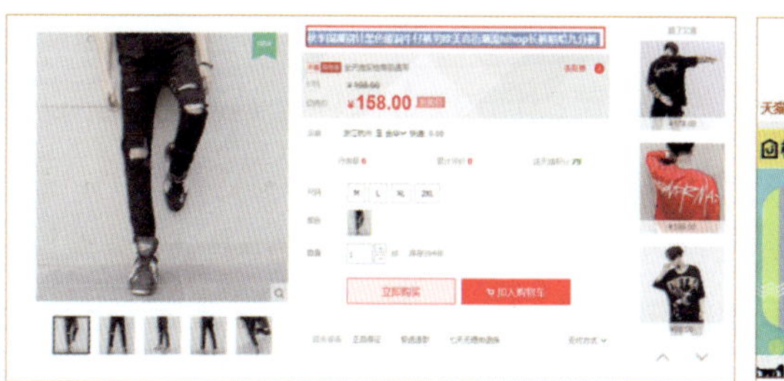

（a）

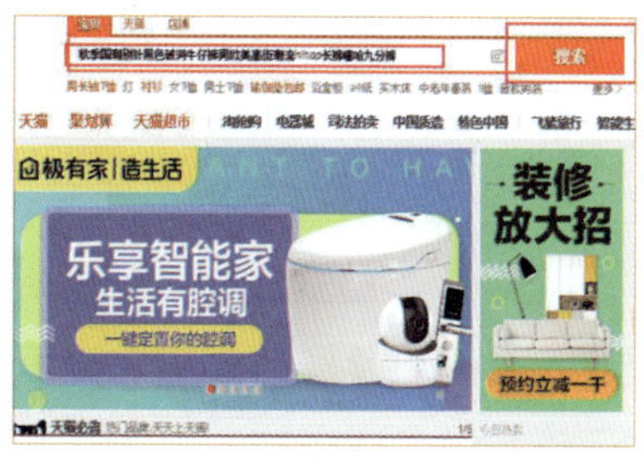

（b）

（c）

▲ 图33-22

| 鹿客2 | 老师，一般情况下，是不是我们只要不断地提升一个重点好词的权重就可以了？其他词是不是没必要去关注？

| 阿瞒 | 操作的时候，一般分配50%的关注量给重点好词即可。

| 鹿客3 | 老师，可以讲一下标题SEO吗？

| 阿瞒 | 标题SEO需要建立在单品小爆款的基础上，比较复杂，由于时间关系，我就简单讲一下。标题SEO的核心就是字根，每个字根都是有权重的，如图33-23所示。我常用的方法是字根数据化。

新标题：秋季衬衫女装长袖学院风大码宽松韩范BF风学生白色蝙蝠袖上衣衬衣 60/60

字根	搜索人气	搜索热度	交易指数	在线商品数	商城点击占比	点击率	支付转化率	搜索UV	搜索成交量	搜索成交额
衬衫	4216661	10821621	0	500个	33.74%	139.78%	2.9%	20237	90	¥6121.09
长袖	937834	2480262	0	154个	35.8%	126.06%	2.36%	10984	26	¥1765.01
学生	828210	2192843	0	152个	25.14%	114.27%	1.72%	10529	20	¥1376.00
宽松	2716548	7044623	0	576个	31.45%	117.19%	2.71%	5476	27	¥1844.40
风	338327	836890	0	53个	17.76%	115.57%	1.86%	4834	16	¥1102.00
学院	62259	154321	0	10个	21.23%	120.93%	1.69%	3963	8	¥552.00
上衣	2156764	5825115	0	503个	32.71%	116.76%	2.77%	3945	8	¥414.00
韩范	196042	442345	0	15个	21.06%	110.93%	1.61%	3469	16	¥1085.00
衬衣	0	0	0	0个	0%	0%	0%	2721	10	¥676.00
BF	298128	798969	0	61个	18.41%	118.31%	1.63%	2155	13	¥900.00
白色	158139	408179	0	21个	41.43%	139.74%	5.31%	1798	4	¥276.00
秋季	173559	464174	0	33个	27.74%	111.55%	0.86%	1675	1	¥69.00
女装	35113	95431	0	10个	46.16%	115.75%	3.28%	739	1	¥69.00
蝙蝠袖	31341	65407	0	5个	22.49%	96.14%	1.09%	256	1	¥69.00
大码	109681	313216	0	27个	31.56%	133.48%	4.06%	196	0	¥0.00

▲ 图33-23

| 阿瞒 | 看图33-23中的数据，标题SEO的第一步就是删词。删词的方法很简单，就是把权重差的词先删除。权重可以通过3个指标来判断：搜索UV、搜索成交、搜索成交额。显然，“大码”这个词一点儿权重也没有，可删除。搜索UV、搜索成交、搜索成交额差的词，就是权重差的词。很多人换标题时，都不知道换什么词。这里最能进行数据化操作，系统默认是7天的数据运算，没有成交的词可放心大胆地删除，没有任何影响，验证一下就知道操作正确与否了。

| 阿瞒 | 如图33-24所示，7天的引流关键词中，没有一笔是成交的，故需删除。删除容易加词难，加词就需要分析了，因为加词才是重点。

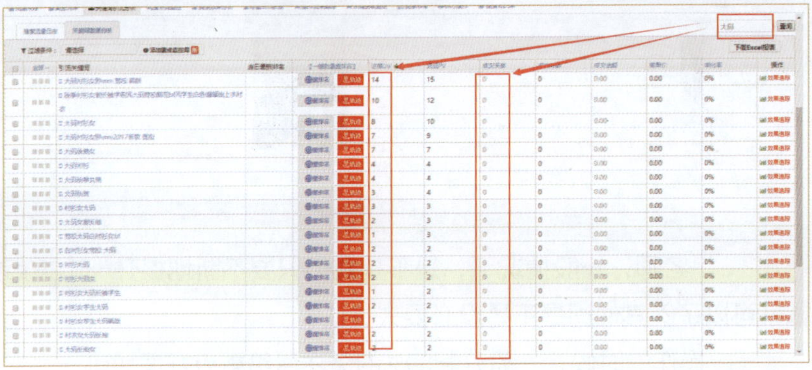

▲ 图33-24

| 阿瞒 | 对于特大爆款，基本上单品权重已经很高了，就不用考虑字根权重了，我们要做的就是找出更大的热搜词，生意参谋中有一个关键热词和关键修饰词，如图33-25所示。

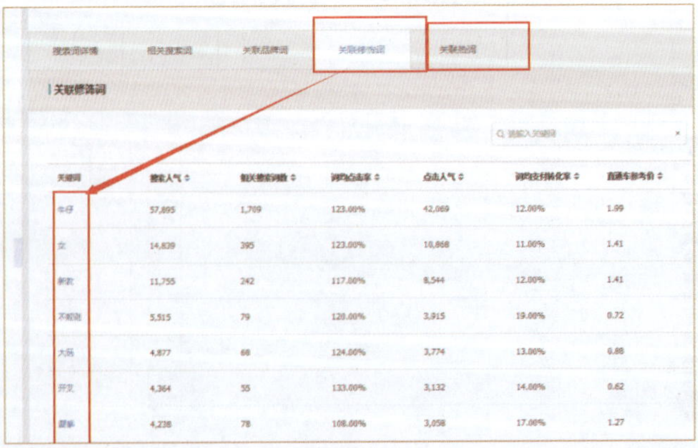

搜索词详情 相关搜索词 关联品牌词 关联修饰词 关联热词

关联修饰词

关键词	搜索人气	相关搜索词数	词均点击率	点击人气	词均支付转化率	直通车参考价
牛仔	57,895	1,709	123.00%	42,069	12.00%	1.99
女	14,839	395	123.00%	10,868	11.00%	1.41
新款	11,755	242	117.00%	8,544	12.00%	1.41
不规则	5,515	79	120.00%	3,915	19.00%	0.72
大码	4,877	68	124.00%	3,774	13.00%	0.88
开叉	4,364	55	133.00%	3,132	14.00%	0.62
显瘦	4,238	78	108.00%	3,058	17.00%	1.27

▲ 图33-25

| 阿瞒 | 把这些字根全部导出来，做预计算，如图33-26所示。注意，这里的搜索人气对我们的单品来说是不精准的，需要通过精准词库重新测算，所以别简单地拿去就用。

字根	行业搜索数据				行业点击转化		
	搜索人气	搜索热度	交易指数	热搜词量	商城点击占比	点击率	支付转化率
迪悠	0	0	0	0个	0%	0%	0%
2017	419261	1093224	0	179个	40.22%	126.89%	3.29%
夏季	51915	131462	0	21个	44.98%	119.3%	3.36%
新款	412327	1074834	0	174个	39.79%	125.92%	3.53%
韩版	205726	521345	0	76个	39.09%	121.75%	3.95%
绑带	4733	12903	0	3个	20.95%	157.65%	2.61%
牛仔	2860958	6865379	0	896个	38.13%	138.92%	3.77%
半身	1385612	3638919	0	612个	37.85%	144.14%	4.31%
裙	2743607	7107498	0	993个	37.55%	140.03%	3.88%
女	625495	1638156	0	279个	37.52%	129.4%	3.62%
裙子	29486	77116	0	16个	45.51%	138.04%	4.5%
A	454459	1184341	0	272个	39.34%	141.84%	4.66%
字	394087	1047735	0	245个	39.69%	143.39%	4.83%
短裙	139030	348239	0	65个	39.23%	121.93%	5.41%
百搭	25282	59319	0	17个	32.42%	100.9%	4.25%
文艺	0	0	0	0个	0%	0%	0%

词根预算 浅色 条纹 中 印花 添加预算字根 (一行一个)

▲ 图33-26

| 阿瞒 | 把导出来的词进行字根预计算，如图33-27所示。

词根预算 浅色 条纹 中 印花 添加预算字根 (一行一个)

字根	搜索人气	搜索热度	交易指数	热搜词量	商城点击占比	点击率	支付转化率	搜索UV	搜索成交量
牛仔	2860958	6865379	0	896个	38.13%	138.92%	3.77%	5437	60
女	625495	1638156	0	279个	37.52%	129.4%	3.62%	5366	47
新	416451	1084809	0	178个	39.69%	125.34%	3.52%	3386	29
新款	412327	1074834	0	174个	39.79%	125.92%	3.53%	3369	29
长	386064	1019021	0	160个	38.19%	140.91%	3.59%	111	0
长款	316102	820078	0	120个	38.82%	140.14%	3.53%	88	0
中	286651	740063	0	102个	39.67%	140.94%	3.85%	108	1
中长	285998	692263	0	97个	38.69%	142.28%	3.69%	89	0
短	173110	439277	0	68个	39.85%	121.27%	5.09%	2279	31
带	166556	450049	0	50个	32.85%	131.14%	3.5%	136	1
大码	84782	244831	0	39个	28.27%	161.44%	5.3%	18	0
不规则	75374	183983	0	32个	24.48%	138.91%	3.41%	18	0
开叉	72595	167601	0	25个	28.08%	130.91%	3%	0	0
夏季	51915	131462	0	21个	44.98%	119.3%	3.36%	470	3
拼接	48268	121538	0	16个	35.07%	145.26%	4.16%	3	0
[illegible]	44087	115918	0	16个	18.99%	123.19%	6.28%	0	0
[illegible]	43045	135239	0	24个	40.13%	157.08%	5.74%	11	0
黑色	41053	128785	0	21个	37.79%	158.01%	5.44%	9	0
白	37503	115877	0	15个	46.69%	160.04%	7.7%	54	3
学生	35894	85880	0	19个	37.71%	128.85%	3.04%	418	6
白色	35279	109287	0	14个	46.56%	160.4%	7.85%	26	2
网纱	30205	71433	0	8个	25.79%	146.95%	6.15%	10	0

▲ 图33-27

| 阿瞒 | 算出并导入所有字根的数据，根据搜索人气和词量来选择。删除店内权重差的词，加词类目词库中搜索人气高的词。要想数据精准有效果，词库是关键，所有不精准的词要全部删除，这样计算才会准确。

34

直通车的精准人群玩法，转化率提高20%的秘技

分享嘉宾 青墨——主持人·整理人 橙子

蒋宏程（**花名“青墨”**）

4年电商运营实操经验，擅长数据分析、直通车推广和搜索优化。

直通车是淘宝天猫运营永恒的技术难题，特别是在淘宝改版之后，在直通车操作中，精准人群的投放将变得更加重要。如果人群不精准，那么你的直通车流量就会有局限性，而且转化率会很差。本期分享的内容就是关于直通车的精准人群玩法。

| 青墨 | 首先我要说明，这套玩法的前提是关键词精准。首先给大家看一下数据，如图34-1所示。直通车日常的投入产出比是13.90。

▲ 图34-1

| 青墨 | 图34-2所示为人群的投入产出比。

状态	搜索推广	溢价	展现量	点击量	点击率	花费	投入产出比	平均点击花费	直接成交金额	间接成交金额
推广中	女+1050-1749元	30%	16,681	3,571	21.41%	¥848.96	30.52	¥0.24	¥25,910	¥0
推广中	女	25%	289,886	53,041	18.30%	¥12,569.40	19.07	¥0.24	¥234,736	¥4,915
推广中	消费1750以上	30%	27,206	4,652	17.10%	¥1,214.44	25.03	¥0.26	¥29,852	¥550
暂停	纯年龄（30-34）	30%	29,867	3,258	10.91%	¥1,143	12.93	¥0.35	¥12,980	¥1,798
推广中	消费1050-1749	25%	24,924	3,820	15.33%	¥997.86	40.68	¥0.26	¥34,696	¥5,894
推广中	纯年龄|（25-29）	30%	200,369	35,044	17.49%	¥8,652.42	18.08	¥0.25	¥148,970	¥7,494
推广中	生意参谋人群属性1	20%	3,275	674	20.58%	¥166.38	41.71	¥0.25	¥5,142	¥1,798
	合计：汇总		677,829	115,720	17.07%	¥28,931.55	18.73	¥0.25	¥518,246	¥23,747

▲ 图34-2

| 青墨 | 从图34-2中可以看出，人群可以帮助提升转化率。那么怎样去做这个精准人群呢？这里需要说明一下，我所说的人群指人口属性人群，不是官方推荐的那些人群，那些人群其实是不精准的。首先我们把人群罗列在Excel表中，如图34-3所示。

一级	二级	三级	
性别	年龄	月消费额度	类目单笔价
男	18岁以下	300元以下	0-300
女	18~24岁	300-399元	300-500
	25~29岁	400-549元	500-1000
	30~34岁	550-749元	1000-3000
	35~39岁	750-1049元	3000以上
	40~49岁	1050-1749元	
	50岁及以上	1750元及以上	

▲ 图34-3

｜青墨｜我把人口属性进行了分级。一级是性别，这个需要测出商品最终的购买人群是男性还是女性。先测商品的购买人群性别，然后再往下细分。一开始只需要测这两个人群就好。在我测试过的类目当中，大部分的测试结果都是一个人群的数据要高出另一个人群很多，所以在这个数据表现好的性别人群下细分，逐级往下测。测试完性别之后，我们再往下细分。例如，测试出来的结果是女性优于男性，那么下一次的测试就是“女+18岁以下”“女+18~24岁”。测试的周期在2天左右就可以，但必须要保证至少100以上的点击量。测试到第二级就会发现有几个比较好的数据。然后在第二级的人群之上加上第三级人群，就是月消费额度和类目单笔价。

｜青墨｜着重看点击率和转化。转化包含收藏、加购和直接转化，具体视类目而定。包括下面我要讲的直通车降低出价，核心也是点击率。只要点击率够高，降低出价就可以花更少的钱买到更多的流量。下面给大家演示一下添加人群的操作步骤。

｜青墨｜在关键词的上方有一个“精选人群”选项卡，单击该选项卡，然后选择要添加的人群，如图34-4和图34-5所示。

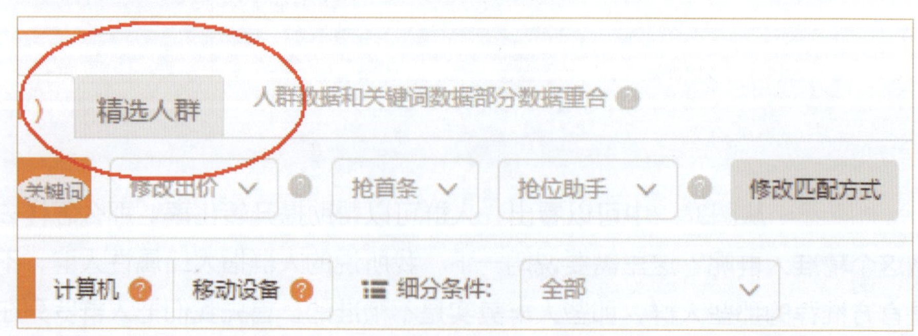

▲ 图34-4

关键词（1） 精选人群

＋人群 修改溢价 参与推广 暂停推广 删除

优质人群
节日人群
同类店铺人群
付费推广/活动人群
天气人群
人口属性人群

状态	搜索推广	溢价	展现量	点击量	点击率	花费	投入产出比
暂停	女+35-39岁	30%	17,879	3,141	17.57%	¥882.31	11.77
推广中	女+1050-1749元	30%	16,681	3,571	21.41%	¥848.96	30.52
推广中	女	25%	289,886	53,041	18.30%	¥12,569.40	19.07
推广中	消费1750以上	30%	27,206	4,652	17.10%	¥1,214.44	25.03
暂停	纯年龄（30-34）	30%	29,867	3,258	10.91%	¥1,143	12.93
推广中	消费1050-1749	25%	24,924	3,820	15.33%	¥997.86	40.68
推广中	纯年龄|（25-29）	30%	200,369	35,044	17.49%	¥8,652.42	18.08

▲ 图34-5

|青墨| 在测出的优选结果中继续细分，如图34-6所示。

▲ 图34-6

|青墨| 选择“人口属性人群”，如果第一天要添加的是女性人群，就在“性别”组中选“女”复选框，然后人群命名也为“女”，溢价一般为30%，如图34-7所示。

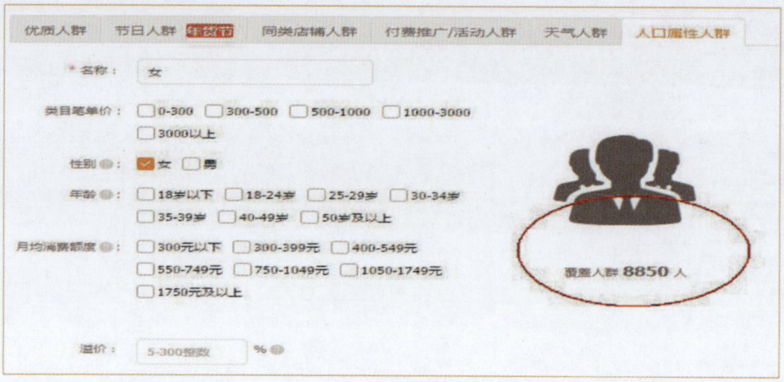

▲ 图34-7

| 青墨 | 这里可以看到覆盖人数。覆盖人数不是越多越好，而是需要更加精准的人群，所以在后续操作中不要看到覆盖人数很少就不添加或者不往下细分。人群的命名一定要以人群的属性组合命名，以方便后期查找。

| 青墨 | 人群添加完成后，我们可以进行2天的观察。如果转化率比较高，可以适当提升溢价；如果点击率比较高，但是转化率没有明显提高，可以适当调低溢价。

| 青墨 | 接下来讲降低出价的两个小技巧。人群的覆盖人数是基于关键词展现的，如果关键词没什么展现，人群覆盖人数自然会很少。我要说的两个小技巧是地域列表和分时折扣。

| 青墨 | 直通车中有个功能叫分时折扣，可以根据时段调整出价的折扣比例，如图34-8所示。我们都知道，一天24小时的点击展现和转化其实是有很大差别的，如果选出高点击率和高转化率的时段，是不是就可以减少花费，获得更多的产出呢？

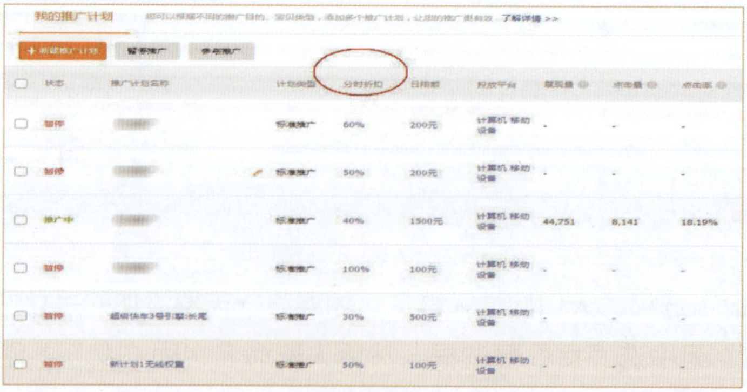

▲ 图34-8

| 青墨 | 如果通过直通车的数据，选出店铺的高成交时段和高点击率的时段，剔除有点击量但没转化和点击率低的时段，那么店铺的成交率和转化率是不是会提高呢?

| 青墨 | 在直通车的首页下方有个查看数据的分时情况功能，从00:00到23:00的数据都有，如图34-9所示。我们可以把需要的数据复制到Excel表中。

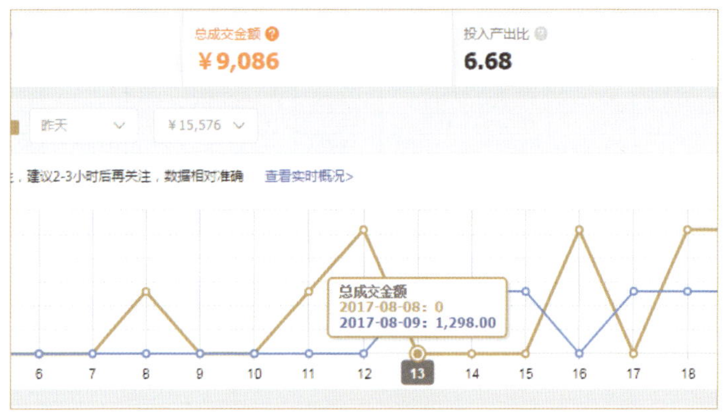

▲ 图34-9

| 青墨 | 图34-10是复制了时间段、点击量和成交金额的效果。

| 青墨 | 在“时间段”前增加“日期”列数据，如图34-11所示。可以统计一周的数据。

B	C	D
时间段	点击量	成交金额
0:00	179	¥0.00
1:00	120	¥0.00
2:00	0	¥0.00
3:00	0	¥0.00
4:00	0	¥0.00
5:00	0	¥0.00
6:00	0	¥0.00
7:00	0	¥0.00
8:00	164	¥1,298.00
9:00	215	¥0.00
10:00	317	¥0.00
11:00	403	¥1,298.00
12:00	469	¥1,298.00
13:00	434	¥0.00
14:00	308	¥0.00
15:00	367	¥0.00
16:00	406	¥0.00
17:00	383	¥1,298.00
18:00	403	¥1,298.00
19:00	454	¥0.00
20:00	552	¥1,298.00
21:00	206	¥0.00
22:00	33	¥0.00
23:00	12	¥0.00
0:00	214	¥0.00

▲ 图34-10

	A	B	C	D
1	日期	时间段	点击量	成交金额
2	2017/7/6	0:00	179	¥0.00
3	2017/7/6	1:00	120	¥0.00
4	2017/7/6	2:00	0	¥0.00
5	2017/7/6	3:00	0	¥0.00
6	2017/7/6	4:00	0	¥0.00
7	2017/7/6	5:00	0	¥0.00
8	2017/7/6	6:00	0	¥0.00
9	2017/7/6	7:00	0	¥0.00
10	2017/7/6	8:00	164	¥1,298.00
11	2017/7/6	9:00	215	¥0.00
12	2017/7/6	10:00	317	¥0.00
13	2017/7/6	11:00	403	¥1,298.00
14	2017/7/6	12:00	469	¥1,298.00
15	2017/7/6	13:00	434	¥0.00
16	2017/7/6	14:00	308	¥0.00
17	2017/7/6	15:00	367	¥0.00
18	2017/7/6	16:00	406	¥0.00
19	2017/7/6	17:00	383	¥1,298.00
20	2017/7/6	18:00	403	¥1,298.00
21	2017/7/6	19:00	454	¥0.00
22	2017/7/6	20:00	552	¥1,298.00
23	2017/7/6	21:00	206	¥0.00
24	2017/7/6	22:00	33	¥0.00
25	2017/7/6	23:00	12	¥0.00
26	2017/7/7	0:00	214	¥0.00
27	2017/7/7	1:00	88	¥0.00

▲ 图34-11

| 青墨 | 数据复制完成之后，单击“数据透视表”按钮，就会得到一张图34-12所示的表格。

	A	B	C	D	E	F	G	H	J
1	求和项:成交金额	日期							
2	时间段	2017/7/6	2017/7/7	2017/7/8	2017/7/9	2017/7/10	2017/7/11	2017/7/12	总计
4	23	¥0.00	¥0.00	¥0.00	¥0.00	¥1,298.00	¥0.00	¥0.00	¥1,298.00
5	22	¥0.00	¥0.00	¥0.00	¥0.00	¥2,596.00	¥0.00	¥0.00	¥2,596.00
6	21	¥0.00	¥0.00	¥1,298.00	¥0.00	¥0.00	¥1,298.00	¥0.00	¥2,596.00
7	20	¥1,298.00	¥1,298.00	¥0.00	¥0.00	¥0.00	¥0.00	¥0.00	¥2,596.00
8	19	¥0.00	¥1,298.00	¥1,298.00	¥2,596.00	¥1,098.00	¥3,894.00	¥0.00	¥10,184.00
9	18	¥1,298.00	¥0.00	¥1,298.00	¥0.00	¥2,596.00	¥0.00	¥1,298.00	¥6,490.00
10	17	¥1,298.00	¥0.00	¥1,298.00	¥0.00	¥0.00	¥0.00	¥3,894.00	¥6,490.00
11	16	¥0.00	¥1,298.00	¥0.00	¥0.00	¥0.00	¥0.00	¥0.00	¥1,298.00
12	15	¥0.00	¥0.00	¥0.00	¥0.00	¥0.00	¥0.00	¥0.00	¥0.00
13	14	¥0.00	¥2,596.00	¥1,298.00	¥0.00	¥0.00	¥0.00	¥3,894.00	¥7,788.00
14	13	¥0.00	¥0.00	¥0.00	¥0.00	¥1,298.00	¥0.00	¥1,298.00	¥2,596.00
15	12	¥1,298.00	¥1,298.00	¥1,298.00	¥0.00	¥0.00	¥1,298.00	¥1,298.00	¥6,490.00
16	11	¥1,298.00	¥1,298.00	¥0.00	¥0.00	¥0.00	¥0.00	¥0.00	¥2,596.00
17	10	¥0.00	¥1,298.00	¥0.00	¥3,894.00	¥1,298.00	¥1,298.00	¥3,894.00	¥11,682.00
18	9	¥0.00	¥1,298.00	¥1,298.00	¥0.00	¥0.00	¥1,298.00	¥1,798.00	¥5,692.00
19	8	¥1,298.00	¥1,298.00	¥0.00	¥0.00	¥0.00	¥0.00	¥1,298.00	¥3,894.00
20	7	¥0.00	¥0.00	¥0.00	¥0.00	¥0.00	¥0.00	¥0.00	¥0.00
21	6	¥0.00	¥0.00	¥0.00	¥0.00	¥0.00	¥0.00	¥0.00	¥0.00
22	5	¥0.00	¥0.00	¥0.00	¥0.00	¥0.00	¥0.00	¥0.00	¥0.00
23	4	¥0.00	¥0.00	¥0.00	¥0.00	¥0.00	¥0.00	¥0.00	¥0.00

▲ 图34-12

| 青墨 | 选中“日期”列，单击“隐藏”按钮，再单击“插入图表”按钮，就会得到最近7天分时段的点击和成交金额的汇总，如图34-13所示。

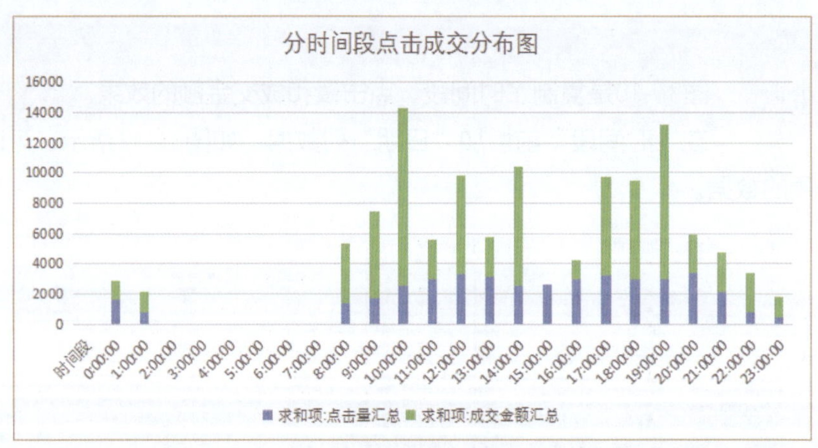

▲ 图34-13

| 青墨 | 从图34-13中可以很直观地看到每个时段的点击量和成交量，哪个时段有点击量没有成交量都能看得一清二楚。

| 青墨 | 回到刚才的操作中。取消隐藏功能，在数据透视表的“字段列表”中选择“点击量”和“成交量”复选框，如图34-14所示。

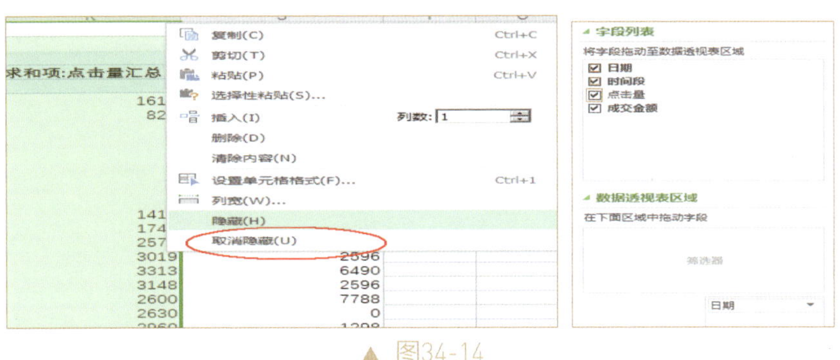

▲ 图34-14

| 青墨 | 选中每日的分时段数据，插入二维面积图，就可以得到一张分日的分时段成交分布图，如图34-15所示。

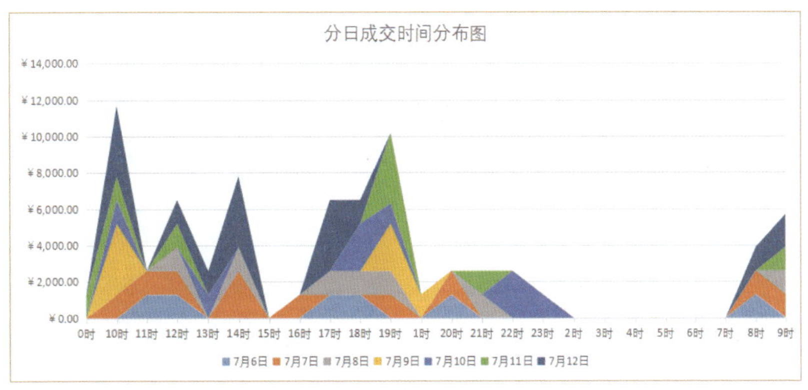

▲ 图34-15

| 青墨 | 回到上一个操作步骤中。在数据透视表左侧的“字段列表”中只选择“点击量”复选框，得到点击量数据之后，打开直通车计划，设置投放时间，如图34-16所示。

▲ 图34-16

| 青墨 | 设置完成后，可以看到如图34-17所示的页面。

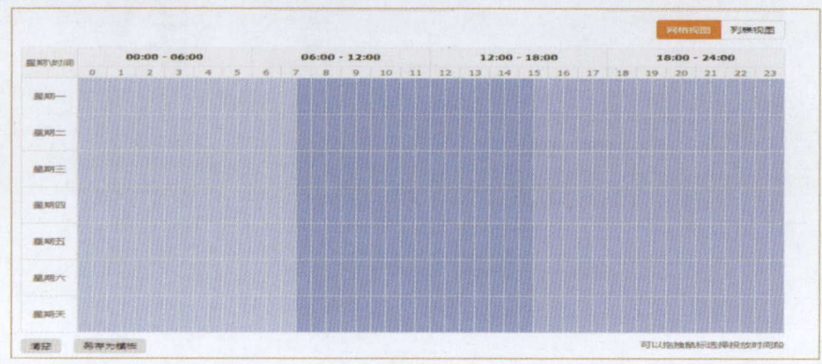

▲ 图34-17

| 青墨 | 选中需要调整的时间格子，然后一个格子一个格子地调整时间，如图34-18所示。

| 青墨 | 下面讲一下地域列表。首先打开直通车报表，如图34-19所示。

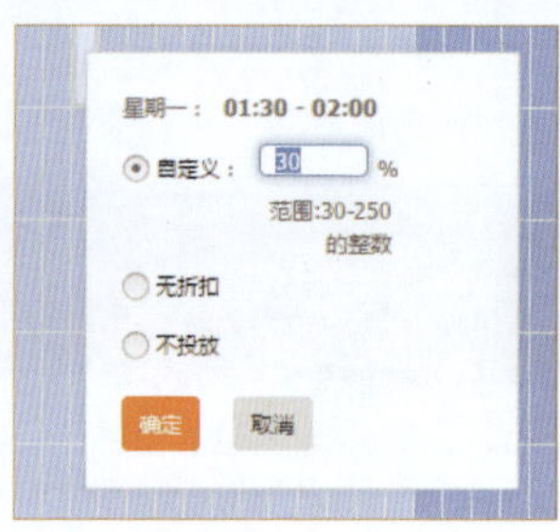

▲ 图34-18

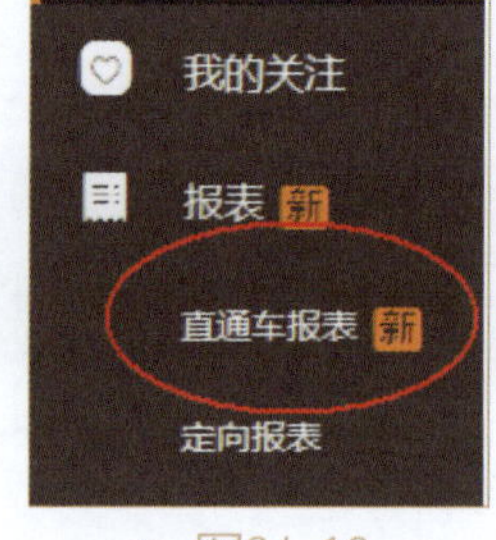

▲ 图34-19

| 青墨 | 选择推广计划，如图34-20所示。

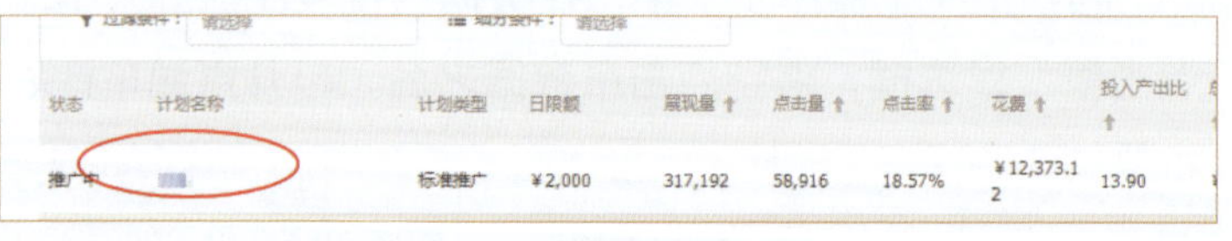

▲ 图34-20

| 青墨 | 单击“地域列表”，如图34-21所示。

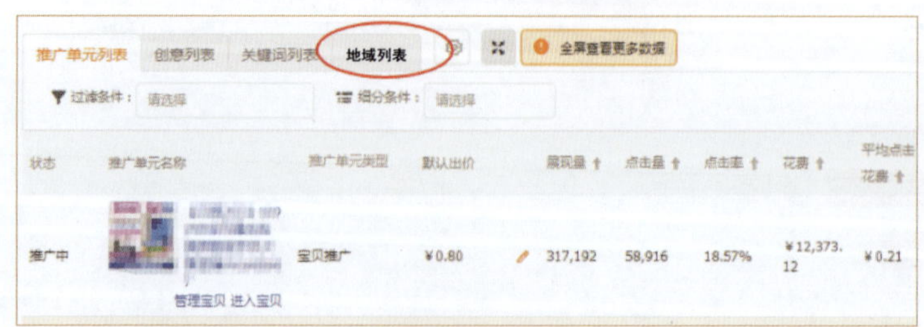

▲ 图34-21

| 青墨 | 选择需要的日期，这里选择的是过去30天，如图34-22所示。

▲ 图34-22

| 青墨 | 设置每页展现50条，然后把数据复制到Excel表中就可以了，如图34-23所示。

安徽	42,789	5,077	11.87%	¥1,657.50	¥0.33
北京	103,461	15,722	15.20%	¥4,473.07	¥0.28
福建	56,208	9,394	16.71%	¥2,510.01	¥0.27
甘肃	37,963	5,362	14.12%	¥896.42	¥0.17
广东	237,294	36,744	15.48%	¥9,112.86	¥0.25
广西	103,257	15,819	15.32%	¥3,026.74	¥0.19
贵州	60,403	9,415	15.59%	¥1,885.89	¥0.20
海南	175	34	19.43%	¥10.45	¥0.31
河北	1,259	227	18.03%	¥110.48	¥0.49
河南	172,733	27,752	16.07%	¥6,841.83	¥0.25
黑龙江	1,728	215	12.44%	¥86.81	¥0.40
湖北	64,807	10,225	15.78%	¥2,513.84	¥0.25
湖南	93,783	15,806	16.85%	¥3,953.71	¥0.25
吉林	1	0	0%	¥0	-
江苏	4,579	400	8.74%	¥130.84	¥0.33
江西	64,337	10,491	16.31%	¥2,607.36	¥0.25
辽宁	2	0	0%	¥0	-
宁夏	16	2	12.50%	¥0.53	¥0.27
青海	44	9	20.45%	¥1.48	¥0.16
山东	105,757	18,470	17.46%	¥4,867.62	¥0.26

▲ 图34-23

| 青墨 | 留下需要的数据，删除不需要的数据，结果如图34-24所示。

省市	展现量	点击量	点击率	花费	平均点击花费	投入产出比	总成交金额
安徽	42,789	5,077	11.87%	¥1,657.50	¥0.33	7.77	¥12,880
北京	103,461	15,722	15.20%	¥4,473.07	¥0.28	11.27	¥50,422
福建	56,208	9,394	16.71%	¥2,510.01	¥0.27	10.32	¥25,910
甘肃	37,963	5,362	14.12%	¥896.42	¥0.17	24.42	¥21,888
广东	237,294	36,744	15.48%	¥9,112.86	¥0.25	13.87	¥126,404
广西	103,257	15,819	15.32%	¥3,026.74	¥0.19	9.86	¥29,854
贵州	60,403	9,415	15.59%	¥1,885.89	¥0.20	24.33	¥45,880
海南	175	34	19.43%	¥10.45	¥0.31	0	¥0
河北	1,259	227	18.03%	¥110.48	¥0.49	0	¥0
河南	172,733	27,752	16.07%	¥6,841.83	¥0.25	8.87	¥60,658
黑龙江	1,728	215	12.44%	¥86.81	¥0.40	0	¥0
湖北	64,807	10,225	15.78%	¥2,513.84	¥0.25	13.84	¥34,796
湖南	93,783	15,806	16.85%	¥3,953.71	¥0.25	11.59	¥45,832
吉林	1	0	0%	¥0	-	-	-
江苏	4,579	400	8.74%	¥130.84	¥0.33	9.92	¥1,298
江西	64,337	10,491	16.31%	¥2,607.36	¥0.25	12.6	¥32,850
辽宁	2	0	0%	¥0	-	-	-
宁夏	16	2	12.50%	¥0.53	¥0.27	-	-
青海	44	9	20.45%	¥1.48	¥0.16	0	¥0
山东	105,757	18,470	17.46%	¥4,867.62	¥0.26	6.38	¥31,052
山西	35,885	3,666	10.22%	¥1,294.89	¥0.35	10.02	¥12,980

▲ 图34-24

| 青墨 | 选中第一列数据，单击“筛选”按钮。然后将一组重要数据降序排列。图34-25是对投入产出比降序排列的效果，完全没有产出的地区直接删除掉就可以了。

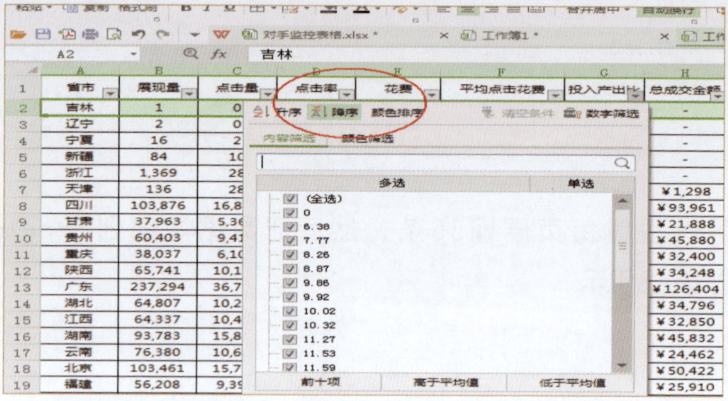

▲ 图34-25

| 青墨 | 在总成交额的后面加上一列，即“UV价值”，就是单个UV产生的价值。我们对UV价值进行降序排列，如图34-26所示。

	A	B	C	D	E	F	G	H	I
1	省市	展现量	点击量	点击率	花费	平均点击花费	投入产出比	总成交金额	UV价值
2	天津	136	28	20.59%	¥13.39	¥0.48	96.94	¥1,298	46.36
3	四川	103,876	16,802	16.18%	¥3,627.72	¥0.22	25.9	¥93,961	5.59
4	重庆	38,037	6,109	16.06%	¥1,397.07	¥0.23	23.19	¥32,400	5.30
5	贵州	60,403	9,415	15.59%	¥1,885.89	¥0.20	24.33	¥45,880	4.87
6	甘肃	37,963	5,362	14.12%	¥896.42	¥0.17	24.42	¥21,888	4.08
7	山西	35,885	3,666	10.22%	¥1,294.89	¥0.35	10.02	¥12,980	3.54
8	广东	237,294	36,744	15.48%	¥9,112.86	¥0.25	13.87	¥126,404	3.44
9	湖北	64,807	10,225	15.78%	¥2,513.84	¥0.25	13.84	¥34,796	3.40
10	陕西	65,741	10,113	15.38%	¥1,839.22	¥0.18	18.62	¥34,248	3.39
11	江苏	4,579	400	8.74%	¥130.84	¥0.33	9.92	¥1,298	3.25
12	北京	103,461	15,722	15.20%	¥4,473.07	¥0.28	11.27	¥50,422	3.21
13	上海	21,658	413	1.91%	¥157.11	¥0.38	8.26	¥1,298	3.14
14	江西	64,337	10,491	16.31%	¥2,607.36	¥0.25	12.6	¥32,850	3.13
15	湖南	93,783	15,806	16.85%	¥3,953.71	¥0.25	11.59	¥45,832	2.90
16	福建	56,208	9,394	16.71%	¥2,510.01	¥0.27	10.32	¥25,910	2.76
17	安徽	42,789	5,077	11.87%	¥1,657.50	¥0.33	7.77	¥12,880	2.54
18	云南	76,380	10,636	13.93%	¥2,122.07	¥0.20	11.53	¥24,462	2.30
19	河南	172,733	27,752	16.07%	¥6,841.83	¥0.25	8.87	¥60,658	2.19
20	广西	103,257	15,819	15.32%	¥3,026.74	¥0.19	9.86	¥29,854	1.89
21	山东	105,757	18,470	17.46%	¥4,867.62	¥0.26	6.38	¥31,052	1.68
22									

▲ 图34-26

| 青墨 | 我们会发现除了天津这个偶然因素之外，重点地区基本上在西南一带。得到这个数据结果后，我们可以进行什么操作呢？地域列表有个坏处就是没法溢价。所以这里能做的非常有限。第一，减少对点击率低和转化率低的地区的投放。第二，如果发现用户都集中在某个区域，可以在卖点上下功夫。例如，快递在这边有优势，两天内就可送到，我们就可以加一张主图进行测试，主图上面写上“川、渝、贵、甘次日达”字样。针对特定地域用户写一些卖点，可以提升转化率。

| 青墨 | 接下来需要用到生意参谋。下面是我做的一个表格，如图34-27所示。

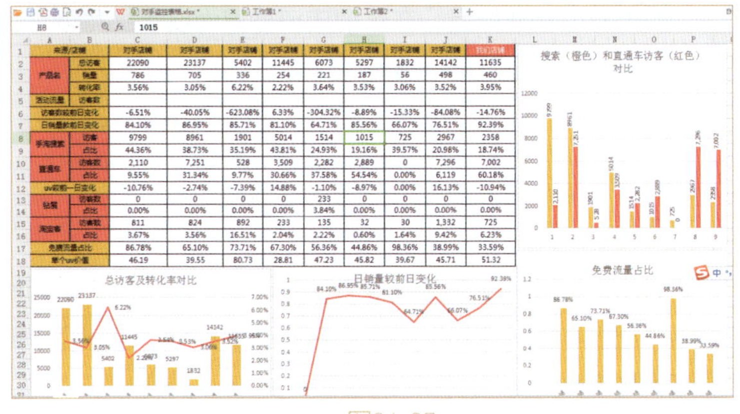

来源/店铺		对手店铺	对手店铺	对手店铺	对手店铺	对手店铺	对手店铺	对手店铺	对手店铺	我们店铺
产品名	总访客	22090	23137	5402	11445	6073	5297	1832	14142	11635
	销量	786	705	336	254	221	187	56	498	460
	转化率	3.56%	3.05%	6.22%	2.22%	3.64%	3.53%	3.06%	3.52%	3.95%
活动流量	访客数									
访客数较前日变化		-6.51%	-40.05%	-623.08%	6.33%	-304.32%	-8.89%	-15.33%	-84.08%	-14.76%
日销量较前日变化		84.10%	86.95%	85.71%	81.10%	64.71%	85.56%	66.07%	76.51%	92.39%
手淘搜索	访客	9799	8961	1901	5014	1514	1015	725	2967	2358
	占比	44.36%	38.73%	35.19%	43.81%	24.93%	19.16%	39.57%	20.98%	18.74%
直通车	访客数	2,110	7,251	528	3,509	2,282	2,889	0	7,296	7,002
	占比	9.55%	31.34%	9.77%	30.66%	37.58%	54.54%	0.00%	6,119	60.18%
uv较前一日变化		-10.76%	-2.74%	-7.39%	14.88%	-1.10%	-8.97%	0.00%	16.13%	-10.94%
钻展	访客数	0	0	0	0	233	0	0	0	0
	占比	0.00%	0.00%	0.00%	0.00%	3.84%	0.00%	0.00%	0.00%	0.00%
淘宝客	访客数	811	824	892	233	135	32	30	1,332	725
	占比	3.67%	3.56%	16.51%	2.04%	2.22%	0.60%	1.64%	9.42%	6.23%
免费流量占比		86.78%	65.10%	73.71%	67.30%	56.36%	44.86%	98.36%	38.99%	33.59%
单个uv价值		46.19	39.55	80.73	28.81	47.23	45.82	39.67	45.71	51.32

▲ 图34-27

| 青墨 | 需要复制的数据是以下几项：支付订单数、手淘搜索访客、手淘搜索访客占比、直通车访客、淘宝客访客、钻展访客。后面几项的占比可以不用填。总访客会自动生成，因为现在大部分的流量都在无线端，所以这个表格的内容我基本上都是统计无线端的。

| 青墨 | 打开生意参谋的“市场行情”，选择“商品店铺榜”，如图34-28所示。

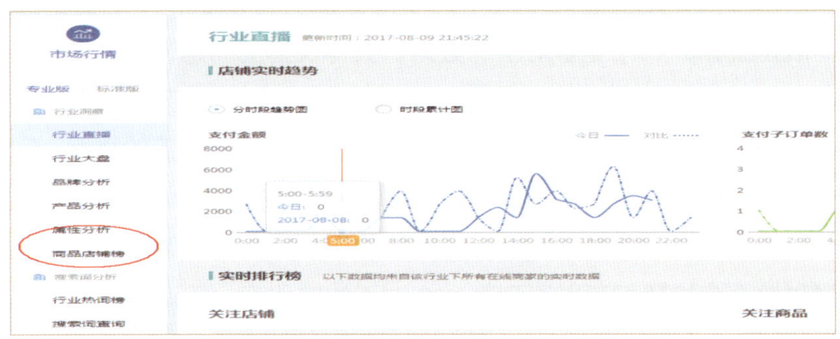

▲ 图34-28

| 青墨 | 选择子类目，查看热销商品榜。如果商品是标品，就单击“产品粒度”，如图34-29所示。

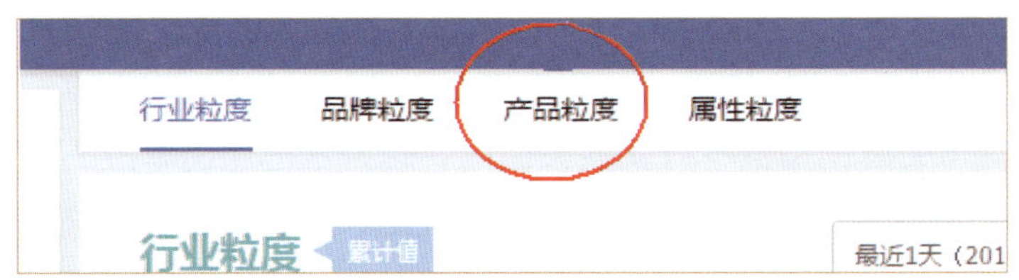

▲ 图34-29

|青墨|如果商品是非标品，在热销店铺榜里面没看到竞争对手店铺，可以尝试使用搜索功能，如图34-30所示。

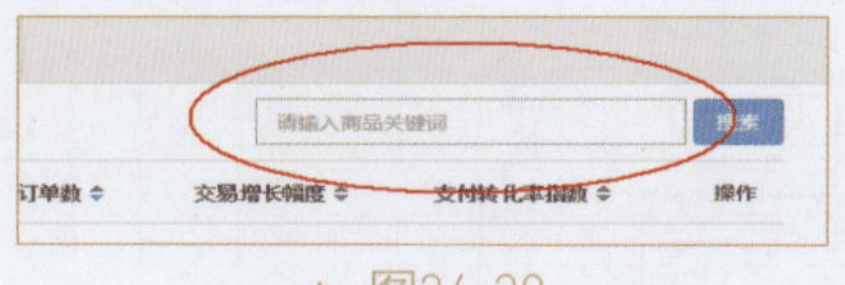

▲ 图34-30

|青墨|当然，如果你的竞争店铺真的非常弱，商品热销店铺榜里完全看不到它的话，建议你换一个竞争对手。查找到数据后，录制订单数，每个竞争对手的订单数都要复制，如图34-31所示。

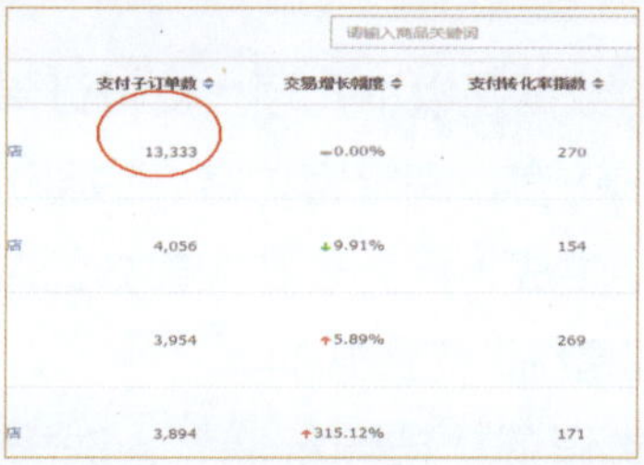

请输入商品关键词

	支付子订单数	交易增长幅度	支付转化率指数
店	13,333	−0.00%	270
店	4,056	↓9.91%	154
	3,954	↑5.89%	269
店	3,894	↑315.12%	171

▲ 图34-31

|青墨|统计主要的几个竞争对手的数据就可以了，不用全部摘录下来，一般是统计5~10个竞争对手的数据。具体视情况而定，即看你要跟的对手有多强，如果比你强的对手只有7个，你有机会跟得上的只有5个，那么就统计这5个对手的数据就可以了。基本上不用统计官方旗舰店的数据，因为我们没办法跟他们抢流量。

|青墨|单击“查看详情”，把需要的几项数据复制下来，并填到表格里。通过这个表格我们可以看到每一个对手的转化率，手淘搜索流量和直通车流量的对比，以及产生的单个UV价值（见图34-26）。

|青墨|剩下的工作就是我们自己的分析和决策了，如竞争对手的直通车加费用的时候我们要不要跟，对手搜索流量是怎么涨起来的，我们可不可以复制等。

|鹿客|新店关键词展现很少怎么办呢？我们出价已经很高了。

|青墨|关键词指数不行就换关键词，想办法把点击率拉高。如果你在展现很少的情况下，可以做到点击率比别人高，那么你后期的流量会比别人多很多。出价的时候千万不要去看排名，要看提升出价之后访客量的变化。

35

店铺社群的打造方法

分享嘉宾 暮雨

主持人・整理人 汤琼

王子超（花名“暮雨”）

5年电商小学生，护肤品、母婴、食品类目一线品牌操盘手，现处于自主创业阶段，自主品牌千万级食品卖家。

当淘宝流量越来越贵的时候，鱼塘营销的玩法不仅能给你带来产出，还可以助力你的新品爆款打造。

| 暮雨 | 我是从2011年开始做淘宝的，现在做网店一线运营。我自己的公司旗下有6家网店，核心产品是零食类目，宠物用品类目是刚刚开始做的。

| 暮雨 | 今天给大家分享的内容是关于店铺社群打造的，就是利用微信等社交工具把店铺的老客户或者精准潜在人群聚集起来，以达到精准营销、口碑传播和精准标签资源的目的。现在我们这个QQ群也算社群，就是一群有共同话题或者兴趣的人聚在一起。

| 暮雨 | 微淘也是社群的运营工具之一，但是这个操作门槛太高，要求商家是W5层级的优质店铺。

| 暮雨 | 下面给大家分享微信社群的打造方法。或许有不少店铺层级比较低的卖家还理解不了社群的重要性。现在大部分人都在说淘宝店不好做了，为什么会这样？因为淘宝的用户量已经趋于饱和，而商家越来越多，所以导致商家获取流量的成本越来越高，尤其是小商家没有多少资本去抢付费流量。而且大家还会发现店铺在经营到一定程度后往往会遇到天花板，停留在某个层级，很难再突破。其实根本原因就是淘宝的竞争度变大了，流量的成本变高了。那么突破这种现状的方法是什么？就是社群。

| 暮雨 | 打造社群的第一个目的是实现精准营销。

| 暮雨 | 社群中的人群就是我们店铺的老客户，已经花成本获取的客户当然不能让他们只购买一次就流失掉，我们可以利用社群把他们“圈”起来，定期在这个群体里做产出。

| 暮雨 | 打造社群的第二个目的是利用社群进行口碑传播，一方面塑造自己的品牌，另一方面也可以在淘系之外获取自己的流量来源。

| 暮雨 | 打造社群的第三个目的是获得极其精准的标签资源。现在市面上的爆款打造方法其实原理都很简单，操作关键是有没有精准的标签资源。

| 暮雨 | 我们明确了做社群的目的，下面就来看一下做社群的工具。

| 暮雨 | 第一种工具是个人微信号，就是类似客服的模式，每个客服管理几个微信号，每个微信号中有几千个老客户。这种方法的好处是对客户把控力度比较大，服务也更到位。但劣势也很明显，那就是人力成本比较高。这种方式适合新店，或者店铺层级比较低，或者高客单低成交量的店铺使用。

| 暮雨 | 第二种工具是微信群。微信群的好处在于方便进行裂变，而且客户活跃度也比较容易调动，用低人工成本就可以维护大量人群。但是劣势也很明显，一旦群里出现负面言论，处理不慎就会导致整个群垮掉。

| 暮雨 | 社群的人群从哪里来是我们下面要讨论的重点。我们可以简单地将人群分成淘系外人群和淘系内人群。拿我做的宠物类目为例，对于淘系外人群，我可以去贴吧、论坛等拉人。当然，从别人家的微信群拉人更方便、更精准，但要注意使用合理的方式和方法。如果店铺订单量不大，我建议大家不要放过每个客户，那么我们就需要对人群进行筛选了。

| 暮雨 | 我个人习惯从3个维度进行筛选：①购买金额；②购买频率；③连带能力。这3个维度都是正向的，数值越高越好。

| 暮雨 | 前两个维度大家比较好理解，这里重点说一下“连带能力”这个维度。连带能力是指不止简单地看客户的客单和客件数，还要看客户连带的消费价值。例如，零食店和宠物用品店其实有个很相似的地方，就是店铺的SKU相对都比较多，那么产品自然是会分层次的，并不是说价格高的产品档次就一定高。

| 暮雨 | 再举个例子，我对狗狗的日常消耗品做了个简单的排序，即狗粮→狗零食→保健品，很多人在狗狗身上的消费只是简单地买点狗粮，有更高消费能力的人会给狗狗买点儿零食，甚至会给狗狗买奶粉、钙片、卵磷脂、营养膏之类的营养品。所以，一个买了50元营养膏的客户和一个买了60元狗粮的客户哪个消费价值大就很明显了。

| 暮雨 | 这种产品价值分类并不一定适合全部类目，我们按照店铺数据对人群分类，其实根本目的是为了对未来社群成员进行打标。

| 暮雨 | 对老客户了解越深，可以越精准地对其进行针对性的营销。例如，通过淘抢购进店的客户大都是喜欢低价的客户，就可以利用优惠策略打动他们。对于高连带、高复购的客户，则可以利用新品尝鲜之类的策略来吸

引他们。当然，这些策略需要根据不同类目和产品具体分析、具体应用，核心就是利用打标显示出不同的客户群体的不同消费需求。

|暮雨|分析客户，给客户打标是最枯燥、最麻烦的一步操作，但这是成功打造社群的必要条件，万万不可舍弃。下面给大家介绍几种拉人的方法。触达客户的方法其实很简单，无非就是利用我们可以接触到客户的一切机会，如包裹上的店铺二维码、旺旺聊天等都可以。现在淘宝在严查出淘的行为，所以在聊天中大家要注意话术。和这两种方法比，我更喜欢直接给买家打电话。

|鹿客1|打电话时怎么说呢？

|暮雨|没有人会对广告电话有好感的，电话操作的核心就是打电话的时间节点和话术。电话沟通的窗口期有几个，第一个窗口期是客户下单/发货的时候，这时候可以说："已帮您妥善打包，根据经验两天可送到，请保持电话畅通，当面验收。"也可以适当加点儿小策略，例如说："最近经常出现快递内盗产品的情况，所以跟您沟通下，请务必当面验收快递。如果发现有问题，请不用着急，第一时间联系我们，肯定不会让您承担损失的……"这种小策略有很多，目的是让客户对你产生好感。

|暮雨|第二个窗口期是物流显示收货的时候。此时话术可以围绕核实产品有无漏发或遗失，以及宣讲产品储存注意事项等。

|暮雨|第三个窗口期是买家主动给好评的时候。这是重要环节，此时的话术可以是："看到您给了很好的评价，感谢您对我们的肯定，邀请您进入我们的微信群参加免费抽奖活动。"诸如此类，目的是邀请客户进入微信群。

|暮雨|给客户打电话的过程中有很多注意事项，特别需要注意的是要提前打招呼。最好事先在旺旺上跟客户沟通，因为很多人怕打扰，不愿接听陌生电话。不过在实际操作的过程中，绝大部分客户都是静默下单，旺旺上根本不回信息，所以直接在这3个窗口期打电话给客户就好了。当然，为了不过于突兀或者引发客户的反感，打电话需要有合适的理由，如第一个窗口期中运用的小策略。再就是注意一些特殊的时间节点，如11:30~13.30千万不要给客户打电话，因为大部分人都在午休，此时打电话会令人反感。最好的沟通时间点就是发现买家有主动行为的第一时间，因为客户有淘宝的这些行为

就说明他们现在有时间。

｜暮雨｜15:00~16:00也是比较好的沟通时段，电话沟通话术应以服务为主，慢慢地试探买家的敏感区。

｜暮雨｜买家一旦有负面反应，应马上终止沟通，以结束语结束。毕竟惹买家不开心的话，他们是可以给差评的。

｜暮雨｜其实最好的客户还是旺旺上能主动聊起来的那些客户，就算不成交也没关系。每个淘宝人必备的技能就是会斗图、会聊天，能和买家聊成朋友，后面就什么都好说了。

｜暮雨｜下面讲一下社群的日常维护。第一个方法是微信陪聊。买家想聊什么就聊什么，在聊的过程中慢慢熟悉买家，给他打标，如地域标签、淘气值标签、消费力标签等。第二个方法是买家的朋友圈互动，要定时去买家的朋友圈转转，朋友圈是很容易展现一个人的心理需求的。

｜暮雨｜对于我们宠物店的大部分老客户，他们家里养了几只狗、什么品种、什么名字等都可以从他们的朋友圈了解到。而且点赞、评论朋友圈很能迎合客户的互动心理，这样他们对你的好感就会增强。第三个方法就是我们自己微信的朋友圈推送。记住千万不要发"硬广"，这样容易被屏蔽或拉黑。可以发一些"软广"，如与产品相关的科普知识、产地游记等。我们前段时间就在朋友圈实况转播了在上海举办的亚洲宠物展，这是一个非常好的展示新品和公司实力的机会。再者可以发一些可传播类的软文，如热点互动类或休闲搞笑类的文章，这样可以增加客户黏性，哪怕他们仅仅是因为好玩而在朋友圈转发也好。

｜暮雨｜最后我们简单讲一下社群的使用方法。当社群有100~200人的时候，就可以启用营销功能了，如新品破零、新品打标签、老品补销量、活动做产出等。

｜鹿客2｜怎么保持社群活跃，不至于一段时间后成"死群"呢？

｜暮雨｜保持社群活跃，我现在常用的方法是定期举办会员日，可以一周一次，也可以半月一次、一月一次，以领红包、免费抽奖、做游戏的方式，让群员觉得好玩又有实惠。我也用过签到领金币的方式，但这种方式的效果不好，可能和类目有关。

｜鹿客3｜老师，贴吧、论坛拉人的方式您用得多吗？效果是不是很差而且流量不精准？

｜暮雨｜论坛、贴吧拉人的方式不适合所有类目，但是对我的宠物用品类目很适合，效果很好。

｜鹿客4｜社群里怎么引导新品破零？

｜暮雨｜新品免费送、微信返款等方式带来的客户都超级精准，如果免费送承受不起就半价销售，但是千万别过几天就搞低价活动。

｜鹿客5｜好多微信买家领了红包就会退群，这怎么解决？

｜暮雨｜这里就得看你用什么方法吸引他们。如果非要用红包的方式也可以，但要告诉他们你会定期送小礼品，让他们养成领用习惯，只要你成本足够支撑就行。

36

利用数据化细分目标客户人群

分享嘉宾 翠花
主持人·整理人 蓝胖子

毛超（花名“翠花”）

3年电商运营实操经验，曾担任小鸭洗衣机济南专卖店运营负责人，擅长运营农机、宠物零食类目。

商品需要匹配什么样的人群？如何利用数据挖掘和分析店铺需要的人群？3个优化维度，让商品到客户、到营销变得更加精准、全面。

|翠花|我们今天要讨论的话题是如何确定商品的消费人群？商品的主图应该怎么优化才能适合匹配的消费人群？

|翠花|首先解决第一个问题——商品对应的消费人群怎么找。目前我在做的是洗衣机类目，我就简单地拿这个作为例子，供大家参考。

|翠花|操作方法比较简单，大家一看就懂。首先打开生意参谋的“市场行情”，选择“行业客群”，时间刻度选择“月”，如图36-1所示。

▲ 图36-1

|翠花|向下滑动鼠标滚轮，我们会看到如图36-2所示的数据分析图。

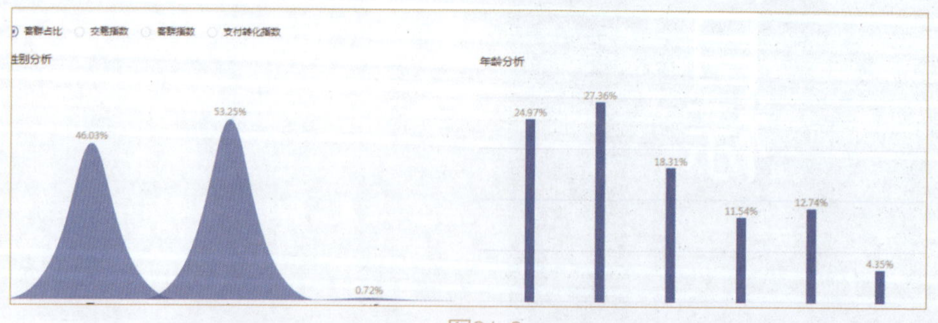

▲ 图36-2

|翠花|把这些数据整理到Excel表中，如图36-3所示。

年龄	占比	比例按照100个人来算
18-24	24.97%	24.97
25-29	27.36%	27.36
30-34	18.31%	18.31
35-39	11.54%	11.54
40-49	12.74%	12.74
>=50	4.35%	4.35

▲ 图36-3

|翠花|通过此表我们就可以很直观地看出三级类目下到底哪些人群是主流人群。

|翠花|如果有的卖家的三级类目比较乱，如在调味品类目下三级类目会存在很多商品，这种情况下采用行业人群是不准确的，需要使用搜索人群，如图36-4所示。

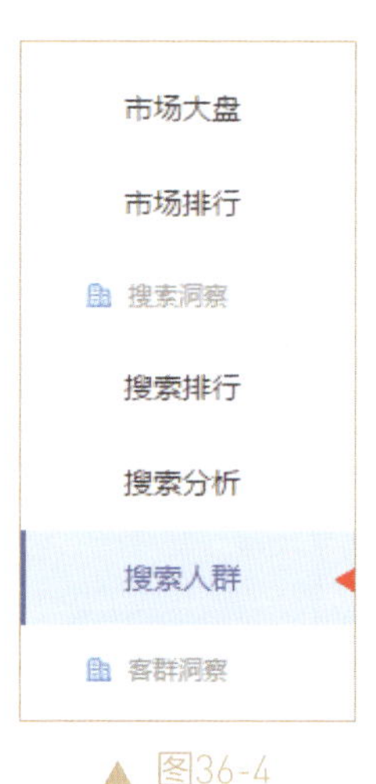

▲ 图36-4

|翠花|在搜索框中输入你的商品关键词，搜索后也会得出如图36-2所示的数据图。

|翠花|当知道了男女比例和人群的需求之后，我们还需要了解人群特征，以及需求背后买家的性别属性，这样我们才可以针对不同的人群推送不同的卖点文案和做商品促销活动的策划，从而达到提高点击率、转化率的效果。

|翠花|我们把消费人群分为两种类型：自我导向性消费人群、他人导向性消费人群。

|翠花|自我导向性消费这种类型的人群比较追求性价比、个性化。

|翠花|他人导向性消费这种类型的人群比较喜欢炫耀，希望通过你的商品来展示自己的身份和地位。

|翠花|那么我们怎么来分辨我们的商品对应的是什么样的人群呢？答案是选择三级类品，查询行业热搜词，如图36-5所示。

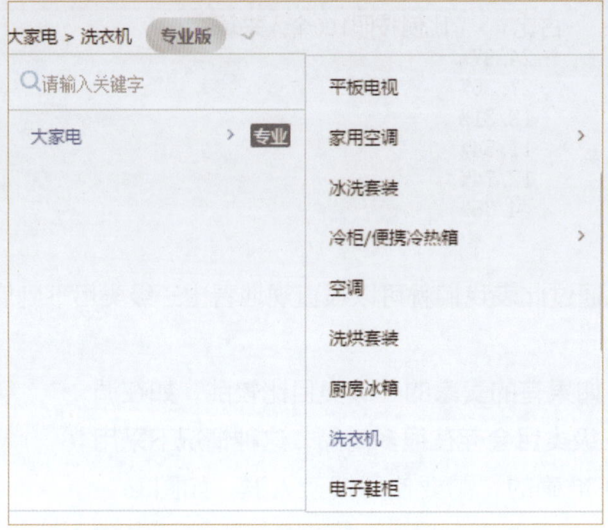

▲ 图36-5

| 翠花 | 选择我们的三级类目，如图36-6所示。

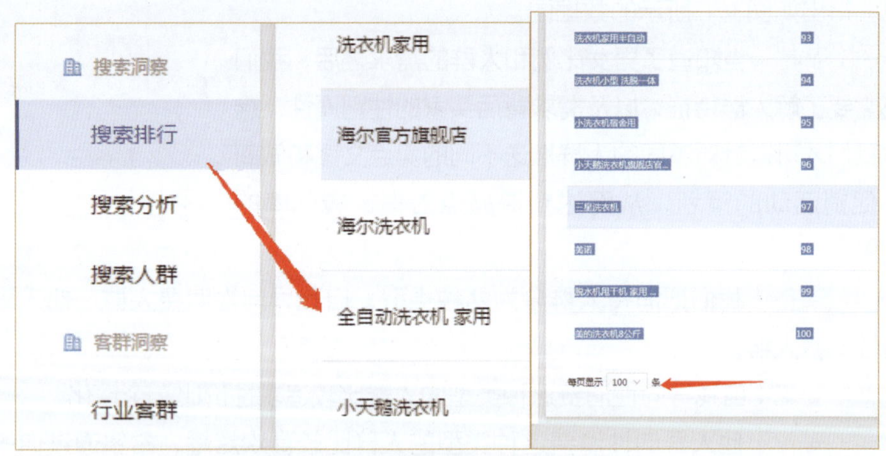

▲ 图36-6

| 翠花 | 复制前100条行业热搜词，并将其整理到Excel表中，对行业搜索量进行求和操作，如图36-7所示。

C1 fx 41710

	A	B	C	D	E	F	G
88	海尔全自动洗衣机	88	2,782	2,043	109.36%	5.27%	搜索分析 人群分析
89	松下洗衣机官方旗舰店	89	2,780	2,248	138.48%	0.69%	搜索分析 人群分析
90	洗衣机双缸	90	2,772	2,098	105.75%	8.35%	搜索分析 人群分析
91	三洋洗衣机	91	2,714	1,903	112.93%	3.64%	搜索分析 人群分析
92	洗衣机半自动 家用 ...	92	2,698	2,118	119.87%	9.75%	搜索分析 人群分析
93	洗衣机家用半自动	93	2,681	2,010	103.01%	8.13%	搜索分析 人群分析
94	洗衣机小型 洗脱一体	94	2,679	1,754	83.40%	5.73%	搜索分析 人群分析
95	小洗衣机宿舍用	95	2,668	1,729	95.92%	2.93%	搜索分析 人群分析
96	小天鹅洗衣机旗舰店官...	96	2,634	1,689	72.06%	1.39%	搜索分析 人群分析
97	三星洗衣机	97	2,622	1,672	105.33%	0.28%	搜索分析 人群分析
98	美诺	98	2,602	1,030	105.24%	1.23%	搜索分析 人群分析
99	脱水机甩干机 家用 ...	99	2,602	1,879	107.96%	10.00%	搜索分析 人群分析
100	美的洗衣机8公斤	100	2,570	1,771	81.76%	5.64%	搜索分析 人群分析
101			564339				
102							

▲ 图36-7

| 翠花 | 查询品牌词，如图36-8所示。

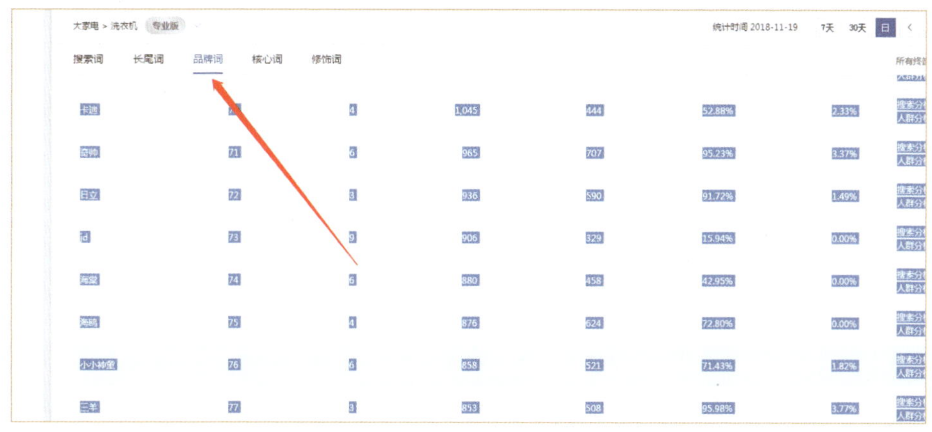

▲ 图36-8

| 翠花 | 复制前100条品牌词，并将其整理到Excel表中，对品牌搜索量进行求和操作，如图36-9所示。

| 翠花 | 这时我们就得到两个数据，最近一天行业搜索量是564339，最近一天行业品牌搜索量是4239。品牌占有率=行业品牌搜索量÷行业搜索量×100%。

| 翠花 | 在实际中，品牌占有率超过40%，那么类目里很大程度上就以他

人导向性人群为主。

爱要	96	2	722	521	61.01%	5.85%	人群分析
鸭鸭	97	6	702	359	43.42%	0.00%	搜索分析 人群分析
bd	98	9	692	477	90.29%	4.17%	搜索分析 人群分析
蓝晶	99	7	692	451	61.81%	2.27%	搜索分析 人群分析
熊猫	100	4	687	508	111.02%	1.89%	搜索分析 人群分析
		4239					

▲ 图36-9

｜翠花｜最后说一下商品主图的优化。我们主要从3个维度进行主图优化：背景差异化、摆放位置差异化、文案差异化。

｜翠花｜通过上面一系列的判断，最终得到我们商品最适合的人群，再从这3个维度进行优化，进而做精准营销。

37

影响宝贝标题搜索的四大因素

分享嘉宾 鑫彤

——主持人·整理人 金不换

关鑫彤（花名“鑫彤”）

6年电商运营实操经验，多家千万级店铺运营操盘手，擅长直通车推广、自然搜索和营销活动策划。

作为重要的引流途径之一，宝贝标题的重要性不言而喻。怎么做好宝贝标题呢？这篇文章就给大家提供了一些思路，更多的搜索优化方法可以参阅本书第29和33期文章！

| 鑫彤 | 大家晚上好，我是关鑫彤，6年电商运营操盘手，擅长直通车推广、自然搜索和营销活动策划。今天我分享的内容是影响宝贝标题搜索的因素。

1. 搜索的原理

很多学员在做搜索优化的时候，对搜索的原理并不理解，导致在操作的过程中进入很多误区。例如，只关注销量，不关注点击率和转化率；对词根的概念不明晰，导致拆解错误、组合错误，甚至店铺降权。这里通过介绍个性化搜索的原理，分析影响淘宝搜索的因素，帮助大家找到自己优化搜索的突破口。

（1）搜索个性化，导致搜索结果呈现出千人千面的特点。不同的账号搜索同一商品，展示页面中会呈现不同排序的不同商品，这是系统根据登录账号的搜索习惯和历史购物行为进行算法推荐体验方式的结果，如图37-1所示。

▲ 图37-1

（2）个性化搜索本质，整合用户行为标签和商品标签进行流量匹配。

| 鑫彤 | 买家在众多商品中选择了某些商品进行浏览、收藏、加入购物车，代表他们更喜欢这类商品。再次搜索时匹配相应的商品，这种更符合买家购物需求的匹配，对于对买家，更容易找到自己喜欢的商品；对于商家，更有益于成交；对于平台，更有利于资源位置合理配置。

| 鑫彤 | 基于以上特点，我们要尽可能地找到符合商品特性的词，让精准客户更易找到我们的商品。

（3）个性化搜索具有以下特点：

①个性化搜索可以带来更为精准的流量；

②个性化搜索以买家和商家的数据为依据进行优化；

③个性化搜索要求商家有更明确的店铺和商品定位；

④个性化搜索要求商家将更多的精力花在客户身上；

⑤个性化搜索可以为商家提供分析数据；

⑥个性化搜索是基于买家行为做出的优先排序。

2. 属性和类目

（1）商品属性。

宝贝的属性对搜索检索的过程是有影响的。如果宝贝标题中含有关键词，且商品属性和搜索关键词相符，宝贝将被优先展现；如果宝贝标题中没有关键词，商品属性和搜索关键词相符，宝贝也能被搜索到。所以在发布商品时，必须把商品的属性及标题填完整、填精准。

| 鑫彤 | 如图37-2和图37-3所示，标题中不包含搜索关键词，但是属性相符，宝贝依然可以被展现。

▲ 图37-2

商品详情　累计评价 1893

品牌名称：衣然故我　关注

产品参数：

廓形: H型	材质成分: 聚酯纤维63.5% 粘胶纤维(...
货号: 638319	风格: 通勤
组合形式: 单件	裙长: 中长裙
袖长: 短袖	领型: 圆领
腰型: 中腰	衣门襟: 套头
图案: 纯色	流行元素/工艺: 拼接 不对称 拉链
面料: 其他	适用年龄: 30-34周岁
颜色分类: 藏青 黑色	尺码: S M L XL 2XL 3XL

▲ 图37-3

（2）类目优先性。

在发布商品的时候，一个商品可以选填很多个类目。但是在不同的类目下，同样的搜索关键词、同样的商品，其展现优先度是不一样的。

｜鑫彤｜如图37-4所示，客户在搜索“车载充电器”的时候，排除第一个直通车图，我们可以看到优先展现的前两个商品都是车品类目下的，而3C类目下的商品是不优先展现的。那么用什么方法可以判定搜索关键词的优先展现类目呢？

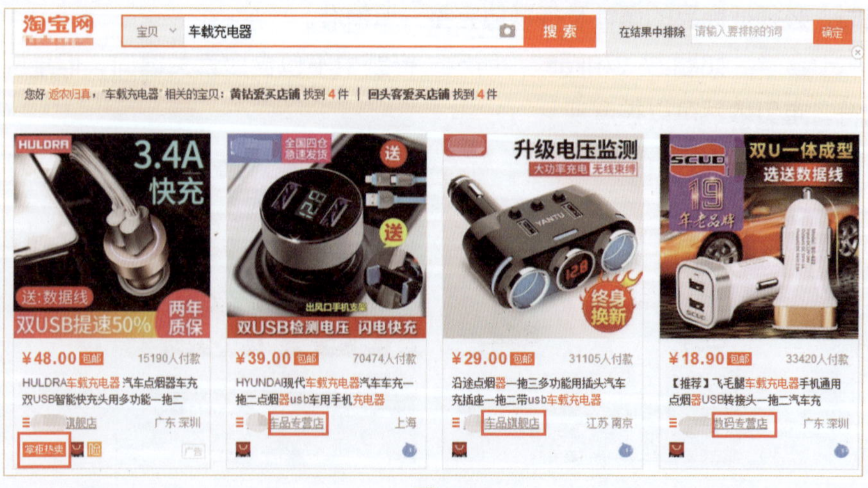

▲ 图37-4

| 鑫彤 | 确定优先展现类目的操作步骤如下。

①打开生e经的“市场行业”→“搜索人群画像”，如图37-5所示；

②输入搜索关键词；

③选择“最近30天”；

④查看近30天内关键词搜索点击占比最大的类目，这就是优先展现的类目。

▲ 图37-5

我们可以用这种方法来验证标题核心关键词的优先展现类目是不是和我们发布的一致，避免因为此类问题减少商品的展现。

3.标题

我们都知道，一款商品要想更容易被找到，商品的标题是尤为重要的。下面我们介绍一下标题的几个注意点。

（1）标题中含有关键词。

买家搜索关键词的时候，宝贝标题中含有相应的关键词才有可能出现在搜索结果页面上，如图37-6所示。

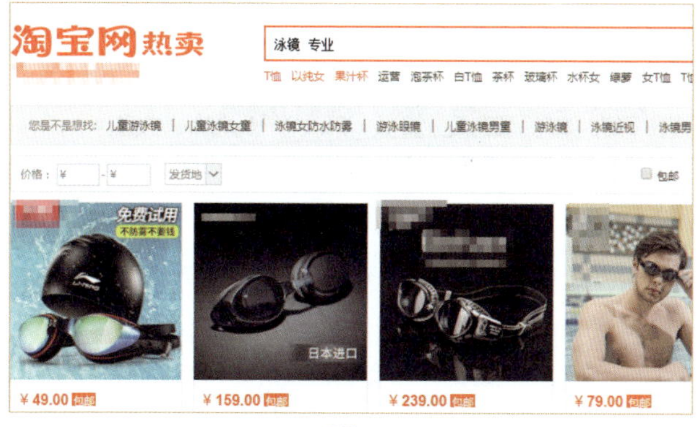

▲ 图37-6

（2）词根。

词根是搜索引擎在检索标题时能够识别的最小单位。标题中包含关键词，关键词又是由词根组成的。所以在做标题的时候，词根拆错和组合错误会导致很多关键词无法组合、搜索流量进不来的情况。

|鑫彤|如图37-7所示，搜索“宽带”“宽肩带”“斜跨”“包包”这几个关键词会检索到宝贝，相应的宝贝是由诸多词根拼凑成的。当词根可以组合成搜索关键词的时候，买家就有机会检索到商品。

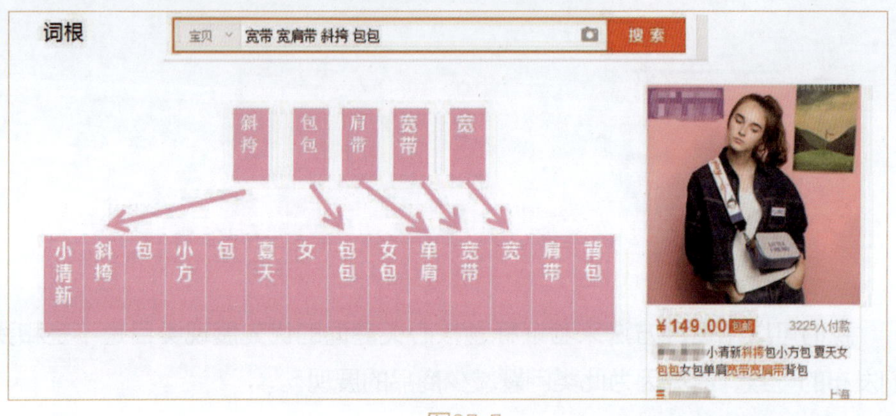

▲ 图37-7

|鑫彤|常见的错误是标题词根拆解错误。如图37-8所示，原标题为“XX品牌设计师刺绣重工撞色宽包带斜挎包胸包小方包”，可以把标题放到生e经的标题中进行检测，看看系统是如何进行拆分的，拆分结果如图37-8所示。两个空格之间的内容代表拆分的词根单位。

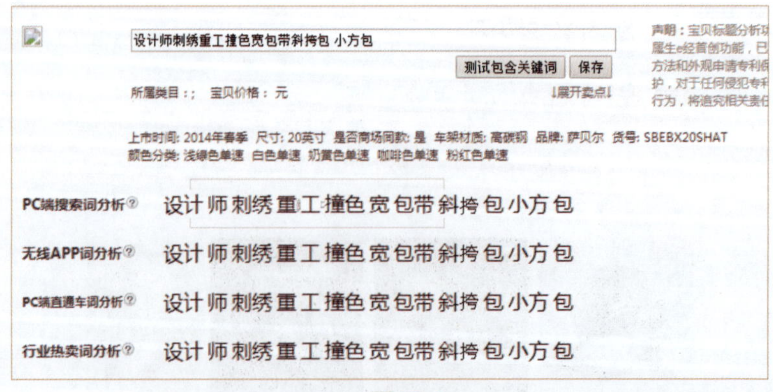

▲ 图37-8

|鑫彤|我们发现标题无法获得“宽包带”“宽肩带”等关键词的流

量。因为系统把“包带”组合到了一起。如果要进行修改，可以把“宽包带”替换成“宽带宽肩带”。

（3）文本相关性。

文本相关性是指标题是不是符合商品本身的气质，能不能体现商品的特性。例如上文中提到的标题，关键词去重之后重新组合到一起应该是“斜挎包、女包包、女包”，这样才能涵盖以上关键词。所以商家一定要进行词根验证，以免漏掉某些词根，导致想要的关键词以为拿到了而实际上并没有拿到。

| 鑫彤 | 如图37-9所示，商品没有“性感”的特性，因此在宝贝标题中应尽量用更加能体现商品特性的关键词取而代之。否则由于搜索意向和商品不符，带来的流量会影响商品的标签和转化。

▲ 图37-9

4.违规降权

一般违规降权主要分为虚假交易、非虚假交易两大类。

虚假交易详细的判定标准可以查看淘宝规则。一旦被判定为虚假交易，店铺会被扣分、降权，甚至要求删除商品，严重影响店铺的运营工作，大家一定不要触犯。

非虚假交易引起的违规，如重复铺货、标题滥用关键词、SKU违规、虚假宣传、资质不符等。这些在淘宝规则中也有详细说明。大家一定要注意，避免因为此类问题引起店铺的搜索降权和运作。

5. 搜索关键词权重

很多商家在进行标题优化的时候，对关键词权重非常困惑。我们先看一下影响关键词权重的主要因素有哪些。

| 鑫彤 | 如图37-10所示，销量入口影响搜索关键词权重的主要因素就是

近30天的确认收货人数，也就是我们的销量。

｜鑫彤｜综合入口影响搜索关键词权重的主要因素是商品的销量、点击率和转化率。但是在实际的店铺运作中，经常有只重视销量，忽视点击率和转化率的情况发生。这样做的后果是自动放弃了商品加权的空间，只做销量，减少了关键词权重和可以提升的宝贝展现空间。有些店铺甚至用一些促销活动大幅度增加销量，所以流量经常是忽高忽低，极其不稳定。我们做搜索提升，一定要高度重视点击率和转化率。

销量入口影响因素	=近30天确认收货人数
综合入口影响因素	=销量+点击率+转化率

▲ 图37-10

｜鑫彤｜最后总结一下，影响宝贝标题搜索的因素有如下几个。

（1）属性和类目优先性。

（2）标题中的影响因素：标题要含有关键词，且正确地拆分词根，标题关键词要能体现商品特征，等效词可以节约字符。

（3）违规降权产生的降权问题要尽量避免。

（4）对关键词权重的影响因素，不要忽视商品的点击率和转化率。

38

分享嘉宾　艾米｜主持人・整理人　橙子

『双11』中小卖家上不了会场也能大卖，2个表格解决中小卖家难题

王燕（花名“艾米”）

11年电商从业经验，6年电商讲师经验，实战派讲师，多次获得各种优秀讲师称号，操盘过女装、男装、箱包、家具等类目的多个千万级店铺。

“双11”作为一年一度的淘宝卖家盛典，是卖家盈利的好时机。但是中小卖家却上不了会场，无法分享“双11”的流量红利。怎么办？艾米老师教给你策略和方法，让中小卖家也能分一块“双11”的红利蛋糕！

| 艾米 | 我今天想跟大家分享一下中小卖家的“双11”营销规划。“双11”之前，大家肯定会被一些图片刷屏，如图38-1~图38-2所示。

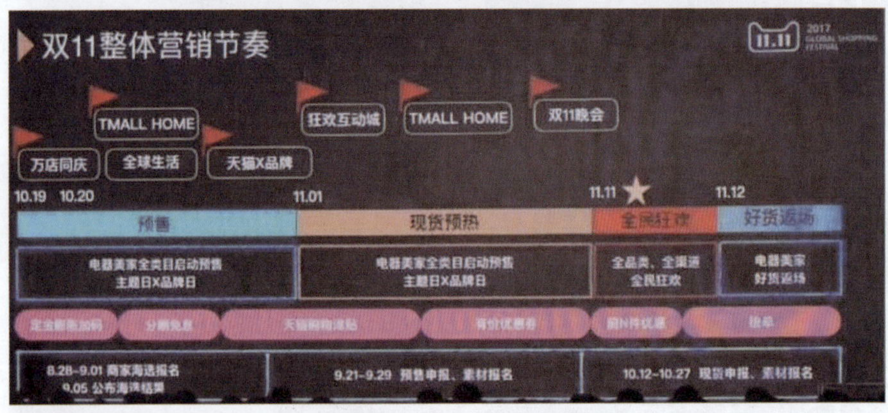

▲ 图38-1

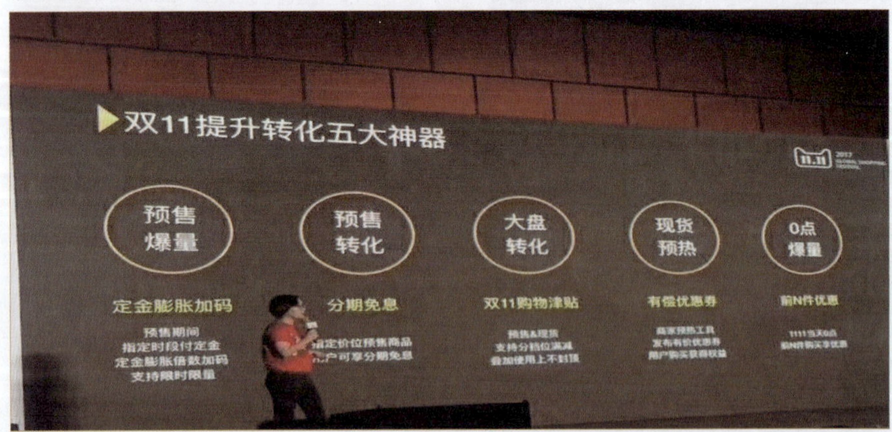

▲ 图38-2

| 艾米 | 很多类目的“双11”营销节点，在“双11”之前都会陆续公

布，但是说实话，对于很多中小卖家来说，很多营销节点我们即便知道了也未必能跟得上。很多中小卖家其实离平台的“双11”要求还是很远的。所以，今天我们就讲讲中小卖家的“双11”营销规划要怎么做。当然，淘宝官方的营销节点我们还是要看看的，要时刻提醒自己“双11”真的要来了。

| 艾米 | 对于中小卖家来说，“双11”的各种主会场、分会场基本上是跟我们无缘的。以我之前的经验来讲，很多中小卖家可以去“抢”的，就是单品打标。单品打标是什么概念呢？与其说是在“双11”当天这些打标商品会被加权，还不如说不打标的商品在展示上会被降权，打标的商品还要根据搜索排序的原则来“竞争上岗”。那么在离“双11”还有80天的时候，我们能做什么呢？

| 艾米 | 第一，我们希望有尽可能多的商品被打标。如果你希望有尽可能多的商品被打标，那么现在开始就要培养“双11”的应季商品了，因为单品打标需要考核该商品的销量、好评、转化率、店铺DSR等。如果现在的商品是热销品，但是到了“双11”商品已经不是应季商品了，打标的机会也就少了。所以说，现在开始就要规划哪些商品可以被打标，最好商品和商品之间还能够相互有关联，这样能互相带动销量和转化率。所以，这个时间节点要做的就是为“双11”准备的选款和测图工作。

| 鹿客1 | 如果是非标品呢？

| 艾米 | 非标品更要注意商品的季节性，以及图片的点击率和商品本身的转化率等问题。总之，我们要保证商品图片点击率和单品转化率都要在市场平均水平以上，这样才会有竞争力。市场平均值去哪里查呢？可以去直通车后台的流量解析中搜索商品的核心关键词，看看PC端和无线端市场的平均点击率和平均转化率分别是多少。如果是灯具等商品，可不考虑应季性，保持好商品的销量，动态的30天销量和30天好评、DSR评分这些是系统考核的要点。因为能不能打标最后都是系统说了算，所以数据不能低。

| 艾米 | 如果你的数据不理想，那么现在就要有节奏地开始促销，提高你的销量数据。这里我说的是单品，当然，实力稍微强一点儿的店铺可以多个单品、系列单品一起发力。如果店铺的实力不够强，培养好1~2个爆款也不是完全没有希望的。

| 艾米 | 单品之外，就是店铺权重。对于店铺权重，要注意：①店铺层

级越高越好，但是由于“双11”前期大家都会努力往前跑，会有你追我赶的趋势，这种情况下，要关注店铺层级的变化。②店铺不要有任何违规问题，因为违规很可能直接导致你无法参加任何活动，这个是基本常识。③要保持良好的店铺动销率。有些店铺零销量的商品一大堆，这个时候就要懂得取舍，实在卖不出去的商品宁可下架也不要放在店铺中，以免影响店铺的动销率。

｜艾米｜刚刚讲的是从单品和店铺两个方面去维护系统对你店铺的数据评判。第三个大家要关注的是内容端在“双11”也一定会有很大动作，那么各位店铺的微淘也可以做起来。不管是发九宫格图片，还是盖楼、猜价格等活动，都要提前跟粉丝互动。当一件事情在风口的时候，只要你去做，一定有部分流量红利可以给到你。

｜艾米｜第四个值得大家关注的事情就是短视频。不做短视频的店铺不会降权，换句话说，系统会给予做短视频的店铺一定的加权。虽然这个权重是多少我们不得而知，但是既然淘宝在推行短视频，那么顺势而为肯定是不会有错的。

｜艾米｜我刚才所说的这些基本上都属于店铺基本功，就是现在开始店铺要准备做的事情。那么我们大概从什么时候开始真正着手准备“双11”的活动呢？很多大卖家一开年就开始准备了，这里我所指的是我们一般的中小卖家。不管你是刚做店铺，还是做了一段时间，都是可以准备的。

｜艾米｜如果说“销售额=流量×转化率×客单价”是万能公式，那么在这个组成“双11”销售额的万能公式里，“双11”销售额的增长是靠什么指标的增长实现的呢？是流量、转化率，还是客单价？其实，到了“双11”当天，你仔细观察数据就会发现，流量的增长并没有你想象的那么大。平时如果你有1000个访客的话，那么在“双11”当天，你的访客为2000~3000个，访客量是平时的2~3倍。但是如果你原来的转化率是2%的话，你会发现“双11”当天，尤其是半夜那个时间段，转化率可能达到10%~15%，全天的转化率是平时的5~8倍，甚至更高，尤其是“双11”刚开始的那两个小时。我们有家店铺的转化率达到95%，为什么？那些都是提前加好购物车的客户，来了就下单，下单后就走了。除非你做了很大力度的满赠或者满减活动，否则“双11”当天很多人就是买了你的打标商品，而你的打标商品当天还是促销价格，所以对于客单价，很多店铺若维护得不好，“双11”期间反而是往下降的。所以，如果想“双11”销售额能够倍增的话，那么从流量和转化率两个维度是比较好打开局面的。不管是流量还是转化率，你都需要提前做计划安排。当然，客单价也不是不能提升，但前提是你得有足够多的商品可以让你做关联销售。

| 艾米 | 我们讲“双11”的准备，那么准备也需要有个时间节点。一般中小卖家提前80天就可以准备商品了，活动、推广等会靠后一些。图38-3是一个中小店铺“双11”活动的项目推进表，大家可以参考一下。

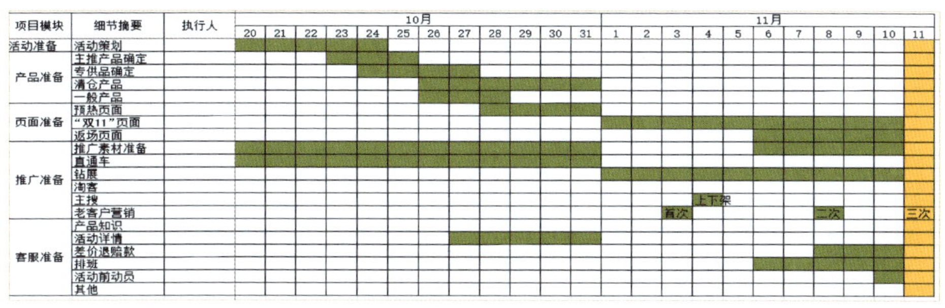

项目模块	细节摘要	执行人	10月												11月										
			20	21	22	23	24	25	26	27	28	29	30	31	1	2	3	4	5	6	7	8	9	10	11
活动准备	活动策划																								
产品准备	主推产品确定																								
	专供品确定																								
	清仓产品																								
	一般产品																								
页面准备	预热页面																								
	“双11”页面																								
	返场页面																								
推广准备	推广素材准备																								
	直通车																								
	钻展																								
	淘客																								
	主搜																	上下架							
	老客户营销																首次					二次			三次
客服准备	产品知识																								
	活动详情																								
	差价退赔款																								
	排班																								
	活动前动员																								
	其他																								

▲ 图38-3

| 艾米 | 如果是做女装，秋冬的商品现在完全可以开始进行测款、测图了，到了活动前期，确定活动主推款的时候还需要再次进行测款、测图。这个工作推进表是我们去年一家小店铺的“双11”工作推进表，里面列举了一些需要做的准备工作和时间节点。所有的准备工作都是为了“双11”当天能够很好地执行。当然，有了执行表，还需要有活动计划，也就是你计划要做多少销售额，然后根据预估的流量、转化率、客单价分配到各个流量渠道。做流量预算也是很重要的。将这部分的预估数据记录下来，最后还要跟实际数据做对比。就是类似图38-4这样的表格，根据你的销售额来倒推你需要多少订单、多少访客，要花多少广告费。那么问题就来了。今年“双11”你希望能卖多少呢？这就是我们下面所讲的计划执行的部分。

| 艾米 | 说到活动，还要讲一讲“双11”的预热、狂欢和返场。大家都知道，从10月底到11月10日之间是销售的淡季，大家都在等“双11”，而且很多会场商家的很多商品都锁定价格，并且只能在预售中。那么这个时候，我们中小卖家可以做什么呢？我们的非打标商品也可以用来提前做“双11”。当别人都受制于会场规则的时候，我们这些网店人员就可以出来活动

了。具体怎么活动，你们都懂的，如各种提前“双11”、比“双11”还便宜的口号就可以打出来，因为我们不进会场，没有被打标，这样操作也不违规。

“双11”活动数据评估表

			计划数据	实际数据	原因分析	备注
销售数据	全店	销售额				
		订单数				
推广数据	全店	浏览量				
		访客数				
		转化率				
		客单价				
	主搜	天猫搜索访客				
		天猫搜索转化				
		淘宝搜索访客				
		淘宝搜索转化				
	直通车	费用预算				
		PPC				
		点击量				
		点击率				
		转化率				
		成交金额				
		ROI				
	钻展	费用预算				
		PPC				
		点击量				
		访客数				
		点击率				
		转化率				
		成交金额				
		ROI				
	淘客	访客数				
		转化率				
		成交金额				

▲图38-4

|鹿客2| 其实不管非标与否，计划都得做，对吧？

|艾米| 是，不管打标还是非标，都要提前做好计划。因为消费者是不管你打标不打标的，到了“双11”前后都会问你“双11”有没有优惠，所以这个时候要做的就是抓紧时机尽可能地成交。不要执着于让客户等到“双11”再成交，那是大卖家要做的事。我们这种中小卖家，到了“双11”那天客户能不能看到我们还是个问题，所以，能够提前成交的就先提前成交。

|艾米| 当然，还有一点，就是不管“双11”你热不热卖，一定要营造一种店铺很热卖的景象。要做各种热卖海报，中午换一张，傍晚换一张，如“某某宝贝已热卖XX件”，这样看起来是不是很热闹？模仿官方装修的小伙伴要注意，官方的一些LOGO是不能用的，被抓到商品是要被下架的。也就是说非会场非打标商品是不允许上官方标签的。“双11”当天不管热不热卖，热卖的气氛要有。“双11”当天24:00一过，可以继续狂欢，换海报，但以“双11”的价格继续卖，因为我们不进会场，不打标的商品不受官方价格管控，所以可以继续狂欢三五天。这些都是需要我们提前策划、提前准备的。在策划准备过程中，还会有一些细节问题，类似图38-5所示的脑图要做好。

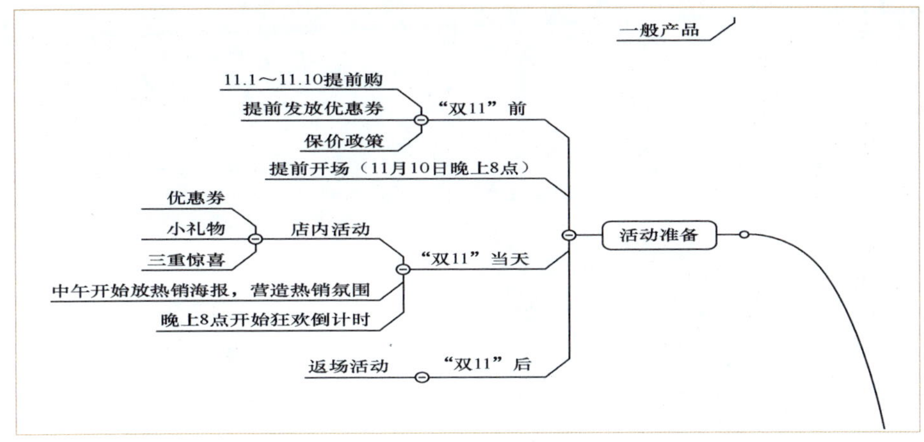

▲ 图38-5

｜鹿客3｜“双11”之后，中小卖家的生存空间在哪里？

｜艾米｜“双11”之后，就是“双12”。中小卖家的生存空间在于你要找准你的人群定位，做细分市场，不求大，但要精准，有特色就会有空间。例如，2018年造物节推出了很多新奇的店铺。

07

4个维度帮你找到精准的淘宝主播

分享嘉宾　郑妍熙——主持人·整理人　黑骑士

郑雁云（花名“郑妍熙”）

专业彩妆师、心理咨询师、淘女郎、淘宝主播。

目前，淘宝直播已成为淘宝流量的又一入口，大量商家都热衷于用这种营销方式来传播自己的商品和品牌。那么商家如何找淘宝主播来推广自己的商品和品牌呢？本文从4个维度帮你找到精准主播。

| 郑妍熙 | 大家好，我是郑妍熙，很高兴跟大家相识，感谢大家聆听我的分享。

| 鹿客1 | 网红直播的门槛是什么？

| 郑妍熙 | “网红”这个词本身范围比较广，就淘宝直播来说，可暂且理解成是如何入驻淘宝直播。

| 郑妍熙 | 淘宝直播有商家模式和达人模式。

| 郑妍熙 | 先说个人，首先淘宝账号必须要实名制。其次，淘宝现在要求，如果是普通会员，微博粉丝要大于5万人，且最近7天内至少有一条微博的点赞数和评论数要过百。如果是淘宝达人，粉丝数要大于1万人，且最近7天内至少发布过一张图片或帖子。如果是非商家的个人主播，基本满足这两个条件就可以了。另外，还要求主播口齿伶俐、思路清晰、互动性强、亲和力强。淘宝直播，其实是把主播当成一个形象代言。所以，对主播的要求越高，也就代表淘宝直播将来想要的一个品位。

| 鹿客2 | 有流量无转化，带来的客户不精准怎么办？有的主播聊聊天就销量暴增；有的主播一直“便宜”“特价”，但就是没有效果。

| 郑妍熙 | 先说有流量无转化，带来的客户不精准问题，这可能是因为直播的时间有限，不能够完全展示商品；或者是主播在直播期间只管介绍商品，而没有留心跟粉丝互动。在淘宝主播越来越多的情况下，单纯卖货是卖不动的，更多的应该是用心与粉丝交流。我们可以假设有两位销售人员，一位单纯地向你推荐商品，而另一位在了解你的需求之后，站在你的角度为你着想，再给你推荐商品，这两者你会选哪个？

| 郑妍熙 | 所以有流量无转换的直接原因是粉丝的互动率不高，对主播的了解度不高，所以对主播推荐的商品会有疑虑，不敢购买。

|郑妍熙|你会发现做得好的主播，都是用心推荐商品的。用心去推荐的时候，粉丝会心存感激，对主播这个人会相当认可。交易是建立在相互信任之上的，因此有的主播卖得好，有的主播卖得不好，由此也可以看出哪个主播会花更多的心思在粉丝身上。

|鹿客3|我的淘宝直播也申请下来了，就是转化不好。

|郑妍熙|转化不好，就是我上面说的原因：你的粉丝不够了解你，你们之间的信任程度还不足以让他产生消费的冲动。

|鹿客4|每天直播的时间要多久呢？

|郑妍熙|带来的客户不精准，其实与商品和主播是不是匹配有关。每天直播时间不需要非常久，只要保证在你的直播时间内，直播内容是丰富的，让人感兴趣，粉丝意愿留下，哪怕是一个小时、两个小时，粉丝也愿意看。

|鹿客5|怎么找合适的网红主播？

|郑妍熙|我把这个问题归结于商品和主播的匹配问题。可以从这几个角度考虑：①主播的年龄层和你的商品是不是符合，主播的年龄层关系到他的粉丝年龄。②主播的喜好。你可以参考他以往的直播，看他喜好的品类是否与你的商品相当，也就是你们的品位是不是在同一个层次上。如果是，说明他对你的商品接受度也会比较高；如果不是，你就可以考虑换一个主播。因为粉丝都是跟着他们喜欢的人，就像你喜欢某一个明星，他喜欢吃料理，你因为喜欢他，就也会爱吃料理，这是一样的道理。③看主播的专业度，他能否对你的商品进行详细的了解，他的专业领域是在哪一块。④在直播的时候看他的爱好，他更倾向于推荐商品还是做专业化讯息输出，因为这一点关系到你的商品转化。愿意推荐商品的，转化率就会很高；愿意做专业领域信息输出的，相对来说转化率会比较低，但是粉丝的转化率会比较高，他们会关注更多一些内容。所以大家在找主播合作的时候，要考虑清楚是想要卖货、要营业额，还是想要推广品牌。如果想要卖货，却找了一个信息输出高的主播，那你们的合作注定会失败，因为他给你带来的是曝光量，而不是成交量。

|鹿客6|直播费用付多少比较合适？

|郑妍熙|直播费用其实是因人而异的。可以参考阿里V任务的价格，如图39-1所示。

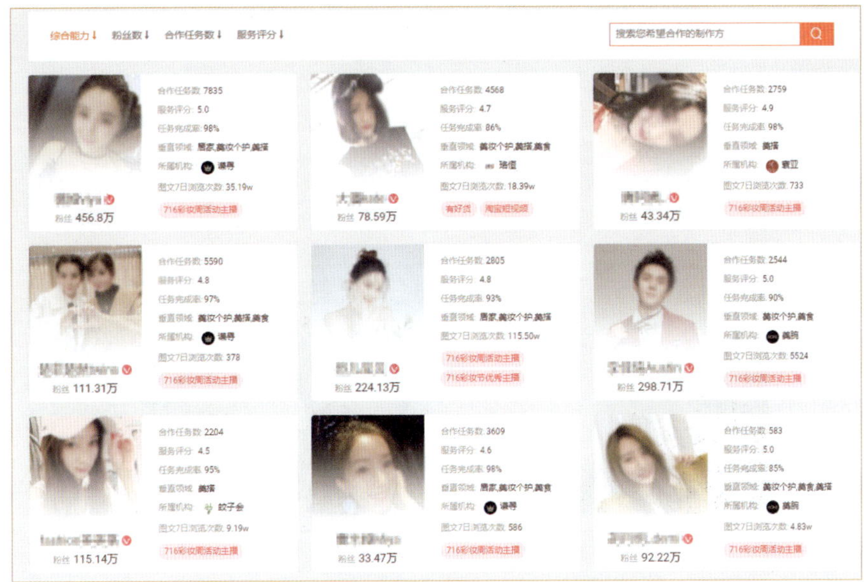

▲ 图39-1

| 郑妍熙 | 这里有一些排行榜，当你在找主播的时候，可以留意这个网站，参考各个主播的收费情况。

| 郑妍熙 | 还要考虑的就是他的直播内容是不是真实，比如曾有主播刷观看量，因此一定要谨慎选择。在阿里V任务网站你可以看到各主播完成的任务数和完成率，从而可以看出这个主播的负责任程度，如在接单之后是不是可以顺利完成任务。充分了解之后再去看他的直播间，看他介绍商品的方式以及沟通方式。

| 郑妍熙 | 通过这一系列的了解后，你大致就能判断出这个主播的收费是高还是低，因为前面我们已经看过排行榜的收费情况了。

| 郑妍熙 | 图39-2是某主播的个人主页介绍，在这里可以对主播的情况有个大致了解，做到心里有数。

| 鹿客7 | 制作淘宝视频用什么软件好？

| 郑妍熙 | 做淘宝视频，一般用专业摄像机拍摄，由专业团队剪辑。如果是个人小用户，可以用小影美摄或VUE。

| 鹿客8 | 现在网红合作的支付方式一般有哪些？

| 郑妍熙 | 跟达人主播的合作常用的方式有两种：第一种是CPS，即纯佣金方式；第二种是微任务方式。

▲ 图39-2

| 郑妍熙 | 可以在微任务网站搜索你想要找的主播，找到联系方式，再与其沟通合作方式。一般多为纯佣金的合作方式，如护肤品、鞋子等这种维持使用的商品，可以用纯佣金的方式；如果是快消类商品，如零食，则可以用微任务方式。还有一种情况，如果是品牌类的商品，为了做推广，也可以用微任务方式。

| 鹿客9 | 怎样提高网红的商品转化率及增加推广款的权重呢？

| 郑妍熙 | 提高转化率，可以从两个方面着手。第一，给主播制造商品的话题，让主播在谈及商品的时候，不至于尴尬聊天。有话题的时候，也可以看出粉丝的互动情况，在聊天中透露出商品的信息，粉丝也就更加了解这个商品的状态。

| 郑妍熙 | 第二，如果是专业型主播，需要掌握商品的专业知识，可以给主播提供商品的具体信息、优势、卖点等。一个专业的主播，在充分了解商品的基础上，加上专业的知识背景，就能够提高转化率。例如，可以在粉丝匹配方面，从商品特点的角度向粉丝传达信息，那么这一部分粉丝就会产生购买的欲望。

| 鹿客10 | 怎么做直播，比如是介绍商品多一点儿还是聊一些其他话题？假如直播中发放优惠券，要怎么发放效果会更好？

| 郑妍熙 | 刚开始做直播，主播多倾向于聊天，但是现在主播的人数在逐渐增加，如果各位开通了直播账号，不要一味地聊天，而是要让粉丝养成认知习惯：这里是一个购物平台，而主播给粉丝带来的就是精挑细选和足够的优惠。当这个习惯养成的时候，在直播间发放优惠券，粉丝就不会有抵触心理了。

| 郑妍熙 | 还有一种方法：你可以查看在线人数，当你做出一个行为的时候，你的在线人数越多，你越能分析出你的粉丝喜欢你做什么。

| 郑妍熙 | 如果在你聊天的时候，粉丝在线人数多，卖货的时候在线人数少，那么就可以从培养粉丝习惯开始改善，在直播期间定时给予优惠券，给粉丝制造紧张感，持续一段时间，待粉丝的习惯养成之后，你再发优惠券，粉丝们就会非常开心，因为他们认定从你这里可以得到实惠。

还有一种情况是卖货的时候，在线人数多，这种主播就是卖货型主播，他的成交量可能会比较高，但是客单价会比较低，因为每个人冲动消费都会有一个底线。所以介绍商品和发放优惠券都是有技巧的，主播要根据自己的实际情况去做调整，从而增加商品的转化率。

| 鹿客11 | 直播过程中，如何让淘宝官方推荐更多的流量？

| 郑妍熙 | 淘宝官方不会给你推荐流量，但是你可以通过以下几方面争取流量：①可以通过参加官方活动，增加商品的曝光量；②提升直播账号的权重，增加流量；③直播预告，直播的标题、主图和商品符合直播的要求，就有机会被推荐。

| 鹿客12 | 关于主播我一直都很头痛，总是找不到和我们商品风格相吻合的主播，我们在寻求年龄在35~49岁的主播，有合适的可以推荐一下。我今天又花了很长时间找主播，还是没有找到合适的主播，我们需要“熟女”风格，可感觉现在的主播都很年轻。

| 鹿客13 | 感觉这个有点难，这个年龄段的女士要么事业有成，要么不关注这些东西。

| 鹿客14 | 是的。

| 郑妍熙 | 应该有的，淘宝主播现在有上万人，这个年龄段的肯定有，

只不过做得不好，没有在你面前展现。你要的是“熟女”风格的服装展示，可以找一些淘女郎出身的主播，因为淘女郎在拍淘宝平面广告的时候并不是只拍年轻、时尚的衣服，相对来说会更加有经验。还有一种方法是联系机构。也可以考虑用自己账号开直播，或者培养一个你看好的主播。

| 鹿客15 | 我们家店不知道什么原因，改了好多次都不能被推荐，一般推荐除了直播标题、主图要跟商品符合外，还有别的要求吗？

| 郑妍熙 | 推荐有要求，直播标题、直播主图、直播预告，还有直播的商品，商品和标题、主图相符合的直播，推荐度会高一些。例如，主图是主播穿一件红色格子大衣的照片，标题写的是情人节如何穿红色大衣赴约，而你的商品就是这件衣服，那么这时候直播就有可能会被推荐。

| 鹿客16 | 我们家是卖水果的，是不是一天不能推荐多款水果？

| 郑妍熙 | 刚才红色大衣我只是打个比方，并不是说一场直播只能卖一款商品，或者必须跟主图相符合，而是说你应尽量去符合你的主题、你的标题，你的直播内容有意义，才会更容易被淘宝推荐。也就是说你的定位更准确，商品也更加清晰，就容易上推荐位，潜在粉丝就容易找到你。

| 鹿客17 | 有道理，关于直播定位的问题我倒是没有好好想过。

| 郑妍熙 | 所以如果是卖水果的，只要标题定位是水果，设定一个场景，可以同时直播介绍多种水果。

| 郑妍熙 | 对于直播定位的问题，如果是个人主播，首先要看该主播的专业领域，即擅长什么方面，然后再去定位；如果是商家直播，那就从商品着手，从商品的消费人群、适用人群着手，了解人群的特性，把特性作为细分元素，找出几个关键点后就可以给直播定位。

| 鹿客18 | 怎样提升直播账号的权重，多做直播吗？

| 郑妍熙 | 提升权重不是多做直播，一定要从内容下手。一场直播3个小时，如果你的直播间留不住人，在线率非常低，那么权重也是比较差的，因为系统会自动判定这个直播内容不吸引人，所以大家不愿意看。

| 鹿客19 | 培养自己的主播，一般是培养自己店里的员工，还是跟外面的主播合作？哪种培养方式更容易操作呢？

| 郑妍熙 | 培养自己的主播，主播的颜值很关键，但如果是自己人来直播，这个直播的人比较有特点也可以。要记住这个直播的人得在直播期间容

易让人记住，容易让人喜欢并且关注，如果一个人长得不是特别好看但是专业并且幽默，那他也可以获得属于他的粉丝。

| 鹿客20 | 卖妈妈装找不到合适的主播，那些主播都太年轻。

| 郑妍熙 | 你可以把购买的人群定位在给母亲或者长辈买衣服的人，把定位做好，去挖掘这一类人的消费需求。妈妈装谁穿都无所谓，因为你要知道找一个年纪大的人穿这衣服不一定好看，虽然她年纪符合，但是穿着效果不好的话会有人买吗？相反，找一个年纪轻的人去穿这衣服，她对衣服比较了解，她怀着想给长辈买衣服的心，那么跟她一样的粉丝就会想“我也要给长辈买这件衣服”，于是她们就会消费。

| 鹿客21 | 我想问一下男装做直播的效果好吗?

| 郑妍熙 | 男装做直播效果应该挺好的，有一个频道叫男道，会专门给男士推荐优质的商品，可以在那个频道找比较好的男主播。

| 鹿客22 | 老师，我做的是比较偏成熟的爸爸装，这个好像有点尴尬。

| 郑妍熙 | 爸爸装可以用微任务的方式，你的目的是让粉丝加购物车或者加收藏，每个人都有爸爸，在他们需要，而且你的商品符合他们需求的时候他们就会买。

| 郑妍熙 | 大家都是商家，直播是直接变现的好方式，所以不要放弃，多思考你的商品是否真的具有竞争力，从店铺入手做各种优化，如测试主图点击率，还有商品详情页和买家评论管理。因为我们会碰到很多非常优质的商家，哪怕他们的店铺等级并不高，但是只要用心去做，主播也会全力配合。

| 郑妍熙 | 谢谢大家耐心听完我的分享，希望大家从我的分享中能有所收获。

40

淘宝首页『猜你喜欢』流量获取的正确方式

分享嘉宾 二爷 —— 主持人·整理人 汤琼

项翼（花名“二爷”）

自营百货、女装类目，一切以数据说话的电商一线运营操盘手，专注于数据化运营。

淘宝首页的“猜你喜欢”功能是淘宝平台通过买家过去的访问、收藏、加购物车及购买行为来判断其需要什么样的商品，进而给买家精准推荐商品。作为买家，如何能使自己的商品在“猜你喜欢”板块展现，如何让“猜你喜欢”流量更好地入池呢？正确操作方式在这里！

| 二爷 | 今天主要和大家分享的内容是淘宝首页流量原理和获取方法。

| 二爷 | 首先简单介绍一下首页流量的特性。首页流量不同于搜索流量，搜索流量是人找商品，首页流量是商品找人，搜索流量属于主动流量，首页流量属于被动流量，首页流量基本是属于同行送给自己店铺的流量。

| 二爷 | 举个例子：一个客户浏览了一双女鞋，该商品的客单价为160元，风格为欧美风，子类目为马丁靴。如果你的商品刚好也符合这种定位，那么首页会给这个客户推荐你的商品。但是这里有一种逻辑原理，符合这种定位的商品有很多，为什么有些商品获得的曝光量多，有些商品获得的曝光量少？系统是根据商品的点击率反馈来分配曝光量的，如点击率、坑位产值、加收比（收藏店铺和加购物车比）。还有一种状况是有些商品就算符合一种消费群体的特征，但始终不会有首页流量，因为商品根本没有进入流量池，没有进入流量池的商品是不可能获得首页流量的。

| 二爷 | 图40-1是获取首页流量的基础条件，重点是DSR，如果DSR低于行业平均水平很多，基本没可能获得首页流量。

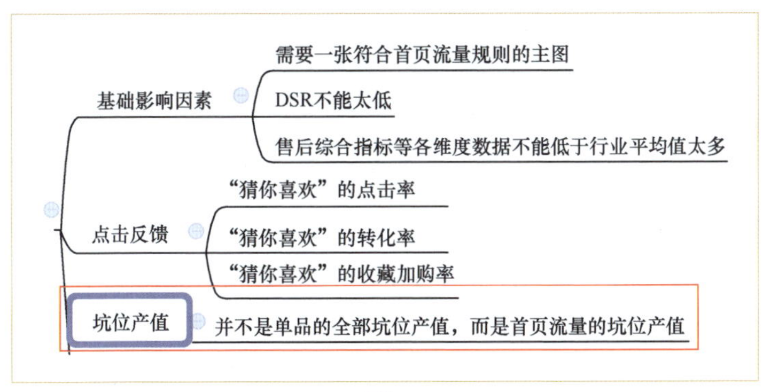

图40-1

| 二爷 | 点击反馈的重点是“猜你喜欢”的点击率、转化率和收藏加购率。

| 二爷 | 首页流量坑位产值指的是首页展示位置上的销量，注意这里的坑位产值的考核维度不是单品的全部坑位产值。

| 二爷 | 以上是对首页流量知识的普及，下面分享一下如何用直通车让商品“入池”，获取免费首页流量。

| 二爷 | 图40-2是我刚用直通车做起来的一款单品，首页流量的获取方式跟搜索流量不一样。

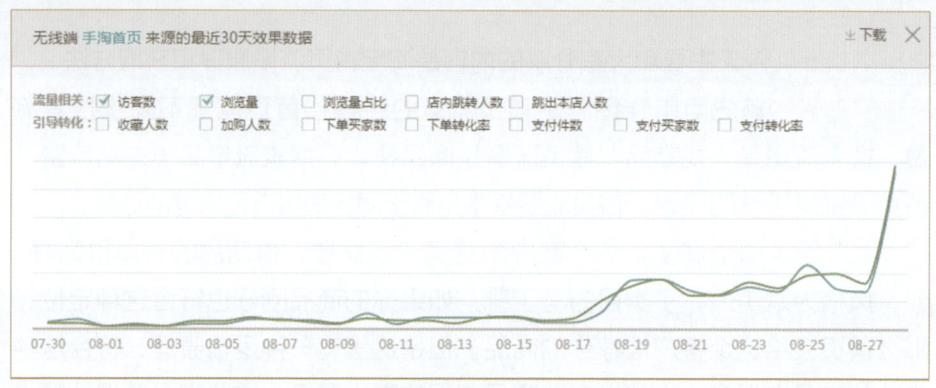

▲ 图40-2

| 二爷 | 单独拿出一个计划开定向，图40-3是第一周操作过程截图，目的是养计划权重和新品标签（如果直通车本身账户权重就很好的话，可以跳过第一周的操作）。

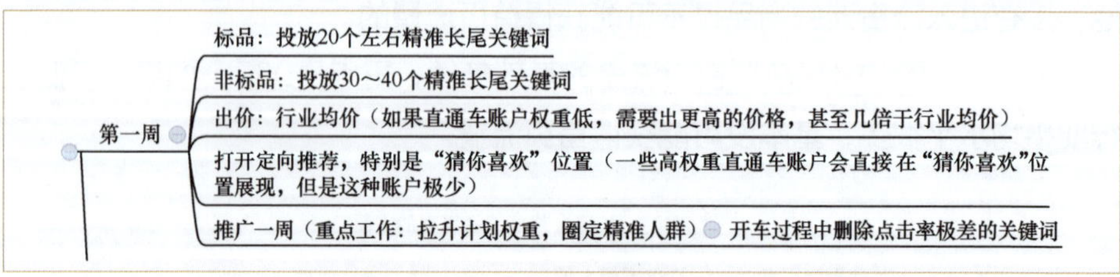

▲ 图40-3

| 二爷 | 图40-4是第二周的直通车操作方法，目的是付费买入首页流量，刺激点击反馈，让系统对商品有一个认知。如果商品本身的点击率、转化率都很低的话，就不要这样操作了，因为后续流量是稳定不了的，除非补坑位产值。

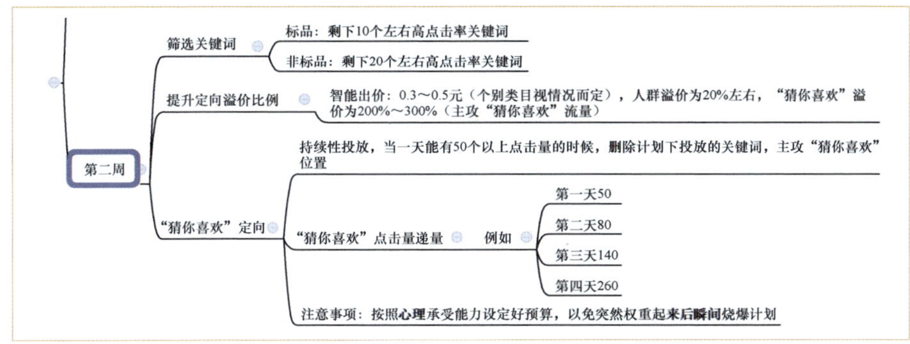

▲ 图40-4

| 鹿客1 | 老计划能用吗?

| 二爷 | 最好是用新计划，如果是有权重的老计划也可以用。

| 鹿客2 | 图40-4所示中的“删除计划下投放的关键词”是指把投放的关键词全部删除吗?

| 二爷 | 是的，前期投放关键词是为了给宝贝一个精准流量，后续系统会根据历史浏览记录给一个比较准确的推荐流量。

| 鹿客3 | 不太理解“坑位产值”这个概念，可以解释一下吗?

| 二爷 | 搜索流量的坑位产值统计的基本是全渠道的流量，但是首页流量的坑位产值是依照赛马机制统计的，只统计首页流量进入后的坑位产值，其他渠道流量的坑位产值是不计入首页坑位产值的。

| 鹿客4 | 达到多少坑位产值才算达标？怎么知道自己要做多少坑位产值?

| 二爷 | 这主要看你的竞争环境，可以通过行业粒度中的数据进行汇总分析。

| 鹿客5 | 首页流量的坑位产值要怎样去控制，能否具体说明一下?

| 二爷 | 所有的流量都不能靠人为控制，要靠商品去承接，位于电商运营第一位的必定是商品运营，然后才是其他的。

| 鹿客6 | 老师，直通车关键词计划上一般做高点击率的词，那么定向计划在调整的时候主要看什么维度呢?

| 二爷 | 也看点击率，通过关键词的高点击率养一下计划的基础权重，顺带打人群标签。

| 鹿客7 | 人群标签怎么做才不会乱呢?

|二爷|只要是正规的运营操作，正常地引流，就不用担心标签问题。

|鹿客8|内衣类目的“猜你喜欢”流量无法用直通车获取，但是能看见好多同行的首页流量非常大，这是什么原因？

|二爷|有可能是系统限制了类目。如果限制了类目，用钻展中的智能推广功能比直通车的定向效果更好。

|鹿客9|搜索重定向是什么意思？

|二爷|系统自动计算推荐人群。

|鹿客10|新品可以用这种操作方式吗？

|二爷|可以，我介绍的操作方式就是针对新品的。

|鹿客11|定向设置有没有办法让PC端的展现量少一些呢？这样会拉低点击率吗？

|二爷|不会影响点击率，数据可以分渠道进行查看，或者5个重点的PC资源位不议价就可以。

|鹿客12|定向直通车创意标题需要和宝贝标题的前半部分保持一致吗？可不可以用比较有吸引力的创意标题？

|二爷|可以，前半部分可以做促销类文案。

|鹿客13|对手淘首页的“猜你喜欢”入口，淘宝官方考核的是“猜你喜欢”的点击率、转化率、收藏加购率以及“猜你喜欢”的入口坑位产值，那重点考核的是哪个指标呢？

|二爷|根据我个人以往的操作，起爆款重点考核点击率，稳定流量重点考核坑位产值。

|鹿客14|是不是关键词好，就会出现在购物意图定向里面呢？

|二爷|购物意图跟关键词不一样，它是代表一种需求人群，随着商品体量的增长，购物意图会越来越多。

|鹿客15|如果做一个新的品牌，用100家小网店跟用一个旗舰店配合专业店，哪种模式更好？

|二爷|看你的目的是什么。如果是做品牌，建议用天猫店配合专业店模式；如果是想粗暴盈利，建议用100家店铺模式。采用群爆模式卖货，必定是用100家网店的效果好。

41

只要玩法正确，低客单价的小卖家也可轻松月入5万

分享嘉宾 大王真 | 主持人·整理人 黑骑士

大王真

6年电商从业经验，前TOP10天猫店铺运营主管，传统企业互联网转型高级顾问。擅长平台电商、社群电商、微营销、新零售业务等运营操盘。

很多卖家认为低客单价的商品无法盈利。但事实证明，这是一个运营误区。本期我就和分享嘉宾一起来讨探复购性强、关联销售多的低客单价商品如何在激烈的竞争中生存得更好，如何通过节省运费、管理库存，让店铺低价盈利！

| 大王真 | 很荣幸来到“鹿人说”平台为大家分享，我先简单介绍一下自己的从业经历。我曾经是一家淘宝TOP店铺的运营总监，后来自己开店，用1年时间做到金冠，后来在一些电商培训机构担任讲师。我今天要分享的内容是一些适合中小卖家盈利的玩法。

| 大王真 | 我们这里的朋友应该是以中小卖家居多吧！现在的淘宝店铺虽然很难做，但是一些细分行业还是有机会的。只要玩法得当，一个两三人的中小店铺，一个月赚个三五万元还很轻松的。

| 大王真 | 当然，要想成为大卖家，那就不能只靠几个简单的玩法了。今天要给大家分享一个比较有意思的玩法，即如何让一个看似不起眼的低客单价产品轻轻松松月赚5万元。

| 大王真 | 如图41-1所示是3.9元包邮的丝袜。诸如此类的还有3.9元包邮的内裤、3.9元包邮的袜子等各种小东西。大家千万不要小看这3.9元的商品，一个月能卖几万件，交易额还是很恐怖的。

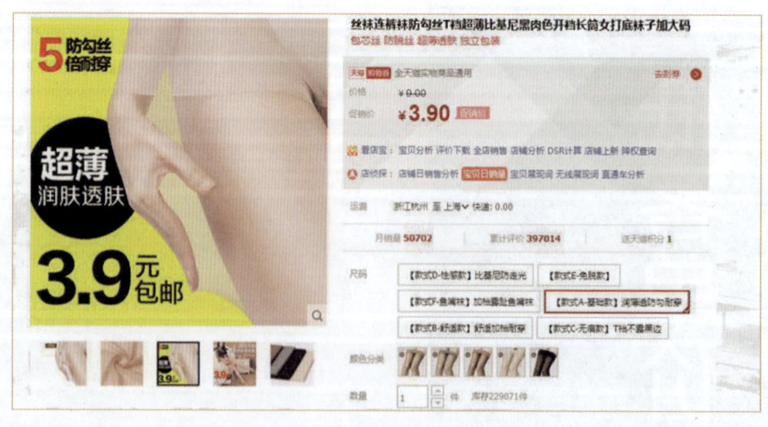

▲ 图41-1

｜大王真｜大家可能有个疑问：3.9元还包邮，那不得亏死吗？我们先来了解一下低价玩法的发展史，如图41-2所示。

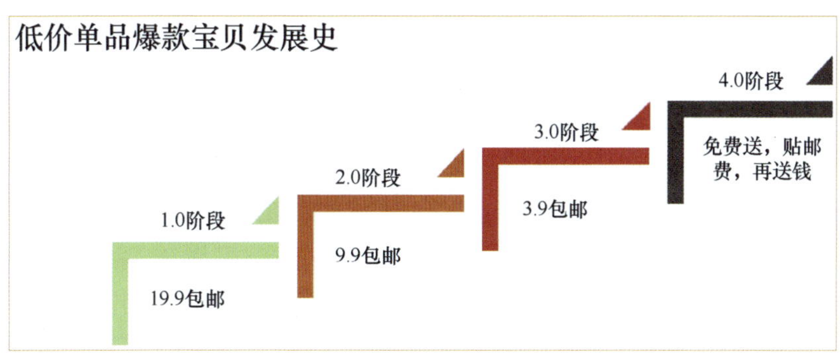

▲ 图41-2

｜大王真｜淘宝现在虽然一直希望提高客单价，可是有个残酷的现实就是平台中低客单价商品占了绝大多数。基本所有的爆款都是低客单价，超过100元的款很难起爆。

｜大王真｜前几年，各种第三方网站，如折800等很火，起初是19.9元包邮，后来发展为9.9元包邮。9.9元包邮感觉还合理，商品价格跟邮费差不多。现在是3.9元包邮，甚至因为近几年滴滴等O2O补贴模式的影响，还有很多是免费送的。这里我们不讨论免费送的玩法，只聊3.9元包邮的玩法。

｜大王真｜3.9元包邮还能赚几万元钱，无非就是做到了图41-3所示的3点。

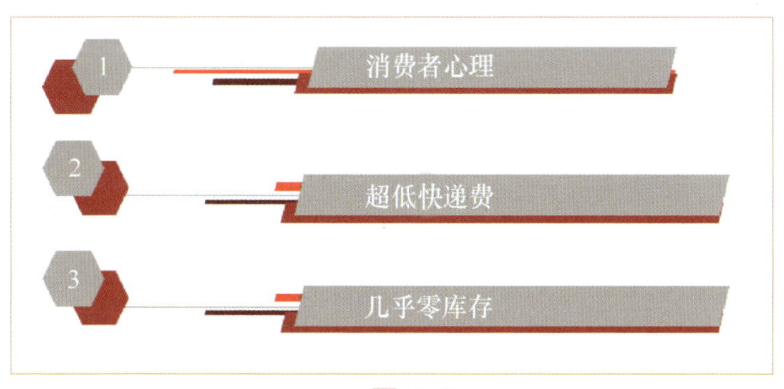

▲ 图41-3

｜大王真｜大家仔细看一下这个案例，如图41-4所示。然后我们来算一笔账：月销量为50702件，单价为3.9元，一个月的销售额为19.8万元。

▲ 图41-4

| 大王真 | 假设在阿里巴巴上进货，一双丝袜的成本价大概为1.5元，所以，5万双的成本约为7.5万元。再来看快递费。因为丝袜几乎不需要包装，甚至可以直接装在快递信封里邮寄。而且当你有那么大单量的时候，快递费基本可以谈到全国范围每单3.0~3.5元。按照正常的算法，快递费=50000×3.0=15（万元）。若再加上成本，怎么算都是亏损的。但是其实它的月发货单量在2万单左右。所以，秘密就在这里，就是迎合了消费者的购物心理。

| 大王真 | 消费者觉得3.9元包邮，这么便宜，买3双！结果这个单品客单价根本不是3.9元，平均算下来约是9元。当然，也有人买1双，但是这种人很少，所以，仅这个单品的客单价差不多就是9元。如果算全店客单价，那差不多就是二十几元。也就是说，消费者一看，3.9元那么便宜，店里其他的东西应该也很便宜，稍带买买这个，买买那个，结果客单价就提高到二十几元。

| 大王真 | 我们先不说3.9元包邮的丝袜带动其他宝贝的销售，就说这一个单品。我们再来算一下账，销售额约为19.8万元，袜子成本约为7.5万元，快递成本约为7万元，则月利润=19.8－7.6－7＝5.2（万元）。仅这一个单品的月利润就是5万元，那么这家店一年的利润大概在150万元。一年赚150万元，其实已经很厉害了。

| 大王真 | 肯定有同学会说：“老师，3元钱的快递价格不是谁都能拿得到的。”我等会儿告诉大家3元的快递价格是怎么做到的。

| 大王真 | 刚才还有一个账没有算，我们再来算一下。一双丝袜的成本=1.5+3.0=4.5（元）。他卖3.9元包邮，如果消费者只卖1件，则卖一双丝袜就亏损0.6元。但是，消费者如果买2件，成本就是6.0元（1.5+1.5+3.0），销售额是7.8元（3.9+3.9），净赚1.8元。只买1件的客户很少，在20%左右。这种玩法操作简单，成本低，风险小。所以淘宝上很多中小卖家都在用，而且做得也都不错。

| 大王真 | 再回过头来说快递费。这个就是要归功于ERP了。当你一个月发那么多订单时，那么必然要用ERP。我们来看看该店铺是怎么做到3.0~3.5元的全国快递价格的，如图41-5所示。

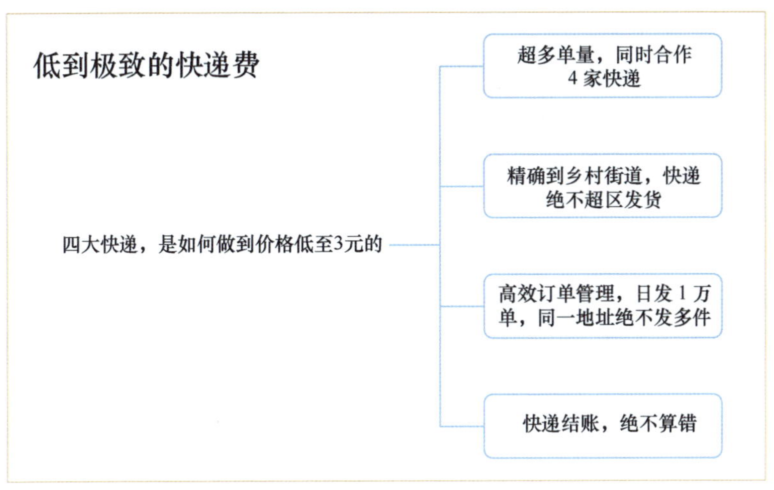

▲ 图41-5

| 大王真 | 与该店铺合作的快递公司有4家。我们大部分的卖家都很懒，基本都是全部承包给1家快递公司。其实承包给1家快递公司是不划算的，因为这家快递公司不能保证全国哪个区域都能送达：一旦送不到，就要转发，转发的成本都会计在你的账上。

| 大王真 | 所以你会发现，与1家快递公司合作，快递成本降不下来；但是如果与多家快递公司合作，成本就能降下来，因为我们有一个神奇的工具——智能物流，系统会自动帮你测算这一单用哪一家快递公司费用最低，路径最短，不超区，绕开爆仓，而且精确到街道。

| 大王真 | 这样一来，你发出的快递都是经过系统计算后成本最低、效率最高的，这样快递公司就没理由把超区的成本转嫁到你的头上，快递成本自然下降。

| 大王真 | 在此过程中，要注意避免快递损失。因为很多消费者拍了一单后，想想挺便宜，又来买一单。订单量越多，越容易造成混乱，就有可能同一个地址发了2件快递出去，这样直接就导致亏损了。通过物流系统，可以直接合并相同收货地址的订单。当然，这其中还有很多细节，由于时间关系，这里就不给大家一一细说了。

| 大王真 | 当你发的快递不超区、路径最短，并且发单不出错的时候，你也要当心，因为快递员收件也有可能出错。这个预防措施就很简单了，从物流系统中导出每个月的月结账单，明细清清楚楚，且由系统自动生成。

| 大王真 | 最后就是库存问题了。这种玩法中，风险最大的环节就是库

存，因为发单量很大，万一一不小心上个活动没货就很麻烦了。

| 大王真 | 降低库存风险的方法也很简单。商家可以一个库存都没有，直接从工厂协同发货，工厂和店铺互通订单数据，店铺知道工厂有多少存货，工厂也知道店铺里卖了多少货，这样工厂永远只备1周的货，店铺自己根本就不压货。

| 大王真 | 即使有售后客服，售后问题也是直接给到工厂处理，但是实际上售后问题极少，谁会因3.9元退货呢？当然，商品质量还是要有保证，不然你的DSR会非常惨。这个玩法比较适合低客单价的产品，如日用品等。

| 鹿客1 | 老师，我是做手机膜的，想打造新品，该如何做呢？

| 大王真 | 手机膜也可以采取这个套路。买手机膜的客户一般不会只买1张，如果你的商品是新品，可以上平台活动，直接免费赠送。还可以配合淘宝客，基本上几千的销量一会儿就起来了，而且成本也很低。

| 鹿客2 | 用淘宝客会亏很多，因为他们都要求用优惠券。

| 大王真 | 不要怕亏钱，卖手机膜，你一单能亏多少钱？手机膜是一个暴利行业。

| 鹿客3 | 一天大概要送多少单合适？

| 大王真 | 在第一周内，保证数据维度好于同比的2~3倍。

| 鹿客4 | 一个爆款链接流量稳定，但是之前属性里有3个选项没有填写，现在补填上了，同时又修改了SKU价格，详情页里加了一张图片，结果第二天流量就流失了一部分，店铺里第二个引流链接的流量也有部分流失。之后每天流量都有流失。是不是系统怀疑我们换宝贝了？问了淘宝小二，淘宝小二说链接没问题。那么我应该把那3个属性改回原样吗？这样会不会引起二次惩罚，导致流量流失更多呢？有什么办法补救吗？

| 大王真 | 没错，系统怀疑你换了宝贝。改详情页一定会影响流量，这个是打造爆款的大忌。流量起来后，千万不要修改宝贝的属性和详情页，要改也只能一点点改，每次改一个，但宝贝属性坚决不能修改，价格也不能修改，这都是打造爆款的大忌。

| 大王真 | 一个宝贝，2周或1个月内流量起来且稳定后，一定要上直通车，不然很难做成爆款，除非你是网红，自带流量。

42

『双11』你的销售额能翻几番，就看他们了

分享嘉宾 三三 | 主持人·整理人 聂辉

门川川（花名“三三”）

8年电商客服实操经验，擅长箱包类目、食品类目的客服管理，专注于客服团队管理和老客户营销。

现在距离“双11”还有两个多月的时间，很多商家已开始了周密的准备工作，包括客服准备。今天，三三将和大家一起分享“双11”客服规划方案，帮助中小卖家轻松迎战“双11”。

|三三|今天我要和大家分享的内容是关于“双11”客服规划的。根据时间节点，“双11”活动期间，网店客服工作流成分为售前、售中、售后3个部分。一般在9月15日~10月1日的“双11”活动筹备期间开始做客服规划。每一家做的规划时间段稍有差异，大家可以根据店铺的实际情况做调整。不过大促期间的客服人员的数量安排有通用的参考公式。

售前客服=店铺销售额÷客单价×销售额占比÷询单转化率÷全天最大的接待量

售后=预计的订单量×退货率÷全天最大的接待量

|三三|这个公式只是参考，实际应用中可略有变动。例如，2017年的时候，我计算后觉得我们的客服人员是不够用的。2018年的客服情况是根据店铺流量和客户静默下单的增加量确定的。2017年的客户询单比例是2%~30%，2018年的客户询单比例是15%左右。可以在每年的9月下旬招聘客服，为旺季销售做准备。这个时期也是梳理客服工作的最佳时期。

|三三|10月7日~10月30日这个时间段一般称为售前阶段的蓄水期。运营会提前一个月对客服进行店铺活动的售前培训。售前培训的内容主要为活动政策和产品知识。关于产品知识培训，我建议大家做产品属性表格。一般商品属性分类会有20~30个属性点。如零食，一般会涉及产地、口感、包装、颜色、禁忌、卖点、净含量、价格，以及孕妇是否可以吃等。

|三三|也可以让客服自己去做整理，自己整理的印象更深。最终的目的都是清楚了解自家商品。

|三三|培训方式是在微信群里做问答。由于客服一般是有早晚班的，所以培训的时候会分期进行。培训效果考核方式可以是群里问答在线测试，旨在加深客服对商品的印象。

10月15日~11月10日为售前阶段的预热期。该阶段的主要工作是预热活动，唤醒老客户，吸纳新客户，并引导客户加购和收藏。

这个阶段也会做售后培训。售后培训主要是梳理退换货规则，优化售后的接待方法。建议售后客服也一样要做到标准化和流程化。复杂的事情简单做，简单的事情流程化、标准化。下面分享一个我制作的售后接待流程，如图42-1所示。

▲ 图42-1

培训售后客服新人最快捷的方法是做一个售后的全案，可以用XMIND制作。我一般是把售后问题分成几大类，如商家问题、销售问题、基础售后问题、快递问题、主动售后问题这几块，然后把处理的步骤和流程进行分解，这样可以让新人快速上手。另外，在这个环节中，售后人员可以根据运营的活动做售后预测，提前做好售后预警和预案措施。

预热期间，售前客服还要制作好快捷短语。快捷短语建议用输入法设置常用快捷键，如图42-2所示。

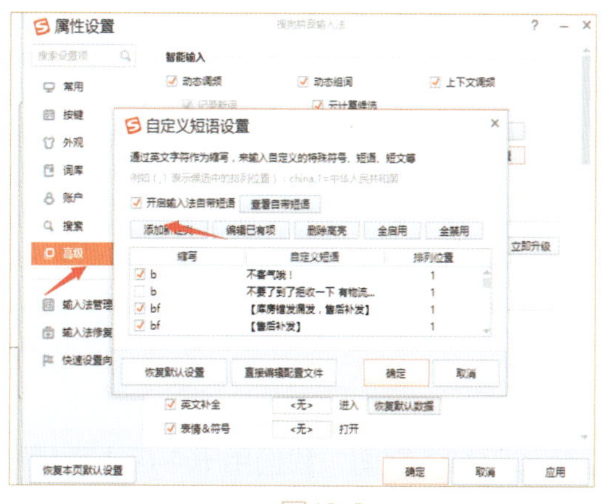

▲ 图42-2

｜三三｜快递、满送、满减等常用的快捷短语，快捷键可设置为kd、ms、mj等。用拼音的首字母组合能方便客服记忆并及时调用该快捷短语，比千牛的快捷短语要方便。

｜三三｜接下来是客服的排班安排。此环节需要注意的是高峰期的人员需求。当然，若客服人数过多，就用代码排班，要求客服记住自己的代码，提前做好确认，避免上错班。催付人员以及临时的替补人员也需提前排好班。2018年的“双11”期间，修改地址的工作我们是有专门的客服处理的，也就是做到了大促期间也可以给客户修改收件地址。当天我们客服人手不足，售后VIP质检等其他的小组都可以支援售前工作。这时也需同步做好“双11”客服的奖励制度。

｜三三｜标准要提前制定，以提高客服工作的积极性。在“双11”的前一周，会进行活动规则及商品知识培训，帮助客服重点熟悉客服话术、活动快捷信息、个人快捷信息和团队快捷信息。预热期间还会做老客户唤醒工作。客服能做的是对去年“双11”的大订单客户进行电话回访，也可以通过短信、微信做预热告知。

｜三三｜我们前期做了这么多的工作，等的就是“双11”这一天。在售中的引爆期，即11月11日~11月12日，客服能做的是活动关联、定时催单。

｜三三｜推荐大家使用千牛的自动催单功能，如图42-3所示，可在新版千牛客户服务平台中进行规则设置。“客户服务”功能值得开通。

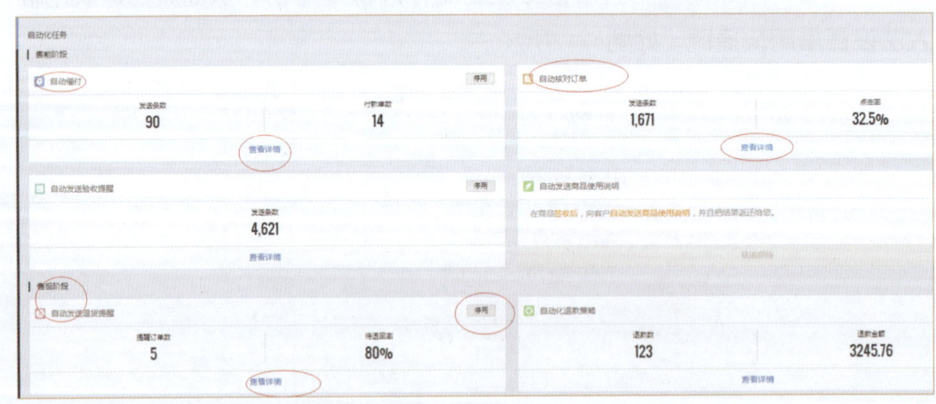

▲ 图42-3

｜三三｜2018年“双11”期间，我们用千牛店小蜜辅助客服工作。前提是在千牛店小蜜中设置好各项参数。店小蜜可发挥的威力取决于我们人工的

设置的商品问题和答案的匹配度。"双11"期间如果要用这款软件，要提前设置好各种话术、卡片问题及场景模式等。

｜三三｜打开千牛店小蜜，在其中可查看官方知识库和自定义知识库，如图42-4所示。

▲ 图42-4

｜三三｜在"全自动模式"中可以做相关设置，如图42-5所示。前期所做的设置要随时优化，不断完善，后期要引导客户用我们收集到的问法。

▲ 图42-5

｜三三｜设置店小蜜的时候，可以开启人工优化功能，然后用服务助手检测设置好的答案，验证机器人给我们回复的答案是否正确。店小蜜若设置好了，在“双11”当天可以代替我们很多人工。

| 三三 |“双11”当天还要注意客服关怀，客服的情绪很重要，不要让大家打疲劳战，注意休息时间、吃饭、订餐等细节安排。活动开始的时候可能会出现系统卡顿或崩溃、备注不上信息等突发情况，注意制订好处理预案。

| 三三 | 售前忙了一天后就轮到售后了。售后工作的预计时间是11月13日~11月31日。注意，“双11”当天买家不能申请退款，没有发货的订单不能退款。从12日的凌晨开始退款量会增加。这里给大卖家介绍一个淘系退款的利器AliGenius（简称AG），用它可以实现在没有发货情况下的直接退款，如图42-6所示。

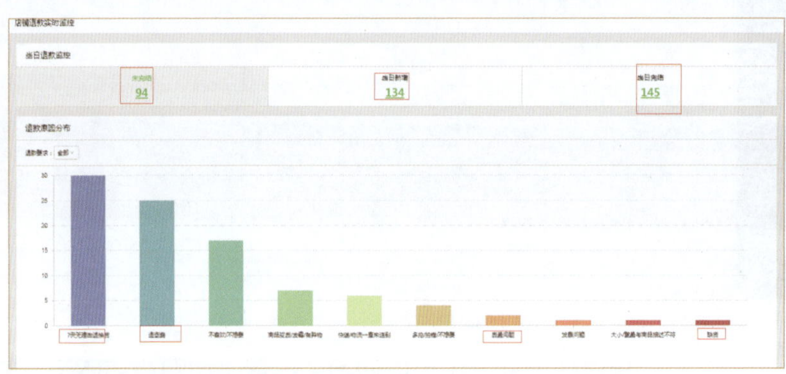

（a）

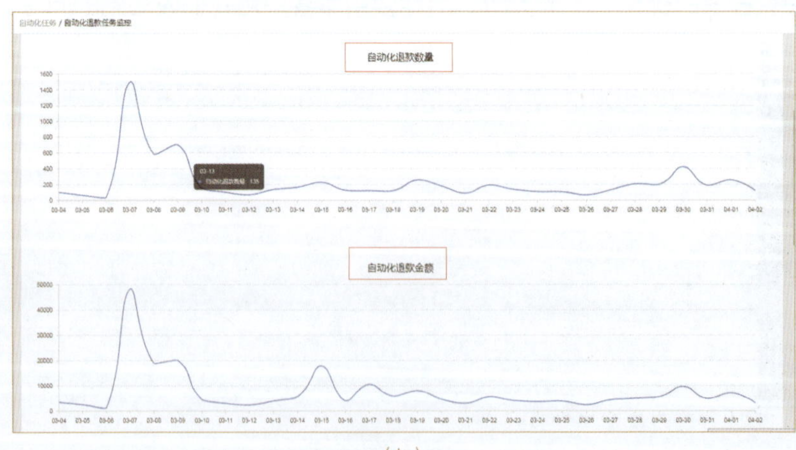

（b）

▲ 图42-6

客服也可以看到自己的绩效。利用自动化功能可以节省很多重复拦截取消退款的人力。有了这个软件，我们不用担心大促期间客服再通宵地退款了，并且可以为店铺的售后综合指标维护加分，提升退款的速度。

“双11”过后，售后处理的主要问题是快递问题、发货问题，活动的赠品送错、错发、漏发问题及商品质量等问题。建议设置批量处理售后问题的方案，更快捷地为客户解决问题。这时候售后客服人手也是不够的，可以从售前岗位调一些人做售后工作。

图42-7所示的是一般退货流程。注意人工可以控制时间点。售后抓住了这个时间点，那么在大促后的维护中就可以做得更好。

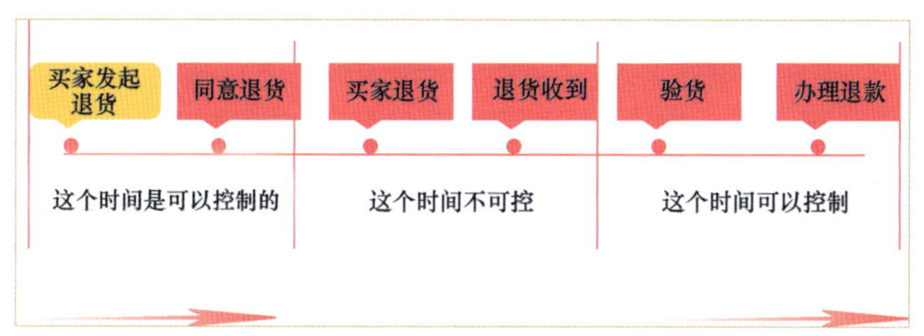

▲ 图42-7

说到售后，这里单独分享一下对买家评价的维护，如图42-8和图42-9所示。

关于评价追加店铺的对比数据							
品牌	评价	有图	占比	追评	占比	回评情况	备注
[illegible]	18102	4733	26.15%	2105	11.63%	有回评	评价晒图发现包装的图片多
[illegible]	9489	1646	17.35%	1659	17.48%	有回评	安装好的图片较多
[illegible]	10529	5051	47.97%	2663	25.29%	部分针对性回评	全部是安装好的图片

▲ 图42-8

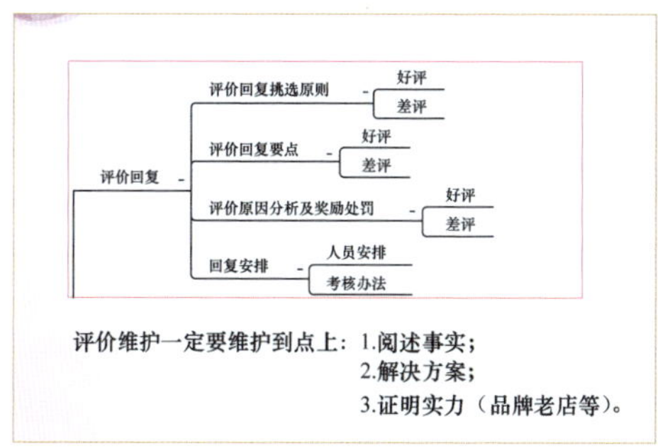

▲ 图42-9

参考这个表格，建议大家可以针对自己的类目钻研评价里面的“学问”。通过对比买家评论可以发现自己店铺和其他店铺的不足。

为什么别人家的评价都是有图片和追加，并且追加的还是我们想要的内容呢？我们店铺商品的评价是好的，再一看很多还是淘客的广告。这里也提醒卖家们，广告性的评价也会影响转化。

我们要有针对性地回复评价，如图42-10所示。

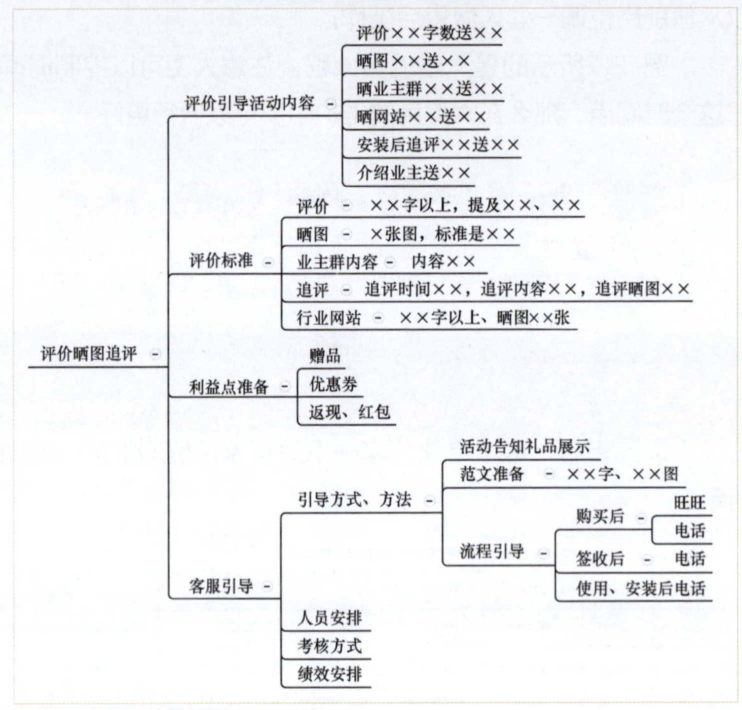

▲图42-10

对评价的晒图和追加的引导方法，大家可以去做尝试和优化。“双11”售后处理得好坏关系到店铺能否参加“双12”、年货节的活动，所有大促以后的DSR、售后指标以及评价的维护都是非常重要的。最后给大家分享一个DSR动态评分的公式计算法，如图42-11所示。

店铺动态评分（仅供参考不代表官方）										推算一		推算二	
DSR	店铺评分	同行评分	相对同行评分比率	评分人数	5分 ☆☆☆☆☆	4分 ☆☆☆☆	3分 ☆☆☆	2分 ☆☆	1分 ☆	如果增加5分买家	店铺评分增加到	目标分值	需增5分买家
宝贝与描述相符	4.6807 分	4.7700 分	-2.92%	753	75.56%	15.94%	6.24%	0.53%	1.73%	174	4.7000 分	4.7700 分	456
卖家的服务态度	4.7120 分	4.8403 分	-2.65%	750	80.53%	14.27%	2.67%	0.93%	1.60%	115	4.7503 分	4.8403 分	603
卖家发货的速度	4.6216 分	4.8248 分	-4.21%	751	77.23%	13.85%	5.33%	1.07%	2.53%	195	4.7000 分	4.8248 分	869
自动计算区			输入数字区										

▲图42-11

43

20天，从0到3000访客的秘诀——优化标题

分享嘉宾 宣风 | 主持人·整理人 聂辉

胡良普（花名“宣风”）

6年电商实操经验，千万级天猫店铺运营操盘手，主攻搜索优化，擅长运营女装、童装等类目。

很多人玩直通车、玩搜索的目的都是为了手淘的搜索流量，也就是免费的淘宝自然流量，那么这部分流量如何快速获取呢？宣风老师的独门绝技教你快速获取搜索流量！

|宣风|如图43-1~图43-3所示，2017年8月7日上架的新品，经过3周的优化，访客数突破1200，这都是标题优化的结果。

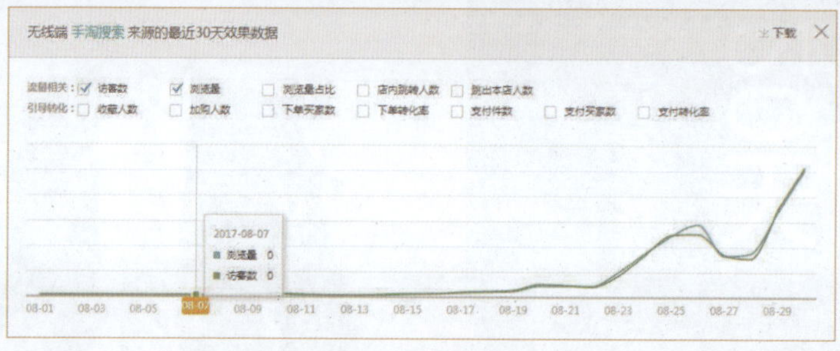

▲ 图43-1

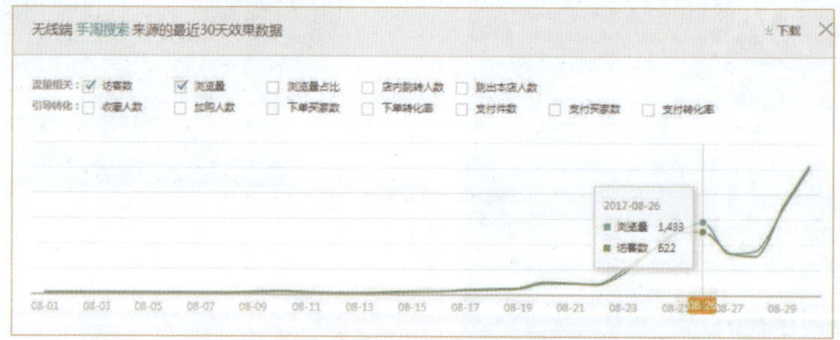

▲ 图43-2

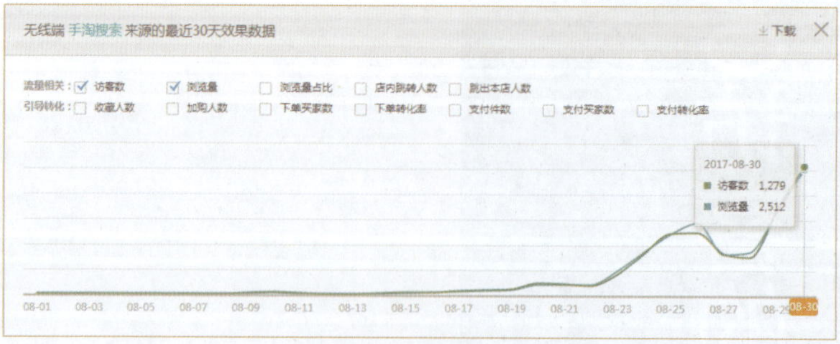

▲ 图43-3

｜宣风｜经常听到大家讨论标题优化这个技术问题，感觉很难，其实没有大家想象的那么难。一般来说，标题优化分两个阶段。

第一个阶段，就是把标题中所有根词都替换成成交词的根词。什么是根词？根词就是关键词中最小的词，不可以再拆分。

｜宣风｜查看根词的方法有如下两种：①天猫搜索，在全标题后加一些数字，以空格自动分开的词就是根词，如图43-4所示；②在生e经中，通过“宝贝一键分析”查看，如图43-5所示。

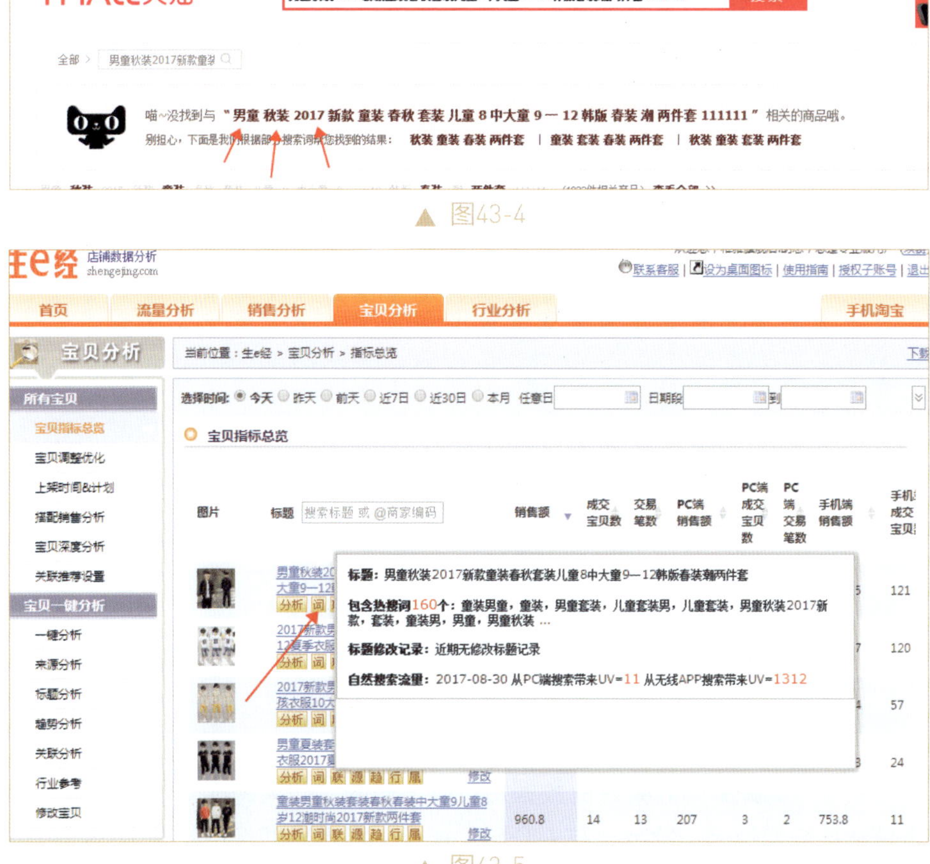

▲ 图43-4

▲ 图43-5

｜宣风｜图43-6所示的这些就是根词。

｜宣风｜根词找到了，接下来找成交词。方法是在生意参谋中，打开“商品”→“商品效果”→“关键词效果分析”，如图43-7所示。

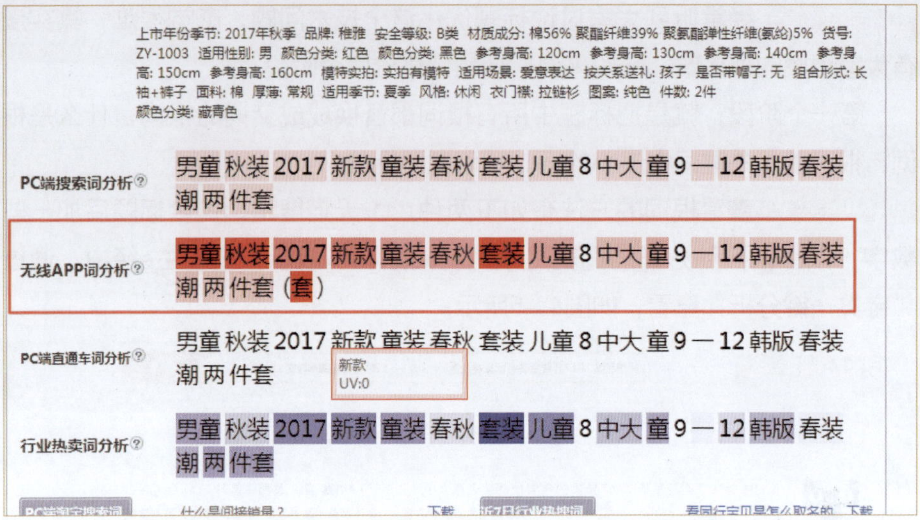

上市年份季节: 2017年秋季 品牌: 稚雅 安全等级: B类 材质成分: 棉56% 聚酯纤维39% 聚氨酯弹性纤维(氨纶)5% 货号: ZY-1003 适用性别: 男 颜色分类: 红色 颜色分类: 黑色 参考身高: 120cm 参考身高: 130cm 参考身高: 140cm 参考身高: 150cm 参考身高: 160cm 模特实拍: 实拍有模特 适用场景: 爱意表达 按关系送礼: 孩子 是否带帽子: 无 组合形式: 长袖+裤子 面料: 棉 厚薄: 常规 适用季节: 夏季 风格: 休闲 衣门襟: 拉链衫 图案: 纯色 件数: 2件 颜色分类: 藏青色

PC端搜索词分析 男童 秋装 2017 新款 童装 春秋 套装 儿童 8 中大 童 9 — 12 韩版 春装 潮 两 件套

无线APP词分析 男童 秋装 2017 新款 童装 春秋 套装 儿童 8 中大 童 9 — 12 韩版 春装 潮 两 件套 (套)

PC端直通车词分析 男童 秋装 2017 新款 童装 春秋 套装 儿童 8 中大 童 9 — 12 韩版 春装 潮 两 件套

新款
UV:0

行业热卖词分析 男童 秋装 2017 新款 童装 春秋 套装 儿童 8 中大 童 9 — 12 韩版 春装 潮 两 件套

▲ 图43-6

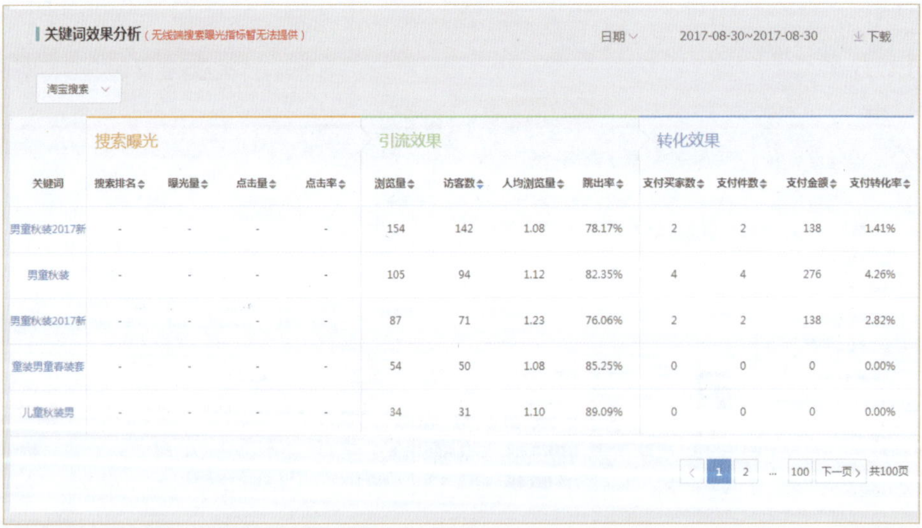

关键词效果分析（无线端搜索曝光指标暂无法提供） 日期 2017-08-30~2017-08-30 下载

淘宝搜索

关键词	搜索曝光				引流效果				转化效果			
	搜索排名	曝光量	点击量	点击率	浏览量	访客数	人均浏览量	跳出率	支付买家数	支付件数	支付金额	支付转化率
男童秋装2017新	-	-	-	-	154	142	1.08	78.17%	2	2	138	1.41%
男童秋装	-	-	-	-	105	94	1.12	82.35%	4	4	276	4.26%
男童秋装2017新	-	-	-	-	87	71	1.23	76.06%	2	2	138	2.82%
童装男童春装套	-	-	-	-	54	50	1.08	85.25%	0	0	0	0.00%
儿童秋装男	-	-	-	-	34	31	1.10	89.09%	0	0	0	0.00%

< 1 2 ... 100 下一页 > 共100页

▲ 图43-7

｜宣风｜关键词效果分析数据是可以下载的。如果词成交较少，就可以直接替换标题根词。这就是第一阶段的优化，目的是要保证标题中的所有根词都是成交词。这个操作比较简单，这里我就不多说了，我重点要讲的是第二阶段的优化，就是当成交词比较多，新的根词比较少时，我们该如何进行选词。具体的操作步骤如下。

｜宣风｜第一步，把根词复制到Excel表格中，如图43-8所示。

| 宣风 | 第二步，把最近7天无线端的成交词和相关数据复制到一个Excel表格中，如图43-9所示。注意，这里要复制的是支付买家数，而不是支付商品件数。

A
根词
男童
秋装
2017
新款
童装
春秋
套装
儿童
8
中大
童
9
—
12
韩版
春装
潮

▲ 图43-8

	关键词	访客数	支付买家数
2	男童秋装	94	4
3	儿童秋装男童套装2017新款 韩版	24	3
4	男童套装秋	21	2
5	男童秋装2017新款 春秋套装	142	2
6	男童秋装2017新款 春秋套装9—12	71	2
7	12岁男童夏装2017新款套装	2	1
8	9岁男童秋装 两件套	2	1
9	儿童春装	2	1
10	儿童秋装套装男	19	1
11	儿童秋装男两件套装	2	1
12	儿童秋装男套装	4	1
13	儿童秋装男套装 两件套	1	1
14	十二岁男孩春秋装时尚套装	3	1
15	大男童秋装	2	1
16	大童装男童12	1	1
17	宝宝秋装男6岁	1	1
18	男中大童运动套装	1	1
19	男童套装春秋款	1	1
20	男童秋季套装	17	1
21	男童秋季套装2017新款 两件套	1	1
22	男童秋装 三件套装	2	1
23	男童秋装 牛仔套装 二件套	1	1
24	男童秋装 韩版	2	1
25	男童秋装2017新款	23	1
26	男童秋装2017新款 春秋套装9—12 中大童	3	1
27	男童秋装套装 中大童	10	1
28	男童装 9-11周岁	1	1
29	男童秋装2017新款 春秋套装	61	3
30	童装男童套装秋装-7-8岁潮小男	33	2
31	8岁男孩秋装套装	1	1
32	9岁男孩秋装	2	1
33	七岁男童夏装	1	1
34	七岁男童秋装	5	1
35	中大男童秋装	1	1
36	儿童套装男 中大童	10	1
37	儿童秋装套装男	12	1
38	儿童秋装男童套装2017新款 韩版	11	1
39	儿童秋装男童套装2017新款 韩版 中大童 春秋	1	1
40	儿童运动套装男	1	1
41	八岁男童秋装2017新款套装套潮	2	1
42	八岁男童秋装2017新款潮 中大童	1	1
43	大童男装	1	1

▲ 图43-9

| 宣风 | 第三步，把根词逐一复制到成交词表中，查询、求和，然后将其复制到根词表中，如图43-10~图43-12所示。

	关键词	访客数	支付买家数
		94	4
		24	3
		21	2
		142	2
		71	2
		2	1
		2	1
		2	1
		19	1
		2	1
		4	1
		1	1
		3	1
		2	1
		1	1
		1	1
		1	1
		1	1
		17	1
		1	1
		2	1
		1	1
		2	1
		23	1
26	男童秋装2017新款 春秋套装9—12 中大童	3	1
27	男童秋装套装 中大童	10	1
28	男童装 9-11周岁	1	1
29	男童秋装2017新款 春秋套装	61	3
30	童装男童套装秋装-7-8岁潮小男	33	2
31	8岁男孩秋装套装	1	1
32	9岁男孩秋装	2	1
33	七岁男童夏装	1	1
34	七岁男童秋装	5	1
35	中大男童秋装	1	1
36	儿童套装男 中大童	10	1
37	儿童秋装套装男	12	1
38	儿童秋装男童套装2017新款 韩版	11	1
39	儿童秋装男童套装2017新款 韩版 中大童 春秋	1	1
40	儿童运动套装男	1	1
41	八岁男童秋装2017新款套装套潮	2	1
42	八岁男童秋装2017新款潮 中大童	1	1

▲ 图43-10

	关键词	访客数	支付买家数
2	男童秋装	94	4
3	儿童秋装男童套装2017新款 韩版	24	3
4	男童套装秋	21	2
5	男童秋装2017新款 春秋套装	142	2
6	男童秋装2017新款 春秋套装9—12	71	2
7	12岁男童夏装2017新款套装	2	1
8	9岁男童秋装 两件套	2	1
15	大男童秋装	2	1
16	大童装男童12	1	1
19	男童套装春秋款	1	1
20	男童秋季套装	17	1
21	男童秋季套装2017新款 两件套	1	1
22	男童秋装 三件套装	2	1
23	男童秋装 牛仔套装 二件套	1	1
24	男童秋装 韩版	2	1
25	男童秋装2017新款	23	1
26	男童秋装2017新款 春秋套装9—12 中大童	3	1
27	男童秋装套装 中大童	10	1
28	男童装 9-11周岁	1	1
29	男童秋装2017新款 春秋套装	61	3
30	童装男童套装秋装-7-8岁潮小男	33	2
33	七岁男童夏装	1	1
34	七岁男童秋装	5	1
35	中大男童秋装	1	1
38	儿童秋装男童套装2017新款 韩版	11	1
39	儿童秋装男童套装2017新款 韩版 中大童 春秋	1	1
41	八岁男童秋装2017新款套装套潮	2	1
42	八岁男童秋装2017新款潮 中大童	1	1
47	男童中童套装秋	1	1
48	男童秋装	46	1
49	男童秋装套装	8	1
50	男童装秋装2017新款潮套装 韩版	1	1
52	童装男童	6	1
55	男童秋装2017新款 春秋套装 中大童	1	1
56	男童裤子	1	1
59	童装男童 春秋装	3	1
60	童装男童套装秋装-7-8岁潮小男	21	1
61	童装男童春装套装2017新款潮	5	1
62		629	49

▲ 图43-11

| 宣风 | 最终可以得到图43-13所示的这张表，其中有访客数和支付买家数。这样就可以计算根词的转化率，转化率二支付买家数÷访客数，如图43-14所示。

根词		
男童	629	49
秋装		
2017		
新款		
童装		
春秋		
套装		
儿童		
8		
中大		
童		
9		
一		
12		
韩版		
春装		
潮		
两		
件套		

▲ 图43-12

根词	访客数	支付买家数
男童	629	49
秋装	628	50
2017	350	22
新款	350	22
童装	75	11
春秋	286	13
套装	505	46
儿童	96	16
8	56	5
中大	28	8
童	697	66
9	80	7
一	74	3
12	77	5
韩版	39	7
春装	7	2
潮	63	7
两	6	4
件套	9	6

▲ 图43-13

根词	访客数	支付买家数	转化率
男童	629	49	7.79%
秋装	628	50	7.96%
2017	350	22	6.29%
新款	350	22	6.29%
童装	75	11	14.67%
春秋	286	13	4.55%
套装	505	46	9.11%
儿童	96	16	16.67%
8	56	5	8.93%
中大	28	8	28.57%
童	697	66	9.47%
9	80	7	8.75%
一	74	3	4.05%
12	77	5	6.49%
韩版	39	7	17.95%
春装	7	2	28.57%
潮	63	7	11.11%
两	6	4	66.67%
件套	9	6	66.67%

▲ 图43-14

| 宣风 | 第四步，标出低于平均值的数据，这个数据需要逐一标记，如图43-15所示。

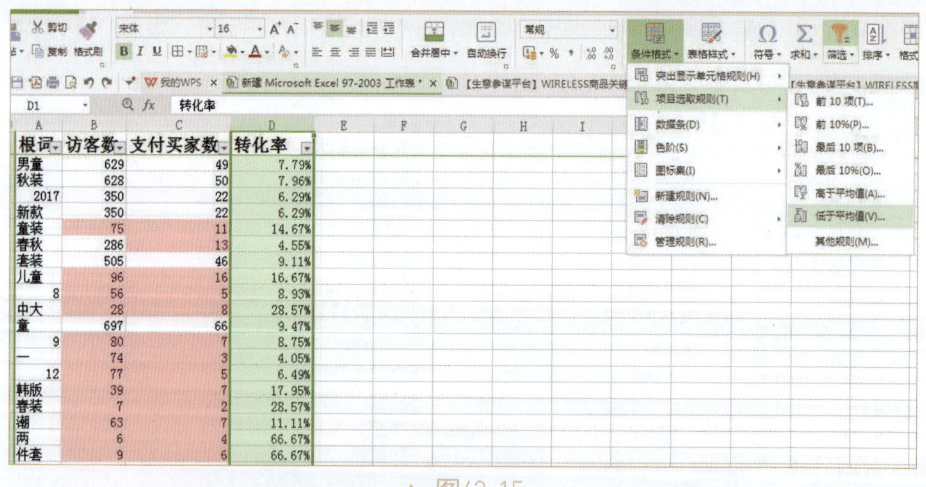

根词	访客数	支付买家数	转化率
男童	629	49	7.79%
秋装	628	50	7.96%
2017	350	22	6.29%
新款	350	22	6.29%
童装	75	11	14.67%
春秋	286	13	4.55%
套装	505	46	9.11%
儿童	96	16	16.67%
8	56	5	8.93%
中大	28	8	28.57%
童	697	66	9.47%
9	80	7	8.75%
一	74	3	4.05%
12	77	5	6.49%
韩版	39	7	17.95%
春装	7	2	28.57%
潮	63	7	11.11%
两	6	4	66.67%
件套	9	6	66.67%

▲ 图43-15

| 宣风 | 以支付买家数降序排列，得到图43-16所示的效果。

根词	访客数	支付买家数	转化率
童	697	66	9.47%
秋装	628	50	7.96%
男童	629	49	7.79%
套装	505	46	9.11%
2017	350	22	6.29%
新款	350	22	6.29%
儿童	96	16	16.67%
春秋	286	13	4.55%
童装	75	11	14.67%
中大	28	8	28.57%
9	80	7	8.75%
韩版	39	7	17.95%
潮	63	7	11.11%
件套	9	6	66.67%
8	56	5	8.93%
12	77	5	6.49%
两	6	4	66.67%
一	74	3	4.05%
春装	7	2	28.57%

▲ 图43-16

| 宣风 | 黄色标注即是我们需要优先优化的关键词。有人可能会问：为什么8和12这两个词不优化呢？原因很简单，这两个词的转化不是很好，但引流还可以。要优化的词找到后，下一步就要找用什么词来优化。

| 宣风 | 第五步，返回到成交词表，将支付买家数降序排列，如图43-17所示。

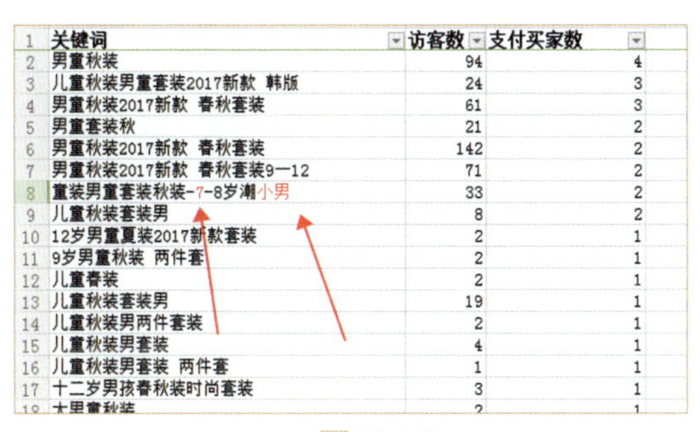

关键词	访客数	支付买家数
男童秋装	94	4
儿童秋装男童套装2017新款 韩版	24	3
男童秋装2017新款 春秋套装	61	3
男童套装秋	21	2
男童秋装2017新款 春秋套装	142	2
男童秋装2017新款 春秋套装9—12	71	2
童装男童套装秋装-7-8岁潮小男	33	2
儿童秋装套装男	8	2
12岁男童夏装2017新款套装	2	1
9岁男童秋装 两件套	2	1
儿童春装	2	1
儿童秋装套装男	19	1
儿童秋装男两件套装	2	1
儿童秋装男套装	4	1
儿童秋装男套装 两件套	1	1
十二岁男孩春秋装时尚套装	3	1
大男童秋装	2	1

▲ 图43-17

| 宣风 | 找到标题中没有的根词，用这些词替换要优化的根词就可以了。

| 宣风 | 第二阶段的优化就结束了，这里有3个注意事项。

（1）优化前后需要记录手动搜索数据，以方便对比。

（2）标题优化什么时候都可以操作，但不要和其他优化一起操作。

（3）第二阶段优化需要更谨慎，最好做两次以上的优化测试，若得出的结果是一样的，才可以按此方式优化。

| 宣风 | 今天的分享就到这儿了，关于关键词表格的操作，大家可以自己多加练习。

44 直通车拉升单品搜索流量的核心操作法

分享嘉宾 青墨 | 主持人·整理人 橙子

蒋宏程（花名“青墨”）

4年电商运营实操经验，擅长数据分析、直通车推广和搜索优化。

很多商家都知道直通车和搜索结合的玩法，但是你们真正知道搜索和直通车的关系吗？有的时候直通车付费越高，搜索量却越低。商家在做付费推广的时候，需要注意的核心指标有两个：①点击率；②转化率。

| 青墨 | 前段时间，我们店的一个单品出了问题——手淘搜索数据掉得很厉害，于是整个团队对数据进行了分析。在分析过程中，我们有一些收获，这里同大家分享一下。

| 青墨 | 首先给大家看一个表格， 如图44-1所示。

日期	手淘搜索	占比	手淘首页	淘内免费其它	直通车	钻展	总访客	销量	转化率	销售额	uv价值
9月21日	762	4.15%	4,013	845	6,194	2,277	18361	60	0.33%	¥179,880.00	¥9.80
9月22日	2,940	11.55%	4,872	1,517	11,272	2,533	25455	140	0.55%	¥419,720.00	¥16.49
9月23日	6,663	26.68%	2,857	1,357	9,876	1,723	24974	92	0.37%	¥275,816.00	¥11.04
9月24日	5,430	13.28%	9,889	3,147	10,867	1,442	40889	74	0.18%	¥221,852.00	¥5.43
9月25日	4,696	14.45%	10,225	1,278	8,687	2,606	32498	69	0.21%	¥206,862.00	¥6.37
9月26日	4,261	13.71%	9,236	1,028	8,106	3,032	31080	73	0.23%	¥218,854.00	¥7.04
9月27日	11,149	28.10%	7,108	1,312	8,199	4,273	39676	102	0.26%	¥305,796.00	¥7.71
9月28日	11,553	28.10%	7,713	1,290	8,308	3,692	41114	135	0.44%	¥404,730.00	¥13.13
9月29日	16,782	35.68%	6,365	1,616	8,967	3,643	47035	180	0.34%	¥539,640.00	¥10.13
9月30日	8,080	10.15%	3,982	2,117	14,534	4,654	79606	159	0.19%	¥476,682.00	¥5.80
10月1日	6,206	10.23%	5,341	1,483	13,141	5,794	60665	154	0.25%	¥461,692.00	¥7.61
10月2日	6,429	16.27%	5,789	1,171	12,020	7,884	39514	76	0.19%	¥227,848.00	¥5.77
10月3日	6,301	16.11%	4,886	1,014	12,312	6,301	39112	80	0.20%	¥239,840.00	¥6.13
10月4日	4,380	9.52%	4,062	1,034	12,788	8,503	46008	116	0.25%	¥347,768.00	¥7.56
10月5日	4,304	11.04%	4,290	1,095	11,385	6,010	38986	144	0.37%	¥431,712.00	¥11.07
10月6日	3,640	11.14%	3,890	899	13,210	6,304	32675	107	0.33%	¥320,786.00	¥9.82
10月7日	3,434	11.45%	3,539	929	12,235	5,405	29991	117	0.39%	¥350,766.00	¥11.70
10月8日	4,009	13.99%	3,145	1,023	10,712	5,028	28656	103	0.36%	¥308,794.00	¥10.78

▲ 图44-1

| 青墨 | 从9月30日和10月1日开始，那个单品的手淘搜索数据就持续下降，搜索量从8000多一路跌到了3000多。然而我们把这个单品分成前后两段来看，发现是完全不同的两种情况。

| 青墨 | 图44-2是前半段的数据趋势图，搜索量一路飙升，直通车花费一路下降，这几乎是所有直通车车手和运营者期待的理想状态，免费流量占比升高对店铺的影响是良性的。

| 青墨 | 后半段的数据趋势图如图44-3所示，这几乎是一个噩梦，付费

越来越高，搜索量却越来越低，这是很多车手都不愿意看到的状况。为什么会出现这种情况呢？

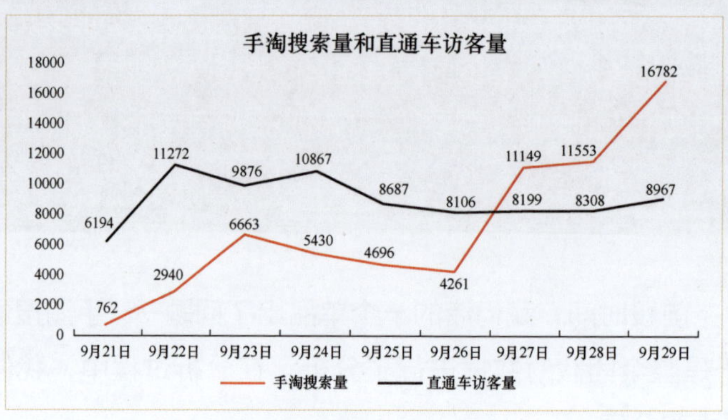

▲ 图44-2

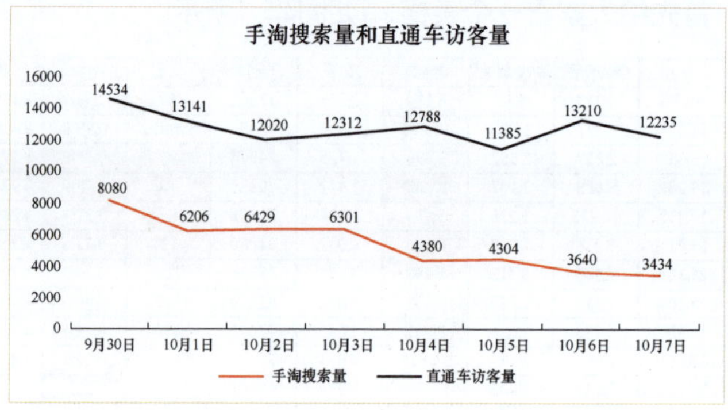

▲ 图44-3

| 青墨 | 这里直通车访客量的上升和搜索量有直接关系吗?其实直通车本身并不能影响搜索量，影响搜索量的是直通车产生的数据反馈。从图44-4中我们可以看到，在直通车访客量上升的那一天，转化率明显下降了，可是提升直通车访客量并不会影响转化率，这里应该还有其他原因！

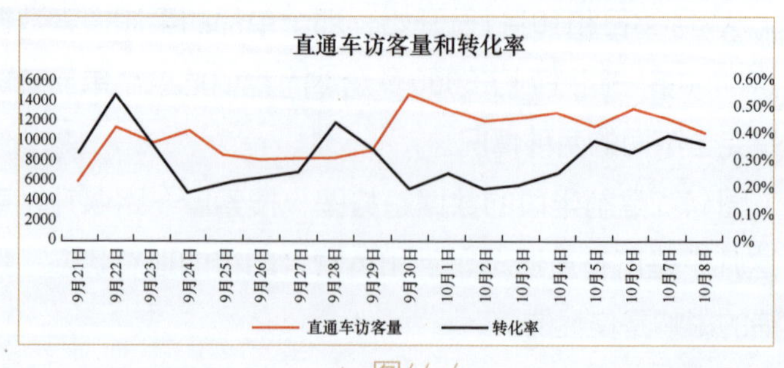

▲ 图44-4

| 青墨 | 这款单品在9月30日和10月1日参加淘抢购，如图44-5所示。现在淘抢购做了调整，入口位置在首页下调了，平台流量转化不行；大量活动流量的涌入直接影响了整体转化率，提高直通车访客量是为了增加销售，让淘抢购不要“坏坑”，毕竟“双11”快要到了，活动资源都很珍贵，如果“坏坑”了，想要在“双11”前后再上一次淘抢购就很难了。

无线端来源

来源名称	访客数	占比	浏览量	占比
手淘淘抢购	39,273	49.34%	74,690	42.92%
直通车	14,534	18.26%	36,734	21.11%
手淘搜索	8,080	10.15%	15,524	8.92%

▲ 图44-5

| 青墨 | 从图44-6中可以清晰地看到，淘抢购访客数上升的当天，直通车的访客数上升，搜索访客数下降，淘抢购流量稀释了整体流量的转化率，同时淘抢购活动人群也打乱了人群标签，导致接下来的转化率持续下降！

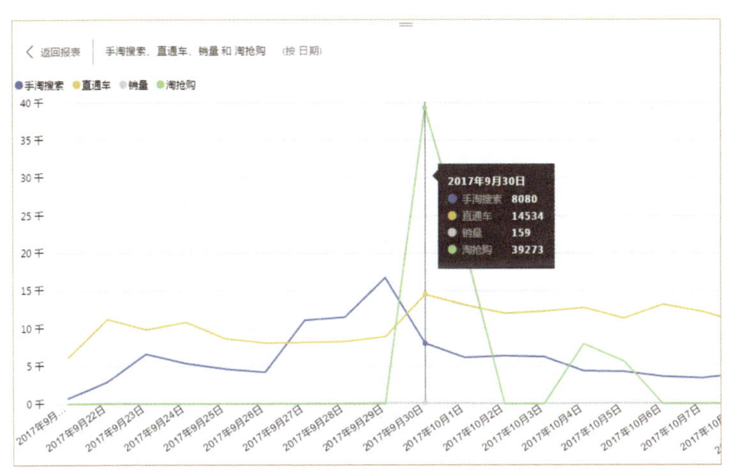

▲ 图44-6

| 青墨 | 在这次活动中，直通车调整后改变了流量架构——搜索量和直通车访客量所占比例对调。很多店铺形成这样的流量架构后，短期之内让数据回升是很难的，如果再有大的波动，有可能会导致搜索量完全流失，最好的办法就是先稳住直通车访客量，再从转化率上寻打突破口！

| 青墨 | 大家都看过图44-7吧？这是淘宝官方提供的直通车带动搜索操

作指南。这里再次强调，直通车访客量本身并不影响搜索量，影响搜索量的是直通车访客产生的反馈行为，如收藏、加购和成交。如果在访客数没有大变化的情况下，销量增多，对店铺本身是好事，搜索引擎也会判定宝贝销售趋势良好，给宝贝更多展现的机会！

▲ 图44-7

| 青墨 | 但转化不仅包括访客从浏览到下单的转化率（也就是成交），还包括从展现到访客的转化率（也就是展现）。这里给大家看一个简单的表格，如图44-8所示。

展现量	点击率	访客数	转化率	销量	月销量
40000	4.50%	1800	6%	108	3240
40000	7.60%	3040	4%	122	3648

▲ 图44-8

| 青墨 | 这里有两组数据，第一组数据中，访客数只需达到1800，月销量就可以达到3000多；第二组数据中，访客数需要达到3000多，月销量才能比第一组数据多200单。无论是转化率，还是UV价值，第一组都要比第二组高，哪一款更容易获得淘宝流量的支持呢？

| 青墨 | 对于淘宝来说，它给不了任何一家店铺流量，能给的只有展现。从展现到销售这个过程中，转化率越高，商品获得曝光的机会也就越大！

| 青墨 | 于是我们从10月2日开始对这款单品全力做一件事：提升转化率！想尽办法提升转化率！现在其搜索量已经又逐渐攀升，如图44-9所示。等转化率上升到一定程度后，搜索量就会恢复，这时候降低直通车费用就没什么影响了。

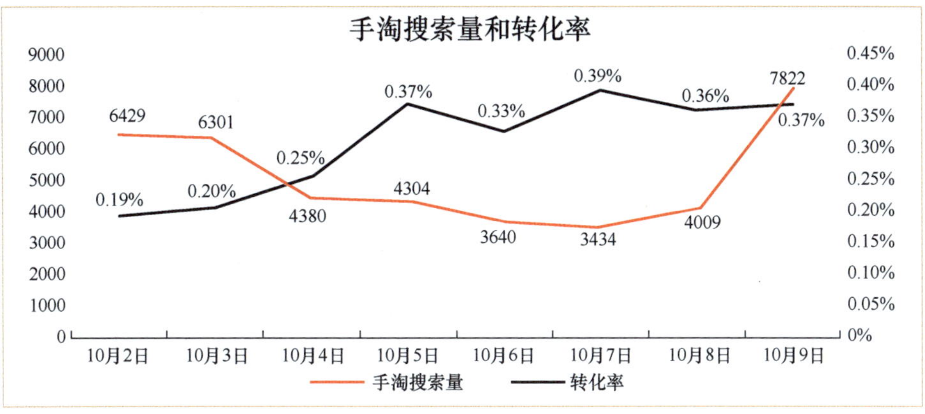

▲ 图44-9

｜青墨｜在提升转化率的过程中，我们还重点做了一件事，那就是拉回人群。人群标签被淘抢购访客打乱，展现人群不精准，转化率自然不高，所以拉人群也是很重要的一件事。在直通车精选人群中查看之前人群转化和现在人群转化的变化，对之前高转化率的人群提升溢价，让更多精准人群涌入，并形成转化。一般7天内人群标签就能拉回来！

｜青墨｜另外，单品转化率主要是通过客服、页面和直通车投放调整的。直通车部分的投放调整主要是投放区域、人群的调整。

｜青墨｜有人说因为国庆节假日的关系，所以搜索量在这个时候下降。不排除这个可能性，所以我们不能只看这一个单品数据的变化，要综合其他数据一起来看，如图44-10所示。

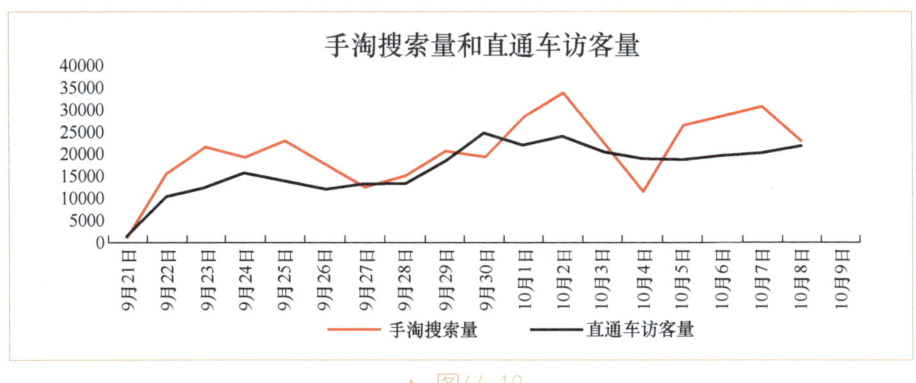

▲ 图44-10

｜青墨｜从图44-10中我们发现同样的时间段、同款商品，竞争对手的搜索量不仅没怎么下降，反而有所上升，这说明国庆假期对这款单品数据的变化影响不大。我们再来看一下行业大盘数据，如图44-11所示。

产品概况

交易指数	支付商品数	客单价	支付转化率
1,051,062	30	3,107.61	0.41%
较上一周期 ↑31.73%	较上一周期 ↑36.36%	较上一周期 ↓1.00%	较上一周期 ↓30.51%
访客数	搜索点击人数	收藏人数	加购人数
1,473,953	369,318	10,927	26,177
较上一周期 ↑89.51%	较上一周期 ↑61.92%	较上一周期 ↑77.85%	较上一周期 ↑73.06%
卖家数	被支付卖家数	重点卖家数	重点商品数
57	29	21	21
较上一周期 ↑16.33%	较上一周期 ↑38.10%	较上一周期 ↑23.53%	较上一周期 ↑23.53%

▲图44-11

｜青墨｜从图44-11中可以看到，这款单品从9月30日开始，无论是搜索点击人数，还是总访客数都没有下降，反而上升，由此基本排除了数据变化和大盘趋势的关系。

｜青墨｜另外，这款单品的数据变化与店铺层级也有关系，店铺层级决定了店铺获取流量的上限。图44-12是这款单品的总访客量和搜索量的对比，黑色线是总访客量，红色线是搜索量。这里我们可以看到访客量到47035时就已经是顶点了（剔除活动流量），这时候增加直通车投入，自然搜索就随着相应减少。也就是这款单品的数据变化与店铺层级也有一定的关系，但主要还是看转化率的变化。

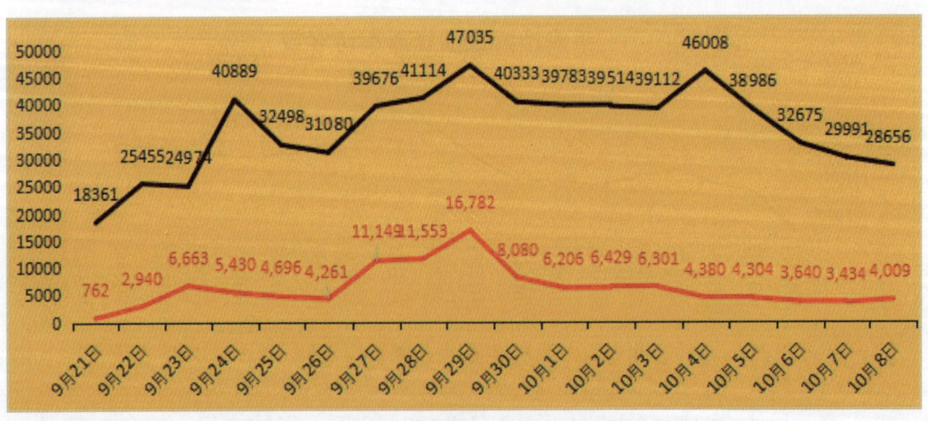

▲图44-12

｜青墨｜这里再简单介绍一下直通车带动搜索的原理。直通车带来的成交量、转化率可提升店铺的综合竞争力，获得更多自然曝光的机会。简单说就是搜索引擎把直通车带来的销量当作“有效”销量。什么是“有效”销量？做过两三年淘宝的人都会有这样的认识，即越来越多的渠道销量不计入主搜销量，如折800、返利网、“双11”活动等，都不会给搜索加权，这些销量对搜索无效，甚至对销量排名也没有任何帮助。

｜青墨｜面对这种情况，很多人想到的办法是刷单，但刷单是一着险棋，风险大，并且回报不确定。很多商家刷了无数单，也没刷起来一款单品，反而连带导致店铺降权，得不偿失。

｜青墨｜相比起来，直通车和自然搜索机制一样，用户行为也都相同，都是通过关键词搜索、访问商品、下单成交，可以获得和搜索几乎一样的“销量贡献值”，从而带动单品自然搜索。越是成熟的单品，直通车访客和自然搜索访客越密切，搜索几乎是随着直通车访客数的变化而变化的，这里给大家看几款成熟单品的直通车访客量和手淘搜索访客量的对比，如图44-13所示。

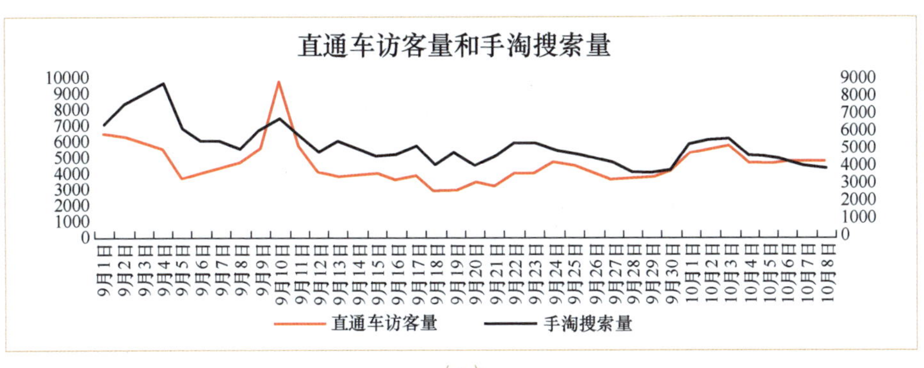

（a）

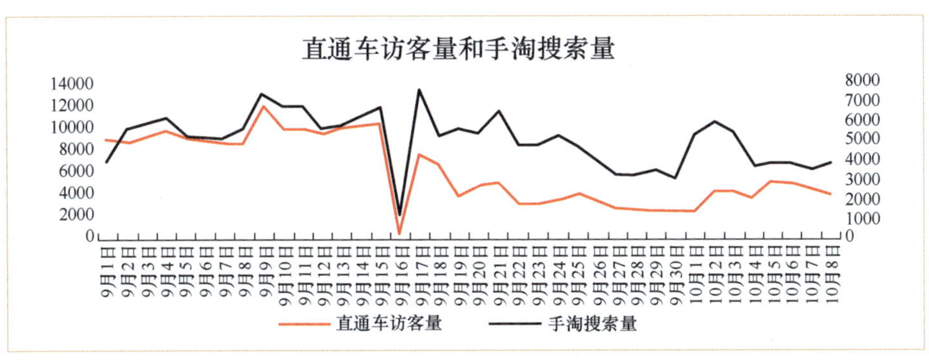

（b）

▲ 图44-13

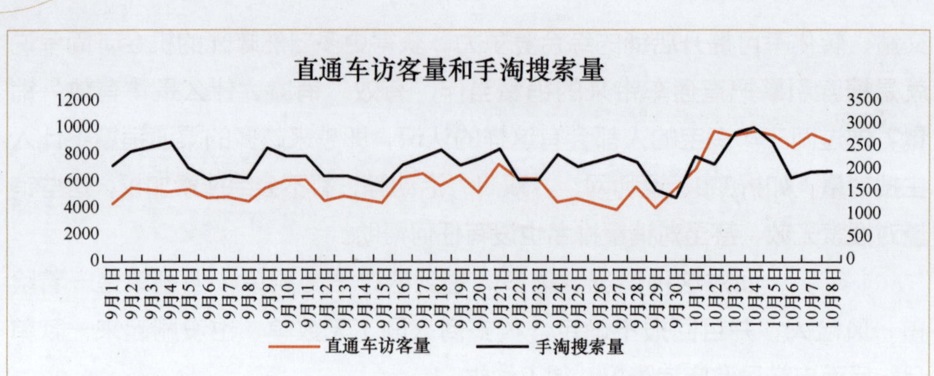

（c）

▲ 图44-13（续）

｜青墨｜在图44-13所示的这3张图中，我们看到手淘搜索访客量和直通车访客量几乎在同一条曲线上，大家知道为什么吗？

｜青墨｜自然搜索访客量和直通车访客量有关，和转化率也有关系，直通车带来的数据会对单品有直接影响，直通车开得好坏，直接影响搜索。直通车访客量的上升和下降并不会直接影响搜索访客量，其通过直通车产生的数据反馈对搜索访客量有影响。这个反馈一般当天或者次日就会看到，并对搜索访客量有所反馈。

｜青墨｜单纯的直通车访客量上升对搜索访客量影响不大，在刚才这个案例中，不是单纯因为直通车访客量提高，导致搜索访客量下降。如果抱有这种想法，一下子降低直通车投入，很可能会产生图44-14所示的结果。

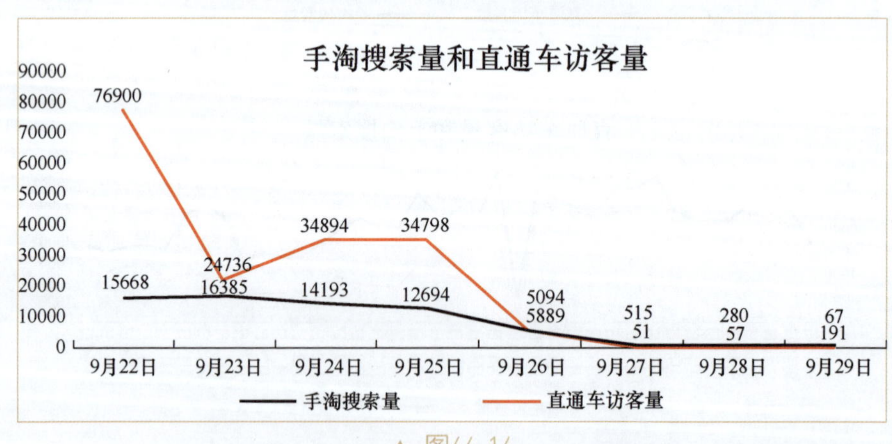

▲ 图44-14

｜青墨｜从刚才的两款单品图中，我们会发现，直通车访客量递增，不会提升搜索访客量，反而会导致搜索访客量下降；但是反过来，直通车访客量下滑，反而会导致搜索访客量全部流失。问题核心其实不在于直通车访客量的变化，而在于直通车数据产生的反馈行为变化。

｜青墨｜在开直通车过程中，如果想要降低PPC，关键看点击率；如果想要带动自然搜索，关键看点击率和转化率。

｜青墨｜由于直通车并非免费的流量渠道，在通过直通车优化搜索的时候，还需要做个投入预算，对我们预计的投入大概能带来多少自然搜索的访客做个预估。怎么预估呢？主要是看市场行情。当然，实际操作中，你的店铺肯定和别人的店铺不一样，所以这里的数据仅供参考！

｜青墨｜用任何方式做搜索优化，都需要有一张高点击率的主图。主图点击率直接决定你能获取多少访客。我们在之前的官方直通车操作指南中可以看到，直通车带动搜索，带动的只是曝光数据，并非是流量，也就是说你主图的点击率越高，能获得的搜索访客也就越多。点击率对我们接下来的直通车计划调整也有很大帮助。

｜青墨｜带动搜索，即通过直通车操作反馈给搜索引擎一个宝贝良好的上升数据；当然，这里说的并不是每日预算的递增，那样花费将是一个无底洞，后期调整也非常困难。

｜青墨｜这期间将会很辛苦，要做极限“压榨”，就是在相同的预算下获取更多的访客和销量。要获取更多的访客，唯一的办法就是降低PPC。降低PPC的核心在于点击率，只要点击率稳定，出价就可以持续降低。我们曾做到的点击最低价格是0.2元/次。而点击率的关键在于宝贝主图，这对没有建立过主图库的小伙伴来说是一件非常痛苦的事情，因为你可能需要多次甚至几十次地调整主图。建议事先用一个炮灰计划测词、测图、测转化。

｜青墨｜如果不知道主图怎么做，可以先确定宝贝的主卖点。每个宝贝总有那么几个主卖点是消费者真正需求的，例如充电宝，主卖点无非是便携性、容量、充电速度或者外观这几个点。找到宝贝的主卖点后，再构建解决这些需求的应用场景，主图基本就出来了，如图44-15所示。

▲ 图44-15

｜青墨｜转化率、点击率都优化好之后，还需要预估一下获取搜索访客需要的预算。这个预算怎么估算呢？通过竞争对手数据预估消耗，通过搜索访客量对比预估访客量。例如竞争对手花费2060元，能带来3070个搜索访客，比例大概在1∶1.5。如果你需要1500个搜索访客，大致就需要1000元的预算。当然，这只是个预估值，仅做参考。但有了参考数据，至少能做到心里有数！

｜青墨｜前面的铺垫工作做好后，操作起来就会容易很多，只需要根据点击率调整出价就可以了。转化率和点击率稳定，搜索访客量就会稳定上升；搜索访客量上升到瓶颈的时候，就可以开始下调出价了。如图44-16所示，因为直通车入口也是搜索，用直通车带动搜索非常容易。

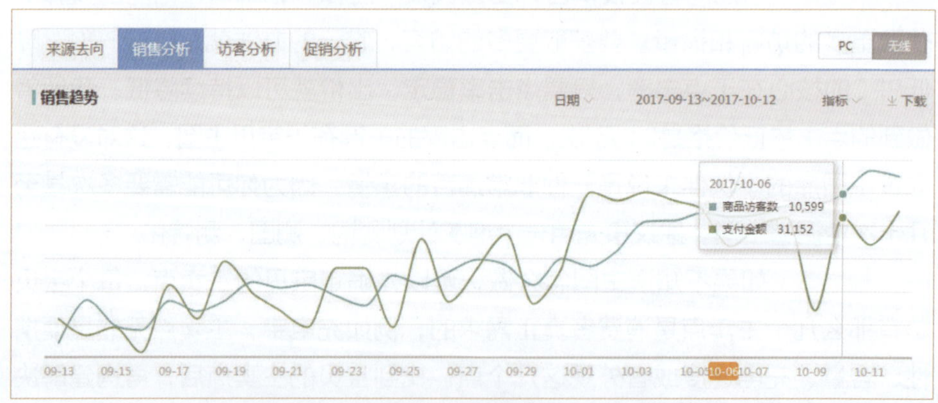

▲ 图44-16

｜青墨｜在降低出价的过程中，需要每半个小时调整一次出价，每次出价按照5%的价格下降，调整之后要注意观察展现量和点击率的变化。只要点击率不降就可以每半小时继续降低5%的出价。整个操作过程中，转化率一定要保证稳定或上升。

| 鹿客1 | PPC的出价和人群有关系吗?

| 青墨 | 有间接关系，人群会影响点击率，点击率会影响PPC。如果经过筛选，剩下的全是高点击率的人群，整个单品的点击率也会被拉高，PPC就可以降低。

| 鹿客2 | 根据生意参谋的后台转化人群进行匹配吗？还是单开计划，测试后再组合人群?

| 青墨 | 如果店铺有基础数据并且量较大的话，可以按照生意参谋后台的数据去匹配；如果基础数据不是很大，还是用直通车测试较好，按照一、二、三级的测试，即女、女+年龄、女+年龄+类目单笔价，在测试的过程中逐渐舍弃不合适的人群。例如，一开始测试男和女，其中男性数据明显不如女性，就可以把男性人群关掉，主要测试点击率、投产、转化率。新品前期看收藏加购，成熟单品主要看点击率和转化率。

| 鹿客3 | 这个周期大概要多久?

| 青墨 | 获得100个以上点击就可以，不用考虑具体多少天，只要满足这个数据量就可以了!

| 鹿客4 | 直通车的价格能不能随意调动？应该如何调价?

| 青墨 | 直通车的价格根据点击率来调整，不要随意调动，点击率高就可以每小时降低5%的出价。

45

『双11』期间百万业绩流量规划技巧

分享嘉宾 小胖 —— 主持人·整理人 蓝胖子

顾佳琪（花名“小胖”）

齐论电商高级讲师，曼亦电商创始人，致力于帮助中小卖家成长，曾使一家月销3万元的瑜伽服旗舰店销售额提升至10万元，擅长自然搜索、直通车、数据分析和视觉营销。

流量是“双11”商家销售目标的保障。随着淘宝平台大数据的积累和千人千面的人群展示方式，平台流量的效率越来越高。商家如果能利用好营销工作，在“双11”的各阶段采取针对性的高效、精准的引流方案，则能及时产出。

| 小胖 | 先看一下图45-1所示的规划表，是不是大家都挺想做出来这么一张规划表的？

2017年“双11”流量预估概况

类型	渠道	总流量（UV）	封顶值	占比
会场流量		2216268		36.25%
淘宝免费	淘宝搜索	961059		14.01%
	自主访问	1011047		17.51%
付费流量	钻展	1036087	1800000	15.10%
	直通车	505000	480000	7.36%
	淘宝客	199319		2.91%
	品销宝	103000		1.50%
	会员短信	120000		1.75%
流量缺口	流量预算	6151780	总业绩	60000000
	客单价	950	客单价	950
	转化率	0.60%	转化率	0.60%
	预估业绩	35065144	流量	10526316
			流量缺口	4374536

渠道	10月21日	10月22日	10月23日	10月24日	10月25日	10月26日	10月27日	10月28日	10月29日	10月30日	10月31日	11月1日	11月2日	11月3日	11月4日	11月5日	11月6日	11月7日
加购件数目标	4992	12483	13559	13625	15499	15854	15936	17044	18064	18253	19254	45247	51518	48116	60365	61581	66893	56243
加购率目标	14.10%	14.15%	14.61%	14.31%	15.12%	14.92%	14.87%	14.54%	14.64%	14.78%	14.92%	15.33%	15.51%	15.43%	15.37%	15.62%	15.73%	15.86%
加购转化预估业绩	208221.84	509752.92	556325.98	557744.60	638959.28	658186.90	669309.85	681131.55	720175.71	745383.45	786256.36	1408847.27	1504183.74	1423505.52	1815187.07	1803958.12	1933600.10	1336621.34
客单价	970	970	970	970	970	970	970	970	970	970	970	970	970	970	970	970	970	970
加购转化率	4.30%	4.21%	4.23%	4.22%	4.25%	4.28%	4.33%	4.12%	4.11%	4.21%	4.21%	3.21%	3.01%	3.05%	3.10%	3.02%	2.98%	2.45%
访客数	116096	88190	92835	95194	102509	106259	107166	117219	123391	123496	129045	295152	332163	311833	392748	394246	425256	354623
搜索流量	17457	18898	20476	21288	21564	23164	22040	21276	25064	27768	31256	32536	31420	31256	32156	35604	44624	57448
pc端搜索流量	1746	1890	2048	2129	2156	2316	2204	2128	2506	2777	3126	3254	3142	3126	3216	3560	4462	5745
无线端搜索流量	15711	17008	18428	19159	19408	20848	19836	19148	22558	24991	28130	29282	28278	28130	28940	32044	40162	51703
自主访问	21882	22873	24681	23669	25982	28774	30401	32514	34881	36223	34823	40824	47166	48820	49494	53426	53624	51012
pc端自主访问	3994	2457	2106	3111	3399	3399	3093	2841	2122	2044	3534	28680	31249	32267	33635	36784	37542	12890
无线端自主访问	17888	20416	22575	20558	22583	25375	27308	29673	32759	34179	31289	12144	15917	16553	15859	16642	16082	38122
会场流量	14734	14496	14382	14629	15272	16202	15819	24899	25723	22760	25453	130351	183830	154180	159732	153500	137094	122571
直通车	13958	13254	14424	15589	15889	15046	15445	15009	15900	15953	15560	24787	23773	25736	25849	25061	30131	30819
pc端	2094	1988	2164	2338	2383	2257	2317	2251	2385	2393	2334	3718	3566	3860	3877	3759	4520	4623
无线端	11864	11266	12260	13250	13505	12789	13128	12757	13515	13560	13226	21069	20207	21876	21971	21301	25611	26196
钻展	8633	9245	9548	10538	14120	13490	14133	14000	11835	10580	11653	25190	35270	41105	112775	114912	117064	80302
pc端	2158	2311	2387	2634	3530	3373	3533	3500	2959	2645	2913	6298	8818	10276	28194	28728	29266	20076
无线端	6474	6934	7161	7903	10590	10118	10599	10500	8876	7935	8739	18893	26453	30829	84581	86184	87798	60227
淘宝客	5432	5424	5324	5482	5682	5583	5328	5521	5988	6212	6301	6464	5704	5736	7742	6744	7718	7472
品销宝	4000	4000	4000	4000	4000	4000	4000	4000	4000	4000	4000	5000	5000	5000	5000	5000	5000	5000
短信	30000											30000					30000	
邮件																		

▲ 图45-1

| 小胖 | 做出这样的规划表后，就可以严格按照这个表格来引流。

| 小胖 | 切入正题，制作这样的规划表，需要用到的工具是Excel、生意参谋（见图45-2）。

| 小胖 | 我们先来看一个公式：业绩=客单价×转化率×流量。假如我需要在“双11”做出100万元的业绩，我的店铺的转化率一般是2%，客单价是300元，现在需要多少流量呢？

｜小胖｜我们来计算一下，如图45-3所示。

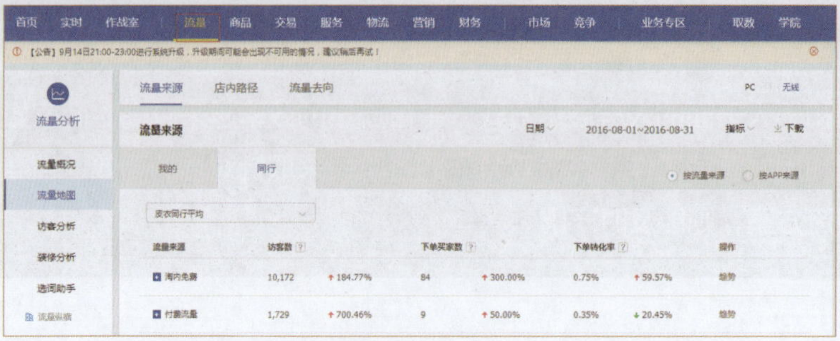

▲ 图45-2

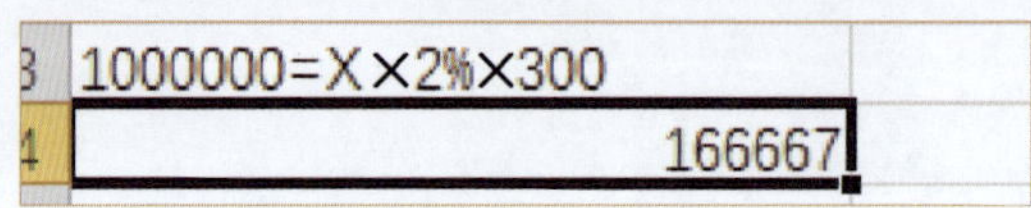

▲ 图45-3

｜小胖｜由图45-3可知需要近17万的流量。那么这17万流量应该怎么分配呢?

｜小胖｜我们回到这张表（见图45-1），把流量拆分成会场流量、淘宝免费流量、付费流量。C店没有会场流量，这里的会场流量值就设置为0。再来看淘宝免费流量。

｜小胖｜在“生意参谋”的“流量地图”中查看去年的流量趋势，直接看11月的数据就可以，如图45-4和图45-5所示。

▲ 图45-4

流量来源	访客数		下单买家数		下单转化率		操作
淘内免费	86,027	↑73.61%	547	↑93.29%	0.67%	↑1.52%	趋势
付费流量	22,748	↑52.67%	92	↑109.09%	0.47%	↑20.51%	趋势
自主访问	15,216	↑166.62%	656	↑143.87%	5.06%	↓5.07%	趋势
淘外网站	50	↑85.19%	1	=0%	1.93%	↓20.90%	趋势
其他来源	2	↑100.00%	0	-	0.00%	↓100.00%	趋势
淘外APP	0	-	0	-	0.00%	-	趋势

▲ 图45-5

|小胖|把淘内免费流量、付费流量和自主访问流量求和，再计算各流量的占比，如图45-6所示。

类型	访客数	占比
淘宝免费	86,027	69.38%
付费推广	22,748	18.35%
自主访问	15,216	12.27%
总计	123,991	

▲ 图45-6

|小胖|把自主访问流量和淘内免费流量放在一起，这样的流量我们称之为淘宝免费流量。计算各流量占比，如图45-7所示。

类型	访客数	占比
淘宝免费	101,243	81.65%
付费推广	22,748	18.35%
总计	123,991	

▲ 图45-7

|小胖|从图45-5中可以很清晰地看到，一家C店，在11月的时候，免费流量占比是80%，付费流量占比是20%。那么今年获取付费流量很困难，需要调整付费流量的占比吗？当然需要调整。

|小胖|"6·18"有大型促销活动，"99"也有大型促销活动，我们来看一下流量占比是否有变化，如图45-8所示。

流量来源	访客数		下单买家数		下单转化率		操作
淘内免费	2,796	↓15.48%	17	—0%	0.46%	↑24.32%	趋势
自主访问	729	↓18.55%	20	↑17.65%	2.73%	↑44.44%	趋势
付费流量	295	↓38.41%	6	—0%	0.51%	↓8.93%	趋势
淘外网站	4	↓20.00%	4	↑100.00%	1.73%	↓89.47%	趋势
其它来源	1	↓50.00%	0	-	0.00%	-	趋势
淘外APP	0	-	0	-	0.00%	-	趋势
站外投放	0	-	0	-	0.00%	-	趋势

▲ 图45-8

| 小胖 | 计算流量占比，如图45-9所示。

25			
26	淘宝免费	3525	92.28%
27	付费推广	295	7.72%
28		3820	
29			
30			

▲ 图45-9

| 小胖 | 按照同样的方法，计算近期的流量占比，如图45-10所示。

29			
30	淘宝免费	18,371	86.62%
31	付费推广	2,838	13.38%
32		21,209	
33			

▲ 图45-10

| 小胖 | 因为皮衣行业的特殊性，现在不属于旺季，但是付费推广在上升。我要在11月份给付费推广分配25%的流量，给免费推广分配75%。

| 小胖 | 这个分配没有问题，对吧？我可以多投，但是不可以少投。多投可以超预期实现我的目标，少投则达不到目标。

| 小胖 | 按照这个分配比例，我们来计算一下17万的流量中各需要多少免费流量和付费流量，如图45-11所示。

2017年“双11”流量预估概况					流量预算	17000
类型	渠道	总流量（UV）	封顶值	占比		
会场流量						
淘宝免费					75%	127500
付费流量					25%	42500

▲ 图45-11

| 小胖 | 通过计算可知，需要的免费流量是127500，付费流量是42500。接下来，我们再将流量细分到每个项目中。

| 小胖 | 淘宝免费流量由自主访问流量和搜索流量组成。付费流量由直通车流量、钻展流量、淘宝客流量组成，如图45-12所示。

2017年“双11”流量预估概况				
类型	渠道	总流量（UV）	封顶值	占比
会场流量				
淘宝免费	淘宝搜索			
	自主访问			
付费流量	直通车			
	钻展			
	淘宝客			

▲ 图45-12

| 小胖 | 下面计算它们各自的流量占比。以去年数据为参照，结合今年的实际情况，如图45-13所示。

	搜	86,027
%	自	15216
%	直	11738
	钻	99
	淘客	8882

▲ 图45-13

| 小胖 | 拿这部分的数据去倒推前面的数据，如图45-14所示。

类型	访客数	占比	搜	86,027	84.97%
淘宝免费	101,243	81.65%	自	15216	15.03%
付费推广	22,748	18.35%	直	11738	51.60%
总计	123,991		钻	99	0.44%
			淘客	8882	39.05%
淘宝免费	3525	92.28%			
付费推广	295	7.72%			
	3820				
淘宝免费	18,371	86.62%			
付费推广	2,838	13.38%			
	21,209				

▲ 图45-14

| 小胖 | 大致占比算出来后，我们就可以直接套用，如图45-15所示。

2017年“双11”流量预估概况					流量预算
类型	渠道	总流量（UV）	封顶值	占比	
会场流量					
淘宝免费	淘宝搜索	108338		84.97%	75%
	自主访问	19162		15.03%	
付费流量	直通车	21930		51.60%	25%
	钻展	185		0.44%	
	淘宝客	16594		39.05%	
		166209			

▲ 图45-15

｜小胖｜这时尴尬的问题出现了，如图45-16所示。是不是没有达到我们的预算流量？

2017年“双11”流量预估概况					流
类型	渠道	总流量（UV）	封顶值	占比	
会场流量					
淘宝免费	淘宝搜索	108338		84.97%	
	自主访问	19162		15.03%	
付费流量	直通车	21930		51.60%	
	钻展	185		0.44%	
	淘宝客	16594		39.05%	
	总计	166209	预算流量	170000	
	客单价	300		300	
	转化率	2%		2%	
	业绩	997255		1020000	

▲ 图45-16

｜小胖｜按照预估的流量没有达到我的业绩目标100万元，差了3000元。但是如果我严格按照流量来布局，我甚至可以达到102万元。接下来，我们再次调整分配方案，如图45-17所示。

	总计	166209	预算流量	170000
	客单价	300		300
	转化率	2%		2%
	业绩	997255		1020000
	流量缺口	3791		

▲ 图45-17

｜小胖｜结果是缺了3791元的流量（见图45-17）。如果是C店，我少了这么多流量，就很难补上。但我可以想一个办法，例如，我可不可以用短信营销来补上这3000多元的流量呢？我可不可以把这3000多元的流量分配到钻展上呢？

｜小胖｜这需要依据店铺的实际情况来操作。假设我把它分配到短信营销上，这样我就可以完成我的业绩了，如图45-18所示。

1	2017年“双11”流量预估概况					流量预算	170000
2	类型	渠道	总流量（UV）	封顶值	占比		
3	会场流量						
4	淘宝免费	淘宝搜索	108338		84.97%	75%	127500
5		自主访问	19162		15.03%		
6	付费流量	直通车	21930		51.60%		
7		钻展	185		0.44%		
8		淘宝客	16594		39.05%	25%	42500
9		短信	4000				
10							
11		总计	170209	预算流量	170000		
12		客单价	300		300		
13		转化率	2%		2%		
14		业绩	1021255		1020000		
15		流量缺口	(209)				

▲ 图45-18

| 小胖 | 接下来要合理安排我的花费，我要知道我得花多少钱，如图45-19所示。

				花费	
16					
17				花费	
18		直通车PPC	1.5	32895	
19		钻展PPC	1.8	333	
20		短信	0.3	1200	
21		总计		34428	

▲ 图45-19

| 小胖 | 总计是约3.5万元。可以根据自己的实际情况来调整。

| 小胖 | 真的能用3.5万元换来100万元吗？当然不是这么简单，这一目标的实现取决于你的淘宝搜索和自主访问真的有那么多，以及你本身店铺的情况可以保证转化率。这里以上因素我都忽略了，仅演示如何分配流量。

| 小胖 | 接下来，我们要把流量分配到每一天。因为时间的关系，在这里我就不详细说明了，只演示一下具体做法。

| 小胖 | 还是在“生意参谋”的“流量地图”中，查看每一天的流量来源，并详细记录到Excel表格中。

| 小胖 | 参加过“双11”活动的店铺则更简单。只要在作战室中，找到2016年的一个流量趋势，或者店铺自己的记录，然后看它的流量起伏。

| 小胖 | 例如，10月21日~10月31日，我们来做一个计划表，如图45-20所示。

	A	B	C	D	E	F	G	H	I	J	K	L
1	渠道/日期	10月21日	10月22日	10月23日	10月24日	10月25日	10月26日	10月27日	10月28日	10月29日	10月30日	10月31日
2	淘宝搜索											
3	自主访问											
4	直通车											
5	钻展											
6	淘宝客											

▲ 图45-20

| 小胖 | 然后我假设一个占比，把每一个渠道的占比都计算出来，再将这些占比套用到我规划的流量当中，就变成了图45-21所示的效果。

A	B	C	D	E	F	G	H	I	J	K	L
渠道/日期	10月21日	10月22日	10月23日	10月24日	10月25日	10月26日	10月27日	10月28日	10月29日	10月30日	10月31日
淘宝搜索	2167	4334	6500	7584	8667	9750	9750	10834	10834	10834	10834
自主访问	383	766	1150	1341	1533	1725	1725	1916	1916	1916	1916
直通车	439	877	1316	1535	1754	1974	1974	2193	2193	2193	2193
钻展	4	7	11	13	15	17	17	18	18	18	18
淘宝客	332	664	996	1162	1328	1493	1493	1659	1659	1659	1659

▲ 图45-21

| 小胖 | 21日，如果淘宝搜索没有达到2167的流量，则代表搜索方面做得不到位；自主访问流量没有达到383，则代表加购、收藏的服务没有做好；依此类推。

46

14天日销从0到2万元的直通车低价引流操作方法

分享嘉宾 大湿兄 | 主持人·整理人 汤琼

徐玉根（花名“大湿兄”）

“90后”电商新人，曾在3个月内使店铺从第一层级上升到第四层级，日销售额不过百到日销售额过万，擅长直通车引流。

直通车低价引流的要素有哪些？低价引流计划适合什么状态的直通车？如何新建直通车低价引流计划？分享老师会给我们详细解说14天日销售额从0到2万元的直通车低价引流方法。

｜大湿兄｜今天我分享的主题是关于直通车低价引流的。开直通车的目的有4个：①引流；②测款；③打造爆款；④获取更多的流量。

｜大湿兄｜但是有没有发现最近关键词的竞价越来越贵，点击量越来越少，投产低的转化率一直上不去？下面我就来分析一下为什么会出现这样的状况。

｜大湿兄｜第一，流量越来越贵，需要降低PPC。

｜大湿兄｜有的关键词需要出到很高的价格才能有展现。注意：只是展现，而不是点击。我看过一个直通车，是护栏类目的，且不说卡第一位，仅在第一页出现就需要40元。当然，还有质量分的因素影响在内。

｜大湿兄｜如图46-1所示，这个界面大家都熟悉吧！进入移动第2需要10.57元，点击一下10元就没了，对我们这些小商家是承担不起的。

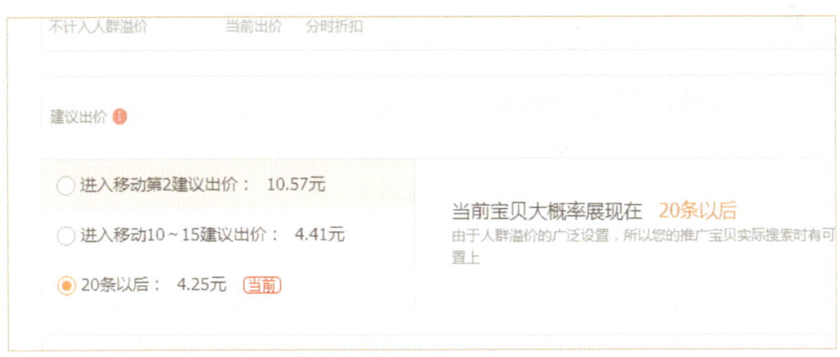

图46-1

｜大湿兄｜因为同行同类目的商家都在竞争，所以会导致关键词出价高得离谱，流量越来越贵。

｜大湿兄｜第二，流量越来越碎片化，需要加大引流。

｜大湿兄｜碎片化优化，为什么这么说？在淘宝的前期，访客用电脑上淘宝的时间段比较固定，我们可以根据访客的访问时间段布局产品，并且很容易就能起款。但是随着智能手机的发展，人们用手机在每天的各个时间段都可以上网，因此访问淘宝的时间越来越碎片化。

｜大湿兄｜对于我们商家而言，要抓住访客在淘宝上的时间很难，那我们就需要直通车全天全时段地投放，但是这样花费就高了，所以需要加大引流。

｜大湿兄｜第三，付费流量和免费流量结合得越来越密切，需要加大引流。

｜大湿兄｜我给大家解释一下图46-2。图中我画红线的地方，即最粗的箭头，代表直通车带来的点击量。点击量就是访客量。随之而来的是后面访客的动作，即产生成交、产生收藏、产生加购。

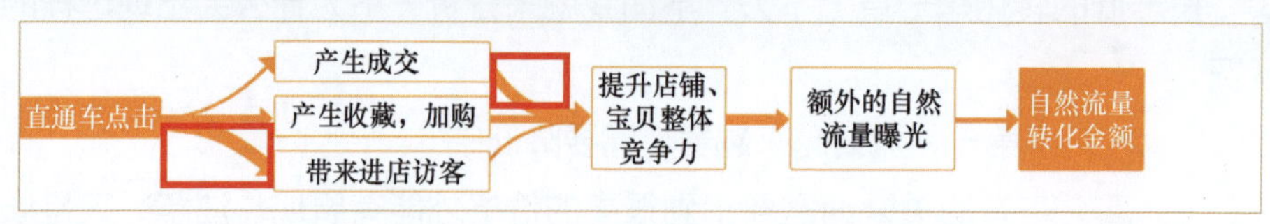

▲ 图46-2

｜大湿兄｜成交量能提升店铺、宝贝的整体竞争力，也就是我们所说的转化率。大家知道淘宝给你流量的关键依据就是转化率。有转化率之后，淘宝会增大给你宝贝的流量，就是获得额外的自然流量曝光。

｜大湿兄｜举个例子：有A和B两个宝贝，都给你1000的展现量，购买A的人数比B多，说明A的转化率高，淘宝就会把流量给A。

｜大湿兄｜低价引流计划如图46-3所示。

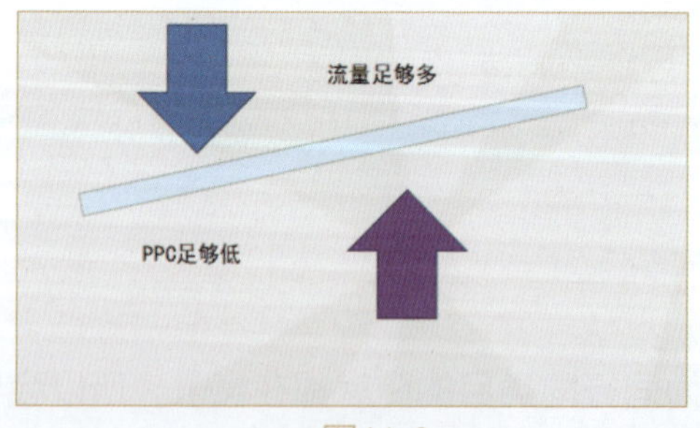

▲ 图46-3

｜大湿兄｜这个模型就是低价引流的模型。PPC就是我们所说的点击花费，这张图告诉我们点击花费越低，流量越高。有人可能觉得不对，认为：按照淘宝直通车的惯性，你花费的钱越多，直通车给你带来的流量就越多。

| 大湿兄 | 没错，但是我们要利用低价引流来获取别人没有获取的流量。再来看一下低价引的原理，如图46-4所示。

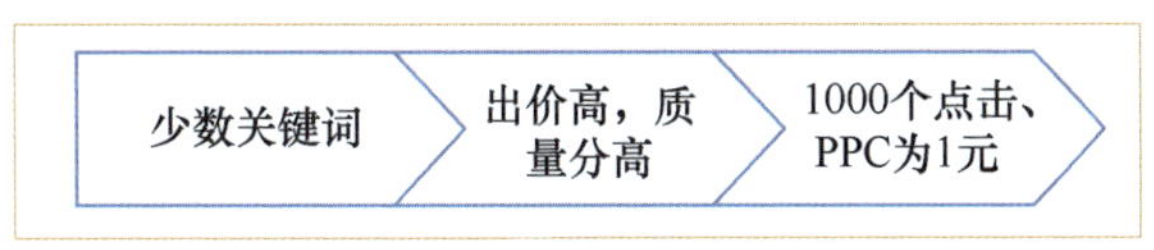

▲ 图46-4

| 大湿兄 | 这是我们平常所用的直通车计划。直通车爆款的计划，一般是出价高，质量分高，如果爆款要获得1000个点击，就需100元。

| 大湿兄 | 低价引流计划则利用多个关键词、低出价、质量高分。如果利用低价引流获取1000个点击，则需要50元，点击一次5分钱，甚至可能更低，如图46-5所示。

▲ 图46-5

| 大湿兄 | 这样效果很好，下面我会和大家分享一下具体的做法。

| 大湿兄 | 低价引流的目的是提高账户的ROI、质量分、转化率和PPC。

| 大湿兄 | 那么，低价引流计划适合什么状态的直通车呢？具体包括以下几种：①利润较低的类目；②转化周期长的类目；③客单价高的类目，尤其是定制类的产品；④关键词多的类目。

| 大湿兄 | 利润较低的类目，没有太高的投入去抢占核心关键词的流量，因为利润低，如果去抢占流量，就会发现投产低。

| 大湿兄 | 转化周期长的类目，如家具，一个产品的客单价在2000~3000元甚至以上，客户不会当场下单，所以需要客服3次交接的表格。第一次客服记录下来，最好是让客户下单。注意，是下单而不是付款。为什么下单？客户下了单我们就能获得客户的信息。第二次客服催客户一下，记录当时的情况。第三次就以优惠的方式与客户成交，促成客户付款。

| 大湿兄 | 客单价高的类目，尤其是定制类的产品，更需要开直通车低价引流。

| 大湿兄 | 关键词多的类目也需要直通车低价引流。

| 大湿兄 | 那么如何新建直通车计划呢？如图46-6所示，这4个按钮很重

要。日限额多少为宜的问题。估计大家也很关心。

▲ 图46-6

| 大湿兄 | 日限额一般为200~500元。这要根据自己直通车的实际情况设限，要够一天的花费，以保证不下线。

| 大湿兄 | 各平台要全部投放，如图46-7所示。在低价引流中，我们需要的不仅仅是淘宝的流量，还需要站外的流量。

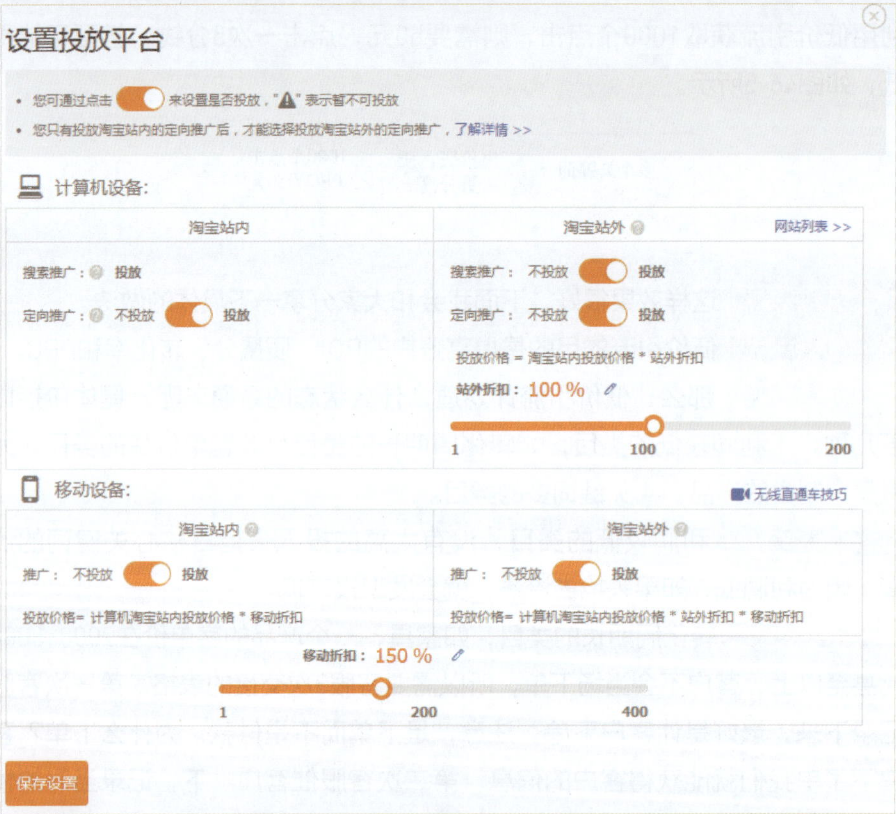

设置投放平台

- 您可通过点击 来设置是否投放，"⚠"表示暂不可投放
- 您只有投放淘宝站内的定向推广后，才能选择投放淘宝站外的定向推广，了解详情 >>

计算机设备:

淘宝站内	淘宝站外　网站列表 >>
搜索推广：投放	搜索推广：不投放 投放
定向推广：不投放 投放	定向推广：不投放 投放
	投放价格 = 淘宝站内投放价格 * 站外折扣
	站外折扣：100 %
	1　100　200

移动设备:　无线直通车技巧

淘宝站内	淘宝站外
推广：不投放 投放	推广：不投放 投放
投放价格= 计算机淘宝站内投放价格 * 移动折扣	投放价格= 计算机淘宝站内投放价格 * 站外折扣 * 移动折扣

移动折扣：150 %

1　200　400

保存设置

▲ 图46-7

| 大湿兄 | 对于投放时间，要全天时间折扣100%投放，如图46-8所示。对于投放地域，除“国外”，其他地域全部投放，如图46-9所示。

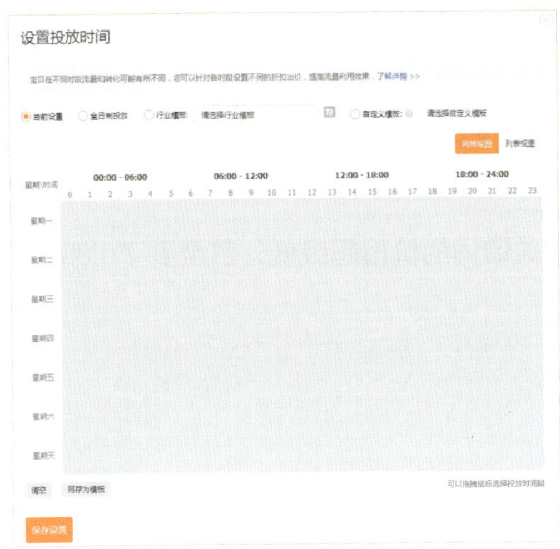

▲ 图46-8

▲ 图46-9

| 大湿兄 | 这样直通车计划就设置完成了，接下来就是推广宝贝的选择。

| 大湿兄 | 低价引流方法多适用于大众款，其他的宝贝也可以用，但是有前提条件。例如，推广的宝贝：应满足以下条件：①产品评分在4.8分以上；②退款率低于同行，没有违规等；③评价数在100条左右；④月销售在300件左右，保证转化优势；⑤优化好页面和店铺活动详情页，保证转化率。

| 大湿兄 | 当然，不一定要死卡这些条件，可根据自己类目的情况来设置。

| 大湿兄 | 宝贝选好后需要添加关键词，那怎么加关键词呢？要将200个关键词填满，以属性词为主，大词也不能少，全部广泛匹配、智能匹配。

| 大湿兄 | 根据自己类目的情况加关键词，词多就多加，词少就少加，但不要有低于6分的词。低于6分的词很难做起来，做起来也需要很大的花费。关键词尽量多加，多测试，挖掘高投产和高转化率的关键词，低价引流推广的宝贝越多越好。

| 大湿兄 | 关键词添加完成后，接下来是低价引流。其中，如何低出价是核心。

| 大湿兄 | 关键词的低出价分为两种：①绝对低价；②相对低价。

| 大湿兄 | 如图46-10所示，这是我的低价引流，平均点击花费在0.15元，这是结合各种溢价之后的花费。

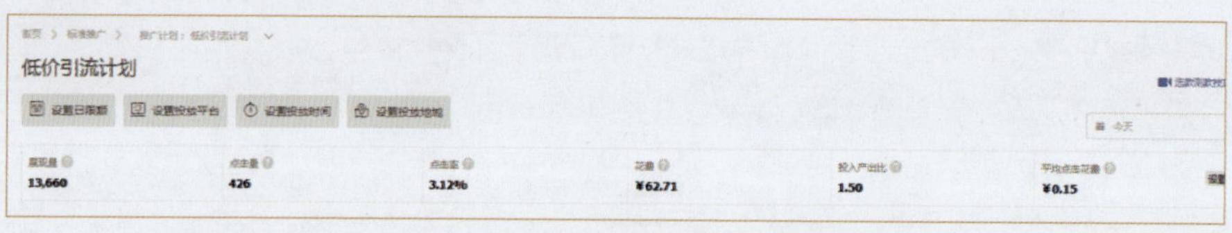

▲ 图46-10

｜大湿兄｜绝对低价就是说你的关键词的价格超级低，甚至到了0.05元，如图46-11所示。

	计算机质量分	移动质量分	计算机排名	移动排名	计算机出价	移动出价	展现量	点击量	点
	-	-	-	-	0.10元	0.12元	22	1	4.5
	10分	9分	无展现	无展现	0.05元	0.09元	-	-	-
轨迹	10分	10分	无展现 分布	无展现 分布	0.05元	0.09元	3	-	-
	10分	9分	无展现	无展现	0.05元	0.09元	1	-	-
	10分	10分	无展现	无展现	0.05元	0.09元	-	-	-
	10分	9分	无展现	无展现	0.05元	0.09元	-	-	-
	9分	9分	无展现	无展现	0.05元	0.09元	-	-	-
	9分	9分	无展现	无展现	0.05元	0.09元	-	-	-
	9分	8分	无展现	无展现	0.05元	0.09元	-	-	-
	9分	10分	无展现	20条以后	0.05元	0.09元	9	1	11
	9分	9分	无展现	无展现	0.05元	0.09元	-	-	-
	9分	9分	无展现	无展现	0.05元	0.09元	-	-	-
	9分	9分	无展现	无展现	0.05元	0.09元	1	-	-

▲ 图46-11

｜大湿兄｜相对低价就是你的出价比你的同行的价格低30%~50%。大家可以根据自己店铺的实际情况来设置出价。一般来说，低价引流宜用绝对低价，如图46-12所示。

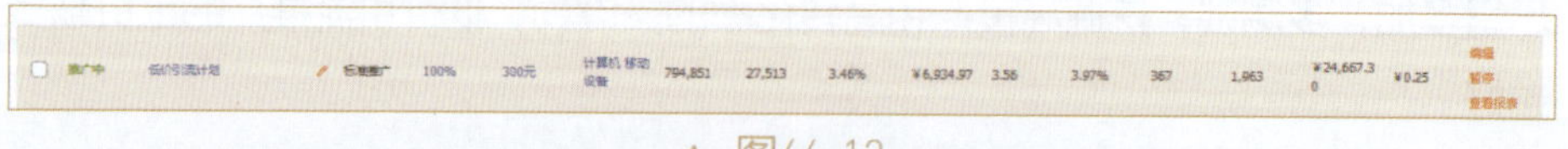

▲ 图46-12

｜大湿兄｜图46-13所示是我的低价引流计划总数据。

｜大湿兄｜关键词的出价也设置完成了。低价引流计划也可以开人群定向，也是低溢价，溢价为10%最好。打开智能投放和搜索重定向，出价也是相对低一点。

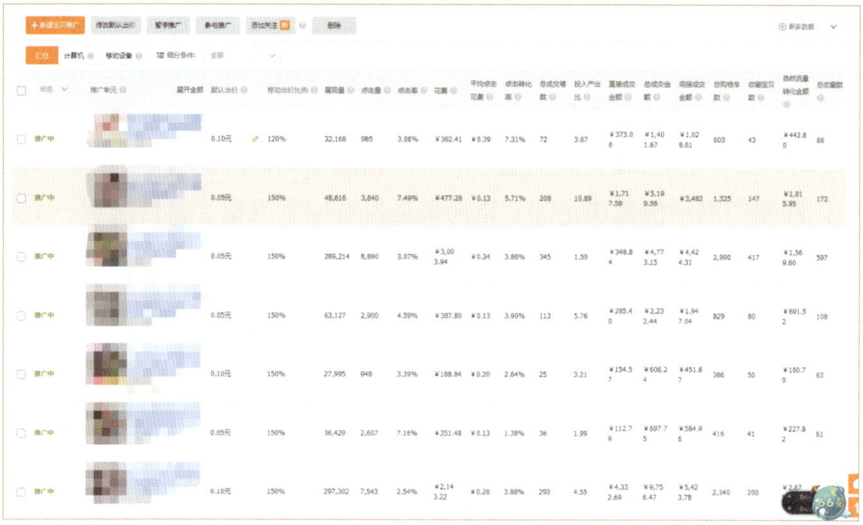

状态	推广单元	默认出价	移动出价比例	展现量	点击量	点击率	花费	平均点击花费	点击转化率	总成交笔数	投入产出比	直接成交金额	总成交金额	间接成交金额	总购物车数	收藏宝贝数	自然流量转化金额	总收藏数
推广中		0.10元	120%	32,168	985	3.06%	¥382.41	¥0.39	7.31%	72	3.67	¥373.06	¥1,401.67	¥1,028.61	603	43	¥442.80	68
推广中		0.05元	150%	48,616	3,640	7.49%	¥477.28	¥0.13	5.71%	208	10.89	¥1,717.58	¥5,199.58	¥3,482	1,325	147	¥1,815.95	172
推广中		0.05元	150%	289,214	8,890	3.07%	¥3,003.94	¥0.34	3.88%	345	1.59	¥348.84	¥4,773.15	¥4,424.31	2,990	417	¥1,569.60	597
推广中		0.05元	150%	63,127	2,900	4.59%	¥387.80	¥0.13	3.90%	113	5.76	¥285.40	¥2,232.44	¥1,947.04	829	80	¥691.52	108
推广中		0.10元	150%	27,995	948	3.39%	¥188.84	¥0.20	2.64%	25	3.21	¥154.57	¥606.24	¥451.67	386	50	¥160.79	63
推广中		0.05元	150%	36,429	2,607	7.16%	¥351.48	¥0.13	1.38%	36	1.99	¥112.79	¥697.75	¥584.96	416	41	¥227.82	61
推广中		0.10元	150%	297,302	7,543	2.54%	¥2,143.22	¥0.28	3.88%	293	4.55	¥4,332.69	¥9,756.47	¥5,423.78	2,340	200	¥2,67[illegible]	[illegible]

▲ 图46-13

| 大湿兄 | 下面就是创意图了。创意图可以根据宝贝的5张主图来做。

（1）创意图要跟顾客诉求一致。

（2）创意图要区别于竞争对手、容易被看到。

（3）创意图要展示利益点、卖点和买点。

| 大湿兄 | 之前我操作过一个类目——飘窗垫，类似于沙发垫。同行直通车图都是在展示产品，我的直通车放了一个小孩在飘窗垫上玩手机的场景图。同行平均点击率为3%，我的直通车点击率为8%，这就是差异化表现的后果。

| 大湿兄 | 以上都设置完成之后我们需要不断地查看计划数据，不断地删词、加词，目的只是为了引流，但是也要时刻注意花费情况。

| 大湿兄 | 引流不需要所有产品都有效果。小预算做低价引流，重点是低价，不是引流。低价引流的目的是提升投入产出，如图46-13所示。

| 鹿客1 | 直通车是如何带动自然搜索的？是转化带动，还是有点击就带动？

| 大湿兄 | 转化是核心，是买家在点击之后的动作，点击、收藏、加购都能带动自然搜索，但是转化是影响最大的。

| 鹿客2 | 定向投放是否要开？开哪些定向投放才能精准引流？

| 大湿兄 | 建议刚做直通车计划的朋友不要开定向投放，先做关键词的

数据，然后再开定向投放。定向的人群溢价要高一些，而且需要多次测试，因为刚开定向数据并不是很精准，可以在定向全开后再看数据的变化。

｜鹿客3｜直通车点击量如何递增？需要人工干预吗？

｜大湿兄｜在PC端，点击量是由你的直通车图创意的好坏决定的，但在手机端却是由展示位置决定的。直通车是付费搜索流量，客户搜索一个关键词，淘宝在手机端展示5~7个宝贝，功能都是相同的，你说客户会点击第一个还是排在后面的一个？

｜鹿客4｜通过直通车怎么获取手淘首页流量？

｜大湿兄｜直通车能获取到的手淘首页的流量只有“猜我喜欢”，那么就用高溢价来获取。手淘首页的流量还是淘宝达人的居多。

｜鹿客5｜展现有，但点击率上不去是什么原因？低价引流的前提下基础销量以多少为好？

｜大湿兄｜看看你的展示位置和直通车图创意，位置不好，提高出价卡位置，直通车图点击差换图测试。低价引流的前提下，基础销量最少为30，越高越好，优质评价越多越好。

｜鹿客6｜我的店铺的一个主力款，也就是引流款，单品转化为0.6%左右。我的直通车一天能带来160个左右的访客，总访客量有500多，但一直没有成交。之前开的是大词，点击单价低，没有转化，一直是亏的。现在，我调来精准词，我的出价比大词还高，PPC高了3倍，这是怎么回事呢？

｜大湿兄｜主力款的转化太低，直通车有160个左右的访客，0.6%的转化意味着很少人会买。之前开大关键词，现在开精准词，精准词的出价比大词高，PPC肯定会上升。其实你想问的是投入产出，即如何降低无效的关键词花费，提高你的客单价。把你现在的每个关键词放到淘宝中去搜索，看看搜索到的前10个宝贝和你的产品是否类似。不类似，这个关键词就不要了，类似的就保留，以提高你的利润，不然就入不敷出了。

47

售后客服的考核指标

分享嘉宾　三三

主持人·整理人　金不换

门川川（花名"三三"）

8年电商客服实操经验，擅长箱包类目、食品类目的客服管理，专注于客服团队管理和老客户营销。

售后客服是店铺中最重要的岗位。好的客服，在处理售后问题的时候，不仅不会让客户流失，还会带来二次回购。那么，如何对售后客服进行绩效考核呢？且看文章！

| 三三 | 大家好，我是门川川，花名三三，很开心今天能在这里给大家做分享。首先感谢“鹿人说”平台给我们提供这个分享、学习的机会，所以我要把自己知道的东西分享给其他人，成就他人，也成就自己。

| 三三 | 今天我要给大家分享的内容是关于售后岗位的考核指标。现在的电商，不管是做什么产品和类目，都在想尽办法提升自己的服务，给客户创造惊喜和感动。售后作为店铺服务的最后一道防线，很多商家提供了精致的服务，准确地说是包含了精致的售后服务，但结果往往不尽人意。售前绩效考核有销售额、转化率、响应时间、客单价等重要指标，在这几个指标的牵引下，客服也是非常努力的，使尽浑身解数促成成交，提升销售额，努力做转化。售后考核指标不像售前考核指标那么清晰，因此很多卖家经常会找我要绩效考核表。今天分享的内容虽然是关于售后岗位绩效考核的，但我不准备帮大家做绩效考核表，而是要教大家如何做绩效考核，因为在店铺发展的初级阶段，客服团队没有那么大的时候，考核是比较容易做的。

| 三三 | 简单来说，就是针对每一家目前存在的问题做考核方案。如果想做一个非常全面的售后岗位考核方案，我们首先要了解一下售后岗位的指标都有哪些。

| 三三 | 今天的售后岗位指标分两个大块：成本+服务。对于成本，一个优秀的售后客服是在成本控制的基础上，让客户满意，也就是寻找满意和成本的平衡点。很多客服会说：“我不赔付客户就会给差评。”“我不这样处理，客户就会投诉。”“我不这样给客户多倍理赔，客户就会投诉到12315互联网平台，这对我们不利。”但是反过来想想：当我们没有底线地处理问题的时候，我们没有解决客户真正需要解决的问题，仅仅是退款，客户就满意了吗？

| 三三 | 分享一个比较搞笑的售后案例。今年抖音上非常流行小猪佩奇的手表，于是我们公司将这款手表作为赠品赠送给了客户。结果有客户找上门来，反映表针不走，于是售后客服给客户退了5元钱理赔。这个聊天记录被我们售后主管抽查到了，嘲笑了好几天。后来还有类似的客户找过来，问的依旧是同样的问题——为什么赠送的手表不走？拿这个案例做例子不是说售后客服不负责任，而是说我们的客服没有真正地解决客户遇到的问题就做了赔付处理。即使你给客户理赔了，我相信客户也认为这是你应该做的；谁让你的手表表针不走呢！

| 三三 | 针对这类售后问题，不是退的钱越多客户就越满意。处理售后问题的方法有很多种，比如可以退换，可以补发，可以退全款，可以部分退款。不管退多少钱，这仅仅是处理这个问题的一种方法而已。

| 三三 | 对于成本，客服可以通过和客户协商，站在卖家的角度减少成本损失。这里的成本就是我们每个商家基本上都能遇到的问题——赔偿单价。

赔偿单价=赔偿金额÷处理的问题数

| 三三 | 赔偿单价是今天分享的第一个售后服务指标，对这个指标卖家希望做得越低越好。

| 三三 | 成本分两个方面，一个是开源，另一个是节流。我刚才说的降低赔偿单价就是“节流”。处理售后问题时，用客服的售后话术，用客服的沟通技巧和专业的服务，不需要退款赔付，客户就会很开心，成本也就会降低。节流的具体做法以及售后的处理技巧今天就不做展开了，我们继续说“开源”。

| 三三 | 很多卖家，尤其是没有成熟的售后团队的卖家，售前和售后的团队可能没有分开，也就是客服在做售前的工作，也在做售后的工作。有的卖家即使将售后工作独立开来，售后服务工作也变成了一个非常机械的流程处理事项。一些卖家甚至以售后退款的笔数为量化数据给售后客服做绩效提成，售后客服的工作导向是退的钱越多越好，处理得越快越好。这样确实拉动了客服工作的积极性，处理售后问题的速度很快，但慢慢地就会发现这种做法已偏离了售后处理的初衷。当然，由此引发的成本问题也就越来越多。所以说售后岗位的考核指标是非常重要的，做岗位绩效考核的时候，要一并

考虑重要的、并行的指标。

｜三三｜售后客服是销售产品的一个非常好的端口，因为他们身在一线，容易和客户接触，只要和客户接触，就有机会促进销售。问题处理得好，客户会立刻下订单，那么售后客服促成的客户再次购买就是复购。

复购率=老客户再次购买的单数÷处理问题件的笔数

这里我们要做的就是将售后岗位的销售额作为一个奖励或考核的指标。一旦绩效的导向是对的，就会引导这个岗位向良性发展。这个方法大家可以尝试一下，我自己的做法是，每个月把售后客服的销售额做一个销售排名，这样售后客服就会主动地去做关联推荐，主动地和客户联系，主动地添加维护老客户，这样每个月带来的销售额提升也是一个不小的数目。

｜三三｜成本方面的分享就到这里，下面分享另一方面——服务。影响售后服务的第三个考核指标是差评率。

差评率=差评数÷订单问题数

｜三三｜若售后问题处理不当，可能会招致很差的评价。如果客户的信誉度很高，差评在页面置顶的话，是会严重影响转化率的。

｜三三｜在差评率把控上能做的事情有两件，第一件是尽量人工处理售后问题，让客户满意，不要给客户写差评的机会；第二件是若客户已经给了差评，客服也要及时地做跟进和回访，引导客户追加评价，降低负面评价的影响。

｜三三｜售后服务的第二个考核指标是退款的完结时长。售后客服不能等客户催我们退款的时候才退款。如果发现客户提交了退款申请，要及时给客户处理，这个退款时间越短越好。

平均退款的完结时间=申请退款完结总时长÷近30天（售中+售后）完结总笔数

｜三三｜售后服务的第四个考核指标是售后的响应时间。响应时间以前都是在售前岗位中强调的，如今这个指标在售后岗位中也很重要。因为客户转接到售后之后，由于售后客服工作忙或者没有看到而没能及时回复，使客户等候时间加长，由此就会造成客户心情不好，甚至导致矛盾升级，最终导致客户给出差评。因此，售后的响应时间越短越好。

｜三三｜售后服务的第五个指标是投诉纠纷率。很多卖家是不能将投诉纠纷率控制到零的，因为有的问题不是卖家的责任也会引起客户投诉，但是责任问题的投诉纠纷率我们一般要求是零。

投诉纠纷率=投诉的纠纷笔数÷总的订单数

如果是卖家责任的话，一旦判定，投诉纠纷率会很高，这会影响店铺搜索的权重，也会影响整个店铺的售后服务综合指标。

从图47-1中可以看到投诉纠纷率这个指标权重比是非常大的，如果我们的综合指标不能领先于90%的同行，投诉纠纷率就会影响店铺活动的报名。

▲ 图47-1

售后服务的第六个考核指标是退货退款率。

退货退款率=退换退款的笔数÷总订单数

这个指标也是越低越好。客户在购买产品的时候，因为看到一个差评或者一个其他的令人不快的因素，就会有退款的念头，售后客服要做的是及时地打消客户退款念头。如果是因为看到一个不好的评价，售后客服可以帮助客户打消犹豫的念头。例如，客户因为看到页面中的差评比较多，担心质量问题而犹豫是否要退款，此时客服可以说："您放心哦，这个产品的品质是可以保证的，咱们家的产品享有7天无理由退换货售后服务，有任何的问题都是可以处理的；而且咱们还赠送了运费保险，退换货有保障。不过我也相信，您这次购买以后还会再来我们家的，因为这款宝贝大多是老客户购买的呢！"

售后服务的第七个考核指标是品质退款率。品质退款率这个指标实际上是考核卖家店铺的品质能力。一旦产品品质不是太好，客户就会申请质量问题的退款，如店铺实物与描述不符、食品变质发霉等。这些申请退款的原因是以客户最后一次申请的原因为准的。例如，S客户申请退款的理由是商品变质发霉，客服联系客户，达成的协议是以客户优惠补贴的方式，退5元钱到客户支付宝作为理赔，客户修改退款申请理由。如果客户没有把变质发霉这个原因修改成“仅退款，退运费”，或者改成“7天无理由退货”这样的表述，而是修改成其他品质问题，则其退款依旧会计入店铺的品质退款率。

| 三三 | 进入卖家中心的后台，单击“店铺品质管理”，打开图47-2所示的界面。

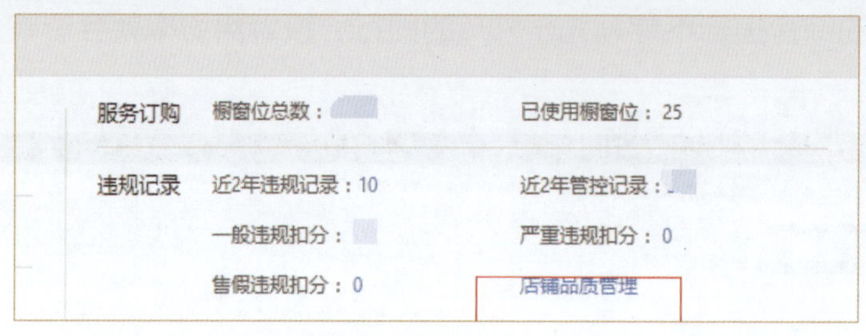

▲ 图47-2

| 三三 | 这里可以看到我们品质退款率的趋势，以及近28天与同行品质退款率对比的排名，如图47-3和图47-4所示。

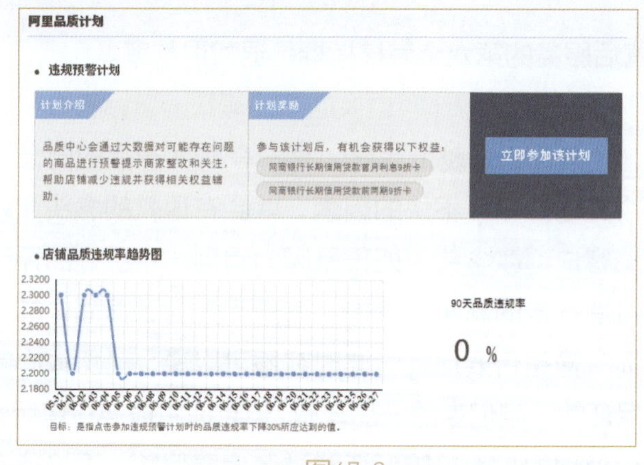

▲ 图47-3

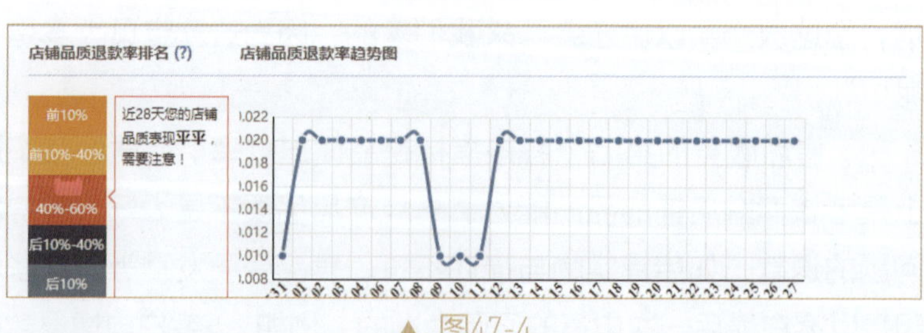

▲ 图47-4

| 三三 | 从图中也可以看到具体哪个订单是影响品质退款率的订单。可以逐个打开查看自己店铺商品的品质，由此查找原因：是退款的时候客户点错了，还是自己的商品本身的原因。若是商品自身原因，应及时提升商品的品质。

| 三三 | 最后给大家分享一个新指标——天猫的无忧购考核指标，如图47-5所示。

▲ 图47-5

| 三三 | 这个新出的考核指标考核的是店铺的综合能力，包括产品的品质、物流的体验、售后的体验、纠纷投诉等。

| 三三 | 如果店铺的各项指标入围，在手淘的详情页就会有达标的标记。每月1日和16日进行考核和打标（打标日），每次透标有效期为15天。

| 三三 | 这里有一个官方给出的定义，商品体验退款率 = 近30天首次发起且申请退款原因为商品品质问题的订单笔数 / 近30天成交订单笔数。这和我上面讲的品质退款率是不一样的，体验的退款率是不给客户修改机会的，哪怕是客户申请时点错了，也会计入商品体验的退款率，而品质退款率是可以联系客户修改的，以客户最后一起发起申请退款的原因为准，这是二者非常重要的一个区分。

| 三三 | 关于售后服务的考核指标今天就分享这么多，卖家可以根据自己店铺的实际情况，选择合适的售后岗位的考核指标加入售后绩效考核中，相信我们的店铺可以为我们的客户做到售后无忧。

| 鹿客 | 老师，买家申请质量问题的退款原因撤销后又重新申请7天无理由退换货，这样的退款会计入品质退款率吗?

| 三三 | 撤销的话是会计入品质退款率的，正确的做法是让客户直接修改成“7天无理由退换货”，或者修改成“仅退款”“退运费”等原因，这样就不计入品质退款率了。不过无忧购的商品服务的体验率是按照客户第一次申请的理由为准的，是没有修改机会的。只要客户申请了质量问题，就都会计入体验率，这个和品质退款率是有区别的，大家一定要注意哦!

48

巧用智钻单品推广获取淘宝首页流量

分享嘉宾　小佐｜主持人·整理人　龙轩

林佐俊（花名“小佐”）

5年钻展经验，资深钻展运营专家，累计钻展费用消耗超过3000万元。独创钻展低价引流法，擅长钻展流量运营及规划。

利用智钻获取淘宝首页免费流量和“猜你喜欢”流量，可以提升单品的营销效果。小佐老师将通过自己实践操盘的案例为你详细解读智钻单品推广的具体玩法。

| 小佐 | 自从“猜你喜欢”功能升级后，很多商家都希望通过智钻单品推广获取淘宝首页免费流量和“猜你喜欢”流量，那么，今天我就来给大家剖析一下关于智钻单品推广的具体玩法。智钻单品推广其实跟直通车定向推广的功能相同，都是在同一个单品流量池中获取流量，两者的设置也是非常类似。所以，两者的玩法也是非常类似的。我们来看一下，直通车爆款打造的基本思路是先进行测款，然后针对爆款进行引流及转化提升，如图48-1所示。

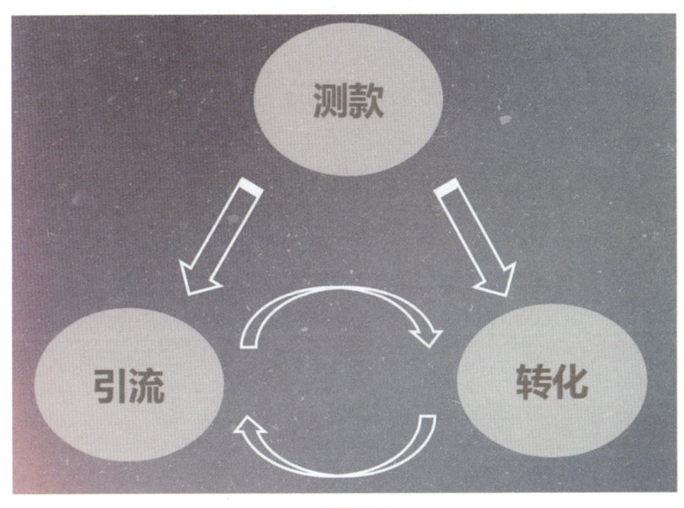

▲ 图48-1

| 小佐 | 按照这个思路，我们就能够延伸出智钻单品推广的玩法 。

| 小佐 | 首先我们来弄清楚免费流量是如何产生的，为什么需要付费流量来拉动免费流量。大家来看一下图48-2。通过付费流量获取免费流量的玩法的核心是用付费的流量产生正反馈，通过正反馈带来的权重帮助店铺获取免费流量。那么，此时该玩法分两步落地，第一步是流量的获取，第二步是转化的优化。

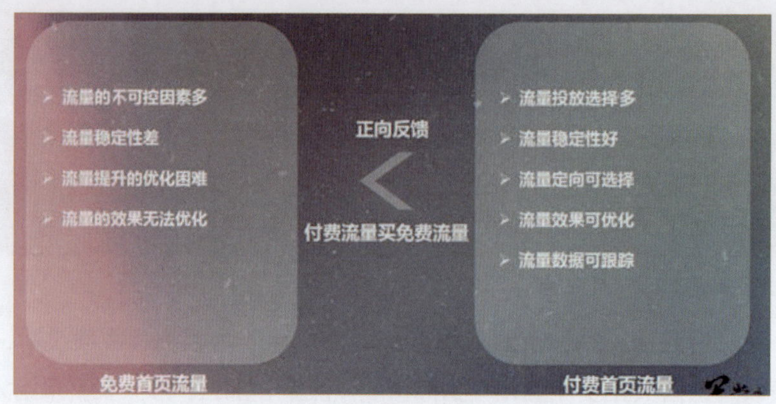

▲ 图48-2

| 小佐 | 我们通常采用低价引流的方法获取流量。低价引流的操作方法也比较简单。首先采用自定义的投放方式，然后尽可能地将更多的宝贝放入计划中进行投放。在单品自定义里，一个计划可以添加40个单元，也就是添加40个宝贝。当尽可能多的宝贝放入单品推广计划中进行投放时，我们就有了一个更大的流量池。

| 小佐 | 按照上面的操作思路，我们在计划中采用自定义的方式进行推广，如图48-3所示。

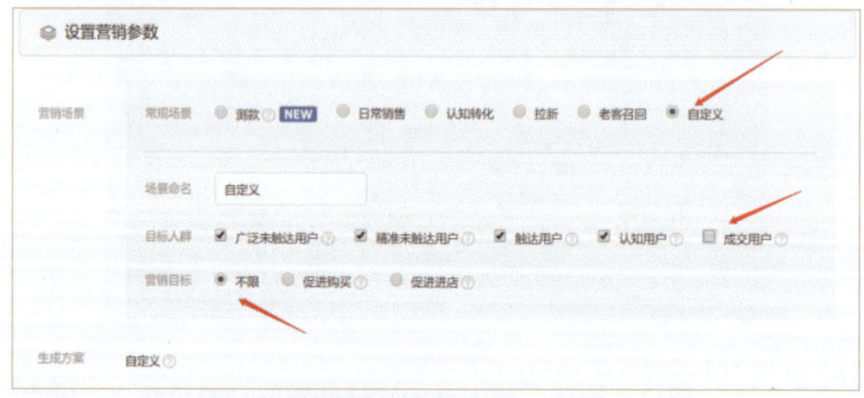

▲ 图48-3

| 小佐 | 在目标人群的选择上，我们采用去掉成交用户的方式，即把已购买过商品的用户去掉，这样能够保证我们拿到的流量是新用户流量。将“营销目标”设置为“不限”。

| 小佐 | 计划的基本信息设置，因为跟直通车的设置是一致的，所以可以按照直通车的时间和地域进行设置，如图48-4所示。

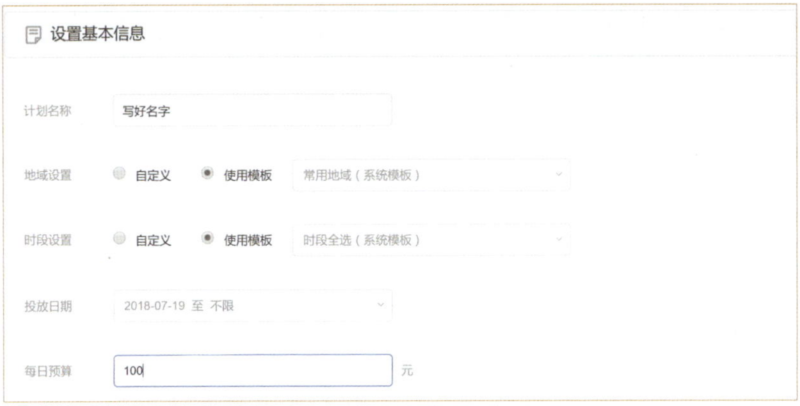

设置基本信息

计划名称 写好名字

地域设置 自定义 使用模板 常用地域（系统模板）

时段设置 自定义 使用模板 时段全选（系统模板）

投放日期 2018-07-19 至 不限

每日预算 100 元

▲ 图48-4

| 小佐 | 接下来是单元设置。我们需要先选择一款宝贝，然后在一个计划中放满40个宝贝，如图48-5所示。

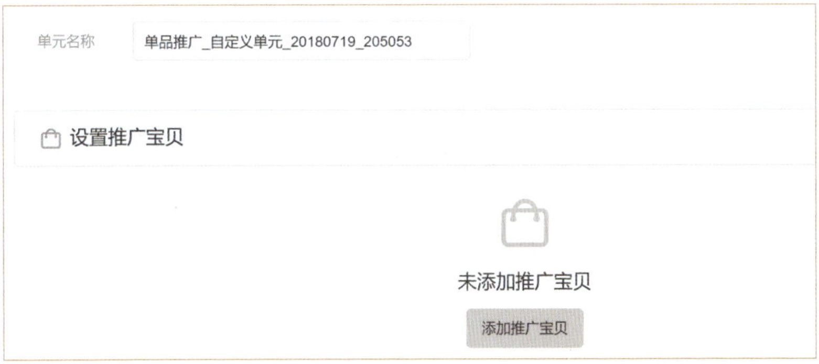

单元名称 单品推广_自定义单元_20180719_205053

设置推广宝贝

未添加推广宝贝

添加推广宝贝

▲ 图48-5

| 小佐 | 选择好宝贝之后，需要设置定向人群及出价，如图48-6所示。

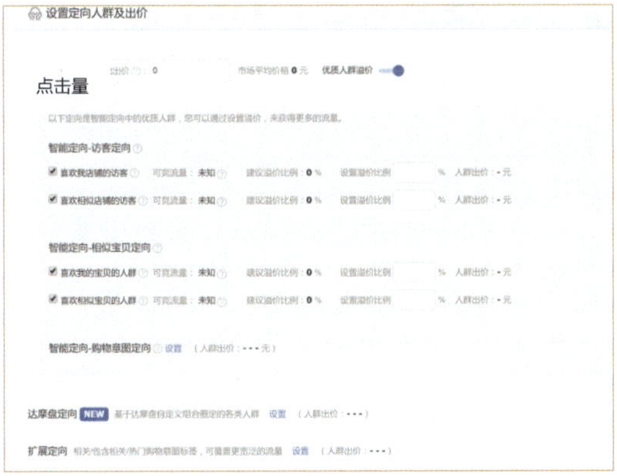

设置定向人群及出价

点击量

智能定向-访客定向

智能定向-相似宝贝定向

智能定向-购物意图定向

达摩盘定向

扩展定向

▲ 图48-6

｜小佐｜对于出价，我的建议是按照自身直通车的点击单价的30%~50%进行出价；然后针对定向人群以及购物意图，批量采用10%的溢价方式。

｜小佐｜在扩展定向里，有多少标签就增加多少标签；然后批量出价，最终保持和智能出价一致即可。到此我们就完成了基本的定向人群及标签设置。这一步骤比较关键，因为前期我们需要积累更多的宝贝流量，需要选择及拓展更多的标签。

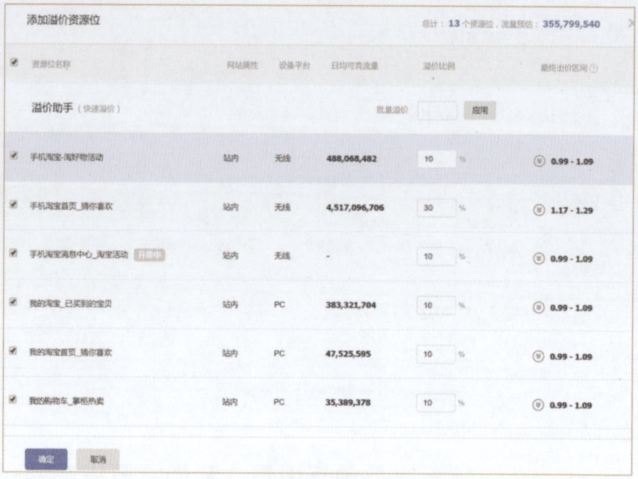

▲ 图48-7

｜小佐｜对于溢价资源位的设置，也可以采用批量溢价全部添加的方式。默认溢价尽量保持在10%的水平上。针对“猜你喜欢”的资源位，则可以采取额外多一些的溢价来获取流量，如溢价大致可以提升至30%左右，如图48-7所示。

｜小佐｜溢价资源位设置完毕后，就是素材的设置。这里的素材设置和直通车上的素材设置其实是一样的，需要在主图上面做选择，如图48-8所示。

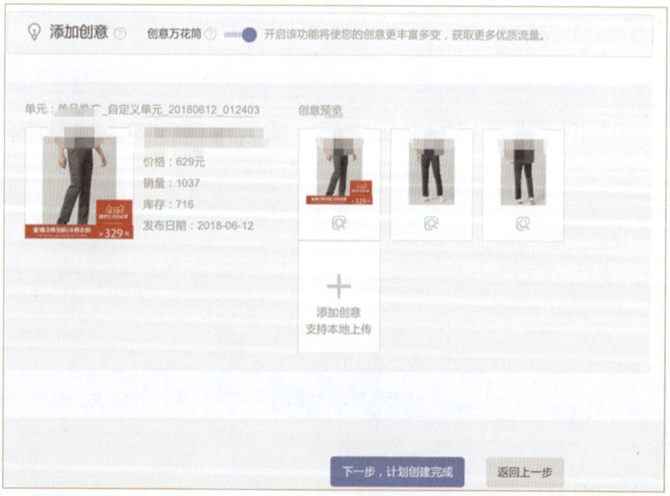

｜小佐｜这里有几个选择标准：

▲ 图48-8

①未必需要白底图；②保证图片清爽；③图片无拼接；④拒绝“牛皮癣”。

如果没有按照这几个标准作图，你的主图将无法得到展现，也就无法获取流量。

｜小佐｜至此就全部设置完成了。当把足够多的宝贝添加到计划中时，就能够获取到我们需要的流量了。

｜小佐｜接下来要搞定引流的部分。其实，针对这部分的计划，转化相对就比较容易了。在投放的过程中，根据数据的反馈，通过提升其中的一些精准定向溢价来提升精准定向流量的占比，从而提升整体的转化率。当整体流量正反馈得到提升时，就可以通过“猜你喜欢”这部分的智钻流量来获取更多的首页免费流量了，如图48-9所示。

		展现量	点击量	收藏宝贝量	收藏店铺量	添加购物车
智能定向 计划：长袖衬衫 单元：单品推广_自定义单元_20180706_1...	50.26	109,724	66	2	1	8
单品效果兴趣点定向-舒适 衬衣 长袖		155	-	-	-	-
单品效果兴趣点定向-九牧王 休闲 舒适 衬衣 长袖	-	2	-	-	-	-
扩展定向-青年 休闲 格子 长袖	-	932	-	-	-	-
单品效果兴趣点定向-九牧王 衬衣 长袖	-	9	-	-	-	-
访客定向-喜欢相似店铺的访客	-	78	-	-	-	-

▲ 图48-9

49

『双11』期间的直通车玩法

分享嘉宾 阿布 | 主持人·整理人 小北

颜艳红（花名“阿布”）

7年电商实操经验，坚持在电商前线七八年的女汉子。电商界人称“最美老板娘”。

在众多的推广工具中，淘宝直通车是最受卖家欢迎的，那么在“双11”期间，直通车的推广预算要怎么规划？需要准备哪些直通车素材？直通车推广节奏如何把控？直通车如何配合活动实现店铺盈利？……只有做到心中有数，才能实现数据化运营。

| 阿布 | 我今天分享的主题是“双11期间的直通车玩法”。

| 阿布 | 历经了这么多年的“双11”，想必大家都知道“双11”分为蓄水期、预热期、爆发期、余热期。在这4个不同的时期内，直通车如何配合运营才能收到最好的活动效果呢？下面我们就一起探讨。

| 阿布 | 在制定“双11”运营方案前，首先要明确一个关键点，那就是预算的分配，简单来说就是“双11”活动有多少推广预算，或者说掌柜是否已经确定了“双11”要花费的推广费用。

| 阿布 | 这个推广预算不是随意设定的，更不能没有上限和下限。一般我们是根据“双11”的目标销售额的比例来设定推广预算的，如目标销售额的10%、15%或20%等。这可根据店铺的实际情况来确定。

| 阿布 | 设定好推广预算之后，接下来就是这钱怎么花的问题了。我发现很多掌柜花钱是没有规划的，前几天就有一个女装店掌柜向我抱怨说：“我这一年1000多万元的推广费用都不知道怎么花掉的。”

| 阿布 | 所以不管是多大的店，学会合理分配推广预算都是非常重要的，只有做到心中有数，才能实现数据化运营。

| 阿布 | “双11”活动的原则是“7分准备3分卖”，简单说就是，如果有1角的推广预算，则要把7分花在蓄水期和预热期，3分花在爆发期和余热期，如图49-1所示。

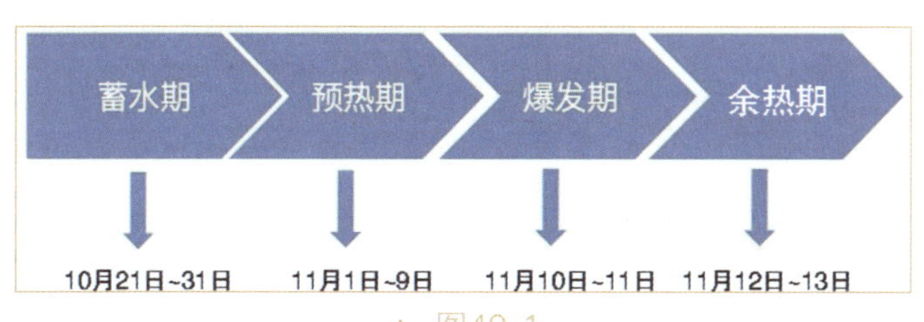

图49-1

｜阿布｜“双11”活动的推广预算从11月1日开始消耗，到11月9日要消耗掉全部预算的70%。前面蓄水期的推广预算建议另做，因为蓄水期的时间可长可短，需依据店铺的实际情况来确定。剩余30%的推广预算要花在10~11日的爆发期和12~13日的余热期。

｜阿布｜以上是推广预算的分配策略。接下来大家需要明确的是不同推广时期的推广目标。

｜阿布｜预热期（11月1~9日）是不会有成交的，所以该时期的推广目的就是引导加购和收藏。根据预热期指标的完成情况，可以推断“双11”活动目标的完成情况。

｜阿布｜如果发现目标在预热期没有达成，就需要考虑是否要增加预算，否则可能完不成目标销售额。这个数据需要运营人员每天监控。

｜阿布｜我们来看推广预算和推广目标确定后，执行层面要做的准备工作，包括素材准备和账户准备。

｜阿布｜首先当然是商品的准备，这个不用多说。在直通车层面，我们要准备的素材就是直通车图片。你的图片不是要上活动了才开始做的，因为在直通车中图片是至关重要的，图片的点击率直接影响你拿到流量的多少。所以，直通车图片需要提前做好并进行测试。

｜阿布｜在预热期开始之前，大家需要测试出一些优秀的点击率高的直通车图片，以保证后期的推广效果。如果没有合适的直通车图片，那么就需要不断地测试，不断地优化你的创意图、商品详情、卖点等。

｜阿布｜还要准备一套活动的素材。活动的素材包含“双11”活动的利益点，即在测试出来的优秀直通车图片中增加“双11”活动的促销点。活动素材中还包括余热期的素材，这套素材是供“双11”返场，即11月12日、13日使用的。

｜阿布｜同样，这一套包含利益点的素材在店铺装修中也要准备好，和直通车图同步更换。

｜阿布｜接下来是账户的基础准备工作。这个准备工作就是指平时直通车账户的基础养护，包括账户结构的搭建，关键词的准备，时间、地域、人群的测试，这些都是平时在操作直通车时要做的事情。

｜阿布｜在关键词层面，随着活动预热期的开始，关键单价会上涨，这个时候我们只需调整时间折扣比例来提高出价即可。因为在蓄水期我们已经测试好了账户的关键词结构，这里不建议再去改动。

| 阿布 | 可以通过折扣来调整整体的出价比例。

| 阿布 | 在爆发期，可以把地域设置全部打开，因为此时是“双11”活动当天，需要更多的流量支持。当然，如果预算有限，可选择投放转化率高的地域。

| 阿布 | 对于人群属性，之前在蓄水期所做的工作就是测试不同人群的数据。测试出的不同人群的数据，好的留下来，差的全部删除，包括自定义人群。

| 阿布 | 这里针对“双11”还有个“节日人群”属性。节日人群在预热期是作为重点人群操作的。节日人群和领券人群是“双11”的高转化客户，因此，二者是高预算投放的人群。

| 阿布 | 以上这些就是要做的准备工作，接下来就到了“3分卖”的时候了。

| 阿布 | 在爆发期主要的工作就是监控数据。由于“双11”活动当天流量非常大，直通车花费也大，因此需要全天监控数据。

| 阿布 | 第一个监控对象是单价。有的关键词会在“双11”当天爆发，那么可能很快就把钱花完，所以这里要时时监控是否有关键词失控；如果有，要及时调整。

| 阿布 | 第二个监控对象是重点销售的宝贝。重点销售的宝贝可能会是你店铺销售的主力军，那么它肯定也是转化率最好的商品，此时如果发现它的流量不够，无法达到预期，则需要及时拉高它的价格和预算，把其他地方要花费的预算调拨给这个重点销售的宝贝，以保证它的销售。

| 阿布 | 时刻关注数据变化，尤其是成交量、花费、点击量和单价。对于花费较多的商品和关键词要重点监控，如果个别词或者计划出现花费飙升的情况，可以通过直接降低出价或者调低分时折扣来控制。此外，活动当天要控制实际PPC（点击付费）的范围，价格过高会影响整体的流量效果。

| 阿布 | 最后就是监控整体的PPC和ROI（投入产出比），看看你的流量预算是否达到预期目标，你的PPC是否符合要求，你的ROI是否合理。如果流量不够，则需要考虑增加一些高转化率的关键词和提高宝贝的出价；如果PPC过高，则需要考虑是否有些关键词的出价太高，可通过调整ROI低的宝贝的出价和预算来实现平衡。

| 阿布 | 以上就是今天分享的内容，总结一下，“双11”期间的直通车玩法是：第一步，做好预算分配；第二步，做好账户准备和素材准备；第三步，做好数据监控，及时实施调控措施。

50

新版直通车的高投产玩法

分享嘉宾 小北

——主持人· 一乔

邓琨皓（花名“小北”）

6年淘宝天猫一线实战经验，曾用4周时间将小类目店铺销售额提升至单日20万元，擅长直通车低价引流、精细化操作、数据化运营、全店品类规划布局。

新版直通车的界面和钻展的相似，在功能方面，主要有3种推广模式：标准推广、智能推广和定向推广。智能推广是改版后直通车主打的一个主要功能，该推广计划中所有关键词都是看不到质量分的，而且也不需要复杂的人群标签设置，出价都是采用系统推荐的价格，可谓“懒人开车必备”。那么新版直通车如何通过智能推广玩转高投产呢？请看下文！

| 小北 | 今天和大家分享的是新版直通车如何通过智能推广玩转高投产。

| 小北 | 新版直通车的后台里有一个智能推广功能，也就是旧版本中的批量推广，相信大家对此都非常熟悉，而且我也相信，已经有很大一部分小伙伴在使用智能推广了。那智能推广的效果如何呢？

| 鹿人1 | 转化低。

| 鹿人2 | 小金额效果还是不错的，一旦扩大日限额，ROI就不行了。

| 小北 | 转化低，投产如何？扩大日限额ROI不就行了吗？

| 小北 | 图50-1~图50-4所示是我一个账户上个月、过去30天、过去14天和过去7天的数据情况，在智能推广上，一天大概消耗1000元，数据量也不是很大。但是，我的这个利润大概是毛利润的40%，也就是说，我的ROI只需要达到2.5以上，就可以直接通过直通车实现盈利。

全部推广计划

花费	点击量	展现量	点击率	总成交金额	投入产出比
35,808.17	57,320	647,165	8.86%	116,427.92	3.25

状态	推广计划名称	智能计划	分时折扣	日限额	展现量	点击量	点击率	花费	平均点击花费	投入产出比	点击转化率	总成交金额	间接成交金额	直接成交金额	自然流量转化金额
推广中		智能计划	100 %	150元	74,778	6,738	9.01%	4,202.01	0.62	3.72	27.46%	15,645.00	3,408.00	12,237.00	6,074.61
推广中		智能计划	100 %	150元	56,267	5,213	9.26%	3,093.89	0.59	3.52	24.65%	10,893.80	1,779.56	9,114.24	4,089.99
推广中		智能计划	90 %	150元	88,093	9,435	10.71%	5,468.66	0.58	3.51	24.06%	19,198.24	3,440.23	15,758.01	7,720.29
推广中		智能计划	100 %	200元	74,022	7,942	10.73%	4,609.46	0.58	3.41	23.50%	15,740.19	2,954.68	12,785.51	6,039.42
推广中		智能计划	95 %	150元	71,668	6,405	8.94%	4,124.80	0.64	3.19	24.78%	13,146.62	1,945.16	11,201.46	4,990.71
推广中		智能计划	100 %	150元	64,751	5,181	8.00%	3,188.85	0.62	3.18	23.55%	10,133.72	2,156.12	7,977.60	3,727.84
推广中		智能计划	90 %	150元	91,075	6,759	7.42%	4,340.60	0.64	3.01	23.05%	13,077.78	2,143.37	10,934.41	5,004.63
推广中		智能计划	100 %	150元	89,143	6,898	7.74%	4,309.41	0.62	2.91	21.69%	12,550.34	2,035.77	10,514.57	4,786.32
推广中		智能计划	100 %	300元	37,368	2,749	7.36%	2,470.49	0.90	2.45	20.92%	6,042.23	1,350.97	4,691.26	1,922.62

▲ 图50-1

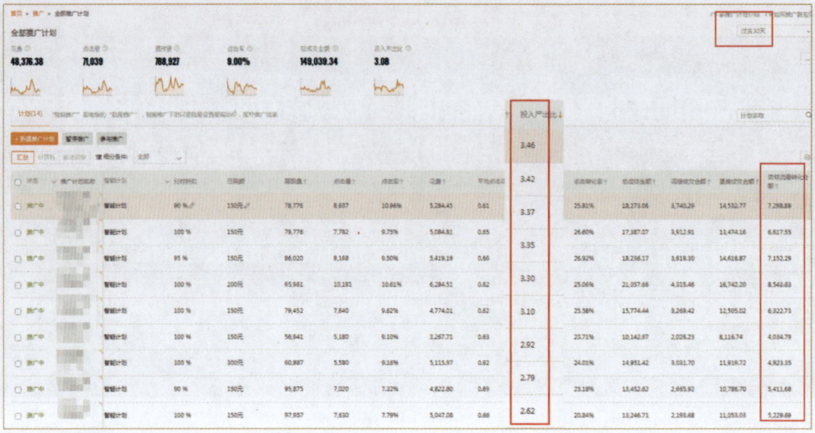

▲ 图50-2

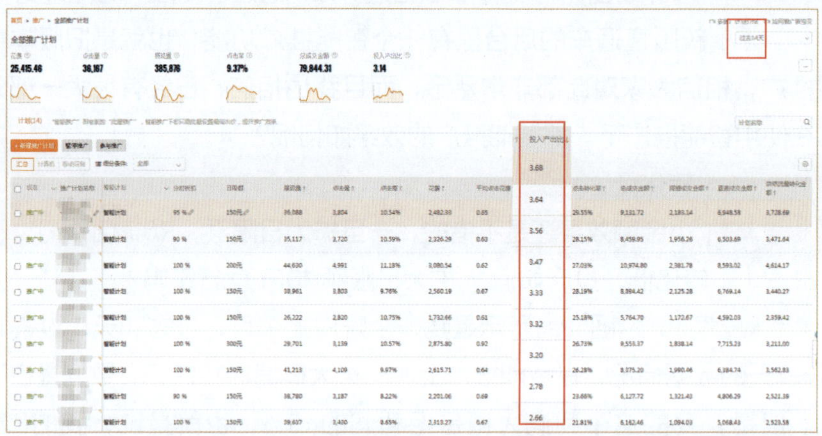

▲ 图50-3

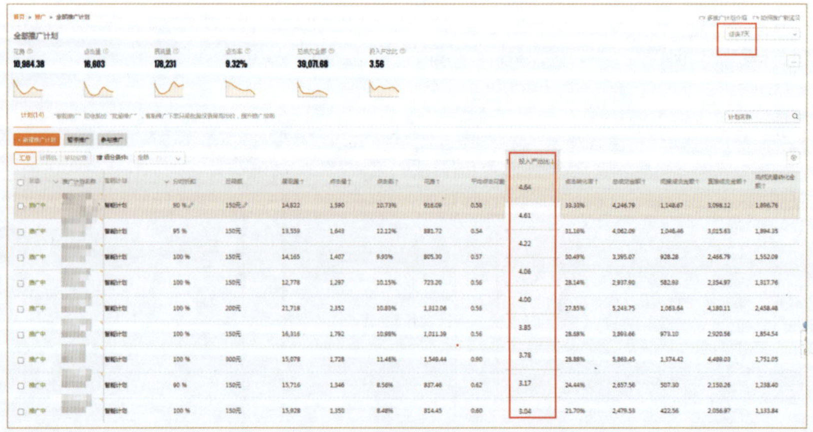

▲ 图50-4

| 小北 | 上面这几张数据截图显示的数据并不算什么，只要掌握了方法，这样的数据大家都可以做到 。

| 小北 | 在旧版直通车的批量推广中，可以建10个推广计划，而新版直通车的智能推广中，可以建20个智能计划。

| 小北 | 旧版中的标准计划可以建8~20个，而新版中的标准计划可以建50个。

| 小北 | 对于智能推广，其实建计划和进行设置是相对比较简单的，但是也有一些常见的操作误区。新版智能推广和旧版的批量推广还是有一定差别的。

| 小北 | 在设置计划的时候，有图50-5所示的几个营销场景供大家选择。

▲ 图50-5

| 小北 | 每个营销场景的功能应用我就不多说了，小伙伴们可以将鼠标指针移动到各场景名称后面的问号处查看功能说明。

| 小北 | 那么在组建计划的时候，一般会用什么营销场景呢？智能推广适用于新品，还是适用于常规销售的款式呢？

| 小北 | 目前来看，智能推广更多的是用来做投产，就像上面大家看到的数据截图那样，智能推广就是直接为我们创造利润的。

| 小北 | 因此，在组建计划的时候，通常会选择日常销售居多的商品，其次是活动场景，最后才是宝贝测款。

| 小北 | 对每一个营销场景，系统所匹配的流量是不一样的。

| 小北 | 智能推广一般加多个宝贝合适呢？（见图50-6）

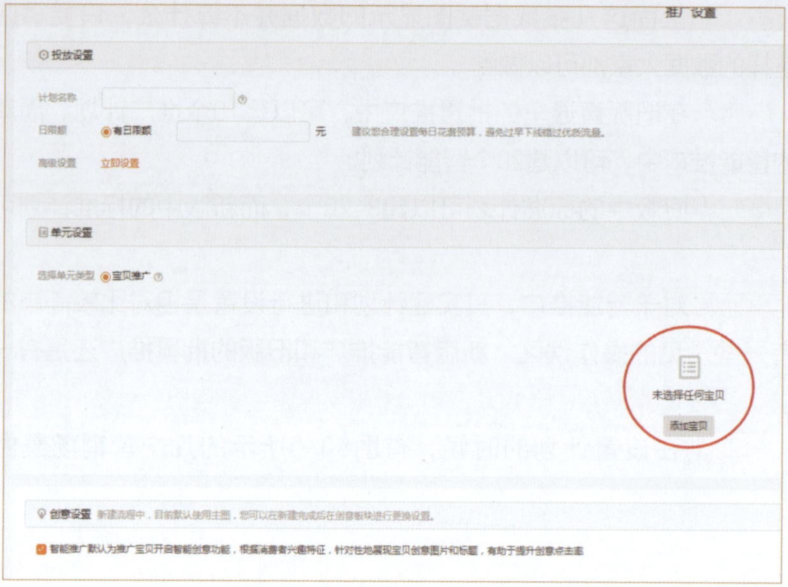

▲ 图50-6

｜小北｜计划里最多可以加30个宝贝，但通常一个智能计划就只加一款商品。

｜小北｜这样操作是有目的的。如果在计划里加30个款式，会出现一种情况，即更多的流量可能会向1~5款宝贝倾斜，也就是说大部分的流量会集中在1~5款商品上。准确点讲，我发现更多的流量会集中在1~3款宝贝上。如果只有1~3款或者5款以内的宝贝在承接流量的话，那另外的20几个款式几乎就失去了加入计划的意义。

｜小北｜所以，我建议大家在智能推广计划中加1~3款商品，这样便于宝贝的流量获取和承接。

｜小北｜如果是新品宝贝，可以选择测款策略，后期根据流量情况，删除表现不好的宝贝，只保留1款表现最好的宝贝，这时重新组建一个计划也可以，计划里只加入这款商品。

｜小北｜正常情况下，智能推广每个计划里只加一款商品，在款式好、数据好的情况下，可以针对同一款商品组建多个计划。我曾经最多一个单品使用了13个智能计划、4个标准计划。

｜小北｜这样一个款式在4个标准计划里有足够多的关键词，同时又在13个智能计划里，系统又会帮我们匹配到更多优质的关键词。

| 小北 | 在好款、好数据的情况下 ，尤其是在投产好的情况下，要把流量尽量放大，这就要求我们拿到各个渠道的流量入口。

| 小北 | 事实证明，智能推广确实帮助很多商家解决了时间和效率的问题。前几天，我的一个商家朋友在直通车中一天消耗了大概1.3万元，而在智能推广计划里面只花了9000多元，不仅省事，而且推广效果还非常好。

| 小北 | 下面总结一下建立智能计划的思路和操作步骤。每个智能计划尝试只加1~3款商品。

（1）如果是新品，选择测款策略，对数据表现不好的款式要及时替换。

（2）如果是常规热销款，选择日常销售。此时以转化率为基准，对于转化率很差的款式也要考虑及时替换。

（3）如果是次爆款或爆款，建议同时多建立几个智能计划，分别设置日常销售和活动场景，以获取更大流量基数。

| 小北 | 对于所有的营销场景，先期出价都可以按照系统提示的出价来设置，设置较低的日限额，避免因突然流量大涨而费用花超标的情况发生。

| 小北 | 我一般都是在标准计划里测试好款式，或者款式在标准计划里本身就是很好的款式，我才会去建足够多的智能计划。

| 小北 | 如果款式不好，那么在标准计划或者智能计划中效果都不会很理想。技术只起一个辅助作用，本质上还是要有好的商品和好的数据。

| 小北 | 以上我们总结了智能计划的设置和判断维度，那么有了一定的数据之后，又该如何优化呢？或者说，要怎样操作才能得到如图50-1~图50-4所示那样的数据效果呢？继续向下看。这是我刚刚建立的计划，已经有流量了，如图50-7所示。

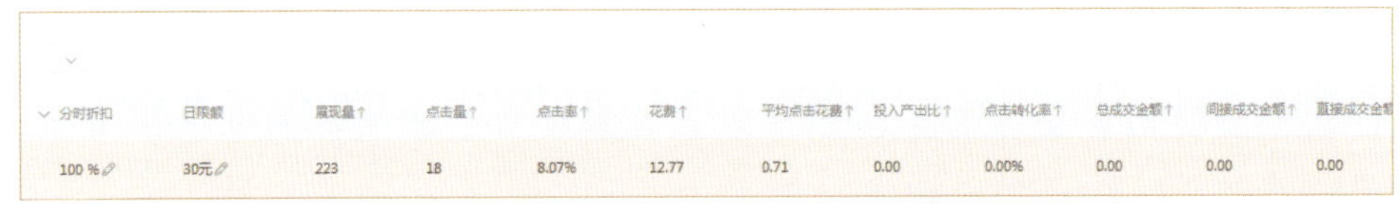

分时折扣	日限额	展现量↑	点击量↑	点击率↑	花费↑	平均点击花费↑	投入产出比↑	点击转化率↑	总成交金额↑	间接成交金额↑	直接成交金额
100 %	30元	223	18	8.07%	12.77	0.71	0.00	0.00%	0.00	0.00	0.00

▲ 图50-7

| 小北 | 计划里也只是加了一个商品。“自选关键词”不建议大家去加；如果需要添加自选关键词，可以直接在标准计划中操作。

| 小北 | 下面进入优化部分。讲到优化，首先我们需要清楚智能计划花出去的钱所拿到的数据情况。那么智能推广的数据要怎么查看呢？

| 小北 | 在天猫直通车中，单击“报表”→“转化解读报告”→“智能推广报告”选项，如图50-8所示。

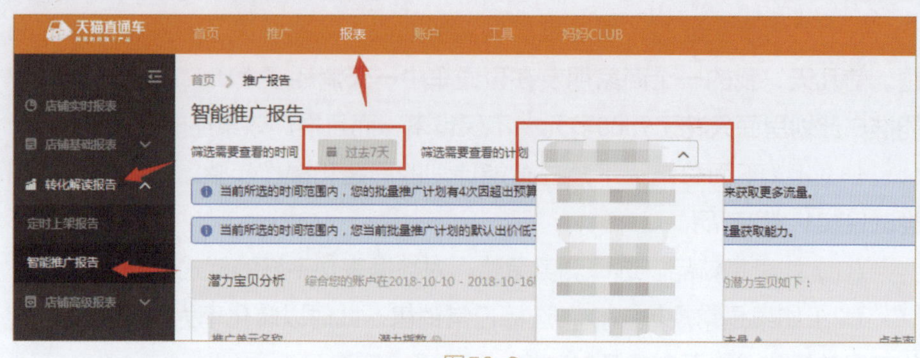

▲ 图50-8

| 小北 | 在打开的“智能推广报告”界面中，设置筛选查看的时间，选择过去周期，如7天或者14天，然后筛选需要查看的计划。

| 小北 | 此时我们可以看到对于该智能计划系统自动匹配的关键词数据，最多匹配30个关键词。如果在这里做优化调整，可以从3个维度进行。这3个维度是流量、转化和投产。

| 小北 | 在这个智能推广报告里，可以查看系统匹配的关键词数据，还可以查看点击量、点击率排序、转化率排序，以及投产比排序等数据，如图50-9所示。

展现量↑	点击量↓	点击率↑	平均点击花费↑	总花费↑	点击转化率↑	投入产出比↑
2211	494	22.34%	0.61元	303.36元	25.91%	3.32
3837	303	7.90%	0.71元	216.18元	20.79%	2.53
1239	301	24.29%	0.53元	158.76元	29.90%	4.75
3941	297	7.54%	0.85元	253.15元	23.23%	2.53
2647	245	9.26%	0.70元	170.63元	33.47%	4.15
1884	200	10.62%	0.72元	143.54元	30.50%	3.26
1493	193	12.93%	0.64元	124.15元	32.64%	4.17
1436	173	12.05%	0.66元	114.41元	38.73%	4.34
1839	158	8.59%	0.72元	113.28元	27.22%	3.05
1709	139	8.13%	0.63元	87.05元	35.97%	3.83
807	131	16.23%	0.64元	83.21元	28.24%	3.48
358	126	35.20%	0.56元	71.10元	23.81%	3.62
391	73	18.67%	0.63元	46.16元	21.92%	2.94
972	67	6.89%	0.64元	43.13元	20.90%	2.89
192	67	34.90%	0.39元	26.46元	31.34%	7.69
366	63	17.21%	0.63元	39.73元	28.57%	3.59
516	59	11.43%	0.59元	34.86元	27.12%	3.42

▲ 图50-9

| 小北 | 如果系统匹配的关键词是这样的数据表现，还要不要添加自选关键词呢?

| 小北 | 不需要添加自选关键词。也就是说，智能推广都不需要自己加关键词。

| 小北 | 不是说智能计划和创意图没有关系，只要是开直通车，都离不开创意图。然而，我们对此的要求就是：创意图点击率一定要高于行业平均值的2倍，这样PPC只需是市场均价的50%甚至30%即可。

| 小北 | 下面就对这个智能计划进行优化，如图50-10所示。

		点击率	平均点击花费	总花费			点击转化率		投入产出比
104	52	50%	0.33元	17.32元	2	27	34.62%	55.77%	9.43
138	52	37.68%	0.38元	19.84元	1	25	34.62%	50%	7.74
358	126	35.20%	0.56元	71.10元	4	40	23.81%	34.92%	3.62
192	67	34.90%	0.39元	26.46元	4	19	31.34%	34.33%	7.69
173	47	27.17%	0.46元	21.77元	0	9	25.53%	19.15%	4.58
1239	301	24.29%	0.53元	158.76元	4	110	29.90%	37.87%	4.75
2211	494	22.34%	0.61元	303.36元	14	186	25.91%	40.49%	3.32
180	39	21.67%	0.45元	17.64元	1	19	20.51%	51.28%	4.09
208	41	19.71%	0.45元	18.30元	2	8	9.76%	24.39%	2.38
391	73	18.67%	0.63元	46.16元	2	24	21.92%	35.62%	2.94
366	63	17.21%	0.63元	39.73元	2	26	28.57%	44.44%	3.59
807	131	16.23%	0.64元	83.21元	5	47	28.24%	39.69%	3.48
307	49	15.96%	0.64元	31.48元	0	18	30.61%	36.73%	4.05
1493	193	12.93%	0.64元	124.15元	12	76	32.64%	45.60%	4.17
1436	173	12.05%	0.66元	114.41元	9	91	38.73%	57.80%	4.34
516	59	11.43%	0.59元	34.86元	1	24	27.12%	42.37%	3.42
1884	200	10.62%	0.72元	143.54元	2	74	30.50%	38%	3.26
2647	245	9.26%	0.70元	170.63元	9	103	33.47%	45.71%	4.15
595	55	9.24%	0.62元	33.97元	1	11	12.73%	21.82%	1.69
1839	158	8.59%	0.72元	113.28元	2	65	27.22%	42.41%	3.05
1709	139	8.13%	0.63元	87.05元	6	60	35.97%	47.48%	3.83
3837	303	7.90%	0.71元	216.18元	12	108	20.79%	39.60%	2.53
3941	297	7.54%	0.85元	253.15元	17	98	23.23%	38.72%	2.53
972	67	[illegible]	0.64元	43.13元	2	21	[illegible]	34.33%	[illegible]

▲ 图50-10

| 小北 | 我们先从流量维度来优化。流量对应的是什么? 点击率。

| 小北 | 创意图也好，关键词也好，人群也好，我们都只要最好的。例如，图50-11所示的数据从流量角度来优化的话，点击率低于10%的关键词都要删除，即使这些关键词的转化率再好、投产再高也不要。

| 小北 | 这时，有小伙伴可能要问：“转化率、投产这么好，为什么要删除呢?”

| 小北 | 来，我们继续看。大家看系统所匹配的这些关键词的点击率是多少呢?

|小北|点击率为20%~50%，至少有一些词的点击率能有这样的数据，那么点击率在10%以下的关键词一定不要。

|小北|因为系统最多只能匹配30个关键词，如果保留点率击在10%以下的关键词的话，系统就不能匹配新的词进来，所以，出于流量的考虑，一定要删除这些关键词。关键词有足够高的点击率才会有足够多的点击量，不要只盯着眼前的一点转化率和投产。

|小北|在点击率之后要看什么呢？点击量！

|小北|为什么呢？如果只是点击率为50%、展现量为10、点击量为2这样的数据，就没有太大意义了。所以，点击率达标后，我们要看的是点击量。如果是在过去周期（如7天或14天），点击量只有几十个的话，即使转化投产好，这样的关键词也一定要删除，如图50-12所示。

|小北|因为这些词可能展现指数本身就很少，甚至这些词几乎就是没有流量的，只是系统匹配进来，而我们又顺便做到了几个流量而已。

展现量↑	点击量↑	点击率↓	平均点击花费
104	52	50%	0.33元
138	52	37.68%	0.38元
358	126	35.20%	0.56元
192	67	34.90%	0.39元
173	47	27.17%	0.46元
1239	301	24.29%	0.53元
2211	494	22.34%	0.61元
180	39	21.67%	0.45元
208	41	19.71%	0.45元
391	73	18.67%	0.63元
366	63	17.21%	0.63元
807	131	16.23%	0.64元
307	49	15.96%	0.64元
1493	193	12.93%	0.64元
1436	173	12.05%	0.66元
516	59	11.43%	0.59元
1884	200	10.62%	0.72元
2647	245	9.26%	0.70元
595	55	9.24%	0.62元
1839	158	8.59%	0.72元

▲ 图50-11

|小北|这时有一个方法可以验证我们的判断。那就是把这个词复制到直通车后台的流量解析中，如图50-13所示。

展现量↑	点击量↑	点击率↑	平均点击花费↑	总花费↑	收藏宝贝数↑	总购物车数↑	点击转化率↑	收藏加购率↑	投入产出比↑
180	39	21.67%	0.45元	17.64元	1	19	20.51%	51.28%	4.09

▲ 图50-12

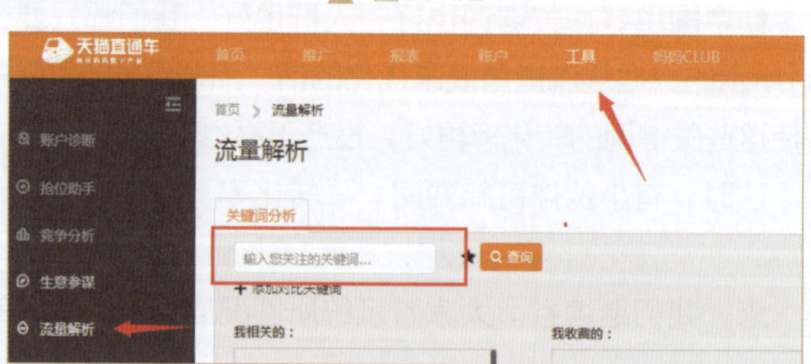

▲ 图50-13

| 小北 | 这个词在流量解析里的展现指数是图50-14所示的数据，可见我们所做到的180的展现量、39的点击量、20.51%的点击转化率、4.09的投入产出比纯属偶然。

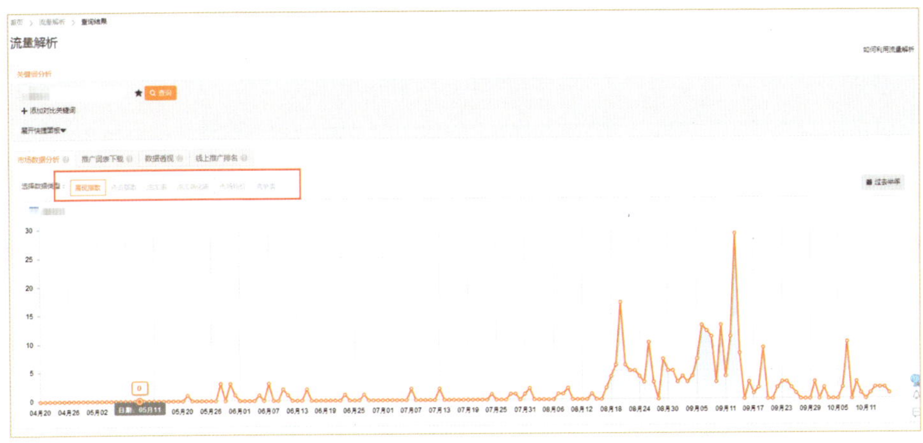

▲ 图50-14

| 小北 | 所以，删除点击率低的关键词之后，对于点击量周期数据很小的关键词，要逐个放到流量解析里检查。如果该词本身就没有流量，那一定要删除。

| 小北 | 这样做有什么好处呢？删除这样的关键词，就可以腾出更多的关键词位置，以便让系统匹配更多的词进来。

| 小北 | 那么我现在保留下来的词就是点击率高且点击量还不错的词。

| 小北 | 我们再来看另外两个优化维度：转化和投产。转化高、投产低和转化低、投产高，大家喜欢前者还是后者？

| 鹿人3 | 前者。

| 小北 | 很好，因为一定是先有转化，再有投产。

| 小北 | 对于图50-15所示的数据，我会把转化率低于25%的关键词删除。为什么这样操作呢？ 因为删除转化低于25%的关键词之后，剩下的就是点击率高、点击量也不错，而且转化率高于25%的关键词。

点击转化率 ↓	收藏加购率 ↑	投入产出比 ↑
38.73%	57.80%	4.34
35.97%	47.48%	3.83
34.62%	55.77%	9.43
34.62%	50%	7.74
33.47%	45.71%	4.15
32.64%	45.60%	4.17
31.34%	34.33%	7.69
30.61%	36.73%	4.05
30.50%	38%	3.26
29.90%	37.87%	4.75
28.57%	44.44%	3.59
28.24%	39.69%	3.48
27.22%	42.41%	3.05
27.12%	42.37%	3.42
25.91%	40.49%	3.32
25.53%	19.15%	4.58
23.81%	34.92%	3.62
23.23%	38.72%	2.53
21.92%	35.62%	2.94
20.90%	34.33%	2.89
20.79%	39.60%	2.53
20.51%	51.28%	4.09
12.73%	21.82%	1.69
9.76%	24.39%	2.38

▲ 图50-15

| 小北 | 对于现在保留下来的关键词还要查看它们的ROI情况。

| 小北 | 如果利润率是40%，那么关键词的ROI 不到4，是不是也应该删除呢？（见图50-16）

| 小北 | 或者勉强把ROI为3的关键词也保留。那么此时，我们的关键词是不是就是点击率高于10%、点击量也不错、转化率高于25%、ROI 投入产出比高于3呢？

| 小北 | 这样就得到了图50-1~图50~4所示的数据效果，是不是感觉得到这样的效果也挺简单的？

| 小北 | 总结一下智能计划的优化思路，具体如下。

（1）优化维度：点击率、点击量、点击转化率、投入产出比。

（2）优化周期：如果数据量大，优化过去7天的数据；如果数据量小，优化过去14天的数据。

点击转化率 ↑	收藏加购率 ↑	投入产出比 ↓
34.62%	55.77%	9.43
34.62%	50%	7.74
31.34%	34.33%	7.69
29.90%	37.87%	4.75
25.53%	19.15%	4.58
38.73%	57.80%	4.34
32.64%	45.60%	4.17
33.47%	45.71%	4.15
20.51%	51.28%	4.09
30.61%	36.73%	4.05
35.97%	47.48%	3.83
23.81%	34.92%	3.62
28.57%	44.44%	3.59
28.24%	39.69%	3.48
27.12%	42.37%	3.42
25.91%	40.49%	3.32
30.50%	38%	3.26
27.22%	42.41%	3.05
21.92%	35.62%	2.94
20.90%	34.33%	2.89
20.79%	39.60%	2.53
23.23%	38.72%	2.53
9.76%	24.39%	2.38
12.73%	21.82%	1.69

▲ 图50-16

（3）做智能计划的过程中，一定要常查看智能推广报告中的数据。智能计划不仅仅是建个计划、加个商品、出个价格就完事了，还需要优化。

｜小北｜可以优化的维度非常多，上文介绍的3个优化维度如果都做好了，数据一定表现得非常好。如果数据并不理想怎么办呢？

｜小北｜如果在点击率不好的情况下，不管是标准计划还是智能计划，都要先解决点击率的问题。

｜小北｜如果没有解决该阶段的问题，就不要轻易进入下一个环节。也就是说，点击率不好的时候，不要去拿过多的点击量，因为这会花掉你更多的钱。即使花更多的钱拿到了流量，若商品承接不住流量，那么转化率也不会好，投入产出比也不会好。

| 小北 | 今天的分享就到这里，大家若有疑问，可以提出来。

| 鹿人4 | 流量入口怎么覆盖？我感觉完全不可能啊！

| 小北 | 智能计划和自定义计划不一样。自定义计划就是标准计划了，如图50-5所示。

| 鹿人5 | 智能推广图是标准创意图吗？

| 小北 | 新版直通车的智能计划和标准计划一样，可以单独设置创意图。旧版中是不能单独设置的。在新版的智能计划里，单击宝贝标题就会跳转到创意图的设置位置。

| 小北 | 标准计划里有的商品，可以再加到智能计划里，而且主推广一定是标准计划加智能计划，像我前面分享中提到的，主推款建立了13个智能计划、4个标准计划。

| 鹿人6 | 定向打“猜你喜欢”怎么玩？

| 小北 | “猜你喜欢”这块，通过直通车定向去抢手淘首页流量的话，现在效果也非常好，尤其是最近一次的手淘改版，其首页流量比以前大很多，因为资源位已经是全链路打通了。在宝贝的款式和创意图较好的情况下，如果费用合理，可以多做计划的布局，即使是多个智能计划，所匹配到的流量也都会有所不同；甚至不同的营销场景，流量渠道也都不一样。

| 鹿人7 | 一个主推款建立多个计划，会引起排次竞争吗？

| 小北 | 同一个宝贝建立多个计划，不排除相互竞争的情况，但是匹配更多渠道流量的概率会更大。在后续优化的过程中，关键词是否相同或者是否有冲突，需要自己实操后根据实际数据表现去分析。

| 鹿人8 | 地域全开吗？

| 小北 | 地域除新疆、西藏、香港、澳门、台湾外，其他全开。可先不考虑地域，因为地域分直通车地域和店铺订单地域，二者的数据会不一样。例如，我在浙江浏览购买，然后收货地址是广东，这样地域数据就不一样了。